COMMENT TRUQUER UN MATCH DE FOOT ?

DECLAN HILL

COMMENT TRUQUER UN MATCH DE FOOT ?

Traduit de l'anglais par Pauline Rebelle

FLORENT MASSOT

ISBN : 978-2-916-54621-6

Sommaire

TROISIÈME PARTIE
LA COUPE DU MONDE

Introduction

Les oiseaux de proie

Comme toujours en Californie à cette période de l'année, le 17 juillet 1994 était un jour d'été chaud et ensoleillé. Plus de 90 000 spectateurs s'entassaient dans le Rose Bowl de Pasadena, pour assister à la finale de la Coupe du monde. Sur le terrain, deux équipes, l'Italie et le Brésil, allaient se battre pour le leadership du football mondial devant plus de deux milliards de personnes qui suivraient le match sur toutes les chaînes de télévision du monde. Au même moment, la crème de la crème de la société internationale, se rassemblait dans le carré VIP du stade. Pelé, le plus grand et le plus aimé des anciens joueurs, côtoyait des célébrités et des hommes politiques tels que Al Gore et Henry Kissinger.

Mais parmi ces stars de la politique, du sport, des affaires et du show-biz, il y avait un homme au passé beaucoup plus controversé, Anzor Kikalishvili. Une commission parlementaire américaine et le FBI l'accusaient d'être un chef de la mafia russe. Haut fonctionnaire communiste, il devint, après l'effondrement de l'Union soviétique, le président d'une organisation appelée l'Association du XXIe siècle. L'Association du XXIe siècle n'avait jamais eu de chance avec ses présidents. Le dernier avait été tué par un sniper. L'avant-dernier avait trouvé la mort dans un règlement de comptes entre mafieux.

L'Association offrait une protection (ou « krisha ») aux autres groupes mafieux russes qui, à leur tour, protégeaient le reste du pays. Un mois après la finale de la Coupe du monde, les enquêteurs du FBI, qui essayaient d'empêcher l'implantation du pouvoir de Kikalishvili en Floride, avaient enregistré une de ses conversations : il menaçait un couple de les écorcher comme des animaux. Aucun des enquêteurs ne douta de son intention de mettre ses menaces à exécution.

Anzor Kikalishvili devait se sentir très à l'aise avec certains des autres invités VIP de cet après-midi-là, au Rose Bowl de Pasadena.

Au centre du carré, Joao Havelange, le président de la FIFA.

En 1994, il avait été accusé par un procureur de la république brésilien d'avoir des liens avec un des chefs mafieux les plus connus du pays, Castor De Andrade, qui était à la tête d'une organisation de jeux clandestins estimée à 2,6 milliards de dollars. Havelange était également, d'après la justice brésilienne, lié aux narcotrafiquants colombiens.

À côté de lui, Vyacheslav Kolosov, qui était alors président de l'Union du football russe, une organisation vérolée par un problème de crimes mafieux. Juan José Bellini, le président de la fédération colombienne de football, n'était pas là. Il n'avait pas réussi à venir car un des joueurs de l'équipe de Colombie avait été exécuté en rentrant au pays. Un an plus tard, Bellini devait être condamné pour « enrichissement illégal » et blanchiment d'argent pour le compte du cartel de Cali.

La FIFA est l'organisation qui dirige le football. Ces gens étaient soit des membres de la FIFA soit ses invités au plus grand spectacle de football du monde.

J'ai rencontré Anzor Kikalishvili dans un restaurant géorgien de Moscou pendant l'hiver 1999. Il me raconta qu'il avait beaucoup aimé assister à la finale de 1994 car il adorait le sport et surtout le football.

J'étais en Russie en tant que producteur associé d'un documentaire pour la chaîne canadienne CBC qui fut ensuite diffusé aux États-Unis dans l'émission *Frontline.* Depuis la Coupe du monde de 1994, Kikalishvili avait été interdit de séjour aux États-Unis et il voulait donner de lui l'image d'un homme raisonnable et civilisé. Il nous emmena dîner dans un minuscule restaurant. L'atmosphère était légèrement surréaliste, comme souvent à Moscou en ce temps-là. La partie avant du restaurant était remplie d'ouvriers anglais qui avaient été amenés à Moscou pour travailler dans le bâtiment. Pourquoi amenait-on des travailleurs anglais en Russie, alors que le pays souffrait d'un chômage endémique et que les salaires y étaient très bas, je ne me le suis jamais expliqué. Bref, ils buvaient pinte de bière sur pinte de bière et étaient ivres en un rien de temps. Un couloir étroit menait à une salle à l'arrière, dans un restaurant cossu, magnifiquement décoré et où l'on servait une excellente nourriture géorgienne.

Kikalishvili arriva en retard et gara son 4 x 4 blindé sur le trottoir, à un mètre et demi de la porte du restaurant. Un colosse habillé d'un costume griffé resta près de la porte, deux autres dans le petit couloir. Je le sais parce que j'ai voulu sortir voir si notre chauffeur de taxi était bien là et ils ne voulaient pas me laisser passer sans l'autorisation de Kikalishvili. Il n'y avait pas d'autre sortie.

La nourriture était excellente, le vin délicieux et Kikalishvili se révéla un hôte remarquable. Les précautions qu'il prenait pour sa sécurité étaient tout à fait justifiées. Quelques semaines après notre rencontre, une bombe fut déposée dans ses bureaux près du Kremlin.

Kikalishvili s'en sortit sans une égratignure, mais on ne peut pas en dire autant du bâtiment qui fut complètement éventré.

Les recherches que nous faisions pour le documentaire étaient intéressantes. Elles découlaient des révélations d'un journaliste, Robert Friedman, qui avait démontré les liens entre la mafia russe et les joueurs de la Ligue nationale de hockey. La mafia russe avait d'ailleurs mis un contrat sur sa tête. Les investigations du Sénat américain avaient prouvé que 80 % des joueurs payaient la mafia pour les protéger, mais les liens étaient parfois beaucoup plus profonds : il s'agissait d'amitié, d'affaires ou d'ambition politique. Par exemple, Pavel Bure était un très bon joueur de hockey, mais aussi une sorte d'Anna Kournikova en garçon, un sex-symbol qui jouissait d'une grande popularité des deux côtés de l'Atlantique, était aussi le protégé politique d'Anzor Kikalishvili et quand nous étions à Moscou, des affiches des deux hommes ensemble, vantant l'Association du XXIe siècle, recouvraient les murs de la ville.

D'autres joueurs de hockey connus aidaient certains mafieux dans leurs démarches d'immigration, dans leurs affaires ou les voyaient simplement en tant qu'amis.

Ce qui était frappant, c'est que très peu de gens semblaient gênés par la présence d'autant de personnes du crime organisé dans le sport. Un jour, j'allais interviewer un des plus grands et plus influents joueurs russes du championnat qui, d'après le FBI, avait des liens avec la mafia. Au moment de partir pour aller le rencontrer, un de mes supérieurs sortit de son bureau et me dit que ce qui nous intéressait ce n'était pas que ce joueur nous parle de la mafia, ou comment les matchs étaient truqués, ou même quels étaient ses liens avec ces gens, mais plutôt de son jeu, de sa performance au match retour. J'étais stupéfait. Voilà un vieux routard, un journaliste cynique, qui connaissait toute l'histoire et qui, malgré tout, était impressionné de rencontrer, même indirectement, un grand joueur. Je compris avec quel talent certains sportifs savaient déguiser leur part d'ombre la plus répugnante.

Après cette enquête, je travaillai sur d'autres histoires en rapport avec le crime organisé. Ce faisant, je ne pouvais m'empêcher de tourner et retourner une question dans mon esprit : si un sport relativement peu en vue comme le hockey pouvait attirer autant de mafieux, qu'en était-il du football international ?

J'ai été élevé en Angleterre et le foot était mon sport. J'aime ce sport avec une passion que ne peuvent comprendre que ceux qui sont comme moi, des passionnés. Ma première expérience du football est un des grands carrefours de ma vie. J'étais à l'école primaire et une bande de camarades de classe vint me demander pour quelle équipe j'étais, Arsenal ou Liverpool ? J'avais six ans. Je n'avais jamais entendu parler ni de l'une ni de l'autre, mais je trouvais qu'Arsenal était un nom tellement ridicule que ce devait être une petite équipe de loosers et donc je la choisis. Ce choix du hasard, je n'ai jamais pu le remettre en question. J'ai lu une phrase d'un fan de foot qui disait : « Tu peux être un mauvais père, tu peux quitter ta femme, tu peux changer de pays, mais tu ne peux jamais changer d'équipe. » C'est exactement ce qui m'est arrivé. Pendant la plus grande partie de mon enfance et de mes années d'adulte, je n'aimais rien de cette équipe. Leur style me faisait honte : ils adoraient filer de grands coups à leurs adversaires, puis faire des passes à l'autre bout du terrain. Ils n'avaient pas de technique, pas de talent et pas de panache. Pire encore, je découvris qu'étrangement, pour une équipe de perdants, elle était très riche. Ils auraient pu jouer avec brio et finesse, mais malgré les changements successifs d'entraîneur, ils jouaient comme des bûches. Cela me fit beaucoup de mal. J'étais l'homme amoureux d'une femme infidèle, et je découvris qu'il était impossible de changer ce que mon cœur avait décidé. Pendant des années, jusqu'à l'arrivée d'Arsène Wenger, je regardai Arsenal filer des beignes et gagner par intimidation.

J'ai joué au foot pendant quatre ans, mais je n'ai jamais été un très bon joueur. À chaque saison, mon moment de grâce ne durait qu'une demi-heure. Pendant cette demi-heure, je volai sur le terrain. Le peu de talent, d'endurance, de vitesse que j'avais se concentrait pendant ce court moment béni où j'étais invulnérable. Le souvenir de ces demi-heures me tenait chaud l'hiver. Je m'imaginais jouant des dizaines de matchs et en début de saison, j'étais impatient de retrouver ma demi-heure au paradis. Je n'ai donc pas des rangées de médailles et de trophées. Mais j'ai des beaux souvenirs et de très bons amis que m'a fait rencontrer ce jeu magnifique. C'est au nom de ces souvenirs et de ces amitiés que j'ai voulu utiliser mes talents de journaliste d'investigation : pour rendre quelque chose à ce jeu qui m'a tellement donné.

C'est plus facile d'écrire un livre épaulé par une grande institution qu'en tant que journaliste indépendant. Je me suis donc inscrit comme doctorant statuaire à l'université d'Oxford. C'est un endroit splendide, où j'ai toujours rêvé d'aller, qui regorge d'histoires passionnantes, dans un écrin architectural magnifique, abritant une profusion de documentations et d'informations. Ma première année là-bas a sûrement été la plus heureuse. Cela dit, ça n'a pas été le rêve absolu et j'ai un peu de mal avec ces livres sur Oxford qui en parlent comme si ce n'était que glamour, gloire et prix éclatants. Il y a plein de gens très mesquins dans ces grands édifices. Mais je dois beaucoup à cette Université. La plupart des professeurs, les tuteurs et des superviseurs firent quelque chose de très rare : ils me fichèrent la paix. Je compris qu'ils étaient d'accord pour parler si j'avais besoin d'aide mais, dans l'ensemble, ils approuvaient chaque livre et document que je trouvais à l'Université et me poussaient à terminer mon travail.

Mon collège, Greene, était le rêve de tout chercheur : une petite enclave grouillant de gens passionnants. En son centre, un observatoire du XVIIIe siècle entouré d'un jardin perpétuellement en fleur. J'ai adoré ma vie là-bas. Je suis rentré dans l'équipe d'aviron. Un de mes coéquipiers parlait dix-huit langues (non, moi non plus je ne l'ai pas cru jusqu'à ce que je l'entende parler chacune de ces langues) ; un autre était un diplômé/hacker/président d'une compagnie informatique qui avait inventé une nouvelle forme d'argent virtuel (non, moi non plus je ne sais pas quand est-ce qu'il dormait) ; un autre a été sélectionné pour courir un marathon de six jours dans le désert du Sahara et les autres n'étaient que des étudiants en médecine ou des boursiers de Fulbright. Les derniers temps, j'ai travaillé avec le genre d'homme que je croyais avoir disparu depuis David Niven ou Rex Harrison – l'authentique gentleman anglais. Il s'appelait Anthony Heath, président du département de sociologie. On se rencontrait dans son bureau rempli de livres et nos discussions de travail étaient généralement arrosées de litres de thé. Les manières délicates de Heath cachaient un esprit rigoureux et coriace et un passé d'athlète. Il avait fait une série de travaux, allant de l'étude de l'enseignement en Angleterre à la rédaction d'un rapport sur la politique Irakienne actuelle.

Il m'a guidé pour mener à son terme mon doctorat à Oxford et je lui serai toujours reconnaissant pour sa gentillesse et son intelligence.

Mais je n'ai pas fait que travailler comme étudiant, j'ai aussi utilisé mes talents de journaliste d'investigation. J'ai interviewé des gens impliqués dans le football. Cela peut sembler étrange, mais très peu de journalistes ont essayé de parler à des gens qui sont dans le football de la présence du crime organisé. Cela a aussi à voir avec la place des journalistes sportifs qui sont le plus souvent des gens intelligents, travaillant dur et qui ont des principes, mais ils ont un travail à faire et ce travail, c'est de commenter les résultats pas seulement d'un match, mais de chaque match, semaine après semaine, saison après saison. Cela veut dire qu'ils dépendent des clubs ou des responsables de la ligue qui leur permettent d'avoir accès aux joueurs et d'assister aux matchs, et s'ils découvrent un scandale, ils sont face à un grave dilemme : révéler le scandale et perdre ses entrées, ou se taire et se faciliter le travail ? Moi, ça m'était égal, je m'en fichais des résultats du match, je ne voulais pas préserver mes entrées auprès des joueurs. Je voulais juste comprendre la vérité de ce qui se passait dans le sport. L'ironie de la situation fut que beaucoup souhaitèrent me parler : personne ne les avait jamais contactés et ils voulaient désespérément se libérer de ce qu'ils savaient sur la corruption dans le sport.

Au début, je m'intéressai principalement à la corruption dans le football. J'étais particulièrement fasciné par l'idée de blanchiment où un gangster inconnu reprend un grand club de foot ou tisse des liens avec un grand joueur et d'« homme d'affaires controversé » il se métamorphose en « homme d'affaires pittoresque » pour devenir enfin, quand son club ou son joueur gagne un championnat, « un membre de l'establishment ». Le plus grand exemple de ce talent c'est Joseph Kennedy, un fumier de la contrebande fournissant la mafia en alcool au temps de la prohibition, qui devint père du président des États-Unis.

Mais les événements me dépassèrent. Certains des clubs les plus importants d'Europe étaient aux mains de gens tellement malhonnêtes que vous ne laisseriez ni votre femme, ni votre enfant, ni votre porte-monnaie dans leur champ de vision. Mais personne ne semblait vouloir les arrêter.

Malgré tout, j'ai commencé à m'intéresser aux matchs de foot truqués. C'était, d'après les mots d'un officiel du tennis à qui j'en ai parlé, « la grande menace qui planait sur la crédibilité de ce sport ».

J'ai visité les plus grands stades, les plus grandes équipes et assisté aux grands matchs pour voir les criminels en action. J'ai enquêté dans des ligues où les chinois avaient truqué 80 % des matchs et j'ai découvert que les plus grands arbitres se voient offrir et acceptent, souvent, des femmes en « cadeau » avant d'arbitrer certains grands matchs de football.

Quand j'ai commencé mes conférences à Oxford, les gens étaient stupéfaits d'entendre parler de connexions entre le crime organisé et le sport. J'en ai parlé à des conférences internationales et j'ai dit publiquement, à mes risques et périls car mon enquête n'était pas terminée, que les clubs européens étaient victimes d'un tsunami de matchs truqués par les criminels asiatiques. Très peu de gens ont voulu le croire et encore moins ont semblé vouloir faire quelque chose, surtout à cause de leur incompétence et leur ignorance. Mais aussi parce que les événements qui ont donné naissance à cette vague de matchs truqués étaient nouveaux et n'avaient jamais été observés ou étudiés avant. La cause de ce manque de zèle réside aussi dans un phénomène qui s'est produit, il y a plus de quatre-vingt-dix ans, lors du scandale du procès de l'équipe de base-ball de Chicago, les White Sox. L'équipe gagna le championnat en 1919 grâce au mafieux Arnold Rothstein. Un des joueurs était le très « propre sur lui », Joe Jackson. On dit que quand il arriva au tribunal, un petit garçon se serait frayé un chemin à travers la foule et arrivé devant lui l'aurait regardé de ses grands yeux innocents et lui aurait dit : « Dis-moi que ce n'est pas vrai, Joe. Dis-moi que ce n'est pas vrai. » Le petit garçon représente la foi que nous mettons dans nos héros sportifs. Nous n'arrivons pas à imaginer que ce sont des êtres humains, donc fragiles. Nous ne voulons pas croire que ces gens, qui peuvent faire ce que nous ne *pouvons pas* faire, puissent s'abaisser et se souiller de la sorte. Nous sommes entourés par la corruption et nous ne voulons pas croire que ce terrain de jeu innocent que représente le sport puisse l'être aussi.

Au cours de mon voyage, j'ai rencontré de vrais héros : des gens qui ont essayé de nettoyer le « plus beau sport du monde ». La plupart ont été marginalisés, écrasés, réduits au silence. Leurs histoires jonchent les pages de ce livre : journalistes mis à l'écart, arbitres morts, joueurs ignorés. Vous rencontrerez également certains de ces criminels, de ces escrocs qui corrompent le sport. Dès que cela a été possible, je leur ai permis de s'exprimer, en utilisant le verbatim de retranscriptions, soit de leurs interviews soit d'enregistrements secrets.

Parfois le travail a été dangereux et difficile. C'est pour cela que, dans le texte, j'ai parfois changé l'endroit de la rencontre et les noms, aussi bien des innocents que des coupables. (Les noms des personnes qui ont été modifiés seront signalés par un astérisque (*) la première fois qu'ils sont cités). Je l'ai fait pour me protéger ainsi que les personnes interrogées de tous les dangers que le lecteur peut imaginer.

J'ai aussi essayé de révéler les résultats de mes recherches à l'université. Tout au long du texte, j'ai glissé des informations sur la façon dont les arbitres et les joueurs jouent un match truqué, les structures et les mécanismes des organisations illégales du jeu, j'ai expliqué pourquoi des joueurs relativement riches et reconnus truquent un match, pourquoi les clubs essayent d'acheter leurs adversaires, comment les clubs continuent à le faire, comment ils achètent les arbitres et comment, j'en suis persuadé, les parieurs asiatiques ont envahi avec succès ce sport et truquent les grands matchs internationaux. Je me suis aperçu que toute cette mécanique criminelle ne se retrouve pas que dans le football. En vérité, les manières, la méthode et les motivations des criminels fonctionnent pour presque tous les sports d'équipe, que ce soit le hockey, le basket-ball ou le base-ball. J'ai donc ajouté des exemples d'autres sports pour montrer les similitudes. Si vous comprenez comment on truque un match de foot, vous comprendrez comment la Ligue de basket, les tournois de cricket ou les matchs de tennis ont été contaminés (c'est malheureusement une réalité).

Mon regard sur le foot a changé. J'aime toujours jouer le dimanche matin avec des amis, j'aime la camaraderie et l'odeur d'herbe fraîche. Mais le jeu professionnel me laisse froid. J'espère que vous comprendrez pourquoi après avoir lu ce livre. Vous risquez de ne plus jamais regarder le sport de la même façon.

PREMIÈRE PARTIE :
L'ASIE D'OÙ VIENT L'ORAGE

Prologue

Raul Hernandez était, en son temps, un des joueurs les plus prometteurs du monde.

Je l'ai interviewé un soir à Singapour, lors d'un match de la Ligue des Champions.

Avec le décalage horaire, les rencontres européennes commençaient à deux ou trois heures du matin. Après l'interview, nous sommes donc restés ensemble une bonne partie de la nuit pour regarder le match. Tout au long de notre conversation, Hernandez semblait très honnête. Il racontait que ça avait été difficile de s'adapter à son statut de joueur vedette, qu'il avait plongé dans la drogue, avait divorcé, et qu'un jour, il avait arrêté le foot. Mais avec l'aide de ses parents, il avait réussi à changer de vie. Il s'était remarié, était devenu un chrétien pratiquant et avait recommencé à jouer.

Il disait qu'il avait participé à des matchs truqués où l'entraîneur ou le propriétaire de son équipe avaient soudoyé les joueurs de l'équipe adverse. Mais il affirma que lui n'avait jamais reçu de pot-de-vin et n'avait jamais parié.

Le lendemain, nous nous sommes rencontrés à nouveau autour d'un café. Il n'avait pas touché de salaire depuis des mois, le propriétaire de son club refusait tout bonnement de le payer.

Et là, il me fit une surprise.

Nous parlions du match de la nuit précédente en buvant nos cafés et soudain il se pencha vers moi et dit : « Tu les connais ces truqueurs, non ?

– J'en ai interviewé quelques-uns oui, répondis-je.

– Donne-moi un numéro de téléphone.

– Quoi ?

– Donne-moi le numéro d'un de ces mecs, répéta-t-il. Écoute, je n'ai pas été payé depuis quatre mois. J'ai une femme. J'ai des obligations. Je pourrais me faire plein de fric de cette façon. »

1
L'invasion des sauterelles

C'était un super-mec. Il m'emmena à un rendez-vous avec les Tiger Generals. C'est un grade dans les triades. Ils s'assoient, sortent leur couteau, leur tournevis, et disent « OK, parlons ». Derrière nous il y a des gardes du corps, armés. On attend. C'est le rituel des « discussions de table ». Tout dépend de l'invitation. Si elle est « entre 7 heures et 7 h 30 », ça veut dire qu'il y a encore de la place pour discuter, si c'est « 7 h 30 précises », ça veut dire qu'on va à la baston.

Le 2 octobre 2004, Yang Zuwu, entraîneur de l'équipe chinoise Beijing Hyundai, fit une chose totalement inattendue. À la quatre-vingt-quatrième minute de jeu d'une rencontre, dans le stade de Wulihe à Shenyang rempli à ras bord de milliers de fans, il ordonna à ses joueurs de quitter le terrain. L'arbitre venait d'exiger un penalty contre son équipe.

Non seulement tout le monde lui obéit, mais pendant que les joueurs étaient dans les vestiaires, il annonça que son équipe ne continuerait pas le match et qu'elle ne jouerait aucun des autres matchs de la Super Ligue chinoise.

Yang n'était pas un entraîneur quelconque d'une équipe ordinaire, il ne risquait pas d'être licencié pour son sale caractère. Beijing Hyundai était l'équipe la plus riche de la Ligue, sponsorisée par une marque de voitures coréennes. Yang Zuwu, qui avait plus de quarante ans de métier dans le football chinois, déclara que la ligue était polluée par des « faux matchs, faux arbitrages, paris illégaux sur les matchs et autres phénomènes disgracieux ». La situation était chronique et, à ses yeux, il était devenu impossible de jouer honnêtement au sein de la Ligue. Yang fut soutenu par d'autres grands clubs. Un des plus grands investisseurs privés du sport, Xu Ming, propriétaire de Dalian Shide FC, le soutint publiquement et déclara que d'autres clubs, estimant que la corruption avait atteint des sommets inouïs, envisageaient de se retirer de la Ligue chinoise.

Au début, la CFA (Association chinoise de football) fit la sourde oreille, c'était bien trop embarrassant, la Ligue n'avait que six mois. L'idée avait été de créer une élite du football professionnel qui aurait propulsé le foot chinois au sommet du jeu international. Les équipes voulant entrer dans la Ligue devaient trouver un capital de 10 millions de dollars. Un personnage très connu du football asiatique, ayant rencontré une des équipes chinoises, en parlait d'un air terrifié :

« *J'ai visité un club qui avait douze terrains d'entraînement, un stade olympique, un centre de fitness et un foyer socio-éducatif. Ils avaient des dortoirs, un complexe hôtelier, c'était incroyable. On se serait cru au temps de Mao !* »

Six mois après sa création, la Super Ligue chinoise et ses centaines de millions de dollars s'écroulaient. Grâce à Yang Zuwu.

Pour les gens qui connaissaient le foot chinois, ce ne pouvait pas être une surprise. Quatre ans avant la création de la Ligue, la CFA avait eu vent des rumeurs de corruption qui salissaient leur sport : l'équipe nationale chinoise avait participé à la coupe du monde de 2002, ils n'avaient pas marqué un seul but et les journaux chinois avaient affirmé que les joueurs s'étaient vendus à des bookmakers. Les officiels et les joueurs démentirent, prétendant qu'ils n'auraient jamais trahi leur pays, mais beaucoup de journaux restèrent sceptiques.

Mais le gros scandale qui aurait pu les amener à faire un grand ménage fut celui des faux arbitrages, le « Black Whistels Affair ».

Cela eut lieu en 2001. Song Wieping, magnat du bâtiment, devint propriétaire d'un club et se plaignit publiquement de la corruption dans le foot. Il avait gagné des centaines de millions en tant que promoteur et avait financé la deuxième équipe de sa ville. Mais il menaça de laisser tomber et de retourner à ses occupations dans le bâtiment, qui était selon lui beaucoup plus civilisé et honnête que celui du football, car il en avait assez de payer les arbitres ! Il fournit même des documents et une liste des arbitres qui acceptaient les pots-de-vin, « presque tous » dit-il. Le journal sportif *Qui Bao* mena une enquête et découvrit que la corruption avait probablement pénétré la CFA. Une équipe affirma même qu'ils avaient versé 800 000 yuans à un membre de cette organisation – qualifiée par certains observateurs de « radioactive, tout ce qu'ils touchent flétrit et meurt » – pour qu'il désigne des arbitres qui leur soient favorables.

La CFA répondit à ce scandale en proposant une « amnistie et pas d'exposition publique » à tout arbitre qui accepterait de se dénoncer. Gong Jianping, président de l'association des arbitres et classé parmi les arbitres internationaux de la FIFA, profita de cette occasion et se dénonça. Les autorités chinoises profitèrent également de l'occasion et rompirent leur promesse en l'arrêtant. Son procès révéla que les arbitres étaient rémunérés en femmes et que des hauts responsables de la CFA trempaient dans les jeux de cartes clandestins. Un arbitre ambitieux devait jouer et perdre de grosses sommes d'argent avec les responsables de la CFA, façon de leur donner de l'argent, en échange de quoi il obtenait d'arbitrer les matchs internationaux. Pour un arbitre moyen, accepter les pots-de-vin, était la seule façon de pouvoir jouer de telles sommes. Son apparente honnêteté valut à Gong Jianping une sentence indulgente : dix ans de travaux forcés. Il mourut peu de temps après.

Plus aucun arbitre ne se dénonça.

C'est cette situation que trouva Sepp Blatter, président de la FIFA, quand il prit les rênes de la fédération en 2004. Étrangement, au début il semblait ne pas se rendre compte du degré de corruption dans le football chinois. Il alla même jusqu'à convaincre les clubs européens d'envoyer leurs joueurs en Asie pour les former. Blatter semblait ignorer le genre de « formation » que les étoiles montantes du foot allaient suivre, mais son inconscience ne dura qu'un temps.

Le 17 juillet 2004, lors de la cérémonie d'ouverture de la Coupe de football chinoise, Blatter et d'autres responsables de la FIFA se retrouvèrent en compagnie des cadres dirigeants de la CFA au Beijing Workers Stadium. Logiquement, ce genre d'événement dans un des pays les plus répressifs du monde et à quelques kilomètres de la place Tiananmen ne pose aucun problème. Mais, quand le très controversé président de la CFA voulut s'adresser à la foule, il fut copieusement hué. Les gens lui criaient des insultes et, quand le chef de la FIFA Asie se leva, il en prit pour son grade également. Pensant que personne ne s'en prendrait au président de la FIFA, ils laissèrent Blatter prendre la parole. Ce fut une grave erreur. La foule se déchaîna et ce fut l'incident diplomatique. Ce qui choqua vraiment les chinois, c'est que les responsables de la FIFA n'ayant pas l'habitude de cette violence, dirent à la conférence de presse qui suivit le match : « Si vous traitez vos invités de cette façon, vous ne méritez pas les Jeux olympiques. »

Le nuage de sauterelles qui détruisait la crédibilité de la Super Ligue chinoise dévora toute l'Asie sur son passage. Cinq joueurs de Hong Kong, de l'équipe de la Coupe du monde 1998 furent pris truquant un match de qualification contre la Thaïlande. Ils furent arrêtés lorsque la brigade anti-corruption de Hong Kong démantela une organisation de jeu clandestin de 50 millions de dollars qui avait des connexions en Malaisie, à Singapour et en Thaïlande. En Indonésie, un grand joueur dénonça une « mafia des arbitres ». Au Viet-nam, un grand chef mafieux, Nam Cam, se retrouva face à un peloton d'exécution le 3 juin 2004. La raison de sa condamnation : une fâcheuse habitude de truquer les matchs de foot. Cela lui réussissait tellement bien qu'il truquait aussi bien les matchs de la Ligue de football vietnamienne que les matchs de l'équipe nationale. Il a même réussi à truquer les matchs de l'équipe de la police de Hanoï. Sa mort ne mit pas fin à ces pratiques.

Ces criminels asiatiques peuplaient mes nuits blanches. Voyager à travers l'Asie et enquêter sur leurs activités me rendait nerveux. Partout où j'allais, j'entendais des histoires sur leur pouvoir terrifiant. Le soir en me couchant, dans ma chambre d'hôtel, je dévissais les ampoules et je changeais les meubles de place, surtout mon lit. J'avais calculé qu'il n'y avait que deux façons d'entrer dans ma chambre : soit à l'improviste, en allumant la lumière et en me tirant dessus directement, soit en se glissant silencieusement dans le noir au pied de mon lit, pour me tuer dans mon sommeil. Je me disais qu'en prenant ces précautions, je gagnais cinq secondes qui les désarçonneraient. Si la porte était coincée avec une commode, s'ils ne pouvaient pas allumer la lumière ou s'ils se cognaient dans un meuble en cherchant le lit, cela changeait légèrement la donne en ma faveur. Mais je n'avais aucune idée de ce qu'il fallait faire ensuite. Ces types n'ont pas la réputation d'être très gentils et la légende de leur violence planait sur le sport asiatique. On m'a prévenu maintes fois de ne pas me mêler de leurs magouilles. Étrangement, les joueurs et les responsables sportifs devenaient aphones quand la conversation en venait à eux. Bruce Grobbelaar, gardien de but de Liverpool, qui avait reçu de l'argent des syndicats de jeu clandestin asiatiques, a raconté un jour à un ami ce que l'on risquait en croisant les « Mr Bigs » de ce monde.

Si tu joues avec lui et qu'il n'aime pas ça, il en parle à son homme de main… et là, c'est sûr, tu vas te faire découper en rondelles. Il faut t'acheter un putain de gilet pare-balles, tout de suite… C'est du sérieux, putain, c'est vraiment archidangereux. Quand on fait affaire avec ces putains de sauvages, c'est archidangereux.

Gobbelaar n'est pas le seul à avoir peur. En Malaisie et à Singapour circulent des histoires d'attaques de gangs, de serpents vénéneux placés dans la voiture d'un joueur, d'un gardien de but mourant dans un mystérieux accident de voiture. Un défenseur raconta à la police comment on l'obligea à truquer un jeu.

C'était pendant l'entraînement. Deux Chinois d'à peu près 1,70 m, la trentaine, viennent me voir et me félicitent. Ils me disent qu'ils connaissent Mike et Jimmy [deux truqueurs de Singapour]. C'étaient des hommes de Jimmy. Ils venaient de rencontrer d'autres joueurs. Ils me demandent de coopérer dans un trucage contre Singapour. Je refuse. Les deux Chinois me suivent et me bloquent le passage. L'un d'eux sort un couteau à la Rambo et menace de nous tuer, ma femme et moi, si je n'accepte pas de les aider.

Un entraîneur ayant travaillé dans des clubs asiatiques m'a raconté comment il a été approché par des truqueurs.

Il n'y a pas de conversation, pas d'approche, rien. Ils appellent les joueurs et leur disent « tu fais ça, ou bien… ». Ils appellent et disent : « Nous voulons que ce match se termine avec un écart de 2 buts. Tu gagnes ou tu perds. » Si le joueur leur dit d'aller se faire foutre, ils disent : « Nous connaissons l'école que fréquente ta sœur », ou « nous savons où ta grand-mère fait ses courses ».

Ces faits ne sont pas isolés. Depuis quinze ans, les ligues de football du continent asiatique ont été méthodiquement sabotées par le trucage de match.

Mais le premier et le plus gros fiasco se produisit en Malaisie et à Singapour, au début des années quatre-vingt-dix.

C'est là que j'ai décidé de commencer mes recherches.

En 1989, les associations malaisiennes et singapouriennes de foot créent une nouvelle Ligue professionnelle. L'idée est la même que celle de la Ligue chinoise quinze ans plus tard, c'est-à-dire propulser leurs équipes à un niveau international en bâtissant une ligue nationale solide. Les gouvernements fédéraux des deux pays aident au financement. On construit de nouveaux stades. On signe de juteux contrats de retransmission télévisuelle qui permettent à des millions de téléspectateurs de suivre les exploits du championnat. On autorise les clubs à importer des stars étrangères afin d'améliorer le niveau du jeu et la ligue atteint un joli succès, avec plus de cinquante mille fans.

Mais c'est le désastre.

L'histoire officielle dit que, à mesure que l'intérêt pour la Ligue grandissait, le nombre de parieurs sur les matchs croissait aussi. Les truqueurs entrèrent dans la ronde, comprenant qu'il y avait d'énormes bénéfices à se faire sur le dos des parieurs s'ils pouvaient truquer les matchs.

Au moment où les autorités sévirent enfin, on estima à 80 % le nombre de matchs truqués et les criminels avaient étendu leur influence sur d'autres continents, reluquant les matchs de première division en Angleterre. Cependant, la vraie histoire de l'effondrement de la Ligue malaisienne et singapourienne n'a jamais été racontée.

Chaque histoire a un héros, celle-ci en a deux : Lazarus Rokk et Johnson Fernandez. Au début des années quatre-vingt-dix, c'étaient deux bons journalistes, travaillant pour le *Malay Mail* et le *New Straits Time*. Ils ne faisaient pas d'investigation, c'étaient simplement deux types qui aimaient le foot. J'ai interviewé une grande quantité de journalistes en Malaisie et quelques-uns sont tout à fait ouverts à l'idée d'aider les criminels ou les joueurs à truquer un match.

Ils m'ont même expliqué comment ils procèdent :

J'ai travaillé quelquefois pour les bookmakers. Ils me demandaient de parler aux joueurs. Alors pendant l'entraînement je disais au joueur « Lim demande, OK ? » et le joueur répondait « OK ». C'est tout. Pas un mot de plus. J'avais leur accord. Ils le confirmaient.*

Ce qui rendit parfois mes recherches difficiles et tendues, c'était cette habitude déplorable des journalistes de se vendre. Je savais que certains de ceux que je rencontrais travaillaient comme intermédiaires avec les gangs. En fait, les plus honnêtes étaient ceux qui me l'avouaient. Ce que j'ignorais, c'était si, par fidélité, un jour l'un d'eux ne dirait pas à un de ses amis de me rendre une petite visite pendant la nuit.

Rokk et Fernandez sont des exceptions. Ce sont des honnêtes gens qui ont maintenant cinquante ans et sont encore traumatisés par les événements de ces années-là.

Leurs soupçons concernant le trucage des matchs à grande échelle commencèrent juste après la fin de la première saison de la Ligue professionnelle.

Fernandez fut appelé dans le bureau de son rédacteur en chef où l'attendait un homme en costume trois pièces de l'agence anticorruption (ACA) qui désirait lui parler. Cet homme était venu le voir parce qu'il avait une bonne connaissance du sport et lui posa des questions sur une éventuelle implication d'une des Familles Royales malaisiennes dans les trucages.

Il existe une énorme différence entre ce qu'un journaliste sait et ce qu'il peut écrire dans son journal. L'enquête officielle sur l'implication d'une des Familles Royales n'aboutit pas, peut-être à dessein et au début, Fernandez et Rokk n'avaient pas de preuves pour écrire un article complet.

Pendant quatre ans, nous avons essayé de convaincre les autorités et l'Association de football de mettre leur nez dans le trucage de matchs dans le pays. Mais ils ne nous prenaient pas vraiment au sérieux. Ils pensaient que ce n'était pas grand-chose. Alors nous décidâmes d'y aller nous-mêmes... En creusant, nous nous aperçûmes que ce que nous savions n'était que la partie émergée de l'iceberg. Notre enquête commença à devenir de plus en plus dangereuse, et nous découvrîmes bien d'autres vers dans le fruit.

Ils rencontrèrent une source qui travaillait avec les gangs de truqueurs qui leur ouvrit de nouveaux horizons. Avant les matchs, il leur donnait le score final. Leur source était un vrai gangster de Brickfields. Brickfields est le quartier de la classe ouvrière, majoritairement indienne, autour de la gare centrale de Kuala Lumpur. Les rues de Malaisie ne sont pas un endroit particulièrement dangereux, mais se promener à Brickfields la nuit n'est vraiment pas une promenade conseillée par les guides touristiques. La source de Rokk et Fernandez était le roi de Brickfields. Il leur montra tout un nouvel aspect de la vie... et du sport. Rokk se souvient même du jour où il les a emmenés rencontrer les triades :

C'était un super-mec. Il m'emmena à un rendez-vous avec les Tiger Generals. C'est un grade dans les triades. Ils s'assoient, sortent leur couteau, leur tournevis, et disent « OK, parlons ». Derrière nous il y a des gardes du corps, armés. On attend. C'est le rituel des « discussions de table ». Tout dépend de l'invitation. Si elle est « entre 7 heures et 7 h 30 », ça veut dire qu'il y a encore de la place pour discuter, si c'est « 7 h 30 précises », ça veut dire qu'on va à la baston.

Grâce à l'aide de leur source et d'autres personnages de la pègre, les deux journalistes découvrirent comment les trucages étaient organisés. Fernandez et Rokk me révélèrent ce secret que je pus vérifier avec les joueurs, les policiers et les truqueurs eux-mêmes.

Premièrement, voici comment les truqueurs et les joueurs utilisent les réseaux pour collaborer les uns avec les autres. D'abord, il faut savoir que les truqueurs ne rencontrent pas les joueurs. Ils utilisent ce qu'on appelle des « coursiers ».

Fernandez m'expliqua qui ils étaient.

Ils utilisent d'anciens footballeurs. Ils sont connus par les responsables et par les joueurs. Ils n'attirent pas de soupçons. Ils ont juste l'air de s'intéresser à l'avenir de leur ancienne équipe. C'est très fréquent qu'ils [les truqueurs] utilisent d'anciens footballeurs.

C'est le genre de coursier parfait pour un truqueur. Là où un étranger ne passe même pas la sécurité, un ancien footballeur avec une belle réputation peut entrer partout, approcher toutes les équipes n'importe où, même à leur hôtel. Ce genre de coursier va dans les chambres, sans qu'on lui pose de questions. Les joueurs ont confiance en lui. Il peut leur parler sans être écouté par la sécurité. Il est l'entremetteur parfait entre le monde souterrain du jeu et un club de foot corrompu.

Cependant, ce sont d'*anciens* footballeurs et ne peuvent truquer le match eux-mêmes. Ils ont besoin de quelqu'un dans l'équipe.

Scott Ollerenshaw, qui n'a jamais truqué un match de sa vie, m'a appris la deuxième étape du trucage. Attaquant vedette de la Ligue malaisienne dans les années quatre-vingt-dix, il a joué dans de nombreuses équipes. Il a commencé au Sydney Olympic de New South Wales en Australie, au Walsall, en troisième division en Angleterre et a joué un match face à la grande équipe du Brésil de Romario, devant des dizaines de milliers de fans hurlants. Mais rien ne l'avait préparé à ce qu'il a vécu en Asie.

Des rumeurs circulaient constamment [sur le trucage], mais en gros on peut dire que la moitié de l'équipe truquait le match et l'autre moitié se donnait à fond.

Maintenant qu'il ne joue plus, Ollershaw est un homme gentil et aimable. Mais sur le terrain c'était un dur à cuire : la crinière rousse, fier et avec un tempérament explosif. Un jour, après un match, certains de ses coéquipiers essayèrent de lui casser les jambes parce qu'il menaçait de les tabasser à la suite d'un match truqué. Il savait très bien comment ça se passait.

Il y avait un chef de bande parmi nos gars. Le bookmaker l'appelait et lui disait : « Tu vas jouer contre telle équipe, nous voulons absolument que tu perdes le match. Voilà 50 000 dollars, tu les distribues comme tu veux ». Lui savait qu'il y avait cinq ou six gars sensibles à cet argument et il allait les voir et disait : « J'ai quatre ou cinq mille pour toi après le match. Je te paye cash si tu m'aides à perdre. » En gros, c'était comme un maître d'œuvre. Il encaissait l'argent, surveillait que le travail soit bien fait et distribuait des salaires.

Le « maître d'œuvre » doit être un joueur influent. C'est le capitaine de l'équipe de cricket d'Afrique du Sud, Hansie Cronje, qui truquait les rencontres internationales ; le trucage infâmant du jeu de base-ball des World Series de 1919 par les Chicago White Sox fut arrangé par leurs joueurs vedettes, et quand Liverpool et Manchester United truquèrent un match en 1915, l'arnaque fut conduite par leurs champions. Beaucoup de gens sont surpris d'entendre que les meilleurs athlètes peuvent être les « maîtres d'œuvre » d'un trucage.

C'est justement parce que ces types sont des stars que les truqueurs veulent travailler avec eux. Les grands joueurs ont le prestige et l'aura nécessaire pour s'assurer un maximum de complices dans l'équipe. Ils peuvent inciter au trucage certains de leurs coéquipiers plus facilement que n'importe quel autre joueur.

Cependant, quel que soit son talent, un « maître d'œuvre » qui veut truquer un match a besoin d'avoir un réseau dans l'équipe. Il lui faut au moins trois à cinq joueurs pour l'aider. S'ils sont moins ils risquent d'y arriver, mais ils ne pourront pas garantir le résultat. Au football, cinq à sept joueurs sont nécessaires et au minimum : le gardien de but, un défenseur et un attaquant.

La plupart du temps, les joueurs corrompus ne veulent pas avoir toute l'équipe avec eux, d'abord parce qu'ils ne veulent pas partager l'argent, et ensuite parce qu'il est plus difficile pour les spectateurs de se rendre compte de ce qu'il se passe s'ils ne sont que quelques-uns. Un joueur singapourien qui avait truqué des matchs m'a expliqué que les gens jugent le comportement de l'équipe dans son ensemble et non de chaque individu. Ne pas mettre toute l'équipe dans le coup aide le « maître d'œuvre ». Imaginons que six personnes sont en train de pourrir le jeu et cinq autres essayent de sauver le match : les observateurs n'y voient que du feu, jamais ils ne pourront distinguer qui participe au trucage.

Quelle est la tactique des joueurs qui truquent les matchs ?

Les Malaisiens et les Singapouriens m'apprirent aussi cela.

2

Mais qu'est-ce que tu fais, putain ?

C'étaient des erreurs ridicules qu'un footballeur professionnel n'aurait pas dû commettre. Des trucs comme rater un tacle, faire un dégagement, droit sur l'attaquant de l'équipe adverse qui est à cinq mètres du but. Ou faire semblant de chercher un hors-jeu. C'est sûrement ça la meilleure. Tu remontes le terrain, tu fais croire que tu cherches le hors-jeu et l'attaquant de l'équipe adverse qui lui, n'est pas hors-jeu, a le champ libre.

En Malaisie, la police utilise plusieurs méthodes pour faire parler un prisonnier.

La courtoisie n'étant pas la plus courante.

La culture de l'interrogatoire s'est développée pendant une insurrection communiste sanglante où des milliers de personnes furent tuées et des dizaines de milliers emprisonnées.

Les Malaisiens ont été formés par les gouverneurs coloniaux britanniques et ont fini par dépasser leurs maîtres. Selon Amnesty International, la police malaisienne a porté la torture à un tel degré de raffinement, au point de l'élever presque au rang d'art : « Les détenus sont violés, obligés de se déshabiller, empêchés de dormir, privés d'eau et de nourriture, on menace de molester leurs familles et ils sont victimes d'interrogatoires intensifs pour les forcer à avouer ou obtenir des informations ». Qu'un prisonnier soit membre de l'élite de la société ne lui garantit aucun privilège.

Un ancien Premier ministre, Anwar Ibrahim qui, en 1990, a eu la bêtise d'exprimer une opinion négative contre le Premier ministre en fonction a été mis en garde à vue pendant dix mois. Il arriva au tribunal avec un œil au beurre noir et autres ecchymoses : il avait été battu par un officier de police. À son procès, un autre policier, ancien chef des renseignements, témoigna de cette pratique très répandue afin de faire « changer d'avis » à un prisonnier politique.

Je suis devenu ami avec certains de ces policiers. Ils se sont intéressés à mon travail et ont décidé de m'aider. La proximité avec des tortionnaires est une chose étrange. Quelque chose d'indéfinissable les différencie du commun des mortels. En 2003, en Turquie du Sud-Est pendant la guerre en Irak, j'ai rencontré beaucoup d'hommes de ce genre. L'un d'eux, un ancien haut gradé des services de renseignement de l'armée turque, devint presque un ami. Il m'aida à organiser un rendez-vous secret avec des trafiquants de drogue syriens qui devaient me faire entrer en Irak clandestinement. Pendant toute la négociation, il a été extrêmement gentil et hospitalier. C'était un homme relativement aisé, pourtant il acceptait de partager avec moi d'interminables voyages nocturnes en bus, le seul moyen de transport que mon budget de journaliste free-lance pouvait me payer. Il m'invita à partager des moments avec sa famille et à des réunions mondaines. Il était urbain, cosmopolite et amical. Cependant je me souviens de lui à une réception au Hilton d'Ankara, c'était la première d'une émission de télévision où l'on disait que le génocide Arménien n'avait jamais eu lieu. Il tenait son verre délicatement et regardait quelqu'un, semblant vouloir mesurer la souffrance que cette personne serait capable d'endurer. Malgré sa civilité, malgré sa culture, cet homme avait manipulé un croc du boucher ou de je ne sais quels horribles instruments de torture ; d'un signe de tête il avait donné l'ordre d'augmenter le supplice d'un prisonnier. Torturer un être humain laisse un bleu à l'âme qui pourrit de l'intérieur et le tortionnaire a beau essayer de se cacher, son odeur le trahit.

Mes contacts dans la police malaisienne étaient du même genre : amicaux, généreux et serviables, mais leur rire exhale un vent glacial qui provient de ce pouvoir qu'ils ont de faire souffrir d'autres êtres humains.

Ils possédaient aussi des documents précieux sur les matchs truqués. En 1994-1995, quand Fernandez, Rokk et d'autres journalistes eurent écrit assez d'articles sur le sujet pour que la police ne puisse plus les ignorer, ils décidèrent de faire leur travail.

Ils l'appelèrent l'opération Bola. Une série de perquisitions dans tout le pays provoqua l'arrestation de plus de 150 joueurs et entraîneurs. La loi datant de l'époque coloniale leur permettait de garder les joueurs en garde à vue des jours, voire des semaines, et ensuite en exiler une vingtaine aux quatre coins du pays. Bizarrement, aucun des joueurs ne fut jugé. Il y avait, dans les archives de la police royale malaisienne, une foison de confessions de joueurs qui n'avaient jamais été consultées par qui que ce soit d'autre que la police. Ils m'invitèrent à jeter un œil sur ces documents.

La température flirtait avec les 30 °C en ce jour de printemps à Kuala Lumpur et je transpirais dans mon costume en laine en arrivant au quartier général de la police. Le mot *Kuala Lumpur* évoque des cocotiers, des bâtiments exotiques, les eaux d'une rivière glissant sous une lune tropicale, ou un coucher de soleil à couper le souffle. Passez-y un seul jour et vous verrez que cette réalité d'un autre siècle a été écrasée par une architecture en carton-pâte à la californienne, la même qui a envahi le reste du monde : certains immeubles semblent avoir été érigés en ouvrant un paquet et en y ajoutant de l'eau. De pauvres centres commerciaux s'étalent près de voies rapides, de longs passages éclairés au néon et ponctués par des stations à essence, qui vous mènent de nulle part à nulle part.

Le quartier général de la police royale malaisienne aussi est un bâtiment lyophilisé, construit sur les restes de l'ancien Kuala Lumpur Park. Imaginez Central Park, entouré de six voies rapides bourdonnantes.

Ils vérifièrent mon identité cinq fois avant que je sois autorisé à entrer dans les bureaux. Et là, dans une pièce sans âme, ma source sortit les archives et nous les lûmes. Toutes ces pages traçaient les méandres d'un réseau du crime, inimaginable. Les joueurs parlaient de trucages de matchs à de très hauts niveaux, de criminels menaçant les joueurs et leur offrant des pots-de-vin, de liens avérés avec quelques-uns des politiciens et hommes d'affaires les plus en vue du pays. Ils montraient aussi le courage et la bravoure de certains entraîneurs solitaires, assaillis par la corruption, qui tentaient désespérément de convaincre leurs joueurs de jouer honnêtement.

C'était un matériel extraordinaire, un nombre infini d'histoires, sujets potentiels pour plusieurs romans.

Je ne vous en raconterai qu'une.

Rafiq Saad* avait été l'un des meilleurs joueurs dans la Ligue malaisienne. Le jour où il se trouva en prison aux mains de la police qui voulait vraiment le faire parler, sa renommée de footballeur ne lui servit à rien.

Il a dû passer un très sale moment. Le policier qui conduisait l'interrogatoire écrit que le premier jour il n'était pas « coopératif ». Mais plus loin il explique que le deuxième jour, Saad devint beaucoup plus « coopératif ». Ça ne m'étonne pas. Seul dans sa cellule avec ces officiers de police malaisiens et leurs merveilleuses méthodes pour s'assurer la « coopération » des prisonniers… il a dû se mettre à chanter comme un canari.

Saad n'est pas son vrai nom, mais nous savons tout de lui. Nous connaissons son salaire. Nous savons qu'en tant que

« maître d'œuvre », il distribuait les rôles parmi ses coéquipiers pour truquer les matchs. Nous savons pour quelles équipes il a joué. Nous savons quels matchs il a aidé à truquer et combien il a touché à chaque fois. Nous savons aussi comment il a fait. Parce que, pendant ces longues conversations épuisantes, l'officier de police est devenu plus curieux : Comment les joueurs truquent-ils les matchs ? Quelles sont les méthodes ? Comment réussissent-ils ?

Ce sont de bonnes questions, car ce n'est pas facile de truquer un match de foot. Il faut tenir compte des 22 joueurs, de l'arbitre, des juges de ligne, des entraîneurs et aussi de la foule, prête à crier sur le premier joueur qui commet une faute réelle, à plus forte raison sur un type qui sabote sa propre équipe. Parfois c'est très mal fait. Au printemps 2005, par exemple, les deux équipes de Venise et de Gênes avaient arrangé un match et ils ont failli tout faire rater. Le pacte était que Gênes gagne et passe en première division, la Série A, et que Venise prenne beaucoup d'argent. À la deuxième mi-temps, l'entraîneur de Venise reçoit un coup de fil de son collègue génois : « Mais qu'est-ce que tu fais, putain ? Ton joueur vient de marquer un but ! » Il gueule.

« Je sais, je sais », répond le Vénitien. « Les joueurs sont devenus fous, ils ont marqué par erreur ! »

Au plus grand soulagement des Génois, les Vénitiens les laissèrent marquer et le match se termina comme prévu, avec une victoire de Gênes qui leur aurait permis de monter en Série A. Mais la tractation avait été enregistrée par les magistrats italiens qui enquêtaient sur les responsables des équipes...

L'époque est différente, mais la Ligue est la même et les problèmes aussi. Dans son autobiographie, *In The Mud with the Soccer God*[1], l'avant italien Carlo Petrini décrit les

1. « Dans la boue avec le dieu du foot » *(Ndlt).*

problèmes que lui et ses coéquipiers de Bologna rencontrèrent quand ils arrangèrent un match contre la Juventus en Série A. L'idée était de faire un match nul. Bien. Sauf qu'à la cinquante-cinquième minute, un joueur de la Juventus tire dans le but de Bologna et, comme il avait neigé, la balle échappe au gardien et finit dans la lucarne, 1 à 0 pour la Juventus. Les joueurs de Bologna sont furieux. Petrini raconte qu'il y eut un début de bagarre au milieu du terrain et ce fut le centre de la Juventus qui calma le jeu en disant : « Ne vous inquiétez pas, les gars, on va marquer un but contre notre camp. » Dix minutes plus tard, lors d'un corner contre la Juventus, un de leurs joueurs s'élève dans les airs d'un bond spectaculaire, frappe le ballon de la tête et l'envoie dans son propre but. Le match se termina par 1 à 1 et tout le monde était content sauf les tifosi qui, de rage, les attaquèrent à coup de boules de neige.

À Singapour aussi, en 1996, truquer un match était une entreprise difficile. La Coupe Merlion était un tournoi international entre l'Indonésie, la Malaisie, la Chine, la Corée du Nord, Singapour et le Canada. Vu de l'extérieur, on pourrait penser que de toutes ces équipes, celle qui était la moins à même d'accepter des pots-de-vin était l'équipe du Canada, relativement riche. Cependant, certains des joueurs canadiens avaient accepté de perdre en demi-finale, face à la Corée du Nord. Un des joueurs était furieux contre Paul James car il jouait honnêtement alors qu'on le croyait dans la combine. « Mais qu'est-ce que tu fais, putain ? » cria-t-il à James qui fit une passe tellement parfaite que les Canadiens marquèrent presque un but. Mais tout se passa comme prévu et les Coréens purent gagner 2 à 0.

Un joueur qui truque un match et qui veut éviter de tomber dans la folie du match de Venezia-Bologna ou dans les problèmes des Canadiens, que doit-il faire ?

Il existe, en substance, trois écueils pour le joueur : comment livrer le bon résultat, comment faire en sorte que personne ne s'en aperçoive, et comment jouer assez mal pour perdre mais pas assez pour compromettre l'avenir de toute l'équipe ?

C'étaient les questions que la police malaisienne avait posées à Rafiq Saad, pendant ces interminables nuits dans sa cellule.

Sa confession inclut une liste de deux pages des différentes tactiques que les joueurs de chaque poste utilisent.

Les gardiens de but

Les gardiens de but sont évidemment les éléments clés de la réussite d'un match truqué.

D'après Rafiq Saad, la stratégie pour un gardien est de jouer exactement à l'envers de ce qu'il faudrait faire, par exemple : le gardien doit quitter la surface le plus possible. « Lors d'une échappée, le gardien va laisser le but et jouer le plus haut possible afin de le laisser libre ».

C'est la tactique maîtresse : si un défenseur corrompu peut s'assurer qu'un avant de l'équipe adverse fonce vers le but tout seul, un gardien honnête peut encore arrêter le ballon, alors qu'un gardien corrompu sort rapidement de la surface et laisse le champ libre à l'adversaire. Bien évidemment, il faut le faire dans les règles de l'art et après, pleurer et jurer comme si on avait sincèrement raté le ballon. C'est presque impossible pour un observateur de détecter la tricherie.

Un joueur finlandais, qui truquait les matchs de première division dans son pays en 2004, m'a aidé à décrire comment un gardien de but corrompu erre en dehors de la surface de réparation dans un match arrangé.

Le gardien sort de la surface de réparation pour réceptionner une passe, mais il laisse passer un attaquant adverse. Celui-ci n'a plus grand-chose à faire pour mettre le ballon dans le filet…

L'équipe A marque encore, l'équipe B se plante lamentablement, comme prévu.

Un bon gardien de but corrompu n'a pas besoin de faire l'idiot, il n'a pas besoin d'errer de l'autre côté du but. Saad parle de « se mettre dans la mauvaise position ». Ça peut vouloir dire se tenir à un mètre de la bonne place. Quand l'attaquant tire, ça permet au gardien de se jeter courageusement mais inutilement sur le ballon sifflant entre ses bras tendus.

Une autre tactique leur permet, en apparence, d'innocemment rater leur parade : « Le gardien laisse tomber le ballon, il aurait pu l'attraper, mais il le laisse rebondir ».

Cette tactique est la plus évidente et, bien évidemment, contraire à ce que n'importe quel entraîneur apprend à un footballeur en herbe : « Attrape le ballon, bloque-le avec ton corps ». En poussant le ballon dans la surface ou en le laissant tomber, le gardien peut causer toute une série de problèmes à ses coéquipiers. Un joueur se souvient d'un incident.

Pendant un match, l'équipe adverse tire un corner. J'étais au poteau. Je défendais. Le ballon arrive, on aurait dit qu'il flottait. La défense ne jouait pas. Je me tenais près du gardien et c'était comme un ralenti : il sort, attrape le ballon et le laisse tomber aux pieds de leur attaquant, qui marque. Et je me suis senti tellement frustré que j'ai été le voir et je l'ai poussé, je bouillais. « Salopard ! Tu savais très bien ce que tu faisais ! », je lui ai crié. Il a répondu « Allez... ! » Et tu sais, ils font les innocents, mais j'étais sûr de ce qu'il se passait.

Il faut avoir un défenseur avec soi pour réussir un match arrangé, parce qu'une erreur de leur part suffit à faire marquer l'équipe adverse. En 1960 le *Daily Mail*, révéla une tactique assassine, la passe suicide. « Le ballon est placé par un défenseur, trop loin pour que le gardien puisse le dégager ou l'attraper, mais assez près de l'attaquant adverse pour qu'il se pointe et marque un but "cadeau"... Tous les fans de foot ont déjà vu ça, mais parfois ça n'est pas par hasard. » Ce secret leur avait été révélé par un « grand gardien de but », écrirent-ils.

Les stratégies de Rafiq Saad sont plus banales :

L'arrière droit et l'arrière gauche n'aident pas le libero quand il est attaqué.

Le libero n'aide ni l'arrière droit, ni l'arrière gauche, quand ils sont attaqués.

La défense ne jouera que dans son camp et laisse les attaquants passer exprès.

De même que le gardien de but qui laisse tomber le ballon ou qui le fait rebondir dans une surface de réparation surpeuplée, ces tactiques sont l'exact opposé de ce que chaque entraîneur a appris aux jeunes joueurs, depuis que le ballon rond a été inventé.

Un joueur singapourien m'a dit :

C'étaient des erreurs ridicules qu'un footballeur professionnel n'aurait pas dû commettre. Des trucs comme rater un tacle, faire un dégagement, droit sur l'attaquant de l'équipe adverse, qui est à cinq mètres du but. Ou faire semblant de chercher un hors-jeu. C'est sûrement ça la meilleure. Tu remontes le terrain tu fais croire que tu cherches le hors-jeu et l'attaquant de l'équipe adverse qui lui, ne l'est pas, a le champ libre.

Attaquants

Cela ne sert évidemment à rien de recruter le défenseur et le gardien pour truquer le match, si le buteur n'arrête pas de marquer. Et si les attaquants adverses marquent trop de buts, le trucage se voit aussi. Il existe donc, différentes stratégies pour les attaquants.

Garder le ballon longtemps pour permettre aux adversaires de vous le prendre.

Dribbler droit sur l'adversaire, ce qui lui permet de perdre le ballon.

Rater les opportunités de marquer, soit en tirant droit sur le gardien, ou en ratant la lucarne totalement.

En 1915, il y avait à Liverpool un jeune attaquant du nom de Fred Pagnam. Pour truquer les matchs, ses coéquipiers utilisaient les méthodes de Rafiq Saad. Pagnam était un des seuls types de son équipe qui avait décidé de ne pas bazarder le match face à Manchester United. C'était la fin de la saison et Manchester se battait pour ne pas être relégable. La première guerre allait bientôt voler aux joueurs leur liberté, ils avaient donc décidé d'arranger le match pour donner à Manchester des points et gagner un peu d'argent. Sur le chemin du stade, on donna à Pagnam le même genre de directive que Saad décrit : perds la balle le plus possible et si tu te trouves face au but, rate-le.

Pagnam raconte que vers la fin du match, il tira vers le but de Manchster et le ballon frappa la barre transversale. Un de ses coéquipiers lui cria : « Qu'est-ce qu'il t'a pris ? » Après cela, ils firent en sorte qu'il n'ait plus jamais d'opportunité de marquer.

Les milieux de terrain, qui ne jouent pas directement devant le but, n'ont pas une influence aussi forte sur le jeu que les gardiens. Cependant ils ont un rôle important, ils doivent surveiller le bon déroulement de l'arnaque.

Perdre un match contre une bonne équipe qui en veut c'est assez facile, mais pour une bonne équipe, perdre la face contre une mauvaise équipe, c'est très difficile. Si on laisse le ballon à une équipe honnête et incompétente, on ne sait pas ce qui peut arriver, ils peuvent faire des erreurs tellement énormes que l'équipe adverse sera obligée de marquer.

Ce qui veut dire que contrôler le jeu quand on truque est une tâche très importante.

J'ai parlé à un truqueur qui m'a expliqué que pour perdre, il devait dire à son équipe de garder le ballon quelques secondes et de faire des passes à l'arrière et chaque joueur corrompu fait la même chose, rien n'est visible et les joueurs gagnent du temps.

Ces dernières années, contrôler le jeu est devenu un talent très recherché car les truqueurs demandent aux joueurs, non seulement de perdre, mais de faire évoluer le jeu selon le moment du match. Voilà pourquoi : n'importe quel turfiste peut miser sur telle équipe ou telle équipe, mais les bookmakers veulent se faire un maximum d'argent et ils y arrivent en gagnant des paris plus complexes, comme le nombre de buts marqués et le moment où ils seront marqués…

Rafiq Saad décrivit une série de tactiques pour les milieux de terrain :

Le milieu de terrain garde le ballon le plus longtemps possible pour permettre à l'autre équipe de le récupérer.

Le milieu de terrain contrarie le jeu en repassant le ballon à la défense.

Le milieu de terrain fait une passe incertaine pour permettre aux adversaires de récupérer le ballon.

Le milieu de terrain garde le ballon dans son camp et ne le distribue pas.

Malgré l'intérêt de la confession de Rafiq Saad, je voulais savoir si ce qu'il racontait était vrai. Après tout, parler sous la torture ne garantit rien. Moi par exemple, si j'avais été dans les mains de la police malaisienne, je leur aurais fait cadeau de ma carte de crédit Mastercard, du code et tout ce qu'ils voulaient, pourvu qu'ils me laissent partir.

Je voulais savoir s'il y avait des indices qui permettraient de savoir si on avait à faire à un match truqué lorsqu'en voyait un.

Alors j'ai trouvé une façon vérifier la confession de Saad.

3

Experts en bobards

Tout tient dans le discours d'avant le match ; ils gueulent des tas de « Allez, allez ! » Puis, pendant le jeu, c'est des petits trucs comme mal gérer un tacle glissant ou laisser passer un mec. Ces types sont devenus experts pour nous faire croire qu'ils se saignent pour leur équipe. Puis après le match, ils se jettent par terre et pleurent !

De toutes les légendes qui circulent en Asie sur les trucages de match, la plus extraordinaire est celle de la disparition de Michael Vana. C'était en 1994, mais les fans de foot singapouriens d'un certain âge en parlent encore comme si c'était hier. Il y a des mystères qui hantent l'imaginaire collectif de certaines nations, les États-Unis ont Amelia Ehrhart, l'Angleterre, lord Luncan et Singapour, Michel Vana.

Vana était une star. Le meilleur joueur qui ait jamais posé les pieds sur un terrain de foot à Singapour. Il était Tchèque et avait le talent pour devenir un des meilleurs joueurs au monde, mais ne réussit jamais sa carrière en Europe. À Singapour, au sein d'une ligue moyenne, il fit des étincelles. Un de ses anciens entraîneurs se souvient de lui comme « du meilleur joueur que j'ai jamais entraîné. Il avait tout, c'était un grand. »

D'après les autorités locales, Michael Vana truquait des matchs.

La nuit du 12 août 1994, juste avant que l'équipe de Vana ne remporte le championnat de la Ligue, la police l'arrêta, affirmant qu'il avait gagné des centaines de milliers de dollars en truquant des matchs. Un mois plus tard, il devait comparaître devant le tribunal.

Il s'y présenta le 14 septembre et laissa une caution de 500 000 dollars, quitta les lieux et disparut.

Envolé.

Évaporé.

Singapour est une île. Y habiter ressemble à une expérience sociale inventée par un auteur de science-fiction. Les forces de l'ordre y sont connues pour leur férocité. Les fous qui mâchent du chewing-gum et le jettent dans la rue sont sévèrement verbalisés. Les hooligans sont fouettés. Les trafiquants tués. À cette époque, il n'y avait qu'un seul pont qui reliait l'île au continent et un seul aéroport de passagers. L'entrée et la sortie de l'île étaient scrupuleusement vérifiées. Malgré tout cela, Vana, qui était encore le 14 septembre surveillé par la police de Singapour, se retrouva chez lui, à Prague, le lendemain, en train de regarder un match de foot à la télé, niant avoir accepté le moindre pot-de-vin et sans la moindre intention de retourner dans l'île. Comment avait-il fait pour s'échapper de cette forteresse ? On raconte beaucoup d'histoires sur sa fuite dans les bars, la nuit, quand les rideaux de fer sont baissés et l'alcool monte à la tête. On dit que Vana s'enfuit à bord de la limousine personnelle d'un grand joueur et Prince malaisien. Qu'il prit un bateau jusqu'en Indonésie, puis un avion jusqu'en Europe, mais qu'il n'avait pas prévu que l'avion s'arrêterait à Singapour et que pris de panique, il passa trois heures caché dans les toilettes pour hommes de l'aéroport.

Mais personne à part Vana ne sait la vérité sur la plus belle disparition de l'histoire récente de Singapour.

Son ancien entraîneur décrit la technique la plus flagrante qu'il le vit employer pour truquer un match contre une équipe plus faible :

Je crois que ça ne se voyait pas parce que nous jouions très bien et les paris étaient que nous gagnerions le match avec plus de 3 buts. Mais on les ratait à deux mètres. Il y eut un incident dont je me rappelle très bien : un de nous joueurs était devant le but, avec le gardien à sa merci et Vana lui passa devant, prit le ballon et le passa à l'ailier droit !

D'habitude, Vana et les autres joueurs corrompus sont plus discrets. En plus de bien jouer, il faut un avoir autre talent. Un joueur corrompu doit être un grand acteur. Il ne sert à rien de jouer mal, le joueur doit prétendre qu'il fait de son mieux. Jackie « M. TV » Pallo fut un grand lutteur anglais pendant trente ans. Il était grand, beau et très extravagant et devint le fameux « méchant », celui qui doit tourmenter les « yeux bleus » (ce sont les lutteurs qui jouent les héros) et le public. Mais au sommet de sa carrière, il fut exclu d'un contrat de télévision très juteux. Par conséquent il écrit un livre confession *You grunt, I'll groan* [1].

Pallo affirmait que le catch, tel qu'il était pratiqué en Angleterre, était totalement truqué.

La plupart des « combats sauvages », que le public adorait, étaient des mises en scènes dont on connaissait l'issue à l'avance. Dans des chapitres comme « Les six commandements », Pallo décrit même en détail certains des trucages du catch et comment ils étaient exécutés.

Pallo met surtout l'accent sur l'art de « mourir » quand l'autre lutteur porte un faux coup.

1. « Tu grogneras, je gémirai » *(Ndlt)*.

… il est important que les lutteurs se répondent… si je laisse tomber un type sur la tête et que ça fait un putain de bruit, je m'attends à ce qu'il roule sur le ring pendant quelques secondes en se tenant la tête en hurlant de douleur. Ça s'appelle « mourir » au geste de l'autre ou « vendre » son geste.

C'est la même chose dans un match de foot truqué : le joueur corrompu doit « vendre » le trucage, valider le geste. Comme dans un combat, où chaque coup est validé par la réaction de l'autre qui joue qu'il a reçu un coup horriblement douloureux, dans un match de foot les joueurs doivent faire la même chose, ils doivent agir comme si truquer un match était la dernière chose à laquelle ils penseraient. Scott Ollerenshaw a joué dans une équipe malaisienne où la police découvrit un jour que certains de ses coéquipiers étaient corrompus. Il affirme qu'avant leur arrestation, il se rendait bien compte que quelque chose ne tournait pas rond, mais il était incapable de dire qui était impliqué dans l'arnaque.

Tout tient dans le discours d'avant le match ; ils gueulent des tas de « Allez, allez ! ». Puis, pendant le jeu, c'est des petits trucs comme mal gérer un tacle glissant ou laisser passer un mec. Ces types sont devenus experts pour nous faire croire qu'ils se saignent pour leur équipe. Puis, après le match, ils se jettent par terre et pleurent !

Un joueur qui avoue truquer un match ou ne pas avoir fait tout son possible pour sauver son équipe commet un suicide professionnel. Faire comme si on était prêt à tout pour son équipe donne un avantage certain au joueur corrompu : très peu de gens peuvent affirmer avec certitude avoir vu quoi que ce soit, même des entraîneurs expérimentés. Le mode d'emploi de Rafiq Saad, s'il est suivi subtilement, peut faire passer des arnaques pour de simples erreurs d'un joueur bien intentionné. Pour la police de Singapour, cela devint un problème. Un officier dit : « Le football est très subjectif. Le jeu peut être mauvais juste parce que les joueurs jouent mal. Qui peut dire s'ils sont corrompus ? » Cette subjectivité n'est pas un problème simplement pour la police. Je le rencontrai également en travaillant sur ce livre. J'ai assisté à une grande rencontre internationale que je soupçonne d'avoir été truquée. Les truqueurs me dirent qu'elle l'était en me donnant le bon score à l'avance. Mais comment en être sûr ? Quelles étaient les figures, les signes, qui pouvaient dévoiler un match truqué ? Je voulais le découvrir.

Le collège de Nuffield fut fondé par le constructeur automobile lord Nuffield qui, dans les années qui précédèrent sa mort, dépensa énormément d'argent pour fonder un nouveau collège d'Oxford et une fondation dont le but était « d'aider l'humanité ». Nous héritâmes d'un collège de sociologues. Ils se réunissaient dans une pièce bondée tous les mercredis soir pour un séminaire. Ces réunions de « morts vivants » étaient des moments terribles qui auraient satisfait la curiosité de n'importe quel anthropologue à la recherche de rituels étranges de tribus exotiques. On invitait souvent un pauvre conférencier (ou conférencière) d'une autre université présenter son travail. Il ou elle pensait, à juste titre, que c'était une belle opportunité pour un échange de points de vue avec les gros cerveaux d'Oxford. Mais la vraie raison de cette invitation était de ravitailler en viande fraîche le festin des requins. Il ou elle se retrouvait au centre d'une petite pièce. Au premier rang, les professeurs l'encerclaient. Un accord tacite, jamais remis en cause, leur donnait la primeur des questions. Ils étaient assis les jambes serrées, les sourcils bien froncés, les doigts de pieds aux ongles trop longs gigotant à l'avant de leurs sandales. Derrière eux, entassés comme des esclaves dans des cales de bateaux de négriers, se tenaient les élèves diplômés, arborant des sourires onctueux, prêts à synchroniser leur avis sur celui de leurs supérieurs. Le visiteur finissait son exposé dans un silence où chacun aiguisait mentalement son couteau et soudain, quelqu'un du premier rang prenait la parole pour dire quelque chose du genre :

C'était vraiment très intéressant. Mais avez-vous jamais lu l'enquête que Sébastien et moi avons menée sur la famille britannique ? Cela vous aiderait beaucoup [à ce moment-là, Sébastien grimaçait modestement. Les « questions », qui étaient surtout de longs commentaires négatifs, continuaient]. Il me semble, en regardant votre travail, que vous avez fait l'erreur, assez élémentaire je dois dire, de confondre corrélation et causalité... [en gros : « vous êtes un idiot »]

En revenant parmi ces gens, après des mois de conversations en Asie avec des truqueurs, des joueurs corrompus et la police, je voulais savoir si ce que racontait Rafiq Saad était vrai. Je voulais trouver un moyen de savoir quand un match était truqué. Je me dis qu'à l'université, j'étais entouré de gens intelligents qui avaient de grandes connaissances en statistiques et que je devais laisser tomber mon snobisme intellectuel. Bien sûr, les séminaires de Nuffield étaient décevants, contaminés par de stupides problèmes de pouvoir, mais c'était aussi le cas de beaucoup de réunions de journalistes. Il y avait sûrement un moyen de tester cette idée de *sous-performance* qui permet de truquer un match en utilisant certaines des méthodes discutées dans les séminaires.

Il existe un nouveau champ d'études, l'économie expérimentale, dont je m'inspirai dans ma démarche

L'économie expérimentale fait enfin ce que les économistes auraient dû faire depuis longtemps : étudier la vraie vie. Beaucoup d'économistes orthodoxes excluent volontairement le facteur social lorsqu'ils construisent leurs modèles. Ils disent que « ça dérange ». Ils partent à la recherche de graals intellectuels, comme le « marché parfait » ou le « point d'équilibre ». C'est la raison pour laquelle il faut une si longue éducation pour devenir aussi bête que certains économistes. C'est aussi pour cela que les grandes calamités économiques comme la grande dépression de 1929 ou la crise des surprimes, se développent : on trouve toujours des économistes pour dire des trucs du genre : « Si on résolvait tous les problèmes de la faim dans le monde, ce serait une erreur, cela déprécierait le marché ».

Heureusement, depuis quelques années, les choses commencent à changer.

Il y a eu, par exemple, un grand nombre de très bonnes études sur la corruption dans le sport.

Deux universitaires américains, Justin Trogdon et Beck Taylor, montrèrent dans leur enquête de 2002 que certaines années, les équipes de NBA (National Basket-Ball Association) les plus faibles perdaient délibérément les matchs de fin de saison afin d'avoir de meilleures recrues l'année suivante. Charles Moul et John Nye, de l'université de Washington, examinèrent le système des échecs en Union soviétique et révélèrent des collusions à grande échelle entre les joueurs soviétiques dans les tournois internationaux entre 1946 et 1964 afin de s'aider mutuellement à atteindre le statut de grand maître, et les économistes Steven Levitt et Mark Duggan, démontrèrent des schémas identiques dans le Sumo japonais.

Je fis le même genre d'expérience avec des collègues statisticiens.

Je pris un échantillon de 130 matchs dont on savait par des sources officielles qu'ils avaient été truqués et je les comparais à un autre groupe de matchs honnêtes. Je voulais voir s'il y avait des schémas qui différenciaient les matchs truqués des autres.

J'étudiai les confessions et les interviews des joueurs corrompus et je remarquai un drôle de phénomène : la plupart d'entre eux ne disaient jamais qu'ils « commettaient un crime » en truquant un match, ils disaient plutôt qu'ils

« omettaient » quelque chose. C'est un peu comme dans l'église catholique. Il y a, pour les croyants, deux genres de fautes : les omissions et les perpétrations.

Perpétrer une faute est un forfait qui est commis en « faisant » quelque chose : la maison de mon voisin brûle car j'y ai mis le feu. Une faute par omission est un forfait qui consiste à ne pas faire ce qu'on devrait faire : la maison de mon voisin brûle et je n'appelle pas les pompiers.

Ce qui me sauta aux yeux était qu'il était impossible de mesurer les *fautes par omission* qu'un joueur ou un arbitre commettaient pendant un match truqué. Un commentateur de la télévision, les arbitres et des millions de fans peuvent prétendre que les joueurs auraient dû mieux faire en faisant un tacle ou en passant le ballon, mais en réalité leur jugement est subjectif. Le seul test que je pouvais faire, c'était d'essayer de mesurer les *fautes perpétrées*, ou les événements qui, sur la longueur d'un match, pouvaient être mesurés objectivement.

Trois choses s'imposèrent à moi : les penaltys, les buts contre son propre camp et les cartons rouges (quand un arbitre sort un joueur sans qu'on puisse le remplacer). C'était plausible de rencontrer plus de cas de ce genre dans un match truqué que dans un match honnête. Une source de l'UEFA (Union des associations du football européen) m'avait dit :

> *Nous enquêtons sur un arbitre. Il mise sur lui-même sur le marché du jeu : combien de cartons jaunes [avertissements de l'arbitre], à quelle équipe, etc. Il l'a fait dans les qualificatifs pour le championnat d'Europe. Je ne te donnerai pas son nom. Je dois attendre qu'il soit accusé, mais disons que c'est un arbitre d'Europe de l'Est.*

Après des mois à rentrer des données, j'eus enfin des résultats intéressants.

Penaltys

J'ai découvert qu'il n'y avait pas plus de penaltys quand les joueurs truquaient le match. Ce qui veut dire que Rafiq Saad avait dit la vérité. Si un joueur voulait faire cadeau d'un but, il n'allait pas abattre le joueur adverse, il le laisserait simplement passer, sans l'arrêter. Probablement parce que provoquer un penalty attire l'attention sur le joueur corrompu. Mais en ratant des petites choses, le joueur s'en tire sans se faire hurler dessus par son entraîneur ni lyncher par la foule. Glisser, essayer d'attraper le ballon, rater un tacle, le tout accompagné par la tactique de Pallo de « vendre le geste », des gémissements et des grognements est aussi efficace et moins visible.

En revanche, les arbitres utilisent parfois le penalty comme arme. Dans les matchs où l'arbitre avait été acheté, les penaltys étaient deux fois plus nombreux que dans un jeu honnête.

Buts contre son propre camp

L'autre phénomène assez voyant que Rafiq Saad ne mentionne pas est le but contre son propre camp. Ce pourrait être la manière la plus facile pour un joueur de truquer un match : lancer le ballon dans son propre filet, se prendre la tête entre les deux mains de honte et encaisser sa paye le lendemain. Vlado Kasalo, par exemple, joueur croate qui était dans la Bundesliga en Allemagne en 1991, a été accusé et condamné pour avoir marqué deux buts contre son camp afin de payer ses dettes de jeu.

Un des truqueurs asiatique à qui j'ai parlé m'a dit qu'il détestait les buts contre son camp. Il râlait contre un cercle de jeu vietnamien qui avait arrangé un match de leur équipe nationale pour qu'elle perde aux SEA (Southeast Asian Games) en décembre 2005. « Ils font n'importe quoi… ils sont bêtes. Ils ont presque marqué un but contre leur camp, très bête (*sic*). Trop visible. »

Mes recherches me montrèrent que ces buts sont marqués dans 10 % des matchs normaux et dans un peu moins de 20 % dans les matchs truqués.

La quantité augmente, bien sûr, mais cela veut dire que simplement certains joueurs utilisent cette technique pour truquer un match.

Je constate encore une fois que cela corrobore les propos de Rafiq Saad et la théorie des *fautes par omission* qu'il défend ; les buts contre son propre camp sont simplement trop évidents pour les truqueurs.

Cartons rouges

Vu de loin, on pourrait penser que se faire sortir du jeu est la technique parfaite pour un joueur corrompu qui veut aider à truquer le match : crier une insulte à l'arbitre, sortir furieux du terrain et l'équipe adverse gagne grâce à un avantage d'un joueur. On pourrait dire de même d'un arbitre qui sort le joueur vedette de l'équipe qu'il veut faire perdre.

Cependant, mes recherches m'ont démontré que les cartons rouges ne sont pas, statistiquement, une technique utilisée de manière significative ni par les joueurs ni par les arbitres. Saad avait encore une fois raison : le joueur corrompu préfère être sur le terrain que sur le banc. Les joueurs malhonnêtes semblent même avoir moins de cartons rouges que les joueurs d'un match normal. Les chiffres montrent que les truqueurs essayent d'éviter de se faire sortir ou de se faire punir. De toute évidence il vaut mieux être dans le jeu pour aider.

L'analyse statistique semblait confirmer les dires de Saad. Les penaltys, les buts contre son propre camp et les cartons rouges ne sont pas plus récurrents dans les données des joueurs corrompus que j'ai analysées. Alors, y a-t-il un moyen de reconnaître un match truqué ? Y a-t-il des schémas clairs qui permettent de faire la différence entre un match truqué et un match honnête ? Je crois bien que oui.

Dans une autre étude, j'ai pu démontrer qu'il y avait une différence évidente dans le nombre de buts marqués dans les matchs truqués par rapport aux matchs honnêtes. Les matchs truqués ont en moyenne 20 % de buts marqués en plus que les autres, mais la vraie clé pour reconnaître un match arrangé est d'examiner *quand* les buts sont marqués.

Un des mythes des matchs arrangés est que ce sont les derniers moments du jeu – les penaltys de dernière minute ou les derniers buts – qui en assurent le succès. Le raisonnement est que l'arbitre ou les joueurs contrôlent le jeu, attendent le dernier moment et marquent à la fin pour assurer le résultat attendu.

Un extrait du livre de Joe McGinnnis, *The Miracle of Castel di Sangro* [1] suggère le contraire. McGinnis, qui a écrit *The Selling of the President* [2], tomba amoureux du football à la fin de sa vie.

Il passa une saison entière à suivre l'équipe de Série B italienne (2e division) Castel di Sangro, partageant leurs triomphes et chacun de leurs battements de cœur. Une histoire d'amour magnifiquement écrite qui parle de l'amère déception au dernier match de la saison, quand McGuiness est témoin de l'arrangement entre son équipe adorée et l'équipe de Bari. Il entend, de ses propres oreilles, les joueurs corrompus convenir du timing des buts de la façon suivante :

Un joueur dit : « Le premier [but] doit venir tout de suite, avant même que les gens aient fini de s'asseoir. Comme ça, ça

1 « Le miracle de Castel di Sangro » *(Ndlt).*

2 « Président à vendre » *(Ndlt).*

ne se verra pas trop. Puis les deux autres, dans le développement mais toujours dans la première mi-temps. »

« Et dans la deuxième ? »

L'autre joueur rit. « Dans la deuxième, on s'allonge et on fait une sieste. »

« Mais ça va pas se voir ? » demanda un jeune joueur inquiet.

Un autre rigola. « Qui… va le voir ?… T'inquiète, personne ne voit rien. Ils regardent toujours de l'autre côté. Fais juste attention à ne pas tirer dans le but de Bari demain. Ce serait une erreur. »

Cette méthode qui consiste à marquer au début et ensuite « faire la sieste » est sûrement celle qu'ont utilisée les Autrichiens et les Allemands dans leur minable arrangement lors de la coupe du monde de 1982. Les deux équipes étaient assurées de se qualifier pour les huitièmes de finale si l'Allemagne de l'Ouest gagnait 1 à 0. Les Allemands marquèrent à la onzième minute et le reste du match fut un exercice à la Castel di Sangro.

Il existe aussi une autre théorie qui dit que ce sont les occasions qui créent la possibilité de truquer un match, du moins en partie. En d'autres termes, faire des plans c'est bien, mais confrontés à la réalité du jeu, les joueurs profitent uniquement des opportunités qui leur sont offertes pour truquer le match. C'est ce que nos joueurs italiens suggèrent quand ils parlent du deuxième et troisième but « dans le développement. »

J'ai donc analysé les données en tenant compte uniquement du moment des buts. Ce que je découvris me surprit : il y a une vraie différence de timing des buts dans un match normal et dans un match truqué. Dans les matchs truqués, le nombre de buts marqués dans les dix *premières* minutes est plus élevé et diminue dans les dix *dernières* minutes. Cette découverte va à l'encontre de la croyance populaire qui dit qu'on attend les dernières minutes pour arriver au score désiré. J'ai d'ailleurs remarqué que ces matchs-là sont des échecs en matière de trucage. Le public se rend compte que quelque chose ne va pas parce que les joueurs sont tellement pressés de marquer dans les dernières minutes. Dans les trucages réussis, le score est atteint bien avant les dix dernières minutes. En fait, les joueurs et l'arbitre essayent de l'arranger le plus tôt possible. Il y a donc plus de buts marqués dans les premières minutes d'un match truqué.

Cependant, je n'avais pas creusé un point important lors de mes recherches en Asie.

Je commençais à comprendre le rôle des joueurs dans le trucage, mais plus mon enquête progressait, plus je comprenais que je n'avais pas abordé un sujet : comment les responsables officiels géraient, ou ne géraient pas le scandale.

4

Ils sont passés à côté des gros bonnets

Ils ont arrêté plein de joueurs. Mais ils sont passés à côté de beaucoup de gros bonnets. Beaucoup de gros bonnets. Et ces mecs étaient impliqués dans le trucage, ça ne faisait pas un pli. Et ils sévissent encore dans le foot, entre autres en tant qu'entraîneurs. Ils sont vraiment passés à côté des gros bonnets.

Le meilleur conseil que j'ai reçu pendant mes recherches m'a été donné par un professeur d'anglais qui vivait en Asie. Nous nous sommes vus un soir, tard, au centre de Kuala Lumpur où il m'avait emmené dîner alors que je venais d'arriver et partagea avec moi ses impressions sur le pays. Nous étions dans un de ces marchés de nuit asiatiques où pour un dollar on peut manger les meilleurs plats du monde : depuis le merveilleux *nasi lemak* au goût de coco et aux nouilles de Singapour en passant par du poulet épicé du Sechuan, du *masala dolsa* et du *lassi* à la mangue indiens. Tard dans la nuit il faisait encore très chaud et à côté de chaque table, des ventilateurs envoyaient des fins jets d'eau. Dans le tohu-bohu qui nous entourait, on pouvait distinguer une douzaine de cultures différentes. Il y avait les Tamouls, dont les femmes portaient des saris de couleurs vives ; des groupes de Malaisiens à peine sortis des bureaux avec leurs chemises roses et à une autre table, des prostituées russes perchées sur des talons aiguilles, les cheveux teints en blond, avaient des visages si anguleux qu'on aurait pu s'en servir pour couper du fromage.

À la fin de notre repas, après que j'eus raconté au professeur le sujet de mes recherches, il se pencha vers moi et dit : « Si tu veux apprendre quoi que ce soit ici, surtout n'aie pas l'air d'un journaliste. Habille-toi bien, sois poli, mais joue les innocents et ne pose aucune question directe. »

En travaillant et en voyageant en Asie, je compris à quel point il avait raison.

Je me rendis compte que la « vérité » n'avait jamais été révélée au public. Une des choses qui m'avaient surpris, par exemple, fut que quand la police malaisienne et singapourienne réagit enfin, elle arrêta un très grand nombre de joueurs, quelques bookmakers, un ou deux entraîneurs et personne d'autre. Il me paraissait évident que certains hauts responsables devaient être au courant. Ce chapitre ne parle donc pas des joueurs mais des responsables officiels asiatiques – que savaient-ils sur le trucage de match ?

Ce qui se raconte sur le « nettoyage » du football malaisien et singapourien est faux : la corruption dans le foot n'a pas commencé avec l'essor de la Ligue professionnelle ; cela faisait déjà longtemps que ces habitudes avaient pris racine dans le foot en Malaisie. Des responsables officiels d'un certain âge, qui gèrent la Ligue, confessèrent qu'ils avaient eux-mêmes truqué des matchs lorsqu'ils jouaient. C'était le cas de Farouk Ali*, ancien joueur des années soixante, aujourd'hui responsable officiel. Il me raconta sans pudeur comment il participa à des matchs truqués en tant que joueur : « Ce n'était pas visible. Les joueurs plus âgés nous expliquaient qu'il fallait faire la différence dans les buts. Autrement dit, qu'il ne fallait pas gagner avec trois buts, mais avec deux en moins. »

J'ai interrogé des joueurs qui jouaient dans les années quatre-vingt-dix, ils étaient assez directs sur ce qu'il avait l'air de se passer :

Question : Est-ce que les managers de l'équipe se sont impliqués dans le trucage ?

Réponse : Oui, il arrive que les managers s'impliquent. Ils commencent à s'impliquer dans le trucage. Vous croyez quoi, que 40 k[1] *en 90 minutes n'est pas une somme tentante ? Parfois le patron de l'équipe me dit « Écoute, je parie 40 k sur 8 ballons [il avait parié qu'il y aurait 8 buts pendant le match]... » Demandez aux autres joueurs, ils vous le diront.*

Un joueur qui se trouvait au vestiaire avec des joueurs corrompus, dit :

Ils ont arrêté plein de joueurs. Mais ils sont passés à côté de beaucoup des gros bonnets. Beaucoup de gros bonnets. Et ces mecs étaient impliqués dans le trucage, ça ne faisait pas un pli. Et ils sévissent encore dans le foot, entre autres en tant qu'entraîneurs. Ils sont vraiment passés à côté des gros bonnets.

Avec l'aide de sa source la pègre, Johnson Fernandez découvrit, en 1993, d'autres histoires de ce genre dont il fit des articles explosifs. L'un d'eux était intitulé « Comment faire pour démasquer le trucage de matchs ? Les officiels trempent dans la combine. » Il écrivit : « On sait, maintenant que les joueurs ne sont pas les seuls à truquer un match. Les responsables officiels sont rentrés dans le jeu. Ils n'ont pas de scrupules, ils sont prêts à gagner de l'argent en sabotant un match qui ne prive pas leur équipe d'un titre ou de sa classification dans la Coupe de Malaisie. »

Peter Velappan est un des plus hauts responsables du football asiatique. Il était le secrétaire général de l'AFC (Asian Football Confederation) et continue à être un dirigeant influent.

L'AFC est la branche asiatique de la FIFA. La FIFA dirige le football dans le monde et l'AFC dirige le football en Asie.

---

1. 40 000, on ignore la monnaie dont il s'agit *(Ndlt).*

Cet homme-là a été cité par Fernandez, tenant les propos suivants : « Ils [les responsables] balayent en cachant la poussière sous le tapis. Je n'ai pas rencontré d'association de football dans la région qui prenne le taureau par les cornes. »

Je suis allé voir Velappan au siège de l'AFC à Kuala Lumpur pour comprendre quel était son point de vue aujourd'hui. C'est un homme fatigué mais tiré à quatre épingles. Fatigué d'avoir combattu pendant des années les trucages de matchs qui vérolent le football asiatique. Il a été directement en contact avec la corruption. « En Asie de l'Ouest [Moyen-Orient pour les Européens], j'ai ramassé un journal qui avait été glissé sous la porte de ma chambre d'hôtel. Il y avait 10 000 dollars entre les pages. » Il a rendu l'argent à l'homme qui essayait de l'acheter. Velappan appelle le trucage de match « le fantôme » parce qu'il est tellement difficile à voir ou à capturer. Malgré son expérience, il affirme que même s'il y a eu énormément de trucages de match en Asie, ça s'est tassé et que les différentes associations ont réglé le problème. Il est le seul responsable que j'aie rencontré qui m'ait dit une chose pareille, tous les autres responsables sportifs ont affirmé en privé que ça restait un énorme problème. Après notre rencontre, j'ai traîné au siège de l'AFC pendant quelques jours. C'est un endroit joli et agréable, une large rivière remplie de poissons coule juste devant la porte d'entrée. J'ai trouvé que la plupart des responsables officiels de l'AFC étaient gentils et serviables. J'ai appris qu'il y avait 46 associations nationales, 29 000 clubs, plus de 105 millions de joueurs et 100 000 équipes, en Asie. Avec plus de 76 000 arbitres pour la région. On m'a raconté qu'en 1981, un sbire de Saddam Hussein avait frappé un de ces arbitres parce qu'il avait arbitré un match à Bagdad et que le Koweit avait gagné. Le pauvre type, blessé, avait été embarqué, sanguinolent à bord d'un avion et sorti d'urgence du pays.

Un responsable me raconta l'histoire suivante, à l'époque où lui-même officiait en tant qu'arbitre international.

C'était un tournoi international en Asie de l'Ouest. Le match était entre X et Y, mais si Y perdait, une troisième équipe passait. Alors, quinze minutes avant le match, « le gros bonnet », qui avait un lien avec la troisième équipe, vint dans le vestiaire des arbitres, où je me changeais. Il fut très clair, il ne tourna pas autour du pot. Il dit simplement : « Vous préférez quoi, du liquide ou un chèque ? » Je dis : « Quoi ? » Il dit : « Liquide ou chèque ?– Je ne comprends pas. – Je peux vous faire porter l'argent à votre hôtel. »

J'étais très gêné, je ne savais pas quoi dire… J'étais choqué. Quelques minutes plus tard, le « gros bonnet » revint, il parla en arabe aux arbitres assistants. Je parle un petit peu arabe et je compris qu'il leur ordonnait de sortir.

Quand ils furent sortis, il se tourna vers moi et dit : « 10 000 dollars. »

*Je dis : « Non, je veux faire un bon match [*sic*]. – Moi aussi, je veux que tu fasses un bon match, dit-il. Je veux juste un penalty. Un penalty pour X. C'est tout. Ce sera 10 000 dollars, cash. – Non », répondis-je et je sortis du vestiaire. J'étais très embêté. Normalement, il y a une cérémonie en début de match, où les équipes se mettent en ligne et attendent l'entrée de l'arbitre. Je n'ai même pas attendu que les équipes s'alignent, je suis rentré directement sur le terrain.*

Je ne dirai pas son nom. Il avait l'air d'un honnête homme, de quelqu'un qui avait vraiment été choqué par la tentative de corruption et qui voulait faire de son mieux pour le sport.

De plus, l'AFC ne semble pas être le genre d'organisation très ouverte qui pourrait tolérer que les jeunes responsables fassent des révélations aux gens de l'extérieur. Nous parlions assis dans les fauteuils de l'entrée quand Mohammed ben Hammam, le président qatari de l'AFC, arriva dans sa limousine noire. Mon interlocuteur fut pris d'une grande agitation : « Le président arrive, le président arrive », disait-il. J'étais perplexe. Je croyais que le président d'un *pays* arrivait. Au moment où ben Hammam fit son entrée dans le hall, mon homme se leva et s'éloigna de vingt mètres. Ben Hammam ne fit pas plus attention à nous qu'à tous les responsables de l'AFC qui se tenaient droits comme des I. Il fit un vague signe de tête en direction de tout le monde, un léger sourire, un geste de la main et s'enfourna dans l'ascenseur. Dès que les portes se refermèrent, les gens se détendirent.

Le problème pour Peter Veloppan et tous les autres responsables de l'AFC qui ne sont pas corrompus est que le Gros Bonnet dont parlait le responsable officiel était, dit-il, un haut responsable du football asiatique. Sa tentative de corruption était, en partie, pour pouvoir asseoir son influence sur la sélection des arbitres pour les tournois internationaux. Le Gros Bonnet promettait une sélection pour des grands matchs en échange d'une aide pour faire passer une équipe au prochain tour.

Le Gros Bonnet n'est pas seul. À un niveau plus innocent subsiste une drôle d'incohérence par rapport à la corruption qui a contaminé le jeu asiatique. La plupart des responsables sont des travailleurs dévoués qui veulent vraiment voir leur sport grandir. Mais certains d'entre eux ne comprennent pas de quoi il retourne. Un des responsables que j'ai interviewés semblait un homme honnête et tout à fait disposé à aider à nettoyer le foot de la corruption. Mais au bout d'un entretien très intéressant, je demandai : « Ça coûte combien, de truquer un match ? »

Il répondit : « Je n'en sais rien, mais si vous attendez un instant, je peux appeler un ami qui fait ça tout le temps, il va me le dire. »

Il prit son téléphone, l'ami répondit.

« Salut, je suis avec un mec d'Oxford. Ça coûte combien de nos jours de truquer un match ? Non, non, ne t'inquiète pas, c'est privé, il ne dira rien, pas de problème. Combien ? Aux alentours de 10 000 ringgits malaisiens[1] ? OK. À la semaine prochaine. Merci. »

Il raccrocha et se tourna vers moi « Mon ami me dit que quand on veut truquer un match, ici, ça coûte environ 10 000 ringgits malaisiens. » Voilà !

Si cette anecdote était une exception, on pourrait la décrire comme une aberration, mais au cours de mes entretiens je découvris que d'autres responsables étaient empêtrés dans le même genre de contradictions. Lors de mon premier voyage d'études dans la région, je rencontrai un autre haut responsable sportif asiatique. Nous étions dans les locaux du club le plus prestigieux de la ville et nous parlions des efforts qu'il fallait faire pour véritablement nettoyer le jeu. Pendant l'entretien, il s'assit sur le balcon pour regarder un match de cricket. Il buvait du scotch avec de l'eau, je buvais du thé. Je parlais d'un match de foot que j'avais vu à Singapour la nuit précédente.

« C'était un très beau match : 4 à 2. Les quatre buts de la même équipe ont été marqués pendant les vingt dernières minutes. Un exploit fantastique ! Une attitude combative que j'ai adorée ! »

Il me regarda incrédule : « Vous voulez voir d'autres matchs de ce genre ? Ne partez pas ! Vous croyez vraiment que le jeu était honnête ? Une équipe qui marque tous les buts à la fin ! Ha, ha ! Si c'est le genre de match que vous aimez, vous êtes au bon endroit ! Attitude combative ! Mon pauvre ! » Il rit de ma naïveté en buvant son scotch. Puis un homme d'affaires arriva à notre table.

---

1. 2 048 € *(Ndlt).*

« Hé, Wing*, je te présente Declan. Il pense que les joueurs de foot à Singapour sont honnêtes. Il pense qu'ils sont combatifs ! »

L'homme d'affaire rigola également, mais il me faisait des signes de tête polis et tendit à son compère une enveloppe en kraft. Le responsable l'ouvrit, en sortit les billets de banque qu'elle contenait, les compta et dit : « Merci. Tu ne veux pas un verre ? »

« Non, je ne peux pas, j'ai d'autres rendez-vous, tu n'es pas le seul… »

Ils rirent de concert et l'homme d'affaires s'en alla. Mon interlocuteur continua à me parler des problèmes de corruption dans les ligues de football.

Cependant, s'il existe une complicité et de la corruption chez les hauts responsables des sports asiatiques, cela n'est rien comparé aux réseaux tissés entre les hommes les plus puissants de la société asiatique et les organisations criminelles.

En 1882, W.A. Pickering, responsable colonial britannique, s'inquiétait de la présence de maisons de jeu à Singapour. À l'époque, la ville en comptait plus de cent, créées et gérées par le crime organisé chinois ou triades. Pickering mit sur pied une commission chargée d'enquêter sur un groupe, le « Ghee Hok Secret Society », qui tenait un bon nombre de ces établissements. Quelques mois plus tard, un menuisier du nom de Chua Ah Siok se présenta à son bureau, sous prétexte de lui présenter une requête. Au lieu de cela, il planta une hache dans le front de Pickering. Cet avertissement a traversé les âges et hante encore quiconque veut s'en prendre à ces groupes. Si d'un côté, des officiels sportifs participent aux trucages, de l'autre, des gens bien plus puissants aident les organisations criminelles qui tiennent les entreprises de jeu entourant le trucage de matchs.

La prétendue division qui existerait dans le monde occidental, entre le crime organisé et la société respectable, n'existe pas en Asie. (Rien ne prouve qu'elle existe à l'Ouest, mais c'est encore une autre histoire.) Kuala Lumpur, par exemple, fut fondée par la volonté de deux triades rivales. Ils laissèrent entrer les Anglais, simplement pour qu'ils servent d'arbitres et qu'ils mettent fin aux disputes. En Chine impériale, la plus grande partie de l'opposition politique à la domination mandchoue et à la puissance coloniale vint des triades. En Asie, le crime organisé est extrêmement puissant, justement parce qu'il est tellement implanté dans la société.

À la tête de ces groupes, on trouve les hommes les plus puissants de la société « respectable », des hommes d'affaires tout à fait légitimes. Ces « Gros Bonnets » ne sont pas forcément impliqués dans la gestion quotidienne de ces groupes, mais ils les protègent et les font profiter de leur influence. Au niveau le plus bas, ils offrent une protection de la police, l'empêchant d'interférer trop souvent dans leurs affaires ou de demander des pots-de-vin trop élevés. Au plus haut, ils influencent les décisions politiques. Si les rumeurs sont vraies, ces Gros Bonnets peuvent offrir cette protection grâce à leur position dans la société asiatique, ce sont des ministres, de très grands hommes d'affaires, des hommes qui se déplacent en Rolls Royce et possèdent des propriétés partout. Une de mes sources me parla très placidement des liens entre la politique et le crime organisé. Il me dit : « Tu ne comprendras pas la Malaisie si tu ne regardes que le gouvernement. Le gouvernement est l'ombre de la mafia. C'est la mafia qui contrôle tout, le gouvernement est leur ombre. » Son point de vue trouve un écho dans les propos de Bertil Lintner, correspondant de la revue *Far Eastern Review*, qui écrivit :

Le succès en affaires et en politique en Asie dépend des contacts avec les puissants, qui sont souvent au-dessus des lois ou qui préfèrent les contourner. Ce sont les contacts et non les tribunaux qui font la différence : c'est qui on connaît, non pas le nombre d'avocats qu'on emploie qui décident de l'issue d'une entreprise risquée et d'une carrière politique. Ce sont le même genre de facteurs, qui décident de votre succès en tant que voleur, maquereau ou pirate.

Lintner écrit un excellent livre, *Blood Brothers* [1], sur ces immenses réseaux en Asie, entre la politique, les affaires et le crime. Il y a un job qu'il aurait pu ajouter à la phrase citée ci-dessus : bookmaker.

Joe Saumarez-Smith, un consultant en jeu à Londres, fut appelé à venir en Thaïlande faire un travail pour une des plus grandes organisations de jeu asiatique. Il me raconta son expérience en riant.

Ils sont « illégaux ». Je veux dire, le mec en Thaïlande. Quand je suis descendu de l'avion, il y avait un officier de police à l'aéroport qui m'attendait avec mon nom sur un tableau. Quand il me vit, je me suis dit : « Oh, non ! Qu'est-ce qu'il se passe ? » Il m'a fait passer la douane, mon bagage avait été mis à l'avant de la soute, et nous fûmes escortés jusqu'au centre de Bangkok, par un cortège de trois voitures de police. Nous sommes arrivés chez le bookmaker et, après une très bonne réunion, nous sommes allés dans son restaurant où le chef de la police est venu dîner avec nous. Le message est clair : « Je suis protégé ». Ou alors je n'y connais rien !

La question qui se pose est la suivante : pourquoi ces individus aussi puissants sont-ils prêts à offrir leur protection au crime organisé et aux bookmakers ? La réponse est que ces gens sont tous impliqués dans cette industrie si vaste et si massive qu'elle éclipse pratiquement toutes les autres.

1. « Frères de sang » *(Ndlt)*.

5

Faire tourner le système

Je me souviens d'un des officiers de police, un responsable de l'enquête, nous l'avons surpris alors qu'il retrouvait un des bookmakers sur lesquels nous enquêtions.

Il était surveillé et les mecs qui le filaient m'appellent. Ils se rencontraient dans un hôtel à Klang.

J'étais sur un le quai d'une petite baie à Batam, une île indonésienne au sud de Singapour. Dans un décor de cocotiers, de bambouseraies, éclairé par le lever de soleil qui caressait la mer de ses rayons dorés, un bateau chargé de joueurs arriva de Singapour où le Casino à l'époque était illégal. S'ils voulaient jouer, les Singapouriens devaient se rendre sur un bateau qui mouillait en eaux internationales. Pour d'obscures raisons légales, les passagers devaient s'arrêter en Indonésie, être transférés sur un autre bateau et conduits au « navire de jeu » proprement dit. Le petit yacht qui approchait me faisait penser à une version aquatique d'une Mini et comme dans ces numéros de cirque où un nombre incroyable de clowns sort d'une toute petite voiture, ce bateau déversait une quantité invraisemblable de joueurs : d'abord, j'en vis sortir une quarantaine, ce qui me semblait déjà un exploit, ensuite soixante, quatre-vingt, cent et enfin j'en comptai plus de cent vingt, débarquant sur le quai et qui montèrent ensuite sur un autre bateau et traversèrent la baie jusqu'à l'un des gros « navires de jeu ».

La scène est la même partout en Asie.

Des millions de gens vont jouer dans des casinos au beau milieu de la jungle birmane ou dans des terrains vagues nord coréens. En 2006, Macao vola « officiellement » à Las Vegas le titre de capitale mondiale du jeu. Je dis « officiellement » parce que l'argent qui circule depuis toujours dans cette ville est bien plus important que celui qui est comptabilisé par les percepteurs des impôts. L'organisation du jeu est une structure très vaste en Asie, qui possède un statut légal flou, entretenant des relations avec le crime organisé aussi bien qu'avec des entreprises légales qui génèrent de très grosses sommes d'argent. Le cinéma pornographique aux États-Unis est financièrement plus puissant que beaucoup d'entreprises de divertissement légales, de la même manière en Asie, l'industrie du jeu est bien plus riche que ceux qui sont dans la légalité. Ce sont des sommes difficiles à évaluer car, comme dans la pornographie, la majeure partie des entreprises de jeu sont clandestines. Le journal américain *Foreign Policy* a tenté une estimation, il est arrivé à la conclusion que le jeu en Asie, générait 450 milliards de dollars par an. En comparaison, l'industrie pharmaceutique asiatique arrive à peu près à 106 milliards de dollars par an. Mais ce chiffre est approximatif et il est impossible d'évaluer quelle est la part du sport. Une étude de la Harvard School of Government Affairs en 2002 estimait la somme jouée, pour la seule année 2001 à Hong Kong et uniquement sur la Premier League anglaise, à 2,5 milliards de dollars. Les chiffres pour Singapour sont similaires. On peut donc concevoir aisément que, lorsqu'on englobe d'autres pays asiatiques qui partagent ces mêmes structures de jeu dans ce genre d'estimation – l'Indonésie, la Chine, le Vietnam, la Thaïlande et la Malaisie – on arrive facilement à des dizaines de milliards de dollars.

Ce chiffre peut paraître aberrant, mais c'est sans compter sur une réalité certes politiquement incorrecte mais tout à fait réelle : les Chinois adorent jouer.

Pour être plus exact, je dirais que les Chinois sont des fondus du jeu.

Je ne porte aucun jugement. Chaque culture choisit sa manière de se divertir. Dans nos sociétés occidentales, nous buvons beaucoup… trop.

L'alcoolisme est tellement banal qu'on ne le remarque même plus.

En Chine, vous allez dans n'importe quelle réunion familiale ou mondaine et vous les verrez jouer de l'argent, comme on joue au Scrabble ou à la pétanque chez nous.

Il faut savoir que la Grande Muraille, qui court sur des milliers de kilomètres, construite deux cents ans avant l'Empire Romain pour protéger la dynastie Qin des barbares du nord, fut bâtie par des milliers d'ouvriers, venant des montagnes, des vallées et du désert, grâce aux taxes sur le jeu de loterie.

C'est une vieille histoire d'amour, entre ce continent et le jeu.

En 1868, le lieutenant gouverneur britannique de Malacca en Malaisie décrivait avec désespoir les efforts que déployait sa petite unité de police pour contrôler le jeu :

La passion du jeu a pénétré toutes les couches de la société chinoise, c'est le passe-temps national. Nos efforts pour le rendre hors-la-loi, n'ont abouti qu'à faire des policiers des racketteurs qui, après avoir ponctionné les joueurs, deviennent leurs complices.

Cette phrase est une prophétie qui décrivait avec précision les efforts de la police malaisienne pour lutter contre le jeu pendant les cent quarante années suivantes.

En Asie, à peu près deux douzaines de bookmakers ont un niveau international. Un de leurs associés en affaires m'a expliqué qu'ils n'aimaient pas le terme « bookmakers », ils préfèrent être appelés des « super-agents », et les gens qui travaillent pour eux sont des « agents ». La raison est simple, le bookmaking est illégal dans la plupart des pays d'Asie et ce terme attire trop l'attention. Mais ce sont de vrais bookmakers qui sont basés à Hong Kong, Bangkok, Johor Bahru [une petite ville au sud de la Malaisie, en face de Singapour], Taïwan et Djakarta. La plupart sont d'origine chinoise, se considérant chinois même s'ils sont nés et ont vécu toute leur vie dans d'autres pays. Chaque jour, ils coopèrent ou se concurrencent, et ils équilibrent leurs comptes en pariant l'un avec l'autre, tissant ainsi des liens extrêmement forts. (L'image 5.1 montre la structure de l'industrie du jeu en Asie.)

Un petit avertissement concernant ce diagramme : ce n'est pas un dessin anatomique précis. Le squelette qui nous accueillait à l'entrée de notre classe de sciences naturelles nous montrait un pied attaché à une cheville, elle-même attachée à un mollet.

Le squelette de la mafia américaine nous dirait qu'un simple soldat (l'équivalent du pied du squelette) rapporte aux « Capos » (chefs) qui rapportent aux « Don[1] », et que les « Consiglieri » sont des conseillers respectés par le « Don » de chaque famille.

Mais en Asie, l'univers du jeu n'a pas une structure aussi précise. L'inspecteur Lee Chung* me le confirma. Je suis persuadé que ce policier, qui est un haut gradé dans la police royale malaisienne, est corrompu. Il est un de ces policiers racketteurs et complices dont parlait le lieutenant gouverneur britannique, il y a cent quarante ans. Je n'ai aucune preuve de ce que j'avance mais je le sens, c'est une question de feeling.

---

1. Titre honorifique attribué anciennement au pape, ensuite aux ecclésiastiques et aux nobles, ainsi qu'aux chefs mafieux italiens *(Ndlt).*

Image 5.1 Structure de l'organisation clandestine du jeu en Asie

Monsieur « Gros bonnet »
Homme public, politicien ou homme d'affaires de premier plan

Triade, pègre
Fournit les hommes de main pour récupérer les dettes de jeu ou offrir une protection

Bookmakers nationaux

ENRICHISSEMENT ET PROTECTION

(La police n'a arrêté que très peu de gens au-dessus de cette ligne)

JEU LOCAL

Bookmakers locaux

Les coursiers
Chaque coursier a entre 15 à 100 clients. Il leur offre la technologie Internet, récupère l'argent des paris perdu et paye les gains.

Les turfistes
Des millions de parieurs, misant aussi bien sur les matchs européens que locaux, sur la loterie, la course de chevaux, etc. Pariant, soit en personne sur un morceau de papier, soit au téléphone ou le plus souvent maintenant, par Internet.

Nous nous sommes rencontrés dans une chambre d'hôtel, il ne voulait pas me voir en public. Avant que nous échangions le moindre mot ou même une poignée de main, il me fouilla ainsi que la chambre, à la recherche de caméras ou de micros cachés. Mais ce n'est pas cela qui me mit la puce à l'oreille mais plutôt sa passion si sincère et tellement explicite pour ce même délit qu'il était censé combattre. Une heure durant, il m'expliqua avec enthousiasme comment il s'y prenait pour parier et gagner au foot. Extrait : « Toujours miser sur le favori, par exemple Chelsea, Manchester United, Arsenal. Ils perdent rarement ; les bookmakers essayent de vous embrouiller mais il ne faut pas les écouter. Je peux vous montrer l'endroit où je joue ». Puis, se souvenant soudain qu'il était flic, il corrigeait : « Où *mes amis* jouent. Mes amis adorent jouer ». Mais malgré tout, il me livra quelques informations sur le jeu dans le pays : « C'est une organisation très chaotique », il disait. « Que des petits joueurs. C'est comme la vente en ligne. Sans intermédiaire. Des milliers de petits bookmakers. »

Ce dont il parlait, c'est le bas de l'échelle de la hiérarchie du jeu, là où il y a des millions de turfistes. Ils parient par l'intermédiaire de petits commissaires de jeu, des tout petits poissons. Ils sont des milliers et travaillent pour différentes organisations de bookmakers.

Ils se concurrencent, conspirent et coopèrent en fonction des événements et des paris. Steve et Don* sont deux spécimens de ces petits poissons, ils professent en bas de l'échelle. Deux Chinois sympathiques, qui habitent Johor Bahru que j'ai vu souvent et qui m'ont donné des cours de travaux pratiques sur la façon de parier et la façon dont fonctionne le système. On se rencontrait chez Don, dans une petite maison de banlieue banale d'un étage, en briques et bordée d'un petit pré. Dans son salon trônait une énorme télévision avec satellite et des fauteuils en cuir dans lesquels nous nous installions pendant la nuit pour regarder les matchs de foot européens. Les murs étaient recouverts de billets de banque encadrés venant du monde entier.

Don tient un Casino en Indonésie. Steve travaille dans la navigation et dit que son beau-frère a une organisation illégale de bookmaking dans le nord de la Malaisie, à Georgetown.

Ils ont l'air de deux petits Laurel et Hardy asiatiques : Don est grassouillet, ne quitte jamais ses jeans, toujours à l'affût d'une affaire à faire, le visage figé dans un sourire. Steve est fin et puritain, les lèvres toujours pincées lorsqu'il parle du jeu. Ils partagent deux passions : les paris et la cuisine. En plein milieu d'une discussion animée sur les organisations illégales du jeu, ils s'arrêtent et s'échangent une recette. Par exemple :

Don : Tu as misé sur Liverpool, deux ballons [Liverpool doit gagner avec deux buts d'écart] ! Mais ça va pas, tu es fou ?

Steve : Pas du tout, mec. Tu dis n'importe quoi. Rafa, lui, il sait. Prends un peu de risques, mec.

Don : N'importe quoi ! Des conneries ! Il fait n'importe quoi Rafa. Fais pas chier. Eh, j'ai une super-recette pour toi ! Du poisson sauce satay, avec des champignons frits.

Steve : Tu m'en as déjà parlé la semaine dernière. C'était pas bon.

Don : Tu n'as pas pris les bons champignons. Espèce d'idiot. Shitake. Des shiitake, pas des champignons ordinaires. Il faut faire chauffer la poêle, mettre l'ail, puis les champignons.

Steve : C'est pas ce que tu m'avais dit !

Quand je les ai rencontrés, Don se plaignait d'avoir perdu un pari, la nuit précédente, sur une équipe de Premier League anglaise. Il avait parié sur le nombre total de buts, le chiffre le plus élevé et le plus improbable, pari qui lui aurait rapporté beaucoup s'il avait gagné. Fulham devait battre Norwich avec un score total de quatre buts dans le match (3-1, 4-0). Pour finir, Norwich battit Fulham 6-0. S'il avait parié sur moins de buts, il aurait gagné vingt-six fois sa mise, mais dans sa configuration, il avait tout perdu.

En Asie, les parieurs ont une imagination sans fin. On peut parier sur tout : un racket, les courses de chevaux, les combats de coqs, les matchs de boxe, le basket-ball, la Formule 1, le hockey, les tournois de cricket et les qualifications olympiques. Dans le football, on peut parier sur l'équipe gagnante, le score, le premier but, le dernier but, le premier carton jaune, le joueur qui aura un carton rouge, le nombre de cartons jaunes dans le match, quand sera marqué le premier but ou le dernier, le nombre total de buts, combien de meneurs de jeu dans le match, combien de hors-jeu, de corners et de coup-francs. Cependant, le jeu le plus aimé en Asie qui est pratiqué par le Asian Handicap, est le même que celui pratiqué par North American, le « point spread » dont l'idée est la suivante : le favori doit gagner le match par un certain nombre de buts d'écart. Si je mise sur une équipe en disant qu'elle va gagner avec deux buts d'écart, elle doit marquer au moins deux buts de plus que l'autre équipe : si elle perd, fait match nul, ou gagne d'un seul but, on considère que c'est perdu.

Ces paris sont une obsession en Asie. Un joueur peut parier sur toutes les équipes du monde, de la Ligue chinoise à la Premier League anglaise, en passant par les équipes écossaises juniors où les joueurs sont des étudiants ou des amateurs. J'ai parlé un jour avec le trafiquant de bière d'une des plus importantes triades de Kuala Lumpur. C'était un expert en paris sur la Ligue de football Islandaise. Avant notre conversation, je ne savais même pas que l'Islande avait une Ligue de football. Nous étions assis dans un hôtel cinq étoiles et parlions des équipes de Reykjavik et d'Akranes en buvant du café et de la bière et il admit que la Ligue Islandaise était tellement petite qu'elle devait être honnête. « Après tout, ce sont des Scandinaves. Des Vikings. Très honnêtes. Très blonds ! Pas de trucages ! »

Don et Steve, comme le trafiquant de bière, restaient souvent éveillés toute la nuit pour parier en direct sur le foot européen. Avant, tout se passait par téléphone ou par bouche à oreille, mais la technologie a changé les habitudes des organismes de jeu. Internet et les bipeurs ont remplacé le téléphone. Quand nous nous parlions, nous disions « dix sen », ce qui voulait dire cent RM[1] (30 dollars) ou « un RM » ce qui signifiait mille RM (300 dollars). Maintenant, le bookmaker nous donne un CD-ROM, il veut savoir ton adresse et numéro de téléphone professionnel, ton adresse et téléphone personnel, ton numéro de carte de crédit et tout ça... La technologie est indienne, mais les gangs sont des Hongkies [de Hong Kong] et des Malaisiens. Les Hongkies sont arrivés il y a trois ans et ils se sont mis d'accord pour partager le marché. »

Les coursiers prennent les mises de Steve et Don et les apportent aux bookmakers locaux. Leur territoire est de la taille d'un grand quartier ou une petite ville. À ce niveau-là de la hiérarchie, il est possible pour un bookmaker en Malaisie d'être d'une autre origine que chinoise, mais en haut de l'échelle il n'y a que les Chinois qui tiennent le marché, les autres n'ont pas leur place.

Au-dessus des bookmakers locaux, il y a les représentants régionaux qui possèdent des bureaux où les paris de la région sont comptabilisés et compilés. Les bookmakers locaux payent leur dû aux bureaux de ces représentants régionaux. Ce sont en général de banales petites maisons dans un quartier tranquille et peu passant.

1. Ringitts malaisiens, monnaie malaisienne *(Ndlt).*

Steve et Don m'emmenèrent dans un de ces bureaux au centre de Johor Bahru, au-dessus d'un garage. Vu de l'extérieur, ça ne payait pas de mine. À l'intérieur, il y avait des rangées d'ordinateurs et de téléphones. Il paraît que dans chacun de ces bureaux, il y a un bouton qui leur permet d'effacer toutes les données confidentielles en cas d'une descente de police. Mais Steve me dit que ces descentes n'étaient que du bluff, destinées à blanchir les inspecteurs de police tels que M. Lee et ne pas trop déranger les organisations de jeu. « De temps en temps, les bookmakers offrent à la police un petit bureau à perquisitionner pour le show, mec. Il faut faire tourner le système. Pour que personne n'ait l'air d'y toucher. »

La Malaisie n'est pas le seul pays dans ce cas. Je voulus prendre un peu de recul pour mieux comprendre le crime organisé en Asie et je décidai de rentrer à Oxford, où je pris contact avec Joe Pistone. Joe Pistone est un héros de la guerre antimafia aux États-Unis. Il a infiltré pendant cinq ans les Bonnanos, une des cinq grandes familles de New York, sous le nom de Donnie Brasco. Son témoignage a fait condamner plus de cent mafieux. Peu de gens connaissent le milieu aussi bien que lui. Il me parla de son expérience quand il gérait un centre de jeu clandestin.

Évidemment on soudoyait les policiers ! Écoute, le jeu n'existe pas sans pots-de-vin. Parce qu'il est impossible de cacher cette activité, il faut bien aller quelque part pour miser, le bookmaker doit bien être quelque part, dans un coin d'un restaurant ou d'un bar ! Alors oui, malheureusement ça arrive.

Je lui racontais les fausses descentes de police dans les bureaux de jeu et il m'arrêta avant que j'aie pu terminer ma phrase.

Bien sûr, et ils font un sacré bruit ! Ça arrive aux États-Unis aussi. Ils font du bruit et ils arrêtent des gens sans pouvoir, mais ils ont l'air de faire leur boulot... C'est un vieux truc, rien de nouveau. Ça rend les journaux heureux, les gens heureux... tu vois ce que je veux dire : les citoyens sont heureux que la police fasse quelque chose. Un mec se fait arrêter, un mec sans importance et ils se débrouillent pour qu'il n'y ait pas trop d'argent au moment de la descente de police. C'est vieux comme le monde !

Ce genre de cirque, de fausses descentes de police, est très habituel dans les organisations clandestines du jeu en Asie. En 1995, après la révélation du scandale des matchs truqués en Malaisie et à Singapour, la Police Royale de Malaisie fit une entrée remarquée. Ils arrêtèrent plus de 150 personnes : joueurs, entraîneurs et bookmakers. Un auteur définit cet événement comme « l'enquête la plus exhaustive et à plus grande échelle jamais réalisée dans le football professionnel. » Mais l'enquête était, de l'aveu même des officiers de police, complètement bâclée. J'ai rencontré un autre officier de police dans les environs de Ipoh, une ville de province au nord de la Malaisie. L'histoire qu'il m'a racontée sur la corruption de la police est parlante :

Je me souviens d'un des officiers de police, un responsable de l'enquête, nous l'avons surpris alors qu'il retrouvait un des bookmakers sur lesquels nous enquêtions.

Il était surveillé et les mecs qui le filaient m'appellent. Ils se rencontraient dans un hôtel à Klang.

Je lui ai demandé s'ils avaient arrêté leur collègue. Il répondit : « Non, ça aurait été trop embarrassant. C'était un expert dans les triades et je sais très bien comment il est devenu expert. On l'a juste emmené au poste et nous l'avons laissé démissionner. »

Les histoires de corruption dans la police malaisienne peuvent sembler incroyables pour un étranger.

Lors de l'un de mes séjours, une enquête gouvernementale rendit public un autre rapport sur la corruption au sein de la police. Ils avaient découvert que les agents de la circulation se faisaient tellement d'argent en ponctionnant les automobilistes, qu'ils vendaient les postes aux enchères aux autres policiers. Si quelqu'un voulait un haut poste dans cette unité, il était convenu qu'il ou elle paye pour obtenir ce poste.

Cependant ce n'est pas que grâce à l'argent que le jeu clandestin tient et que la police peut faire semblant de faire respecter la loi.

Deux autres phénomènes y contribuent : la « confiance » et l'« avertissement ».

6

La mafia, la confiance et les avertissements

Faut considérer beaucoup de facteurs, mais en gros je dirais que tu vas, soit te faire menacer, soit te faire tabasser, soit tirer dessus. Ils vont vouloir te casser.

Ça signifie que tu en es au stade de l'avertissement.

Quelque chose ne tournait pas rond au marché de Petaling Street. À première vue, les marchands qui l'occupaient avaient l'air indépendants. Mon hôtel était juste à côté, dans le centre de Kuala Lumpur, à Chinatown et, après le coucher du soleil, le quartier s'animait. Dans l'obscurité, à peu près trois cent cinquante échoppes se serraient l'une contre l'autre sur quatre pâtés de maison. La compétition était implacable. Ils vendaient des contrefaçons de parfums, de chaussures et vêtements de marque aux prix qu'ils voulaient à des touristes ébahis, venant d'une douzaine de pays différents. L'air résonnait des marchandages, des cris implorants des vendeurs et de l'odeur pénétrante du durian, fruit qui exhale une délicate odeur de poubelle et de fromage pourri. La première fois que je vins à Kuala Lumpur, je m'inquiétais que le marché ne disparaisse sous le bitume et le béton comme le reste de la ville. Sa fonction initiale était de satisfaire les besoins des

Chinois locaux, mais les temps avaient changé ; il était maintenant peuplé de touristes rôtis au soleil tropical.

Les vendeurs de DVD me fournirent le premier indice qu'il se passait quelque chose d'étrange. Dans la foule bruyante, il y avait toujours des jeunes hommes se promenant avec une pile de DVD piratés sous le bras et, malgré le nombre de vendeurs, les prix étaient relativement élevés. Le touriste pouvait marchander tant qu'il le voulait, ils ne descendaient pas plus bas que 10 RM (2,50 dollars) le disque. Cela me paraissait bizarre, au regard de la concurrence. Au bout de quelques mois, en discutant avec les vendeurs de DVD et les marchands, je découvris qu'il y avait un seul « gros bonnet » (ce fut leur terme) qui contrôlait le marché du DVD : en réalité, il n'y avait pas de concurrence. Le temps passant, je m'aperçus que très peu de gens de Kuala Lumpur venaient dans ce marché. Les Malaisiens allaient dans des centres commerciaux avec l'air conditionné : « Meilleure sélection et meilleur marché, mec », me disaient mes amis. Je compris que le marché de Petaling Street restait ouvert *à cause* des touristes, cela leur donnait l'« expérience exotique » attendue : chaleur, foule et pieds écrasés. Mais ce n'était pas la vraie Asie.

Un jour, je remarquai des échoppes brûlées, réduites en poussière au milieu du chaos. Quand je demandais aux marchands comment ces échoppes pouvaient brûler, alors que celles qui étaient entre deux tas de cendres restaient intactes, ils secouaient les épaules, gênés.

Finalement, je pris à part deux vendeurs sympathiques avec lesquels j'avais fait affaire et, en regardant les restes d'une des échoppes, je dis : « Mafia ? »

Ils acquiescèrent en grimaçant : « Oui, oui. Mafia. »

En Asie, les organisations de jeu clandestin sont un peu comme ce marché : la concurrence est une illusion. En réalité, la structure est très contrôlée et tout appartient et est financé par un petit groupe de personnes.

Et pour que le système fonctionne, ils ont besoin de deux choses : de confiance et de violence.

Vous avez des dettes de jeu ? Vous ne pouvez pas payer ? Vous ne *voulez* pas payer ? Les hommes de main du monde du jeu vont bientôt vous rendre visite. Au début, comme Steve me le raconta avec beaucoup de sérieux, ils seront plutôt sympas. « Tu peux aller les voir et leur dire : “Je suis désolé, je ne peux pas tout payer. Je vous donne mille maintenant et mille dans une semaine. Je vais payer, j'ai juste besoin d'un peu de temps.” Ils te donnent du temps. Ils t'empêchent de jouer tant que ce n'est pas réglé, mais ils ne sont pas méchants. »

Son témoignage est valable si le joueur a l'intelligence d'aller voir son bookmaker, lui parler de sa petite dette et si, comme Steve, il a un beau-frère qui est un opérateur important dans le milieu. Pour le turfiste lambda, lardé d'une grosse dette, les bookmakers appellent leurs hommes de main. Après une suite de différents actes de vengeance qui vont crescendo, ils finissent par un cambriolage où ils volent tout, brûlent les maisons et parfois découpent en rondelles les mauvais payeurs. Ces histoires d'honnêtes citoyens mystérieusement attaqués et disparaissant « sans raison apparente » remplissent les colonnes de faits divers des journaux de Singapour.

Les disparitions ont une raison.

Cela peut sembler étrange mais cette industrie multimilliardaire ne repose pas seulement sur l'argent et la protection, mais aussi sur un autre phénomène sociologique : la confiance. Les meurtriers, les cambrioleurs et les agresseurs ont une logique.

L'universitaire Partha Dasgupta décrit le besoin qu'ont les gens *d'avoir confiance* dans le règlement qui est appliqué par le bras armé du crime organisé, de pouvoir y croire, de compter dessus. La crédibilité de la mafia repose sur leur capacité à utiliser ce qu'ils appellent « des niveaux de force crédibles ». Aussi bien comme force de dissuasion vis-à-vis d'autres criminels que comme levier pour persuader les simples citoyens de coopérer avec les gangs. Brûler les échoppes du marché, arracher les yeux et découper en rondelles un débiteur impénitent leur permet de s'assurer que les joueurs *ont confiance* dans leur capacité de rétorsion. Cependant, il existe, un autre niveau psychologique que Dasgupta n'a pas étudié : le plaisir.

Les deux magistrats italiens Giovanni Falcone et Paolo Borsellino se sont battus contre la mafia comme personne au monde, mieux que Rudy Giuliani à New York, beaucoup mieux que Scotland Yard à Londres et bien plus que n'importe quel inspecteur en Asie.

Ils ont vécu pendant dix ans sous la protection de la police au centre de Palerme, au cœur de la mafia sicilienne. Avant qu'ils ne soient tués, ils ont convaincu des dizaines de mafieux à avouer et devenir des *pentiti* [1] afin d'expliquer aux autorités la structure de l'organisation et son implication dans les affaires. Certains mafieux parlèrent de la mort, des bains acides dans lesquels ils engloutissent leurs victimes et des virées au port pour se débarrasser des cadavres. Ils décrivirent une pièce dans laquelle le chef mafieux Filippo Marchese gardait ses prisonniers et les torturait lentement. Un homme, qui avait eu la charge, pendant ces sessions, de tenir les pieds des victimes pendant que Marchese les étranglait, témoigna : « Il était le chef de la famille, mais Marchese tenait à étrangler personnellement la plupart de ses victimes, souvent sans raison valable... C'était un type méchant, on aurait dit qu'il prenait du plaisir à tuer et ne supportait pas que qui que ce soit se montre ému pendant le spectacle. »

C'est ça la mafia. Ça ne ressemble pas aux *Sopranos,* à leur remords et à leurs confessions dans le cabinet du psy. Ce ne

1. Repenti qui collabore avec les autorités *(Ndlt).*

sont pas des types sexy comme Al Pacino, dans *Scarface*, ou John Travolta dans *Get Shorty.* Ce sont des hommes désespérés et terrifiants, qui aiment enfermer des gens dans des endroits secrets et leur faire du mal délibérément. Comme des enfants qui arrachent les pattes d'un insecte.

« Big Sal » Miciotta était une de ces personnes. C'était le tueur de la famille Colombo à New York. Il a descendu au moins cinq personnes de sang-froid. Il fut arrêté vers la moitié des années quatre-vingt-dix et devint un grand indic pour le FBI. Sa vie est en danger. Nous avons discuté du jeu. Il s'était aussi intéressé à l'influence de la mafia russe dans la Ligue nationale de hockey.

Il me dit : « Je connais des mafieux russes à Brooklyn qui étaient impliqués dans la NHL (National Hockey League)... Il y avait beaucoup de joueurs de hockey russes, dans le NHL et ils faisaient du business avec eux... Les mecs de Brooklyn, les bookmakers, ils ne voulaient pas toucher au hockey... ça a duré longtemps, ils n'ont pas touché au hockey. » En d'autres termes, les bookmakers de Brooklyn connectés aux chefs mafieux américains ne prenaient pas de paris sur les jeux de hockey au milieu des années quatre-vingt-dix parce qu'ils étaient persuadés que les joueurs russes sabotaient les matchs pour leurs amis mafieux russes.

Big Sal connaissait très bien les joueurs clandestins de Brooklyn : il y tenait un casino clandestin lui-même. Il m'expliqua la structure et les mécanismes des opérations de jeu à Brooklyn. Ce qu'il me dit ressemblait beaucoup à ce qui se passait en Malaisie, jusqu'aux descentes de police...

Avec cinq autres mecs, chacun d'une famille mafieuse différente, on avait un endroit qui s'appelait Le Club Intrépide. On avait six tables de black jack, deux de 421 et dix tables de poker. Nous avons tenu cette salle de jeu pendant deux ans. On s'est fait plein de fric. On soudoyait les flics, les mœurs. Mais quand on allait se faire arrêter, on avait deux semaines d'avance, on était prévenus. On sortait tout l'argent, on en laissait un peu pour quelques mecs et les avocats étaient prêts à entrer en scène pour les faire sortir sous caution… Tu sais bien, le vieux truc, le bon vieux truc.

Mais il m'expliqua qu'en Amérique l'argent, le vrai, ne se gagnait pas en misant sur le sport.

Quand les parieurs ne peuvent pas payer leurs dettes à la fin de la semaine, ils deviennent automatiquement les clients des usuriers. Et là, ça se corse, ça se corse vraiment ! Disons que tu perds cinq mille chez moi cette semaine et que tu ne les as pas. Je te les donne, comme un usurier, pour que tu payes ta dette de jeu.

Hill : Et le taux est à… ?

Miciotta : Cinq points. Donc ça fait 250 dollars par semaine, simplement en intérêts. Beaucoup de fric. Mille par mois.

Hill : Et si au bout de deux mois je ne t'ai pas payé ?

Miciotta : Il faut que tu me payes 250 dollars par semaine jusqu'à ce que tu m'aies rendu l'argent.

Hill : OK, mais disons que je suis un mec honnête et que j'ai un vrai problème de liquidités, je ne te mens pas. Que se passe-t-il après, disons deux semaines ?

Miciotta : Faut considérer beaucoup de facteurs, mais en gros je dirais que tu vas, soit te faire menacer, soit te faire tabasser, soit tirer dessus. Ils vont vouloir te casser.

Ça signifie que tu en es au stade de l'avertissement.

Les mafieux doivent faire très attention à la façon dont ils rendent public cet aspect de leur travail et la nature de l'avertissement, car la confiance dans les structures de jeu clandestines doit être réciproque. Les joueurs doivent savoir que les bookmakers vont les faire tabasser s'ils ne payent pas, mais ils doivent aussi être sûrs qu'ils seront payés s'ils gagnent.

Steve et Don me dirent : « Ce sont de bons payeurs. En deux jours, tu as l'argent. Ils viennent te l'apporter à la maison. C'est très rare qu'ils ne payent pas. C'est toujours parce qu'un petit gars au bureau a dépensé l'argent. Mais c'est très rare. »

Big Sal, le gros mafieux américain comptait sur les mêmes mécanismes essentiels au jeu clandestin que les mafieux asiatiques : la confiance et la réputation. « Il faut payer, la réputation c'est primordiale… Je n'ai jamais connu d'Italien qui ne payait pas… Jamais. »

Joe Pistone (Donnie Brasco) dit la même chose : la réputation c'est primordiale pour un bookmaker clandestin.

Une fois que tout le monde sait que t'as pas payé, personne va plus jamais venir jouer chez toi ! Il y en a qui font ça, bien sûr, ça arrive… Mais un bon bookmaker, un mec qui est dans le business depuis un moment, il ne va pas faire ça, parce que, comme je te le dis, sur le long terme, il ne va pas gagner. Et si tu te tires sans payer une seule fois, tout le monde le sait et ils vont jouer chez un autre.

Dans le jeu, les gens parlent. L'information est une force énorme. Les parieurs parlent de l'honnêteté des bookmakers et les bookmakers, même s'ils sont rivaux et se détestent, s'échangent des informations sur les joueurs mauvais payeurs.

Sur la plupart des marchés du jeu, une information qui circule est admise comme fiable et tout le monde sait tout sur tout. À cause de la richesse de cet échange d'information, après le 11 septembre, le Pentagone avança l'idée d'un Futures Market[1] basé sur les attaques terroristes et l'assassinat de George W. Bush. Les Futures Markets sont liés à la bourse, ce sont donc des formes d'investissement officielles et légales.

1. Marché à terme.

Mais au fond, c'est du jeu déguisé, accepté par la société. Les Futures sont souvent liés à des produits financiers aussi variés que les intestins de porc ou le blé et l'« investisseur » – disons le joueur – parie sur la hausse ou la baisse de ces produits. L'idée des Futures Markets Appliqués aux Prévisions (Future MAP) était que si un groupe terroriste ou des criminels, prévoyaient d'assassiner le président Bush, un joueur qui serait au parfum de ce plan, ne pourrait pas résister à l'idée de parier. Les Futures Markets avertiraient alors le Département de la Sécurité d'État qui renforcerait la protection autour du président. Le projet fut abandonné, car taxé de mauvais goût... mais cela démontre la puissance de l'information sur le marché du jeu.

L'importance des relations de confiance explique pourquoi les organisations de jeu clandestines en Asie ont la réputation de payer rubis sur l'ongle, bien plus que leurs collègues officiels en Grande Bretagne ou à Las Vegas. C'est ce que j'ai découvert en visitant les studios de John McAllister*, de l'autre côté de la planète et au bout d'un click grâce à Internet. Cet homme a contribué à la révolution qui depuis quelques années a transformé les paris illégaux et a permis de truquer les matchs beaucoup plus facilement. McAllister qui, soyons clairs, ne truque pas les matchs – est une des rares personnes qui gagne suffisamment d'argent avec les paris sur le sport pour vivre la vie de ses rêves. Quand j'ai visité son bureau, je m'imaginais découvrir quelque chose d'incroyable, je m'attendais à un mélange entre l'atelier de Satan et le laboratoire d'un savant de génie. J'imaginais une pièce peu éclairée où dans la pénombre seraient assis des hommes cernés, portant des chemises rayées, fumant des cigares et murmurant des ordres au téléphone à des centaines de personnes éparpillées dans les stades du monde entier.

En fait, McAllister a exactement l'allure du joueur qui gagne, pâle et pas rasé, il a l'air d'un matheux. Il a travaillé quelques années dans la finance, mais a trouvé sa voie en prédisant les résultats sportifs. « J'ai toujours été bon en statistiques, ça m'est venu naturellement », me dit-il en me montrant ses bureaux où n'importe quel enfant passerait bien la journée : des écrans de télé par dizaines où se jouent en direct les matchs de foot à travers le monde, des frigos pleins de soda et de pop-corn, et des affiches géantes des champions de foot qui recouvrent les murs… J'ai rencontré beaucoup d'autres joueurs professionnels et ils se ressemblent tous, ce sont tous des *nerds* [1], des gens à part. Ils ont des nerfs d'acier et sont prêts à miser des sommes d'argent qui feraient s'évanouir n'importe qui, en se basant seulement sur leur intuition et leur intelligence. Non seulement McAllister parie des millions, mais il est devenu tellement puissant qu'il a fondé sa propre organisation de jeu où, avec ses collègues, il travaille sans relâche pour battre les bookmakers.

Il m'a appris certaines de ses méthodes.

Il n'y a pas de drogues plus puissantes que celles produites naturellement. La plupart des drogues addictives – héroïne, cocaïne ou les amphétamines – fonctionnent de la façon suivante : elles ajoutent une substance au sang, mais pas seulement : en combinaison avec le système endocrinien, elles favorisent la sécrétion d'énormes quantités d'adrénaline et d'endorphine. Les drogués produisent leur propre drogue naturelle en en prenant des artificielles. Ceux qui ne se droguent pas font la même chose en créant ou en favorisant des situations qui vont produire leur drogue naturelle : celui qui conduit vite ou qui se bat avec tout le monde, celle qui se dispute sans arrêt ou qui dramatise sa vie.

Pour les vrais joueurs, c'est la même chose. L'excitation ne vient pas juste du gain, même si c'est évidemment mieux. Perdre aussi produit des montées de drogues naturelles chez

1. Terme pour désigner des fous d'informatique *(Ndlt).*

les joueurs. Quand ils ratent totalement leur vie, perdent toutes leurs économies et leur famille, l'adrénaline naturelle continue à circuler dans leur corps, les faisant se sentir très vivants. Le jeu, que ce soit de dés, de cartes ou quand 22 joueurs courent sur un terrain de foot, c'est une autre façon de planer. Naturellement. Big Sal Miciotta, affirme que la drogue est si forte chez certains joueurs qu'ils *aiment* être battus : « Je te jure, certains de ces mecs adoraient ça. Ils voulaient perdre. »

La recette de McAllister pour gagner aux paris est exactement l'inverse de ce cocktail de testostérone et d'émotion, du joueur lambda. Il me dit que les meilleurs traders – de son propre aveu, les bookmakers asiatiques et leurs agents – contrôlent leurs émotions et sont pessimistes. Quand il parie, il suit une règle très stricte :

Je fais l'inverse de la plupart des joueurs : quand je perds, je ne cours pas après mes pertes. Je pense que c'est ce qui est arrivé à Wayne Rooney [un joueur de foot, qui a perdu des centaines de milliers de dollars au jeu], c'est la raison pour laquelle il a perdu tellement d'argent. Moi je me fixe des limites : 1,5 % de ma réserve par jour, pas plus. Je ne joue pas plus que cette somme.

McAllister me dévoilait sa méthode avec prudence ; à un certain moment, il me surprit en train de regarder certaines de ses données sur un écran et il éteignit son ordinateur. « C'est mon gagne-pain ! » dit-il, sur la défensive.

Les joueurs chanceux utilisent deux manières pour battre les bookmakers : les statistiques et l'information. Les statistiques proviennent de l'analyse d'un ensemble de données réelles pour établir des prévisions, alors que l'information vient des sources internes : un joueur vedette est blessé, l'arbitre divorce, le vent qui vient du lac à Chicago fait que les balles lancées au base-ball seront plus fortes. Les pros utilisent les deux. Pas d'intuition, pas de sentiments, pas de pressentiments. Que des recherches quotidiennes et de la compilation de données. Et ça marche.

McAllister a une grande maison et une deuxième en Suisse. Et les gros bookmakers légaux le haïssent. En fait, dès qu'ils le peuvent, ils refusent de prendre ses mises car ils savent qu'il risque de gagner. D'après l'expert en jeu Michael Konick, c'est comme à Las Vegas ou sur les sites Internet du Costa Rica. Vous allez perdre ? Vous êtes le bienvenu ! Bien sûr ! Devenir un turfiste brillant qui finit par gagner de l'argent ? Ça va être difficile de placer vos mises. Joe Saumarez-Smith a eu les mêmes problèmes en Angleterre après avoir gagné de l'argent au jeu pendant des années.

Le marché du jeu en Angleterre n'a pas de couilles. Ils ne prennent pas de risques. Ils ne prendront pas ton pari si tu es un joueur qui gagne. Je vais retirer mes gains et on me dit : « Pardon mais notre bureau est fermé aujourd'hui, il faudra revenir demain, quand on aura eu le temps de passer à la banque ». C'est déjà difficile pour moi de parier 100 livres sur un jeu, ne parlons même pas de 200 000 livres, ou une somme qui en vaille la peine. À Londres, il n'y a pas un endroit où je puisse parier gros en mon nom.

C'est pour ça que McAllister et les autres joueurs professionnels utilisent le circuit du jeu asiatique. Ils disent que c'est en partie parce qu'ils ont confiance dans les bookmakers asiatiques, plus que dans n'importe quel Européen, même si les organisations asiatiques sont illégales et, de surcroît, c'est plus facile de parier, on est payé rapidement et la commission (le *vig*, comme dirait Big Sal) est plus basse.

Néanmoins, si on peut louer l'honnêteté des organisations asiatiques, les truqueurs qui y travaillent ont démoli le sport sur tout le continent.

7

L'effondrement des cotes

Nous avons perdu presque une génération de footballeurs, mais si tu me dis que maintenant il n'y a plus de corruption, je ne te croirai pas… Nous avons eu des cas où toute l'équipe, y compris les remplaçants, était dans la combine.

Le 12 avril 2006, Kevin Kim* était au boulot. Rien ne laissait prévoir ce qui allait se passer à Singapore Pools, une entreprise multimillionnaire gérée par le gouvernement, où les grands-mères jouent en toute sécurité, qui tente de maîtriser les intérêts que génère le jeu clandestin. Sa tâche était de surveiller les paris à mesure qu'ils arrivaient et d'ajuster ensuite la cote. Kim est un trader… *Trader* est un terme mystérieux, qui évoque, de même que *bookmaker* ou *joueur professionnel*, une vie aux limites de la légalité. Des hommes durs, machos, pas rasés, qui portent des lunettes de soleil, mastiquent des cure-dents, des cigares ou dévorent des joueurs imprudents au petit-déjeuner. Les traders que j'ai rencontrés m'ont prouvé le contraire. Ils ressemblent aux joueurs professionnels qui essayent de gagner ; doux, asociaux et pâles, comme quelqu'un qui passe trop de temps face à un écran d'ordinateur.

Cette nuit-là, Kim était un peu comme un aiguilleur du ciel ou comme un météorologue, guettant la menace à l'horizon, que ce soit un avion ennemi ou une tempête tropicale pouvant mettre en péril la sécurité de son royaume.

En effet, il se préparait un gigantesque orage dans le monde du jeu dont ni Kim, ni le Singapore's Poll n'avaient conscience.

Cette nuit-là, il était prévu un quart de finale de la Coupe FA[1] entre Singapour et l'équipe malaisienne de Sarawak. Il y existe une vraie tension entre Singapour et la Malaisie : jusqu'en 1965, ils ne formaient qu'un seul pays, jusqu'à ce que le Premier ministre Lee Kuan Yew de Singapour n'apparaisse à la télévision un soir pour dire que le pays allait être partagé en deux : « Pour moi, c'est un moment très douloureux. Toute ma vie durant, toute ma vie d'adulte, j'ai cru à l'unité de ces deux territoires. Nous sommes liés par la géographie, l'économie et la parenté… cet événement brise tout ce à quoi nous tenions… »

C'est un divorce national. Les Singapouriens, à qui on a quasiment donné l'ordre de s'amuser (« Nous devons poursuivre cet objectif de l'amusement avec sérieux », dit un jour un ministre), considèrent les Malaisiens comme des cousins horriblement paresseux, qui passent leur temps à boire et à lézarder au soleil. De leur côté, les Malaisiens regardent les Singapouriens comme les cousins de la grande ville, terriblement ambitieux, opportunistes et incapables de s'amuser si un décret ministériel ne les y oblige pas. J'ai vu, accrochée aux murs des bureaux de nombreux responsables de football, une bande dessinée très populaire qui montre deux Malaisiens flânant dans les gradins d'un stade de foot avant un match entre les deux pays : d'un côté, une des tribunes est recouverte de panneaux disant « interdiction de cracher », « interdiction de parler », « téléphones portables interdits »,

1. Championnat de football entre la Malaisie et Singapour (différent de la FA Cup anglaise).

« pas de cris », « pas de chewing-gum ». « Ah, dit un des deux Malaisiens, c'est celle des supporters de Singapour. »

La cote est la résultante de tous les paris sur un jeu en particulier, additionnés. C'est un peu comme le prix d'une action. Un investisseur peut acheter une action de Général Motors pour 100 dollars à neuf heures du matin, la voir descendre à 80 dollars à midi, quand le résultat des ventes du marché nord-américain est rendu public ; de la même manière, la cote sur un jeu peut varier. Si l'attaquant vedette d'une des équipes se casse une jambe, la cote monte à mesure que tous les parieurs jouent contre cette équipe. Si l'autre équipe annonce que leur gardien de but légendaire revient après une blessure, la ligne de pari peut encore grimper.

Cependant, les variations spectaculaires sont très rares. Quand les traders s'assoient et évaluent les chances des matchs, ils le font avec une énergie incroyable car leur vie dépend non seulement de la façon dont ils évaluent les possibilités de gain ou de perte d'une équipe, mais aussi de l'exactitude avec laquelle ils prévoient comment les fans vont parier.

Ils ajoutent donc la liste des blessures, ils prennent un peu de marge au cas où un rival aurait une information qu'ils n'ont pas, ils ont de longues listes de statistiques, quelle équipe est meilleure à domicile, laquelle est bonne sous la pluie, laquelle est meilleure en début de saison, qu'ils vérifient comme un Baptiste le ferait pour l'Ancien Testament.

En Asie, il faut surveiller plusieurs cotes pour un match. D'abord le résultat : victoire de l'équipe qui reçoit, de celle qui joue à l'extérieur, ou match nul. Les paris les plus fréquents, dans cette partie du monde, ce sont ceux de l'Asian Handicap qui est similaire au « point spread » ou pari sur handicap que pratique North American[1].

1. Organisme de jeu légal nord-américain *(Ndlt).*

Cependant, il y a deux formes de paris qui sont particulièrement intéressants pour certains truqueurs qui sont : donner le score exact et le nombre total de buts. S'il devine quelle équipe gagne, le parieur a une chance de 2 contre 1 ou moins, mais s'il peut prédire que le nombre total de buts d'un match est supérieur à sept, il est à 30 contre 1 ou plus.

Deux heures avant le match, Kim remarqua que la cote commençait à s'affoler. Ça bougeait autour d'un certain score, non pas celui de l'équipe qui allait gagner, mais qu'il y aurait au moins neuf buts dans le match. C'était un résultat inhabituel (la plupart des matchs de foot ont un total de deux ou trois buts) qui éleva les chances à 30 contre 1. En deux heures, le nombre de personnes plaçant des paris sur un total de neuf buts fut si nombreux que les chances tombèrent de 30 contre 1 à 1,5 ou 1 – ce qui veut dire que si un parieur avait misé deux heures avant les matchs que les deux équipes marqueraient neuf buts à elles deux, pour chaque dollar misé, il en toucherait 30, mais aussi près du début du match, ce même pari remporterait 1,50 dollar.

Un tel changement dans la ligne de paris est quasiment sans précédent dans le marché du jeu où, si les rapports varient de 4 ou 5 dollars, c'est déjà considéré comme une variation importante. Une Variation de 28 dollars, c'est l'équivalent du krach, le Jeudi noir du 24 octobre 1929, lorsque la bourse de New York s'effondra. La direction de l'équipe eut vent de ce qui se passait sur le marché du jeu et un des joueurs raconte avoir vu les responsables entrer en trombe dans les vestiaires et demander qu'on laisse tomber le trucage du match. Les joueurs furent tous d'accord mais se demandèrent qui pouvait bien être en train de truquer le match. Ils jurèrent qu'ils joueraient de leur mieux.

Le résultat ? Exactement comme les parieurs l'avaient prédit : une des équipes gagna de 7 buts à 2. Neuf buts ! Singapore Pools perdit des centaines de milliers de dollars, et on raconta que le match avait été truqué par un groupe de truands qui avaient perdu le contrôle de l'information, ce qui provoqua une ruée sur le marché. La réputation du football asiatique venait d'en prendre encore un coup.

Un soir humide à Kuala Lumpur, la plus grande équipe de Malaisie, Selangor, jouait contre le sultanat de Brunei, un état riche et indépendant. À l'âge d'or de la Ligue de football de Malaisie, un match contre leurs riches cousins aurait attiré une foule de 30 000 ou 40 000 personnes.

Mais le soir où je m'assis dans le stade, au printemps 2005, pour assister à la rencontre, il y avait à peine assez de monde pour remplir une des quatre tribunes. Les supporters firent de leur mieux, mais leurs cris parvenaient avec peine aux joueurs. J'étais dans le carré VIP, en compagnie d'hommes bien habillés, assis dans des chaises confortables, qui discutaient vaguement du match, parlaient au téléphone et dégustaient un excellent repas à la mi-temps.

Personne n'encourageait les équipes et, pour être franc, il n'y avait pas de raison de le faire, le match était sans grâce et sans aucun rythme. Au moins ne tombaient-ils pas en faisant semblant de se faire mal et, en général, ils se comportaient en gentleman, ce qui est surprenant pour qui est habitué aux joueurs européens. Même après le tacle le plus diabolique, ils s'aidaient et se serraient la main.

Selangor perdit sans se battre, 3 à 0. Le match reflétait l'état du football en Malaisie. Pour les gens qui l'avaient connu dans les années quatre-vingt-dix dans des stades bondés, c'était un peu comme aller voir un vieil ami malade sur son lit de mort. Le nom est le même, mais il a tellement maigri, il est si diminué que le moment est difficilement supportable.

Les équipes nationales aussi ont dégringolé dans les classements : en 1993, la Malaisie était au 75e rang mondial, maintenant elle est 159e, juste devant des équipes comme Tahiti, la Grenade ou les Maldives. À Singapour, c'est presque aussi catastrophique, ils étaient à la 73e et maintenant ils sont à la 138e place.

Lorsqu'on dévoile la corruption à grande échelle, on ne reçoit pas tellement de lettres de remerciement. Johnson Fernandez et Lazarus Rokk en tous les cas n'en ont pas reçu. En revanche, Rokk dut affronter des poursuites judiciaires très coûteuses, sans que ses sources gouvernementales ne lui donnent le moindre coup de main et, un jour, il reçut une balle de pistolet en craie par la poste, avec un mot : « La prochaine est vraie. »

Quelques mois plus tard, l'homme de Brickfields qui les avait aidés fut tué. Apparemment, ça n'avait rien à voir avec le trucage de matchs, il se serait disputé avec un gang chinois voisin dans une salle de billard. Douze de ces lascars l'attendaient dehors et le frappèrent à coups de queues de billard, jusqu'à ce qu'il en meure. D'après Rokk, « c'était un grand mec costaud et il a dû se battre, mais ils étaient trop nombreux et il était seul, sans armes. Il a été laissé agonisant dans une impasse ».

Fernandez et Rokk renoncèrent. Ils n'étaient pas soutenus par l'establishment malaisien et l'histoire était trop brûlante pour eux. Fernandez affirme qu'il changeait d'itinéraire chaque soir pour rentrer en voiture chez lui et que s'il avait continué, il aurait dû prendre une grosse assurance-vie pour lui et sa famille. « Ça n'en valait pas la peine. Je suis un passionné de foot et je m'en veux d'être resté là, assis, à regarder le jeu disparaître. Mais c'était beaucoup trop dangereux. » Ils se sont efforcés d'oublier tout ce qu'ils avaient appris. Ils prirent toutes leurs notes, y compris une lettre qui donnait tous les résultats des matchs de Premier League anglaise, *avant* qu'ils ne soient joués, et les détruisirent.

Des années plus tard, lorsque Fernandez me rencontra à Kuala Lumpur, son visage souriant s'obscurcissait encore en pensant à cette période. Il dit qu'il était « tellement déçu… que rien de mieux ne sorte de tout ça. Nous avons été des lâches et le sport a été le grand perdant parce qu'il n'y avait pas de soutiens. Il n'y a pas assez de gens passionnés par le *sport* et qui veulent le voir survivre. Nous ne serons pas là pour voir sa résurrection, ni même peut-être nos enfants. »

Le cauchemar que Mohammed ben Hammam, Peter Velappan et tous les autres responsables officiels sont en train d'affronter est que l'enthousiasme pour le foot n'a pas fléchi dans leur pays, au contraire, il grandit.

La finale de la Ligue des Champions, le 25 mai 2005, avait été un sacré match. De temps en temps, il arrive que des événements sportifs transcendent la médiocrité habituelle, cela devient une leçon non seulement pour le sport mais une leçon de vie. Pour une fois, l'exagération hyperbolique des journalistes sportifs – où chaque jeu est « le match du siècle », plein de « tension » et de « spectacle » – était justifiée.

Dans l'Atatûrk Olympic Stadium, Liverpool rencontrait le sublime Milan AC, propriété du – déjà – Président du conseil italien, Silvio Berlusconi. Pour ceux qui eurent la chance de voir le match, je dirais que la première partie était une démonstration du professionnalisme Italien. Le Milan AC mélangea subtilement une défense en béton et des attaques fulgurantes. À la fin de la première mi-temps, ils en étaient à 3 à 0. Leur défense accumulait des noms qui sont synonymes de génie : Maldini, Stam, Gattuso et Nesta. Raisonnablement, l'affaire était pliée. Le match était fini. Les supporters de Liverpool pouvaient ranger leurs banderoles et s'éclipser.

Mais, dans un accès de fureur et de courage, de détermination et de refus d'accepter le score, les fans de Liverpool n'abandonnèrent pas. Ils étaient 30 000 autour et dans le stade et *personne* ne pouvait leur dire que c'était fini ; *personne* ne pouvait arrêter le bruit qu'ils faisaient ; *personne* ne pouvait les empêcher de chanter en boucle l'hymne des grandes équipes de Liverpool d'antan, *You will never walk alone*[1]. La chanson résonnait dans le stade et parvint aux oreilles des joueurs dans les vestiaires.

À 8 600 kilomètres de là, dans une chambre d'hôtel de Singapour, d'autres l'entendirent. Ils étaient des centaines de fans de Liverpool à quatre heures du matin à assister au match à la télé, dans un hôtel de la ville. Il n'y avait plus rien à faire, c'était fini, ça se voyait. Leur équipe perdait face à la meilleure défense au monde. Dans ces cas-là, les gens raisonnables éteignent la télé et vont au lit, mais pas eux. Certains se mirent à chanter et d'autres se penchèrent sur l'écran de télévision pour encourager plus intensément la renaissance de leur équipe. Leurs prières furent entendues. Les joueurs reprirent confiance et marquèrent trois buts dans les six premières minutes magiques de la deuxième mi-temps et, finalement, gagnèrent le match aux pénaltys. À Singapour, ça se termina à 5 h 45 du matin.

Je ne suis pas un supporter de Liverpool, mais cette façon brutale de ne pas accepter la défaite est exactement ce que le football possède de plus beau.

C'est aussi ce que l'homme a de meilleur. Pour chaque malade du cancer qui commence une chimiothérapie, pour chaque victime d'un viol qui doit se lever le matin et affronter le monde, pour chaque personne qui regarde la défaite mais ne veut pas abandonner, c'est une source d'inspiration. Simplement ne pas tergiverser et ne jamais abandonner.

La fête commença.

À Singapour, on fait les choses bien. Les supporters louèrent un bus à l'impériale rouge et firent le tour de la ville des douzaines de fois, faisant monter à chaque fois plus de fans dans le bus. Dans le Orchard Road Shopping district, il y a un magasin dédié à tout l'attirail de Manchester United.

1. Tu ne marcheras jamais seul *(Ndlt)*.

Les supporters de Liverpool sont censés haïr Manchester United, c'est la coutume. Alors les fans de Liverpool, chaque fois qu'ils passaient devant le magasin, se garaient devant et se mettaient à hurler et chanter.

Je suis monté à bord du bus, il n'y avait pas un seul européen parmi eux. Ce n'étaient que des Singapouriens. La plupart n'avaient jamais été en Angleterre et encore moins à Anfield, le stade de Liverpool. Wilson Li, qui porte le tatouage de Liverpool est un exemple typique : « Liverpool, c'est ma religion, ma vie. Mon tatouage est sur mon cœur. Je suis un fan de Liverpool, qu'il gagne ou qu'il perde. »

Ses amis retirèrent leurs tee-shirts et, bras dessus bras dessous, beuglèrent, debout dans un parking à 11 000 kilomètres d'Anfield : « You will never walk alone. ».

Même pour un observateur neutre, cela pouvait paraître étrange et induire une question : pourquoi ?

Pourquoi un groupe de personnes à onze mille kilomètres et à huit heures de décalage horaire supporte une équipe que la plupart d'entre eux ne verront jamais ? Pourquoi tant de gens, en Asie, abandonnent leurs équipes locales de Selangor, Brunei, ou Beijing Hundaï pour suivre Manchester United ou Liverpool ?

Il est certain qu'on voit beaucoup de sport européen à la télévision en Asie et n'importe quel téléspectateur peut apprécier la différence en termes de qualité de jeu. On peut aussi trouver l'explication dans le fait que l'Asie est un endroit de peu de liberté politique. On ne parle pas trop ouvertement de la situation de son pays, alors, que les gens fassent du bruit à propos de quelque chose qui n'a rien à voir et qui est lointain peut arranger les autorités.

Pour un gouvernement répressif, il vaut mieux que les gens se promènent en criant victoire pour Liverpool ou Manchester United, plutôt qu'ils se mettent à manifester pour plus de liberté de la presse ou des réformes démocratiques.

Mais la vraie raison du désintéressement des gens pour le football local vient essentiellement du manque de crédibilité des ligues de football asiatiques qui ont été détruites par les truqueurs. Le pire, et tout le monde est unanime sur ce point, est que les magouilles continuent.

En privé, aucun des responsables de football d'Asie ne s'est vanté d'avoir été particulièrement efficace dans la lutte contre la corruption. Un responsable me dit :

Nous avons perdu presque une génération de footballeurs, mais si tu me dis que maintenant il n'y a plus de corruption, je ne te croirai pas… Nous avons eu des cas où toute l'équipe, y compris les remplaçants, était dans la combine.

Wilson Li et ses amis fans de Liverpool le savent très bien. Quand je leur demandai pourquoi ils ne supportaient pas Singapour ou aucune autre des équipes locales, ils furent très explicites : « Avant, oui. Il y a dix ans, on allait en voiture jusqu'à Kuala Lumpur quand Singapour jouait. C'était génial : il y avait 60 000 personnes dans le stade. Mais maintenant… Il n'y a que de la triche. Les fans payent cher pour voir le match et puis leur équipe perd 2 à 0 ou 3 à 0 sans raison. On perd notre argent ! »

Contrairement à la légende, Ian Rush est intelligent. Ian Rush était un des grands gardiens de but du football des années quatre-vingt. Il était mince et tout en longueur, avec une moustache en brosse et une réputation de bêta. Il passa de Liverpool à la Juventus où il joua un an. Cela se passa mal. Quand on lui demanda ce qu'il pensait de l'Italie, on raconte qu'il fit une pause et répondit : « Je ne pourrais pas vivre en Italie – ce serait comme vivre à l'étranger. » Les intellectuels de la classe moyenne qui se disent des *footballerati*, c'est-à-dire des gens qui ne jouent pas mais qui comprennent le jeu mieux que ceux qui le jouent, aiment considérer Rush comme l'exemple typique du gros bourin. Ils le sous-estiment grandement.

J'ai rencontré Rush à Singapour, dans un bar, quelques mois avant l'effondrement de la cote. Nous avions été invités par la chaîne de sport ESPN. Ils retransmettent le football Italien, Espagnol et la Ligue des Champions dans vingt-cinq pays d'Asie de l'Est.

Parfois, ils font venir un grand nom du foot européen pour commenter les matchs. Rush était leur invité. Il était devenu entraîneur de gardiens de but pour Liverpool et avait conservé une silhouette de sportif, mais avait abandonné sa moustache. Il parla de Liverpool, de ses chances de réussir et pourquoi ils jouaient mieux en Ligue des Champions qu'en Premier League. Il était intelligent et plein d'esprit, avec une vraie compréhension de la façon dont fonctionne un joueur, bien plus que n'importe quel outsider. Il était de très bonne compagnie et nous bûmes quelques bières. Puis il me demanda ce que je faisais et je lui racontai mes recherches sur le trucage de matchs et lui demandai de me parler de Bruce Grobbelaar, le grand gardien de Liverpool qui aurait accepté de l'argent pour truquer des matchs. Je venais de commettre une erreur : il me regarda et dit : « Je ne réponds pas aux questions à cette heure-ci », et il s'enfuit à l'autre bout du bar, au grand bonheur de ses fans qui l'assaillirent.

Je ne sous-entends pas par là que Rush ait pu être impliqué dans le trucage de matchs, mais ce n'était pas la première fois que mon enquête me mettait dans ce genre de situation.

Je me tournai vers les journalistes de l'ESPN. Ils étaient très sympas. Nous discutions et je dis quelque chose comme : « J'ai regardé votre chaîne l'autre jour, c'était pas mal du tout. Vous faites quoi comme audience ? » L'un de leurs annonceurs me regarda par en-dessous :

« Lors d'un bon match, une finale ou un gros jeu, autour de 280 millions », dit-il sans s'émouvoir. « Une soirée moyenne, pas de grands enjeux, en semaine, que 140 millions. »

Cent quarante millions de personnes représentent la moitié de la population d'Amérique du Nord en train de regarder un très gros match de foot européen. Pour les grands matchs, le nombre de spectateurs en Asie, représente la population de toute l'Europe de l'ouest.

Et si nous résumions la situation ?

Il y a un très grand nombre de gens en Asie qui adorent parier et, avec l'éclosion d'Internet, ils ont la possibilité de miser sur des matchs partout dans le monde. Leurs propres équipes se sont effondrées et végètent dans le chaos et la décomposition, en partie à cause du trucage de matchs. Les krachs de la cote comme celui qui a frappé Kevin Kim et le Singapore Pools ont entaché la crédibilité des ligues. De fait, les turfistes asiatiques préfèrent aujourd'hui parier sur les trucages : quelle équipe truque et pour quel match. Parallèlement, la visibilité du football européen a augmenté et l'enthousiasme pour les clubs européens fait s'asseoir 140 millions de personnes devant la télé, en semaine, pour un match mineur.

Alors, que doit faire un bon truqueur asiatique qui aime son boulot ?

Aller en Europe !

DEUXIÈME PARTIE

L'EUROPE : LA RÉFÉRENCE

Prologue

[Transcription d'un échange de courriels entre un joueur de football européen et Marc Carinci de Soccercapper.com, documentaliste pour ce livre, en janvier 2008.]

– Joueur : Je vais te donner un match truqué qui n'a pas encore été joué.

100 % truqué. Comment je le sais ? Parce que je vais le jouer et je sais que je dois le perdre. Le premier match c'était à domicile et nous avons gagné, maintenant nous devons perdre le match retour. Trois points contre trois points, c'était le deal. Si ça t'intéresse, écris-moi.

Je te donnerai l'info pour 200 €, parce que je l'ai vendue pour beaucoup d'argent. La date du match c'est le XX.03.08.

– Carinci : Peux-tu m'envoyer plus d'infos ? Merci.

– Joueur : C'est un match de la Ligue macédonienne. Je ne sais pas quelle cote il aura, mais elle ne peut pas être au-dessous de 2-00. La Ligue de Macédoine est la plus corrompue en Europe, surtout dans la deuxième moitié du championnat, il y a plein de matchs truqués. J'envoie des infos à plein de sites web, et ils me payent. Je suis sûr qu'aucun autre site a cette info-ci, alors 200 € ce n'est rien comparé aux autres sites qui me payent des milliers de dollars. J'ai des contacts dans presque toutes les équipes de la Ligue et ils m'avertissent quand un match va être truqué. J'ai joué dans beaucoup d'équipes en Macédoine, à XXXX et à XXXX

[noms de deux ligues européennes]. Si vous êtes intéressés par ce match, écris-moi et je t'enverrai le lien pour payer. Merci de ton intérêt.

– Carinci : Merci pour ta réponse. Si ce que tu dis est vrai, nous pourrions travailler ensemble. Mais comment savoir si tu es le vrai XXXX *et pas un imposteur ? Autre chose : toi et tes amis, avez-vous des infos sur des matchs d'autres ligues ?*

– Joueur : Je vais scanner mon passeport et te l'envoyer par mail si tu veux.

Je suis sûr que tu as vérifié mon identité sur Internet : je suis XXX *je suis né le* XX/XX/XXXX. *Je suis toujours joueur professionnel. J'étais dans l'équipe nationale. J'ai des amis presque partout en Europe, en Italie, en Allemagne, en Serbie, en Ukraine, en Croatie, en Pologne, en Turquie, et en Macédoine.*

J'ai des informations très confidentielles, par exemple sur ce que rapportent les matchs truqués. C'est une info sûre à 1000 %. J'ai vendu ces matchs truqués, très cher, en Italie et à Singapour.

Le joueur a envoyé son passeport et le résultat du match était exactement celui qu'il avait prédit.

8

L'arrivée des sauterelles

C'était assez dangereux… J'allais monter dans l'avion et j'ai reçu un coup de fil anonyme qui me disait que si je venais, ils me tueraient. Je n'étais pas très heureux. Ce sont vraiment des mafieux. Je ne suis pas lâche, mais je préfère rester en vie.

Officiellement, Pietro Allatta est un agent sportif belge qui s'occupe de beaucoup de footballeurs dans son pays, y compris du gardien de but Silvio Proto qui joue parfois dans l'équipe nationale. Mais Alatta a un passé pour le moins intéressant. Il a été l'associé puis le rival de Carmelo Buongiorno, homme d'affaires dans le bâtiment et ancien chef de la mafia belge. En 1994, Buongiorno a été condamné pour avoir organisé la disparition du journaliste belge Stéphane Steiner. Lui et son gang ont kidnappé Steiner, l'ont tué, ont dissous son corps dans de l'acide et entassé les restes du cadavre sous un des bâtiments que Buongiorno avait fait construire dans le sud de la Belgique. Steiner ne fut pas le seul à subir ce sort : un gardien de but, ami proche de Pietro Allatta, disparut le 23 avril 1998. Il n'a jamais été retrouvé et personne ne sait précisément ce qui a bien pu se passer. On dit qu'il aurait irrité Buongiorno et aurait été jeté dans de l'acide comme Steiner. La première fois qu'Allatta eut des problèmes avec la loi fut quand son frère et lui furent condamnés à plusieurs années de prison pour fraude fiscale. Mais étrangement, seul son frère Salvatore fit de la prison.

Malgré la condamnation pour fraude et ses liens avec la mafia, Pietro Allatta est toujours agent de football. La FIFA lui a même donné une licence, tout de même pas pour la Belgique mais pour la république du Togo… Il était associé à Ye Zheyun, un mystérieux homme d'affaires chinois qui arriva en Belgique à l'automne 2004, affirmant être propriétaire d'une entreprise textile du nom de Cécilia Bilanci, au 29, rue des Pyramides à Paris.

En 1992, une série d'enquêtes du Congrès américain sur le crime organisé en Asie cite les témoignages de membres actuels des triades qui évoquaient les liens transversaux de ces organisations. Le rapport s'intitulait « Le crime organisé en Asie : les nouveaux criminels internationaux ». Ye Zheyun en est un parfait représentant. Il venait en Belgique pour corrompre le football européen et ainsi faire d'énormes profits à des milliers de kilomètres de là, sur le marché du jeu asiatique.

La Belgique que trouva Ye Zheyun, avait un déjà un passé entaché de pratiques corrompues dans le football et un bon réseau de crime organisé. En 1984, on enregistra une conversation entre l'arbitre Raymond De Deken d'Anderlecht, le club le plus important de la Belgique et Jean Elst, un criminel avec lequel il projetait d'acheter l'arbitre anglais Keith Hackett, avant une rencontre importante de l'UEFA où ils voulaient absolument faire match nul. Ils discutaient de la somme qu'Anderlecht était prête à payer à l'arbitre s'il acceptait l'affaire :

Jean : Il n'y a pas beaucoup d'arbitres qui vont refuser cette somme !

Raymond : Oui, mais il y en a toujours, hein, Jean ? Les Belges, je les connais tous, mais celui-là, je ne le connais pas. Je veux dire, je ne sais pas s'il sera intéressé ou non.

De Deken et Elst ne réussirent pas à corrompre Hackett, mais ils réussirent à acheter l'arbitre de la demi-finale de la coupe d'UEFA contre Nottingham Forest. Il réussit à amener Anderlecht en finale en refusant un but à Nottingham Forest. Mais après le match, De Deken et Elst se brouillèrent. Elst affirme que De Deken vola 200 000 francs belges sur la somme d'argent qui était dévolue à l'arbitre, à l'Hôtel Hilton de Bruxelles. L'arbitre se mit à crier dans le restaurant et pour éviter le scandale, Elst paya de sa poche les 200 000 francs manquants puis dénonça De Deken à la direction d'Anderlecht qui remboursa Elst sur-le-champ afin qu'il disparaisse.

En février 2006, j'avais envie de suggérer à l'hôtel Hilton de Bruxelles de mettre une plaque dans le restaurant pour rappeler une scène de corruption d'une des plus grandes équipes européennes. Ce n'était pas la seule fois où leurs hôtels à Bruxelles avaient été ou seraient encore involontairement liés aux criminels ou au trucage de matchs.

J'avais une commande de la télévision finlandaise, je devais étudier la situation du football belge. Une des premières personnes que je rencontrai fut Jean-Marie Dedecker. Le sénateur Dedecker avait cinquante-cinq ans et un physique de sportif. Pendant vingt ans, il avait été l'entraîneur de l'équipe belge de judo olympique, lui faisant remporter huit médailles dans quatre championnats olympiques. Il avait de larges épaules, un charme pugnace et était de très bonne compagnie. Quand je lui parlai du seul autre sportif d'arts martiaux belge que je connaissais, Jean Claude Van Damme, il soupira. « Van Damme, c'est que dalle. Il a trop de muscle. Il a soulevé trop de poids pour Hollywood. N'importe qui de mon équipe peut le prendre. »

Je le rencontrai à déjeuner dans le fastueux bâtiment du Sénat belge. En 1990, Dedecker commença une carrière politique et grimpa rapidement grâce à son franc-parler. Un des incidents qui le caractérisent est lorsqu'il accompagna un journaliste dans un quartier de haute sécurité en prison pour interviewer un criminel sexuel : au bout de six ans, l'accusé n'avait pas encore été jugé et Dedecker suspectait quelqu'un de très haut placé de le couvrir et voulait comprendre ce qu'il en était. Son parti désapprouva ce qu'il avait fait et ils le suspendirent. Dedecker prétendit que ça ne l'affectait pas et devint la mouche du coche du ronronnant establishment politique belge. Cet homme ne manque ni de courage physique ni moral, mais quand il commença à enquêter sur le football belge, il reçut une série d'avertissements qui le rendirent très prudent :

C'était assez dangereux. J'allais monter dans l'avion et j'ai reçu un coup de fil anonyme qui me disait que si je venais, ils me tueraient. Je n'étais pas très heureux. Ce sont vraiment des mafieux. Je ne suis pas lâche, mais je préfère rester en vie.

Malgré plusieurs menaces de mort, il sortit un rapport en 2001 où il était dit que des bandes de criminels faisaient venir en Belgique des joueurs de pays en voie de développement, dans des conditions proches de l'esclavage moderne. Cela fit beaucoup de bruit, mais rien ne changea. Il m'expliqua que les responsables du football belge étaient comme les politiciens de ce pays : assez vieux, pas particulièrement compétents et affichant une certaine complaisance avec la corruption, à condition que ça ne mette pas en péril leur position.

C'est dans cette Belgique-là qu'à l'automne 2004, Ye Zheyun se présenta comme « investisseur dans le football ». Ye Zheyun et Pietro Allatta travaillèrent ensemble. Allatta l'aida à approcher les équipes belges et Ye Zehyun tenta de les corrompre. (Allatta dément toute implication dans les trucages et les autorités belges ont l'air de le croire.) Une source de la police belge s'étonna du succès de Zehyun : « Au total, il a contacté quatorze équipes professionnelles en Belgique et ils ne se racontèrent rien entre eux. Du mois de novembre 2004 à novembre 2005, Ye travailla avec eux et ils ne dirent rien. »

Il ajouta une remarque, comme un avertissement prophétique destiné à la Premier League et aux riches propriétaires étrangers au passé flou : « Ils [les clubs] perdent la tête quand ils voient de l'argent. Si Ye Zehyun avait été plus malin, il aurait investi 1 000 000 d'euros. Il aurait pu devenir le président d'un club. Il aurait pu contrôler tous les clubs s'il avait travaillé tranquillement, il aurait pu tout avoir. »

Ye Zhyun jeta son dévolu sur deux équipes belges mais il ne travailla pas tranquillement, il semblait toujours pressé, surtout quand il commença à travailler avec la Ligue de football finlandaise. L'été 2005, après avoir réussi à truquer une bonne douzaine de matchs en Belgique, il décida d'acheter le club finlandais d'Alliansi, un jeune club que les propriétaires voulaient vendre. Alliansi jouait bien, il était bien placé dans la Ligue, mais très endetté. Ye Zhyun et ses associés avaient promis d'investir massivement dans le club et de redresser ses finances. Lors d'un des premiers matchs, il amena cinq joueurs de Belgique et insista pour qu'ils jouent. Ce devait être un match costaud contre les rivaux d'Alliansi, Haka. Les supporters s'attendaient à un match serré, mais ils étaient loin d'imaginer ce qui arriva. Non seulement ils perdirent, mais comme pour le match Singapour contre Sarawak, ils perdirent très gros : 8 buts à 0 ! La cote des paris sur le site Internet d'État finlandais, pour ce score-là, était de 8 787 contre 1. L'entraîneur et les joueurs déclarèrent que c'était un accident. Comme en Belgique, ce n'était pas le premier du genre. Le journal tabloïd *Ilta-Sanomat* révéla quelques mois plus tard que depuis des années, les joueurs avaient soit été approchés par des truands, soit empoché de l'argent pour truquer les matchs en Finlande.

« J'ai pris de l'argent pour quelques matchs. Ça fait quelques années que ça dure, dit l'un des joueurs. Je ne suis absolument pas le seul. Je connais le nom d'au moins deux autres mecs d'autres équipes qui le font. »

Jamais aucun responsable officiel ne déclara que le match Alliansi contre Haka était truqué. L'enquête démarra sur les chapeaux de roues et finit par s'enliser ; on n'accusa personne et on n'arrêta personne. Le même genre de chose se produisit lorsque Betfair, l'organisme de jeu en ligne britannique, signala à la Fédération Belge de football à l'automne 2005 qu'il y avait une activité « inhabituelle » du marché du jeu sur plusieurs matchs belges. La FBF prétendit ne jamais avoir reçu les courriers d'avertissement.

Ce qui fit tomber Ye Zehyun, ce ne sont pas les responsables de la fédération, mais sa libido. Il rencontra une jeune fille belge de dix-huit ans et l'invita à voir un match où, pour l'impressionner, il lui expliqua comment il l'avait truqué, quels joueurs étaient dans le coup et lui donna le score exact avant que le match ne soit joué. Il lui promit une carrière de mannequin si elle acceptait ses conditions, c'est-à-dire, entre autres, qu'il puisse aller lui rendre visite dans sa chambre d'hôtel pendant la nuit (encore à l'hôtel Hilton de Bruxelles…).

Mais cette nuit-là, elle eut l'intelligence de faire venir sa mère. Quand Ye arriva, vers minuit et que, sur le pas de la porte, il proposa à la jeune fille une approche plus « tactile » du management de sa carrière, la mère appela la police. Elles racontèrent ce qu'elles avaient vu et ce que Zehyun leur avait dit et ce fut le début de la fin de son empire de la magouille dans le monde du foot belge.

Ye Zehyun fut entendu par la police puis relâché et il s'enfuit. On ne l'a jamais revu. L'enquête traîna pendant un an. Au début elle semblait avancer, Marc Piron, le policier qui en avait la charge, était un dur sans aucun sens de l'humour, qui avait l'air d'être le Dedecker de la police belge. On ne lui laissa pas l'enquête longtemps, il en fut déchargé sous prétexte qu'il avait parlé aux médias. Il n'y eut aucune arrestation et aujourd'hui, Pietro Allatta continue à sévir comme agent.

Deux mois après la disparition de Ye, l'émission de la télévision belge *Panorama* affirma qu'au moins quatorze personnes, joueurs et entraîneurs, avaient aidé Zehyun dans ses activités. Cela fit rire Laurent Wuillot, le joueur du Bruxelles qui avait été approché par les gens de Ye pour truquer un match contre Lierse SK :

> *Quatorze joueurs ? Vous rigolez ? Il y en a eu beaucoup plus. Il faut les comprendre, ils peuvent se faire beaucoup plus de fric sur un match truqué que sur toute la saison. Ils sont tellement mal payés, ces clubs se battent pour survivre.*

Wuillot n'était ni le seul ni le plus important des joueurs que les gens de Zehyun approchèrent. D'après la confession de Laurent Fassotte, le capitaine de Lierse SK, Ye Zehyun était capable de contrôler presque toute l'équipe, management et joueurs compris.

Pour Ye Zehyun, l'Europe était une très bonne affaire. Les raisons qui lui permettaient d'opérer avec autant de succès en Belgique et en Finlande sont multiples. La première était que les équipes d'Europe de l'Ouest ont une réputation d'honnêteté parmi les joueurs asiatiques, ce qui fait que Ye et son organisation de jeu pouvaient attirer beaucoup d'argent des parieurs sur le marché clandestin. Ensuite, malgré leur honnêteté apparente, les joueurs et les clubs étaient souvent si mal payés qu'on pouvait facilement les acheter. Un investissement de quelques milliers d'euros pouvait rapporter des millions. Pour finir, la Ligue Belge a souvent été très complaisante à l'égard de la corruption.

Les truqueurs asiatiques recherchent les équipes européennes qui remplissent ces conditions et ils se jettent dessus.

On retrouve ce paradigme de la bonne réputation mélangée à une relative corruptibilité dans quelques tournois importants : les qualificatifs de la Ligue des Champions, la coupe UEFA et les matchs de la coupe de l'Intertoto. Quand on pense à la Ligue des Champions, on pense seulement à ces grandes équipes championnes des pays les plus puissants d'Europe – l'Italie, l'Angleterre, l'Espagne et l'Allemagne, plus une sélection d'autres bonnes équipes de quelques pays. Cependant, entre juin et août, il y a des matchs préliminaires de la Ligue des Champions, où des équipes de petits pays plus pauvres jouent entre eux, avec l'espoir d'avancer dans les classements. Pendant ces tours et pendant l'Intertoto (prix qui a été créé par les loteries européennes pour donner aux parieurs un endroit où dépenser leur argent pendant la saison d'été), les suspicions de trucage sont devenues très fréquentes. Les matchs, disputés par des équipes relativement inconnues, attirent beaucoup de paris, simplement parce qu'il n'y a rien d'autre à se mettre sous la dent en juin et en juillet.

Un responsable de football européen me donna un exemple de ce qu'étaient ces matchs :

Voici un cas qui est apparu dans la coupe Intertoto. Les paris étaient bizarres. Au match aller, ils avaient fini en match nul, 1 à 1. Pour le match retour, l'équipe qui jouait à domicile perdit 4 à 0. Même le rapport de l'arbitre dit que c'était un match truqué. Il dit que l'équipe essayait de ne pas gagner. Les paris sur la défaite de l'équipe à domicile étaient à 5 contre 0.

Un autre responsable de l'Intertoto me donna la liste des matchs qui, selon l'organisation, étaient louches. Ces pays répondaient au paradigme réputation/corruptibilité – Chypre, la Biélorussie, la Roumanie, la Lituanie et la Grèce – des pays avec une forte tradition de football mais où avec 10 000 €, on achète beaucoup d'influence. Beaucoup d'organisations de jeu européennes ont déjà arrêté de miser sur les matchs préliminaires. Chaque semaine, les bookmakers abandonnent un match de peur qu'il soit truqué. Un haut responsable européen des lotos sportifs m'a dit que les loteries européennes et le Totocalcio pensaient même abandonner le tournoi pour de bon.

À l'automne 2007, une source d'Europol, la police européenne, laissa fuiter à un journal allemand que l'UEFA leur avait demandé d'enquêter sur cinquante matchs qui semblaient truqués. En privé, les responsables de l'UEFA admettent que le problème est beaucoup plus vaste, mais les équipes refusent de coopérer et les enquêtes ne vont nulle part. Un des enquêteurs a déjà été menacé de mort.

Les sauterelles sont bel et bien là

Si vous avez le choix entre aller à l'université à Oxford ou à Cambridge, choisissez Cambridge. La raison ? Elle remonte aux années 1640. C'était la guerre civile en Angleterre et l'armée royaliste, qui perdait, était assiégée à Oxford. Le roi Charles Ier avait fait de Christ Church College son quartier général. On dit que pendant le siège, le roi lisait dans la bibliothèque de l'université un livre qui le passionnait et qu'il voulut emmener pensant le rapporter plus tard. « Oh, non, Majesté, aurait répondu le bibliothécaire, la règle est stricte, aucun livre ne peut sortir d'ici, c'est écrit là, regardez. »

Aujourd'hui, si vous demandez à emprunter un livre, le bibliothécaire vous raconte cette histoire en terminant par : « Et si on ne prête pas de livres au roi Charles Ier, on ne va certainement pas vous en prêter un à vous ! »

Les premiers mois de mon séjour à Oxford, j'ai trouvé cela charmant, mais un jour, je me suis amusé à analyser les circonstances de cette histoire. C'était pendant la guerre civile, le roi était sur le point de perdre la guerre et d'être capturé pour être emprisonné et exécuté par les rebelles. C'est pour ça que le bibliothécaire ne voulait pas lui prêter de livre, il savait parfaitement qu'il ne le récupérerait jamais.

À Cambridge, la rivale contemporaine d'Oxford, on traite les étudiants comme des adultes : ils ont le droit d'emprunter des livres, de les lire et de les rapporter.

Le pire, c'est qu'à Oxford, les professeurs eux-mêmes n'ont pas le droit de voir les étagères où sont rangés les livres. La plupart sont entreposés dans des voûtes souterraines ou dans un lointain dépôt. Si vous voulez lire un livre, vous devez prendre un rendez-vous deux jours à l'avance, pour ensuite aller dans un endroit précis où vous trouverez le livre et pourrez le lire, sans le déplacer.

Je raconte tout cela car le contenu des deux chapitres suivants a été le fruit de mes recherches et non d'interviews – même si j'ai interrogé beaucoup de personnes, une fois le matériel recueilli – dans un coin obscur de la Bodleian Library, la bibliothèque centrale d'Oxford. Honnêtement, je dirais que quitte à être enfermé dans une bibliothèque pour lire, la Bodleian Library est sûrement l'endroit parfait. Elle fut bâtie en 1602 par un courtisan et accessoirement espion d'Elisabeth appelé Thomas Bodley (celui qui a eu l'idée d'interdire la sortie des ouvrages), et c'est un lieu extrêmement chargé d'histoire. Les rayonnages ont été conçus par le Premier ministre William Gladstone, certains des bâtiments par un acolyte du grand architecte Christopher Wren et aux murs, les tableaux sont signés par des maîtres. Entre les tables trônent des statues en marbre et des bustes d'anciens bienfaiteurs. C'est un bel endroit qui en impose, qui servit de décor à certaines scènes des films d'*Harry Potter*.

Je m'asseyais à une table en bois poussiéreuse et je lisais les documents qui racontaient la (trop) longue histoire de la corruption au cœur du football européen. Je découvris la naissance des premières ligues professionnelles au XIXe siècle, créées pour se prémunir contre les paris et le trucage qui allait inévitablement atteindre le sport. Je découvris soixante-dix ans trop tard, que le match de finale de Coupe du monde de

1934, entre l'Italie et la Grèce, avait été truqué par les hommes de Mussolini qui voulaient désespérément triompher dans le tournoi. Et j'appris avec stupéfaction que le trucage existait au cœur d'une Ligue qui jouit d'une réputation d'honnêteté dans le monde entier : la Ligue anglaise.

9

L'âge d'or

Des millions de gens auraient donné des millions de livres pour faire ce que ces mecs faisaient en étant payés. Des gens blessés, des invalides, des handicapés, des gens qui auraient donné tout ce qu'ils avaient pour aller sur un terrain et faire ce que faisaient ces mecs, qui étaient payés pour. Pour moi, ce sont des voyous qui ont vendu le club, les supporters et leur âme, pour un shilling. Je ne l'accepte pas.

Sa bouche saignait. Sa tête lui faisait mal. Il baignait dans une obscurité silencieuse, allongé parmi les débris de métal et encore attaché à son siège. Il défit sa ceinture et commença à ramper dans l'épave et là, il vit les premiers cadavres.

Le 6 février 1958, à l'aéroport de Munich en Allemagne, l'avion qui transportait l'équipe de Manchester United venait de s'écraser au décollage. C'était l'événement le plus tragique du sport anglais depuis la Seconde Guerre mondiale. Car ce n'était pas une équipe ordinaire, c'étaient les Red Devils, les Busby Babes[1], les champions d'Angleterre qui avaient été sélectionnés avec soin par leur directeur sportif talentueux, Matt Busby. Ils rentraient en Angleterre, après un match de

1. Les diables rouges, les bébés de Busby – nom du directeur de l'équipe *(Ndlt).*

coupe d'Europe contre l'Étoile rouge de Belgrade. Ils avaient fait match nul, 3 à 3, après un jeu difficile face à une équipe très coriace, dans un stade impressionnant.

Il existe une photo prise avant le match. Ils regardent dans l'objectif, ils sont beaux, ce sont des jeunes hommes dans la fleur de l'âge bien bâtis, l'arrogance de la jeunesse accrochée à leur sourire, invulnérables et immortels. La plupart d'entre eux gisaient parmi les débris de l'avion. Huit étaient morts ou mourants et deux ne joueraient plus jamais. Mais l'un d'entre eux devint un héros : le grand, le costaud Harry Gregg, leur gardien de but nord-irlandais.

Une fois libéré de son entrave, il avança, chancelant dans l'avion. Le pilote apparut avec un minuscule extincteur à la main : « Va-t'en, idiot, ça va exploser ! » Gregg vit cinq personnes s'enfuir, mais il revint sur ses pas.

Il faisait noir, il entendait un enfant pleurer. Il fouilla frénétiquement les débris et le trouva enfin. Il vérifia qu'il n'avait rien, puis sortit, le confia à un autre survivant et retourna dans l'avion où le feu avait pris.

Il trouva la mère du bébé prisonnière de l'épave, elle était inconsciente. Il ne pouvait pas la soulever, alors il la poussa hors de l'avion avec ses jambes.

Il ne comprenait toujours pas ce qu'il se passait, toute cette destruction lui semblait irréelle : des parties entières de l'avion avaient disparu, les ruines d'une moitié de maison roulaient près du fuselage et les explosions s'enchaînaient à mesure que le kérosène prenait feu.

Gregg retourna dans l'avion une troisième fois, il trouva deux de ses coéquipiers qui étaient trop blessés pour bouger, mais il réussit à en sortir deux autres de là, en les tirant par la ceinture de leur pantalon. C'étaient Bobby Carlton et Dennis Viollet.

Les flammes étaient déjà très hautes et soudain une énorme explosion leur ôta tout espoir de sauver qui que ce soit d'autre. Gregg fut embarqué et emmené à l'hôpital.

L'accident avait tué vingt-trois personnes en tout ; ça détruit l'équipe et endeuilla l'Angleterre. L'équipe de Manchester United était détruite. Avant ce match, ils étaient à la troisième place du championnat, après l'accident, ils se démenaient pour trouver des joueurs qui pouvaient jouer. Ils en prenaient partout, non seulement chez les remplaçants, mais aussi dans les équipes junior. On demandait à ces gars de prendre la place des meilleurs footballeurs d'Angleterre, ceux qui étaient morts dans l'accident d'avion de Munich !

Dans cette macabre liste, il y avait cinq joueurs internationaux : Roger Byrne, David Pegg, Tommy Taylor, Liam Whelan et Duncan Edwards, celui qui était le plus gâté par la vie, il avait tout : le talent, le physique, la modestie, la décence, l'amour du travail et la gueule d'une star de cinéma. Jackie Blanchflower, le joueur de l'équipe d'Irlande du Nord qui les avait aidés à aller jusqu'à la Coupe du monde en 1958, faisait partie des survivants qui ne pourraient plus jouer.

Le match suivant au stade de Manchester, l'Old Trafford, se joua à guichets fermés. Des milliers de supporters étaient autour du stade, sachant qu'ils ne pourraient pas entrer, mais ils se turent et *écoutèrent* le match ; certains pleuraient et encourageaient leur équipe à gagner. Bill Foulkes, un des seuls hommes qui était sorti sain et sauf de l'avion, était le capitaine de l'équipe. Des années plus tard, il écrivit : « Ce qui est étrange, c'est combien, jusqu'au jour du match, j'ai pu penser aux copains et combien ils me manquaient et puis soudain, sur le terrain, je n'ai plus pensé qu'à une seule chose : gagner. »

Ce qui restait de cette belle équipe gagna le match. Contre toute attente, ils remportèrent tous les matchs jusqu'à la Coupe FA, la compétition la plus importante d'Angleterre.

L'emblème sur leur maillot était un phénix, il renaissait de ses cendres…

La finale se jouait contre une autre équipe du nord, Bolton, et presque tout le pays supporta United, jusqu'à ce qu'ils perdent 2 à 0.

En Angleterre et dans le monde, ce fut le début d'une longue histoire d'amour pendant onze championnats de la Ligue, neuf Coupes FA et deux titres européens, à travers les succès et la chute du grand George Best, grâce au joueur « ailé » Eric Cantona et à l'increvable Bryan Robson.

Mais c'est surtout l'équipe qui naquit après la tragédie de Munich qui enchante les Anglais. Ils étaient les enfants chéris de l'Angleterre, ils étaient des champions et certains… étaient des tricheurs.

Ce verdict sévère a été rendu par un homme dont le courage marqua à jamais les Busby Babes, le héros de l'équipe, Harry Gregg. L'homme qui a risqué sa vie pour sauver ses amis d'un avion en flammes raconte dans son autobiographie, *Harry's Game* [1] et dans l'interview qu'il m'a accordée, que dans cette même équipe, quelques années après Munich, il y avait un groupe de joueurs qui vendaient les matchs aux truands. Il affirme qu'il a été approché pour truquer des matchs par un groupe de « footballeurs voyous » de Manchester United qui n'avaient pas été du voyage à Munich. Ils se faisaient de l'argent sur le jeu clandestin et Harry alla le dire au sélectionneur, Matt Busby qui, d'après Gregg, jura, tapa de son poing sur le bureau et gueula : « Putain, je le savais ! »

L'équipe de Manchester n'était pas une exception. En parcourant les dossiers, je n'en revenais pas. Cette génération de footballeurs était les héros de mon père et, dans mon esprit comme dans celui de beaucoup de gens, ils étaient synonymes de gloire. Demandez à un jeune supporter de vous parler

1. « Le Jeu de Harry » *(Ndlt)*.

de cette époque-là et vous le verrez fondre de nostalgie. En se référant à cette époque, le musée national du Football à Preston parle d'« âge d'or ».

La guerre était finie, le monde était en paix, les hommes portaient de larges shorts et peignaient leurs cheveux en arrière et tout allait bien. La liste de joueurs ressemble à un hommage à l'immortalité du football : Dennis Compton, Tommy Finney, le jeune Bobby Charlton, Stan Mortensen et, le plus grand de tous, Stanley Matthews. C'étaient des lions. Ils illuminèrent l'Angleterre sombre et dévastée de l'après-guerre. Malgré tout, beaucoup de joueurs de cette époque, hormis ceux de cette liste, truquaient des matchs.

Le journaliste et auteur anglais James Bartholomew raconte que l'Angleterre était un endroit idéal avant que l'éducation ne devienne universelle et que la couverture sociale n'existe. Comment peut-il ne pas tenir compte du travail des enfants, de la pauvreté et des bidonvilles que nos grands-parents durent supporter, demeure un mystère. Mais dans son livre, *The Welfare State We'er In* [1], il commence par un chapitre intitulé *From Charley Matthews to Vinnie Jones* [2] où il dit que le football anglais a sombré depuis les années cinquante, où c'était un jeu de gentlemen tels Stanley Matthews qui jouaient un football propre et élégant, en devenant ce sport d'escrocs de bas étage qui se joue de nos jours.

J'ai demandé à Harry Gregg ce qu'il en pensait. Il dit : « Je ne sais pas de quel sport il parle, mais ce n'est certainement pas celui que j'ai pratiqué moi. »

Gregg est un homme intelligent, perspicace et très respectable. C'était aussi un des meilleurs athlètes de sa génération et sa description de la violence du football dans les années cinquante est saisissante. Il raconte par exemple comment, en

---

1. L'État providence dans lequel nous vivons.
2. « De Charley Matthews à Vinnie Jones ».

1958 à la finale de la Coupe FA, quand les survivants du crash d'avion jouèrent contre Bolton, leur puissant attaquant Nat Lofthouse commit une faute sur Gregg. Gregg avait le ballon dans les mains et Lofthouse le renversa de l'autre coté de la ligne de buts, marquant un but pour Bolton qui remporta le match et détruisit le rêve de toute une nation. Le pire est que Lofthouse ne fut pas éliminé car les coups faisaient partie du mythe du « jeu d'hommes » qu'était le foot, et Harry Gregg, qui était blessé, ne quitta pas le terrain et continua le match.

D'après les archives, quelques-uns des plus grands joueurs des années cinquante et soixante, comme Brian Clough, Trevor Ford, Ken Chisholm et Harry Gregg, dénonçaient régulièrement la corruption de certains matchs. Chacun d'eux représentait une des parties du pays ; le pays de Galles, l'Angleterre et l'Irlande du Nord. Chacun d'eux jouait en première et deuxième division et tous témoignèrent des trucages de matchs.

Trevor Ford était un homme incroyable. Buteur international du pays de Galles, il avait été un des premiers à faire campagne pour créer un syndicat de joueurs plus efficaces, c'était un vrai lutteur. Ford était aussi excessivement honnête. En 1957, dans son autobiographie, *I Lead the Attack* [1], il écrivit un premier chapitre qui mit tout le monde en émoi.

Depuis que j'ai décidé que je ferai du football ma carrière, j'ai vu presque tous les genres de magouilles. J'ai moi-même été impliqué dans certaines et je n'en ai pas honte. Moi, comme beaucoup d'autres, j'y ai été amené par l'attitude des responsables qui étaient tellement mesquins quand il s'agissait de récompenser les services rendus.

Ford continuait en affirmant que la « vipère de la tricherie » était un fait répandu dans les équipes professionnelles.

1. Je mène l'attaque.

C'était un homme exceptionnel dans tous les sens du terme. Après la publication de son livre, il fut banni de la Ligue et partit jouer en Hollande. Il y remporta un tel succès que grâce à une pétition, il réussit revenir jouer en Angleterre jusqu'à sa retraite. Il n'a jamais contredit ni retiré un mot de ce qu'il avait écrit.

On pourrait croire que Trevor Ford est une exception, mais il y a beaucoup d'anciens joueurs qui disent la vérité sur l'état du football à cette époque. Brian Clogh, qui à l'époque était un international anglais et ensuite l'un des plus grands directeurs sportifs du foot, raconta clairement comment les défenseurs de son équipe truquaient les matchs. Après qu'il en eut parlé, son équipe le vendit. Des années plus tard, il n'avait pas changé d'attitude :

J'ai marqué quarante buts cinq saisons de suite, mais on n'a jamais réussi à se classer dans les quatre premiers. C'est parce qu'on avait quelques escrocs avec nous qui vendaient les matchs.

Ce n'était pas la dernière fois qu'il parlerait de trucage de matchs. En 1973, il était directeur sportif du Derby County. Lorsqu'ils jouèrent contre les géants italiens de la Juventus en demi-finale de la Coupe d'Europe, il se posta devant les vestiaires et il dit à la presse italienne : « Je ne parle à aucun de ces salopards de tricheurs… » Son assistant était tellement furieux qu'il fallut le retenir pour qu'il ne frappe pas l'entraîneur italien. Ils étaient furieux parce qu'ils étaient certains que les Italiens avaient payé l'arbitre. À la suite de cet incident, le journaliste anglais Brian Glanville commença une grande investigation sur le trucage de match qui mit à jour un réseau de corruption entre les truqueurs Italiens et les arbitres.

L'avant écossais Ken Chisholm aussi était un rebelle. Ancien pilote de la Seconde Guerre mondiale, il avait peu de temps à perdre avec les hypocrisies du monde du foot. Il avait joué dans un grand nombre de clubs dans les années quarante et cinquante aussi bien en Écosse qu'en Angleterre. Des années plus tard, dans l'excellent livre de Simon Ingli, *Soccer in the Dock* [1], Chisholm parle des « arrangements » qui avaient cours dans le football. Il dit qu'il avait participé à un match truqué entre Cardiff City et son équipe, Leicester City. Il y avait eu des problèmes parce que, disait-il, un de ses coéquipiers avait marqué un but. La suite du match avait été « une farce où, les *deux* équipes essayaient désespérément de marquer dans *notre* but ». Mais il se défendit en disant, comme Trevor Ford, que le trucage n'est pas un fait nouveau.

Avant que les gens ne s'excitent à propos des matchs truqués, cela arrivait tout le temps à la fin de la saison. Je connais nombre de cas où on vendait des points à des équipes qui voulaient ne pas être relégués ou qui voulaient une promotion.

La liste des joueurs qui disent la vérité continue. Par exemple, Ernie Hunt, un des artistes du sport de la fin des années soixante (son « coup de pied de l'âne » fut diffusé pendant des années sur la télévision anglaise), écrivit à propos des matchs truqués de son équipe de Coventy City. Mais la dernière source la plus convaincante est Alan Hardaker. Hardaker était le secrétaire général de la Ligue anglaise, un des plus hauts responsables de football du pays. Pendant son mandat, il avait publiquement nié l'existence de ces pratiques. Mais des années plus tard dans ses Mémoires, il admit que la corruption était courante dans le milieu et que :

Il y a beaucoup de gens, dans le football d'aujourd'hui, qui ont de bonnes raisons de se souvenir des grands scandales du début des années soixante. Ils étaient profondément impliqués mais s'en sortirent car ni la loi ni la Ligue ne purent fournir de preuves pour les coincer… Le football était mûr pour la corruption.

1. « Le football à quai » *(Ndlt).*

Ford et Clough étaient des exceptions dans cette culture de la triche couverte par une conspiration du silence. Il fallut l'arrivée d'un jeune journaliste excentrique, le pionnier Michel Gabbert, pour lever le voile sur certaines vérités du monde du football.

Au sein d'une profession réputée pleine de types bizarres, Gabbert était unique. Il fonda le *Sunday Sport,* un journal avec peu de journalistes et beaucoup de photos de femmes aux seins nus. Sa carrière décolla quand, travaillant pour le tabloïd *The People,* le journaliste sportif Peter Campling et lui découvrirent le trucage de matchs à grande échelle dans la Ligue anglaise, grâce aux toutes nouvelles techniques de l'époque du journalisme d'investigation, comme par exemple enregistrer en cachette les conversations des joueurs et des truqueurs. Le résultat fut une série d'articles publiés entre 1963 et 1964 qui révélèrent le réseau de joueurs qui étaient liés aux truqueurs. Les intermédiaires étaient souvent d'anciens joueurs qui donnaient l'ordre de truquer tel ou tel match. Dix joueurs furent condamnés et quatre d'entre eux firent de la prison. Un des bookmakers se suicida plutôt que de fournir des preuves.

Beaucoup de footballeurs se souviennent de l'histoire des plus grands joueurs de Sheffield Wednesday, David Layne, Peter Swan et Tony Kay, qui se firent épingler par Gabbert et Campling. Swan et Kay jouaient aussi en équipe nationale. En décembre 1962, les trois truquèrent un match contre la petite équipe d'Ipswich Town pour 200 livres. Gabbert et Campling enregistrèrent une de leurs conversations. Dans son autobiographie, *Setting Record Straight*[1], Swan écrit que des années plus tard, Brian Clough, du haut de sa superbe et déterminé à lutter contre la corruption dans le foot, le

1. « Restituer la vérité » *(Ndlt).*

laissa tomber et refusa d'admettre qu'il était impliqué dans l'affaire.

Cependant, ce que beaucoup de personnes refusent de voir, c'etait l'étendue de la corruption dans le football à cette époque. Ni Michael Gabbert ni les inspecteurs de police ne pensaient avoir approché la vraie dimension du problème parmi les joueurs. Roy Mason, un officier de police, déclara devant la Chambre des Communes que « seul un tiers de l'iceberg a été dévoilé ». Simon Inglis qui écrivit sur ces événements affirme qu'il y avait une autre organisation qui truquait les matchs dans le sud de l'Angleterre qui avait impliqué une centaine de joueurs.

Ni Gabbert ni son journal *The People* ne furent remerciés de cette longue enquête par le monde du football, au contraire. On les traita comme s'ils avaient organisé les trucages eux-mêmes et non pas comme ceux qui les avaient dénoncés. Le secrétaire de la Ligue anglaise, Alan Hadaker, voulut bannir les journalistes de *The People* des stades. C'était une mesure difficile pour n'importe quel journal, mais encore plus pour celui dont les lecteurs étaient des passionnés de sport.

La raison de la corruption des joueurs était très simple : la plupart d'entre eux venaient de milieux très modestes et leur club les exploitait sans vergogne. Aucun joueur contemporain, même d'une équipe junior, ne supporterait ce que les clubs d'antan faisaient endurer à leurs joueurs. D'abord, ils décidaient si un joueur pouvait jouer ou non, ensuite s'il quittait l'équipe, ils décidaient s'il pouvait jouer pour un autre club. Si par chance, un club payait ses joueurs, il payait le même salaire au joueur vedette qu'au joueur le plus faible de l'équipe et pendant la période fériée, ils n'étaient pas payés du tout, ou très peu. Les clubs contrôlaient aussi ce que mangeaient, buvaient ou comment s'habillaient les joueurs.

En 1955, Jimmy Guthrie, qui était à la tête d'un syndicat des joueurs sans aucun pouvoir, s'adressa au congrès de la British Trade-union. Il fut ovationné, sans que cela n'ait aucune conséquence.

Monsieur le président et Messieurs les délégués, je suis là en tant que représentant des derniers hommes exploités de Grande-Bretagne, les footballeurs professionnels. Nous avons besoin de votre aide pour briser un système qui, encore aujourd'hui en 1955, achète et vend des êtres humains comme du bétail. Un système qui, comme aux temps féodaux, lie un homme à un maître et, s'il se rebelle, l'empêche de trouver un autre travail.

La condition des footballeurs professionnels est proche de l'esclavage.

Les livres sur le football de cette époque sont remplis de détails sur la façon dont ces hommes étaient traités. Ils contrebalancent les conneries d'extrême droite du livre de James Bartholomew cité plus haut. Une des choses les plus choquantes pour un lecteur moderne, ce sont les traitements réservés aux joueurs blessés. Il n'y avait pas de réels soins pour les joueurs. S'ils n'étaient pas trop gravement blessés, ils étaient gavés d'antalgiques qui leur permettaient de continuer à jouer mais qui aggravaient la blessure. Ian St John, le joueur Écossais international qui essaya également de truquer des matchs à cette époque, raconte dans son autobiographie : « Si je pouvais en supporter le récit, j'écrirais un autre genre de livre sur le foot, un livre qui raconte comment on traitait les plus grands joueurs. Ce serait un livre rempli de tristesse. » Il décrit son ancien coéquipier Andy Weir comme un « ailier plein de talent », mais quand il fut blessé dans un match contre Third Lanark, il ne reçut pas les soins adéquats et fut remercié par une poignée de main et quelques livres sterling. Il finit dans une chaise roulante et mourut peu de temps après.

Harry Gregg raconte le comportement envers les joueurs blessés de Manchester United. « Quand tu étais blessé à Old

Trafford [Manchster United], personne ne te parlait… il ne fallait pas se blesser. C'était un truc tacite, comme si tu avais fait quelque chose de mal. » Comme dans un sketch des Monty Python, Gregg s'entraîna pendant six semaines avec une jambe cassée avant que l'équipe des entraîneurs n'admette qu'il était blessé.

J'ai parlé avec le grand Sir Tom Finney qui, comme Gregg, n'a jamais truqué un match. Il jouait dans l'équipe de Preston North End, une équipe sans grâce, mais cétait un grand attaquant qui avait aussi joué dans l'équipe nationale et aurait pu jouer pour Palermo, l'équipe sicilienne. En 1952, ils lui offraient 10 000 livres, simplement pour signer avec eux, plus un salaire hebdomadaire dix fois plus élevé que son salaire en Angleterre. Les Italiens lui offraient en une fois ce qu'il aurait mis des dizaines d'années à gagner avec Preston North End. Les purs et durs de l'âge d'or pensent que Finney est resté en Angleterre par loyauté. Je lui ai demandé la raison, il répondit : « Ben, le club n'a pas voulu et voilà… On était vraiment traités comme de la… C'est terrible de raconter comment on était traité. Je veux dire, je n'étais pas maltraité à Preston, mais quand on me fit l'offre, le président dit : "Si tu ne marches pas pour nous, tu ne marches pour personne." »

Pour combattre ce système, certains joueurs faisaient ce qu'ils pouvaient pour gagner de l'argent. Trevor Ford raconta dans son livre que les joueurs revendaient des billets de finale de la Coupe FA à des revendeurs clandestins. Même une icône comme sir Bobby Charlton, connu, à juste titre de par le monde, pour ses manières élégantes et un comportement sans faille, vendit des billets de finale de la Coupe à des individus louches pour se faire un peu d'argent.

Plus grave que le trucage de match, le jeu clandestin était généralisé. Des entreprises comme Ladbrookes et William Hill qui proposaient de miser sur des paris inoffensifs devaient imprimer leurs tickets en Hollande ou en Belgique pour contourner les lois britanniques. Placer un pari en personne dans un bureau de jeu, chose qui est totalement permise aujourd'hui, était en 1961 totalement interdit. Un entraîneur de football se souvient de son enfance :

Je me souviens qu'en Angleterre, dans les années cinquante, il y avait un bookmaker clandestin à tous les coins de rue. Le seul endroit où on pouvait jouer légalement à Birmingham, c'était aux courses de chevaux, à Doncaster. Alors chaque rue avait son cercle de jeu.

Et si jouer est illégal, les gens qui organisent le jeu sont des criminels. Dans ce genre d'environnement, les bookmakers honnêtes, qui ne trichent pas mais que la loi appelle aussi des criminels, sont en concurrence déloyale avec les bookmakers vraiment malhonnêtes. Il n'y a personne pour faire respecter la loi, alors les plus malhonnêtes survivent et en profitent, et la meilleure manière de faire fleurir leur commerce est de truquer les matchs, ce qui est très facile si les joueurs sont assez mal payés.

La plupart des responsables également étaient corrompus, ce qui n'arrangeait rien. Certains avaient du cœur : ils organisaient les payements en sous-main, offraient le gîte et des petits cadeaux illégaux pour aider leurs joueurs mal payés. Ils s'occupaient aussi de leur propre équipe, si celle-ci courait le risque d'être reléguée, en piochant dans leurs propres fonds pour acheter l'équipe adverse. Mais la majeure partie n'étaient que des hommes profondément vénaux qui exploitaient leurs joueurs sans scrupule.

En 1961, les footballeurs en eurent assez d'être des jouets dans les mains de leurs propriétaires. Ils commencèrent à parler de grève et organisèrent un rassemblement à White City dans l'ouest de Londres : c'était une occasion unique dans l'histoire du football. Le comité d'organisation était sur scène, devant une salle remplie de beaucoup de joueurs de la

League, comme le grand Stanley Matthews ou d'autres artisans des petites équipes. Au début, il y eut une discussion générale sur les mérites d'une grève que les leaders encourageaient. Harry Gregg se souvient :

Un jeune homme se leva et dit : « Je ne suis pas d'accord, mon père travaille à la mine et il gagne huit ou dix livres par semaine et je trouve qu'il fait un métier plus utile que le nôtre, nous devrions être contents de gagner ce que nous gagnons. » Le jeune mec avait tué la réunion. Tout le monde se tut. Tommy Banks, l'arrière gauche de Bolton, un mec costaud du Lancashire, dit : « Monsieur le président, est-ce que je peux répondre à cet homme ? Mon pote, dis à ton paternel que je veux bien prendre son tour dans la mine, de trois heures à cinq heures moins vingt le samedi après-midi, si lui est capable de marquer notre pote Matthews, ici présent. »

Les joueurs votèrent la grève.

L'année 1961 et cette grève marquent le début d'une longue bataille socio-économique dans le football anglais, qui dura jusqu'au cas Bosman dans les années quatre-vingt-dix, où tous les joueurs de l'Union européenne obtinrent le droit de jouer dans n'importe quel club. Mais le trucage, dans un degré moindre, dura jusque dans les années soixante-dix. Pourquoi ? Parce que les truqueurs, que ce soit les joueurs ou les responsables, étaient des salopards qui auraient truqué des matchs, quel que soit leur salaire. Il y a des hommes d'affaires à Wall Sreet qui gagnent dix millions par an et qui sont prêts à tricher pour gagner un million supplémentaire. Il y aura toujours des joueurs qui, même riches, seront prêts à vendre des matchs. Harry Gregg en est sûr. Pour lui, l'exploitation et les bas salaires n'avaient rien à voir avec la triche des joueurs de ces équipes de Manchester United, qui trahissaient la mémoire du crash de Munich.

Pour lui c'étaient :

des gens que je ne choisirais pas comme compagnons de vie. C'était vraiment le bas de l'échelle. Ça n'avait rien à voir avec la souffrance économique, c'était juste le plaisir de trahir. Je ne peux pas l'excuser. Il n'y a aucune excuse pour ce que ces joueurs ont fait. Je serai peut-être plus juste en disant qu'il y avait une petite poignée de gars qui étaient des mecs bien, qui ont été entraînés et qui l'ont regretté toute leur vie. Mais les autres salopards, ils l'ont fait et ne regrettent rien. Je pourrais jurer que l'argent que nous gagnions n'avait rien à voir là-dedans.

Les pots-de-vin et le trucage de matchs des années cinquante et soixante dans le football anglais est un sujet passionnant, mais quelle est la pertinence d'un tel sujet dans un livre sur le football contemporain ? Il faut connaître les raisons du trucage dans le football anglais parce qu'elles se répètent constamment dans le monde du sport d'aujourd'hui. Comprendre ce qui se passait à l'âge d'or nous permet de comprendre pourquoi des choses similaires arrivent aujourd'hui, dans les mêmes circonstances, même si elles se passent pendant les plus grands matchs du monde. Certaines données favorisent la tricherie :

Le trucage est généralisé si les joueurs sont mal payés.

Il y aura trucage si les joueurs s'aperçoivent qu'ils sont exploités.

Il y aura toujours des joueurs sans morale qui tricheront, malgré leur salaire ou leur statut.

Ces joueurs seront aidés si les organisations de jeu qui entourent le sport sont clandestines et maintenant, avec Internet, les organismes illégaux sont sur les bureaux de presque chaque foyer.

On a vu pourquoi des joueurs truquaient des matchs dans une des meilleures ligues du monde, à une époque légendaire. Examinons comment un directeur sportif corrompu a décidé de truquer des matchs dans une des pires ligues européennes, à son époque la plus noire.

10

Truquer ou ne pas truquer ?

De toutes les façons, vous allez perdre. Pourquoi ne pas perdre avec 30 000 francs dans la poche ?

À l'extrême ouest de la Russie, Kaliningrad est une ville grise et sordide. Étrange avant-poste du défunt Empire soviétique, ce port sur la Baltique, calé entre la Lituanie et la Pologne, est complètement coupé du reste du pays. C'est une ville constituée essentiellement de chantiers navals en ruine, d'une population majoritairement au chômage et de gangsters.

Ils avaient une très mauvaise équipe de football, le Baltika Kaliningrad, qui en septembre 2004 était en première division (ce qui veut dire, à cause de la terminologie compliquée du football européen en deuxième division). La saison en Russie va de mars à novembre, et en septembre, le Baltika Kaliningrad n'allait pas bien du tout. Ils avaient eu beaucoup de difficultés et n'avaient récolté que 23 points sur les 93 possibles. S'ils continuaient comme ça, ils allaient être relégués en troisième division.

Le président de l'équipe, Dimitri Chepel décida qu'il était temps de truquer deux matchs pour sauver l'équipe. Mais son téléphone était sur écoutes et ses conversations furent enregistrées. Difficile de savoir qui a ordonné ces enregistrements, mais c'est probablement le fait des voyous, soi-disant amateurs de foot, qui opéraient dans une des innombrables « agences de sécurité » russes comme le FSB (ancien KGB). Ils donnèrent les bandes à un journal, le *Novye Kolyosa* dont le rédacteur en chef qui était un rebelle plein d'énergie se nommait Igor Rudnikov. En décidant de retranscrire le contenu de ces bandes dans son journal, il provoqua une énorme polémique.

Cette histoire m'a été racontée par un collègue qui étudiait le système judiciaire russe et ses alternatives illégales. Elle m'a énormément servi pour comprendre comment et pourquoi les responsables de clubs de nos jours se compromettent dans le trucage de match. Pendant plusieurs mois, dans la bibliothèque de mon université, une demi-douzaine d'étudiants russes traduisirent et retraduisirent les documents, les vérifiant sans relâche pour s'assurer de bien comprendre ce qui se jouait. Les retranscriptions elles-mêmes sont un croisement entre *Les Sopranos* et un film d'Abbott et Costello[1]. Cependant, Dimitri Chepel n'est pas un mafieux, et cette histoire évoque plutôt une nouvelle de Tchekhov ou Gogol qui raconterait comment un travailleur dévoué du service public, travaillant dans un environnement totalement corrompu, essaye désespérément de sauver son équipe adorée.

L'assistant : Je ne crois pas que ce soit un problème [de truquer le match]. Je vais aller le voir et lui en parler.

Chepel : Genya. Je ne suis pas en train de te le demander, je suis en train de te supplier. J'ai besoin de ce résultat. Merde ! La vie ou la mort ! Merde !

Son désespoir filtre à travers toute la retranscription et nous démontre que la première question qui se pose dans

1. Abbott et Costello : deux comiques américains des années quarante et cinquante *(Ndlt)*.

la décision de truquer un match est de savoir si ça en vaut vraiment la peine. Et la réponse, pour beaucoup de responsables, se trouve dans le calendrier. Certains matchs en valent bien plus la peine que d'autres en termes de classement, parce qu'ils se jouent à moment crucial de la saison.

Pour Chepel, truquer un match en première division russe (deuxième division) à ce moment-là peut réduire considérablement les chances du Baltika de se faire reléguer et de perdre de grosses sommes d'argent. Si pour une équipe anglaise, la différence entre jouer dans la Premier League ou en deuxième division est environ de 60 millions de livres, en Russie bien que dans d'autres proportions, l'écart reste suffisamment important pour que ça en vaille la peine pour le Baltika comme pour Chepel.

L'autre question qui se poserait est morale : est-il éthiquement juste de truquer un match ?

Les conversations téléphoniques de Chepel et ses assistants sont totalement dépourvus de considérations de ce genre. Bien au contraire, quand une personne manifeste des réticences morales, l'assistant de Chepel est incapable de les comprendre et imagine que c'est la peur qui parle.

L'assistant : Putain, Dimitri, j'ai pu parler à [président de l'équipe Gazprom] ; il dit qu'il ne veut rien faire [truquer le match]. Leur entraîneur a des principes… Alors je lui ai dit : « Ça ne fait rien, votre équipe est déjà reléguée. » Il a dit : « Je comprends bien, mais on ne truquera pas ». Je ne comprends pas ! Tu crois qu'ils ont la trouille ?

L'honnêteté est une chose difficile à juger, car il est assez facile de se dire : « moi je n'aurais jamais truqué un match ! ». Mais que ferions-nous si d'autres équipes le faisaient ? Un truqueur potentiel doit se poser deux questions : quelle est la limite de mon honnêteté et la compétition est-elle honnête ? Dans le cas du Baltika, un de ses adversaires avait trop de principes pour tricher, même si leur équipe était déjà reléguée. Mais la vraie question que Dimitri Chepel se doit d'avoir en tête est de savoir si une autre équipe rivale du Baltika également susceptible d'être reléguée va truquer les matchs.

Le problème de Dimitri, dans cette situation, est qu'il ne sait pas du tout ce que les autres équipes vont faire. C'est ce problème qui a fait apparaître les « payements de motivation » dans la Ligue russe. Certaines équipes vont jusqu'à payer les adversaires de l'équipe rivale pour qu'ils n'acceptent pas de pots-de-vin et qu'ils jouent honnêtement.

Le club CSKA Moscow est une des meilleures équipes de la Ligue russe et son président, Yevgeny Giner, a révélé l'existence des « payements de motivation » pour convaincre les autres équipes de ne pas prendre part à des matchs truqués qui favoriseraient ses rivaux. Ce qui est incroyable est que cet homme était aussi le président de la Ligue russe en 2006.

Si ce genre de situation est normal dans la Ligue russe, du point de vue de Chepel il est normal de ne pas se soucier d'honnêteté. J'ai également compris pourquoi un des truqueurs asiatiques que j'ai rencontré m'a parlé d'un de ses collègues qui préférait travailler hors de Russie. Il disait qu'il travaillait avec des équipes honnêtes, ça leur enlevait le tracas d'avoir à truquer les matchs.

L'autre question que peut se poser un responsable corrompu est d'ordre pratique : Est-ce que mon équipe peut gagner honnêtement ? À chances égales, même les truqueurs préfèrent gagner honnêtement : moins de dépenses, moins de soucis, pas d'inquiétudes. Cependant, Chepel n'a pas du tout confiance dans son équipe, comme beaucoup d'autres personnes du reste. Ce que cet extrait d'une conversation avec un sponsor illustre parfaitement :

Chepel : Oui, c'est pour ça que je t'appelle. Je voulais que tu m'aides, j'ai besoin d'un peu de fric, putain ! Parce que là, avec le match bientôt, putain, j'en ai besoin ! Il y a peu de chances pour mes joueurs.

Le sponsor : (rires).

Chepel : Et pourquoi tu ris, putain ?

Le sponsor : Pour les joueurs.

Chepel : Mais je voulais vraiment te faire un cadeau… une victoire.

Le sponsor : Une victoire ?

Chepel : Oui, putain !

Le sponsor : Et qu'est-ce qu'il faut que je fasse pour qu'ils gagnent ?

Chepel : J'ai besoin de 20 sacs [20 000 dollars américains].

Le sponsor : Putain ! 20 sacs ? Pour les battre ? 20 sacs ?

Chepel : Oui !

Les joueurs du Baltika Kaliningrad étaient considérés incapables de gagner un match sans le truquer. Mais les bonnes équipes truquent aussi des matchs, parfois contre des équipes plus faibles. En mai 1993, Jean-Pierre Bernès et Bernard Tapie décidèrent de truquer un match… Bernès était le directeur sportif de l'Olympique de Marseille, Tapie son président et ministre éclair du gouvernement Bérégovoy. L'OM devait jouer contre le Valenciennes FC. A priori, c'était un match facile pour Marseille, c'était une des équipes les plus importantes d'Europe et Valenciennes était à la troisième place en partant du bas du tableau de la Première Division. Mais Bernès et Tapie réussirent à convaincre le footballeur Jean Jacques Eydelie d'approcher les Valenciennois pour saboter le jeu.

Une fois qu'Eydelie avait pris le contact, Bernès parla avec un des joueurs de Valenciennes et dit cette réplique qui restera dans les annales :

De toutes les façons, vous allez perdre. Pourquoi ne pas perdre avec 30 000 francs dans la poche ?

C'est une réplique à mettre dans un grand film, clé de voûte du sentiment qu'éprouve n'importe quel joueur ou arbitre qui accepte de l'argent pour saboter un match. Elle résume également le nombre de questions que les observateurs se posèrent après l'affaire : pourquoi Marseille avait-elle arrangé ce match ? Quelle idée ont eue Tapie et Bernès de risquer leur carrière pour un match si facile à gagner ?

La réponse est compliquée. D'abord, comme Eydelie l'écrivit plus tard, l'habitude de truquer avait contaminé l'OM. Cette habitude était tellement ancrée dans l'équipe que les dirigeants se sentaient intouchables et agissaient de manière imprudente, « tricher était devenu une deuxième nature ». Ensuite, ils voulaient épargner leurs joueurs car ils avaient un autre match important la semaine suivante. D'autre part, il existe un concept qui vient des parieurs, qui est intéressant pour qui veut comprendre ce qu'il se passe dans la tête des truqueurs. Dans chaque pari, il y a la notion mathématique de la probabilité : on dit qu'une chose a un taux prévisible de chances de se produire à moins que quelque chose ne vienne en altérer le cours. Par exemple, quand on fait pile ou face avec une pièce, sur cent fois, le ratio est à peu près de cinquante pile, cinquante face. Les joueurs professionnels qui gagnent et les bookmakers utilisent cette notion pour miser sur un match ou calculer leurs chances. Au football, on peut modifier les chances soit en achetant de meilleurs joueurs, soit en changeant d'entraîneur. Cependant, ce concept renferme la raison fondamentale qui pousse à truquer : peu importe le talent d'une des équipes, il y a *toujours* une chance pour que l'équipe la plus faible l'emporte. Si le match a peu de valeur, un directeur corrompu est prêt à prendre le risque de laisser son équipe gagner honnêtement. Mais à mesure que la valeur de la rencontre grandit – et pour l'Olympique de Marseille c'était un match très important : s'ils gagnaient, ils pouvaient remporter le Championnat de France qui valait 30 millions de francs – l'envie de laisser faire la chance diminue... C'est pour cela que pendant les matchs importants, les responsables corrompus truquent même contre des équipes plus faibles. Ils cherchent la certitude dans le monde incertain du football.

L'autre question qui se pose à un truqueur est : suis-je en mesure de payer ? Une petite équipe qui perd contre une équipe plus importante risque d'être reléguée. Mais le prix du trucage est tellement prohibitif que parfois, ça ne vaut tout simplement pas le coup de le faire. Si par exemple on veut truquer un match contre Manchester United, au-delà du fait que les joueurs risquent de refuser, ce ne sera pas à la portée de toutes les bourses... Ces considérations étaient très présentes dans les conversations de Dimitri Chepel. La plupart des participants veulent bien discuter de l'éventualité de truquer le match mais ce qui est au centre des conversations est : peut-il ou non payer le prix demandé ? Dans l'extrait suivant, on voit qu'il a négocié un arrangement avec l'équipe adverse mais il n'a pas assez d'argent et demande un peu de temps.

Chepel : C'est pas prêt, je n'ai pas toute la somme. On doit truquer, on n'a pas le choix. Nous avons que trente-cinq [35 000 dollars]. Putain. Mais je prépare un truc, je vais pouvoir t'apporter le reste samedi. Mais là, je les ai pas.

Le responsable de l'équipe adverse : Oh, merde !

Chepel : On peut te donner 35 maintenant. Et samedi, je t'apporte le reste. Putain, tu comprends pas ? On n'a que 35... Je te donne le reste samedi. Peut-être après le jeu, on va ramasser de l'argent avec les billets vendus et je te le donnerai, putain. J'aurai tout samedi. On doit en trouver trois de plus. Je n'ai pas droit à l'erreur. On va peut-être gagner quoi qu'il arrive, mais je ne peux pas prendre le risque qu'on perde.

La dernière question est : si on se fait prendre, qu'est-ce qui peut nous arriver ? Il y a deux questions dans cette question : va-t-on se faire prendre ? Ensuite : quelles seront les sanctions ?

Bernard Tapie a eu tout faux : il s'est fait prendre et envoyer en prison. Mais dans le cas du Baltika, Chepel et ses assistants ne semblent même pas considérer la possibilité de sanctions pour leurs activités illégales. Leur tentative de trucage est frappante par sa minutie, ils ont approché chaque personne susceptible de les aider : les joueurs adverses, les entraîneurs, les administrateurs et les arbitres. Cependant, d'après les retranscriptions et d'autres documents, personne n'a révélé les faits aux autorités et aucune sanction n'a été prise à l'encontre du Baltika et Chepel.

Chepel apparaît comme un néophyte se battant avec la décision de truquer ou non pour la première fois. Pour comprendre, nous devons en savoir d'avantage sur l'environnement dans lequel baigne la Ligue russe au sein de laquelle Chepel opérait et qui, pendant deux décennies, rivalise en nombre de cadavres avec le Chicago d'Al Capone.

Le matin du 15 juin 1997, Larisa Nechayeva, directrice financière du Spartak Moscow, l'équipe la plus populaire de Moscou, était dans sa datcha dans les environs de la capitale, accompagnée de son assistante et de son chauffeur. Elle venait de conclure un marché juteux pour son club et aurait dû s'en réjouir, mais un tueur à gages avait fait irruption dans sa datcha avec un 9 mm. Il les tua tous les trois. Nachayeva et son assistante moururent vraisemblablement sur le coup mais, comme dans beaucoup de meurtres mafieux, le tueur lui tira une dernière balle dans la tête afin de s'assurer d'avoir bien fait son travail et il s'enfuit. La police mit deux heures à arriver sur les lieux du crime et ne trouva aucun indice lui permettant de remonter jusqu'au tueur. Ce meurtre n'a jamais été résolu et il est loin d'être le seul dans le sport russe des années quatre-vingt-dix. Stephen Warshaw, un chef d'entreprise américain qui se fit interviewer pour *Frontline* sur PBS, travaillait à cette époque dans l'industrie du sport russe qu'il appelait « l'Est sauvage ». Il raconta : « C'était effrayant : en six mois, l'assistant entraîneur Vladimir Bouvich a été tué. Le photographe de notre équipe, Felix Oliviov aussi. Les deux par la mafia, cinq balles dans la tête devant leurs femmes respectives… »

Ce qu'il a vécu n'a rien d'exceptionnel. En Russie, un club administre souvent deux équipes : une qui joue au foot l'été et une de hockey l'hiver. Ces deux sports ont été le théâtre de meurtres, d'enlèvements, de bagarres à coups de crosse et d'attentats à la bombe. Pour comprendre le degré de violence, il faut savoir qu'un jour une unité d'élite des commandos antiterroristes du ministère de l'intérieur russe se trouva confrontée à des soldats armés dans une bataille rangée pour la mainmise sur l'équipe de hockey du CSKA Moscow ! La Russie n'est pas non plus un cas d'exception : en Ukraine, le carré VIP du stade Shakhtar Donetsk a explosé lors d'un attentat à la bombe qui a tué le président du club le Shaktar, Akhat Bragin et ses cinq gardes du corps. Le club le plus important, le Dinamo Kiev, a même été suspecté d'être lié à l'exportation mafieuse de matériel nucléaire.

Les responsables de l'UEFA connaissent la situation dans les ex-républiques soviétiques.

Dans les années quatre-vingt-dix, ils ont essayé de maîtriser la corruption dans ces territoires, mais ils ont été confrontés à de sérieux problèmes : « Fais attention », me dit l'un d'eux, « j'ai eu la mafia ukrainienne sur le dos pendant plusieurs années au début des années quatre-vingt-dix. J'ai dû demander une protection policière, je ne pouvais plus y aller. Si j'étais toi, à moins de *vouloir* être tué, j'éviterais la Roumanie, l'Ukraine et la Turquie. Ce sont des endroits très dangereux, la mafia tient tout ».

Ce responsable de l'UEFA n'était pas la seule personne d'Europe de l'Ouest travaillant dans le football à avoir été menacée par des gens d'Europe de l'Est. Dans son autobiographie, sir Alex Ferguson, le directeur technique de Manchester United, révèle que le président du club, Martin Edwards et lui-même furent menacés par un agent russe lorsqu'ils refusèrent de vendre leur attaquant vedette Andrei Kanchelskis. Ils prirent les menaces très au sérieux et finirent par le vendre.

C'est difficile de leur en vouloir. Voici une courte liste non exhaustive des personnalités du football russe ou de leurs proches qui ont été attaqués depuis le meurtre impuni de Larisa Nachayeva.

– *Le fils du président du CSKA Moscow Yevgeni Giner, Vadim et son chauffeur :* tués par balles ;

– *Vladimir Valeyev, président de la fédération régionale de Novosibirsk :* assassiné ;

– *Viktor Skripal, directeur exécutif du club de football Luch Energia Vladivostok* : assassiné ;

– *l'agent de football Yuri Tishkov :* assassiné ;

– *le président du Kristall club de Smolensk en 2002, Vladimir Prokhorov :* assassiné ;

– *Nikolai Nino, président du CSKA :* suicide inexpliqué *;*

– *Andrei Trubistin, responsable du CSKA :* menacé de torture ;

– *Natalya Dolmatov, femme de l'entraîneur de CSKA Moscow :* disparue ;

– *le fils de Vladimir Goryunov, président honoraire du club Rotor Vogograd* : assassiné ;

– *Alexander Shkakov, président du Kristall club de Smolensk en 1999* : assassiné.

Le fait que l'organisation sportive du CSKA figure si souvent dans cette liste montre à quel point la situation est critique : le CSKA est l'équivalent d'un Manchester United en Russie. C'était l'ancienne équipe de l'Armée Rouge, symbole de la force et de la prouesse sportive. Leur équipe de hockey dominait le sport soviétique et leur club de football remporta le championnat russe dix fois et la coupe huit fois. Au début des années 2000, le CSKA était au cœur d'une bataille entre certains voyous du FSB (l'agence de sécurité russe) et des mafieux prétendument tchétchènes. Un responsable du FSB menaça un responsable de football de le dépécer « molécule par molécule » s'il n'obéissait pas aux ordres. De nos jours, le CSKA est la propriété de l'homme d'affaires controversé Yevgeny Giner, l'homme qui verse des « payements de motivation » à d'autres équipes pour pas qu'elles ne soient tentées de truquer les matchs, et à deux autres associés anonymes.

La question qu'on est en droit de se poser est : comment cela se fait-il que tant de personnes aient été tuées dans le sport en Russie ? Est-ce une manifestation d'un enthousiasme étrange pour le sport ? Un amour psychotique pour les matchs qui provoque un tel bain de sang ? Une forme mafieuse de hooliganisme à la mode ?

Au début des années quatre-vingt-dix, ce qui poussait principalement les truands à prendre le contrôle des clubs de sport était surtout l'avantage financier qu'ils en tiraient. L'histoire commence en 1993, avec Boris Yeltsin qui, dans un accès de grandeur impériale qui aurait embarrassé le Tzar lui-même, fit de son ancien professeur de tennis Shamil Tarpischev le ministre des sports russe. L'économie était en chute libre et ce qui avait été jadis « la grande machine sportive russe » était en miettes. Certains grands clubs étaient tellement pauvres que les joueurs partageaient leurs maillots sales. Quelques années plus tard lors de ma visite, je vis des joueurs du CSKA Moscow se prêter leurs tenues pendant l'entraînement. Tarpishev proposa à Yelstin de permettre aux clubs d'importer de l'alcool et des cigarettes sans taxes pour qu'ils puissent gagner un peu d'argent. C'était énorme ! Jim Moody, ancien chef de la brigade contre le crime organisé du FBI, affirma que « presque 30 %, peut-être plus » des revenus du gouvernement russe venaient des taxes sur l'alcool et les cigarettes. L'idée c'était que chaque équipe pourrait tout simplement importer autant de tabac et d'alcool qu'elle le voulait sans aucune taxe. Cela leur donnait un avantage énorme sur les autres importateurs légitimes de ces substances qui n'étaient pas dans le sport. La mafia russe mit à peu près trois secondes à décider de mettre son nez là-dedans ! Le résultat fut que plusieurs bandes prirent le contrôle de différents clubs et commencèrent à se concurrencer sur le terrain de l'importation de biens. Aucune bande ne réussit à prendre le contrôle total du sport, mais ils essayèrent, comme le suggère la liste de cadavres.

Des conversations que j'ai eues avec des journalistes russes, il ressort que les années quatre-vingt-dix, après la chute de l'Empire soviétique, furent les plus violentes. Les mafieux couraient les rues et tuaient tous ceux qui menaçaient l'élargissement de leur pouvoir. Le sport n'est pas différent des autres industries : en 1993 par exemple, des douzaines de présidents de banques privées de Moscou furent assassinés de manière mafieuse. Le football et le hockey ne sont pas non plus une exception dans le sport russe : en 1999, la grande patineuse Maria Butyrskaya vit sa BMW exploser mystérieusement. Chevalier Nusuyev, président de la Fédération russe de la Jeunesse et des Sports, fut assassiné par des mafieux et, un piège fut tendu au champion de boxe junior européen de dix-huit ans, Serguei Lastushko, lorsqu'il sortit de l'entraînement : on lui tira huit balles dans la tête et le torse. Il mourut juste après. Ce ne sont que quelques exemples et il y en a beaucoup d'autres dans presque tous les sports.

Les journalistes russes ont raison, le nombre de meurtres a baissé. La violence est encore là, mais dans des proportions moins importantes qu'il y a dix ans. Cependant, certains courants souterrains existant encore dans le sport russe sont pour le moins déconcertants. Le FBI révéla dans les années quatre-vingt-dix que Vyacheslav Ivankov était le chef de la mafia russe en Amérique. Il a été condamné à dix ans de prison pour, entre autres, avoir été à la tête d'un circuit de racketteurs dans la région de Brighton Beach à Brooklyn. Les poursuites portaient en partie sur Slavic Inc, entreprise qui était suspectée de blanchir de l'argent pour Ivankov. Mais son nom n'apparaissait pas au registre du commerce, le nom du président était Slava Festiov, un grand joueur de hockey qui jouait dans les plus grandes équipes russes et nord-américaines et faisait partie de l'équipe nationale russe. Il avait gagné de nombreux championnats, la Coupe Stanley et des médailles olympiques. Festiov n'expliqua jamais comment son nom avait fini sur le registre du commerce d'une entreprise dont le FBI avait établi les liens avec le chef de la mafia russe. Il raconta à mes collègues de *Frontline* et à Robert Friedman, le journaliste free-lance qui avait sorti l'histoire, qu'Ivankov n'avait rien à voir avec Slavic Inc, même si les avocats d'Ivankov confirmèrent qu'il était bien le chef d'entreprise de ce qui était une simple compagnie d'import-export. Festiov est rentré à Moscou. Il est en 2008, le ministre des Sports russe.

Comment quelqu'un comme Dimitri Chepel va-t-il s'y prendre pour truquer un match ?

Le premier défi est de savoir avec *qui* organiser le trucage. Il y a trois possibilités : soit les arbitres, soit les joueurs adverses, soit les dirigeants de l'équipe adverse.

Chepel et ses assistants passèrent beaucoup de temps à débattre de *qui* il fallait corrompre, comme le démontre l'extrait qui suit. Cela se passe au moment où Chepel a contacté les joueurs de l'équipe adverse. Ils sont d'accord pour truquer le match mais ils demandent 60 000 dollars. Chepel ne les a pas et appelle un ami avec lequel il a la conversation suivante.

L'ami : 60 000 dollars ? C'est ce que veut l'équipe ?

Chepel : Oui.

L'ami : Putain... T'as qu'à donner 40 000 dollars aux arbitres si tu ne trouves pas le reste.

Chepel : Qu'est-ce que je peux faire d'autre, putain ? Pédés ! On peut leur donner 60 000 dollars ou 20 000 dollars [aux joueurs], putain. Le plus important c'est le résultat [le trucage]. On va leur parler et voir si on peut pas trouver un deal. On va leur donner quarante et on va leur apporter vingt après. Putain ! Il y a une garantie ?

L'ami : Oui bien sûr, il faut des garanties !

Chepel : Oui, putain. Ils sont assez riches. Ces enculés [les joueurs] sont trop riches. C'est ça le problème.

L'ami : Tu peux peut-être donner 30 000 dollars aux arbitres, putain. Et envoyer chier les joueurs, et leur dire si vous le faites pas pour trente je les donne à quelqu'un d'autre, plutôt qu'à vous, putain.

Le vrai problème pour Chepel c'est combien de *certitude* peut-il acheter, et pour quelle somme ? Quels sont les gens – les arbitres ou les joueurs – qui lui donnent le plus de garanties d'un match bien truqué ?

J'ai fait un travail statistique sur la question, et la réponse est assez serrée. Les arbitres peuvent truquer correctement un match à 79 %, les joueurs un peu plus, ils rencontrent le succès à 83 %. Cependant, beaucoup de gens dans le football pensent que les arbitres ne sont pas à même de garantir le succès d'un trucage avec assez de précision et que ça ne vaut pas le coup de les acheter. Les commentaires d'un responsable de l'UEFA qui a enquêté sur pas mal de matchs truqués en sont un exemple :

[Riant] J'ai vu un cas, il y a quelques années où l'arbitre avait été acheté. Il a offert un penalty et l'équipe l'a raté ! Tu vois, même si tu soudoies les gens, tu n'as pas la garantie de gagner.

Mais après une série de négociations, Dimitri Chepel décide de ne conclure ni avec les joueurs ni avec l'arbitre, mais plutôt d'arranger un coup avec l'administration de l'équipe. Dans l'extrait suivant, il parle à Serguei*, un des responsables de l'équipe adverse. Il a déjà négocié un arrangement potentiel avec les joueurs, mais il va les dénoncer à ce responsable.

Chepel : OK. Je vais te dire, faisons-le ensemble. Certains joueurs sont venus me voir et m'ont offert ça [pour truquer le match], mais je préfère dealer avec toi.

Seguei : Qui ça, qui est venu te voir ?

Chepel : Tes joueurs.

Serguei : Ce sont eux qui t'ont contacté ?

Chepel : Oui, mais on va pas en parler maintenant, je te donnerai les noms après, si tu veux.

Pourquoi trahit-il son arrangement avec les joueurs ? Parce qu'il joue sur le « renvoi d'ascenseur » (je te rends un service, tu me dois un service). Dans beaucoup de ligues européennes, les propriétaires d'équipes se rendent mutuellement des services, comme ordonner à leur équipe de perdre, et ils se font « rembourser » plus tard : ou par un match truqué ou pour le transfert d'un joueur. En Italie et au Portugal, c'est tellement fréquent que ça porte un nom : « le système », *il sistema.*

Si Chepel avait traité avec les joueurs, ça aurait été un coup unique, aussitôt fait, aussitôt oublié. Mais en s'arrangeant avec le responsable, il fait fonctionner le système d'affaires que les dirigeants entretiennent l'un avec l'autre.

Cependant, il va rencontrer un problème juste après la conversation que nous venons de rapporter… Un responsable d'une troisième équipe affirme que dans le passé, Chepel n'a pas honoré un arrangement de trucage. S'il veut continuer, il faut qu'il clarifie cette histoire. Il est furieux et appelle le troisième homme :

*Chepel : Grigori**, *c'est Chepel. Explique-moi un truc ! Où et quand je n'ai pas tenu mes engagements envers ton club ? Quand est-ce que je t'ai laissé tomber ?*

Grigori : Je ne comprends pas.

Chepel : Tu as dit à Serguei que je ne tiens pas mes promesses ! Il m'a dit que tu ne me fais pas confiance, que je vais l'entuber. C'est n'importe quoi, putain ! Quand c'était nécessaire, j'ai toujours résolu tous les problèmes.

Grigori : Je lui ai juste dit que nous avions fait un arrangement [truquer un match]. Rien de plus !

Chepel est furieux, pas simplement parce qu'il pense que le deal peut mal tourner mais aussi parce qu'il doit retrouver une crédibilité rapidement, sinon ses chances de pouvoir arranger d'autres matchs seront très minces. C'est important pour le présent et le futur parce que dans une ligue corrompue avec beaucoup de renvois d'ascenseur, l'habileté et la réputation qui permettent de faire ce genre d'affaires sont un atout important pour un administrateur.

La confiance est ce qui *huile* les renvois d'ascenseur. Le problème avec la corruption, c'est qu'elle n'est pas défendable légalement… Ce serait ridicule d'aller au tribunal et de dire : « J'ai soudoyé machin après qu'il m'a promis de truquer le match et il ne l'a pas fait ! » Au mieux, les juges riront et vous expulseront du palais de justice, au pire, vous allez avoir un certain nombre de problèmes. Sans la confiance, les gens qui veulent travailler illégalement ne pourraient travailler ensemble, donc ils dépensent beaucoup d'énergie à nourrir les besoins des uns et des autres, le renvoi d'ascenseur pour s'assurer des arrangements futurs. Luciano Moggi, le truqueur italien de la Juventus, était maître dans l'art du renvoi d'ascenseur. En 2005, pendant une enquête sur la corruption dans le football italien, la police enregistra une série de conversations téléphoniques. Les transactions révélèrent qu'il rendait de nombreux services à beaucoup de figures importantes du football qui lui permettaient de truquer un bon nombre de matchs pour son équipe. Cet extrait montre le rapport que Moggi entretient avec Pierluigi Piaretto, un des responsables de la sélection des arbitres de l'UEFA, cette organisation ostensiblement neutre, chargée d'organiser la Ligue des Champions. La Juventus devait disputer un match difficile contre l'équipe hollandaise d'Ajax, et Moggi voulait un arbitre sympathique pour la rencontre.

Moggi : Salut.

Piaretto : Hé, tu m'as oublié, moi je pense tout le temps à toi !

Moggi : Arrête !

Piaretto : Je t'ai mis un super-arbitre pour le match à Amsterdam.

Moggi : Qui est-ce ?

Piaretto : C'est Meier [Urs Meier, un arbitre suisse].

Moggi : Génial !

Piaretto : Je t'appelle juste pour te dire ça. Tu vois, je ne t'oublie pas, même si toi, ces jours-ci…

Moggi : Arrête de m'emmerder. Tu verras dès que je reviens, tu verras que je ne t'ai pas oublié.

Quelques jours plus tard, Moggi aida Piaretto à s'acheter une Maserati quatre-portes, très rare. Les conversations de Moggi regorgent de ce genre de propos sur les services rendus. Un autre exemple : il parle avec Fabio Baldas, responsables de la commission nationale d'arbitres chargée de désigner les arbitres des matchs de ligue italienne. Baldas apparaissait régulièrement dans une émission de télé, *Il Processo di*

Biscardi, dont l'hôte était Aldo Biscardi, vieil ami de Moggi, et il donnait son opinion d'expert sur les décisions d'arbitres des matchs du week-end. En gros, Moggi truquait aussi l'émission de Biscardi. Il vérifiait tous les commentaires et déterminait quels arbitres seraient critiqués et lesquels auraient un commentaire favorable. Leur conversation se termine ainsi :

Baldas : OK… Si j'ai besoin d'une faveur, tu me feras une faveur ?

Moggi : Pas de problème.

Baldas : Tu me rappelles bientôt ?

Moggi : Ouais, bientôt.

Faldas : Super, salut.

Dimitri Chepel ne joue pas dans la même catégorie que Luciano Moggi. Il n'a pas les mêmes ressources que lui. Alors, au milieu de ses négociations, il tombe sur un os. Sa crédibilité a été entachée par des rumeurs. Maintenant, il doit avoir recours à une autre pratique courante dans le football, il doit fournir une caution. Dans cet extrait, il se plaint auprès d'un ami de ses difficultés à faire accepter le trucage à l'administrateur de l'équipe.

Tu comprends, c'est ce qu'on raconte. Putain ! Je lui dis [à l'autre responsable] que quand on me le demande [de truquer un match], je résous les problèmes. Putain ! J'ai pas dit de conneries. Et je n'ai pas essayé de le mettre sur le dos des autres. Je ne l'ai dit à personne et je n'ai pas dit : « Donne-le-moi [l'argent] tout de suite. » Tu comprends ? Et il commence à me raconter des histoires [sur son manque de fiabilité]. Je lui dis : « Attends, si tu veux des garanties, putain, va voir Moldovan et éclaircis la situation. »

Tout à l'heure, Chepel essayait de garantir l'issue du match, maintenant il a besoin d'une troisième personne pour qu'elle lave sa réputation et qu'elle se porte garant du trucage.

Cette troisième personne fait quasiment office de loi. C'est une pratique très courante dans les ligues très corrompues d'utiliser un troisième homme, autant que possible mafieux, pour « garantir » le trucage. Il semble, toutefois, que la partie adverse n'ait pas insisté dans ce cas-ci pour obtenir une caution. Le match eut lieu et le Batltika Kaliningrad « gagna » le match.

Novye Kolyosa publia les retranscriptions un mois plus tard. Une des équipes adverses admit que le Baltika avait essayé de les corrompre mais qu'ils avaient refusé. Dimitri Chepel et l'administration du club nièrent en affirmant que les bandes étaient fausses et que, de toutes les façons, elles avaient été obtenues illégalement.

Chepel démissionna de la direction de l'équipe en octobre en prétextant être déçu de ne pas avoir été capable de garder le club en première division. Il ne parla jamais des bandes et leur authenticité n'a jamais été remise en question devant un tribunal. Malgré plusieurs tentatives pour le convaincre à me parler, Dimitri Chepel n'a pas désiré être interviewé pour ce livre.

Dans le monde du football, il existe une constante, peu importe le pays où cela se passe : les gens honnêtes et courageux qui essayent de se battre contre la corruption sont en général punis et les gangsters sont en liberté. C'est le cas de l'arbitre chinois Gong Jianping, l'homme qui prit dix ans de travaux forcés après avoir avoué ce qui se passait dans le football chinois. C'est également le cas de Lazarus Rokk et Johnson Fernandez, les deux journalistes malaisiens qui les premiers révélèrent l'étendue du problème dans leur pays. Ils furent attaqués en justice, menacés et leurs carrières détruites. C'est aussi le cas de Marc Piron, le courageux policier belge qui a été déchargé de l'affaire en pleine enquête, alors que toutes les charges contre Pietro Allatta, l'agent de foot très controversé, ami d'une bande de mafieux, étaient abandonnées. Enfin, ce fut le cas du journal *The People* qui mena cette brillante enquête sur la corruption dans la Ligue anglaise. Des années plus tard, le secrétaire général de la Ligue dit qu'il « savait tout ce qu'il se passait », mais à l'époque, il voulut bannir les journalistes de *The People* de leurs stades.

Mais celui qui reçut le traitement le plus cruel c'est Igor Rudnikov, l'homme qui a rendu publiques les bandes de Chepel. Au moment où j'écris ces lignes, il est dans la terrible prison de Kresty à Saint-Petersboug. C'est un endroit lugubre construit par les Tsars dont Staline se servit aussi et qui est aujourd'hui occupé par des prisonniers dont beaucoup souffrent de tuberculose et d'autres maladies infectieuses. Elle a le triste titre de prison la plus surpeuplée du monde. Quel est le crime de Rudinkov ? Il a continué de publier des articles sur la corruption dans sa ville natale de Kaliningrad. Deux ans après que son journal eut révélé que l'équipe de la ville était non seulement incompétente mais sa direction corrompue, il commit une grave erreur. Il publia des articles qui sous-entendaient que certains officiers de police et procureurs de la ville tenaient des bordels et organisaient l'exportation de drogue à grande échelle. La police enquêta non pas, vous ne serez pas surpris, sur les faits révélés par Rudnikov, mais sur Rudnikov lui-même. Trente-six policiers firent une descente dans son bureau. Ça le mit tellement hors de lui qu'il se battit avec huit d'entre eux. Les autres policiers étaient très perturbés de devoir arrêter le grand Rudnikov et le mettre en prison. Dans *l'intérêt public*, les procureurs pensèrent qu'ils valait mieux le transférer à la prison de Kresty.

Je conçois qu'il est difficile pour un observateur extérieur d'imaginer un rédacteur en chef de journal assez fort pour se battre tout seul avec huit policiers russes. Je conçois également qu'il puisse se dire que c'est vraiment dommage que Rudnikov perde son sang-froid et se laisse aller à se conduire si mal alors qu'il venait de publier une enquête sur la corruption dans la police. On peut même penser que c'était un piège imaginé par des truands se faisant passer pour des fonctionnaires publics.

Dans beaucoup d'autres pays européens, le cas de Rudnikov aurait provoqué un scandale national. Dans la Russie post-soviétique, cela ne surprend personne. Les chercheurs du Comité de protection des journalistes à New York me répondirent blasés, lorsque j'évoquai le cas de Rudnikov : « Dans la Russie de Poutine, chaque semaine, un journaliste d'une petite ville se fait menacer, tabasser ou même assassiner. »

Un esprit cynique pourrait répondre qu'après tout, c'est un pays européen en pleine transition démocratique, et pourrait affirmer que la Russie deviendra sûrement bien moins corrompue que les autres. Alors, dans les deux prochains chapitres, nous allons examiner comment travaillent les truqueurs en général et puis prendre le cas particulier des plus grandes et plus riches ligues de football d'Europe de l'Ouest.

11

Comment truquer un match de foot

Lorsque j'étais dans le crime organisé et dans le jeu, j'ai été frappé par la facilité avec laquelle ça se fait… C'est très facile de convaincre un athlète professionnel. On passait beaucoup de temps à approcher ces mecs… on les ciblait très précisément… Et je te jure, très souvent c'est eux qui venaient tous seuls !

Jusqu'à maintenant, j'ai dépeint les effets du trucage. J'ai décrit le chaos des ligues asiatiques, j'ai expliqué comment les joueurs exécutent un match arrangé et la longue histoire de la corruption dans le football européen.

Mais comment les truqueurs opèrent-ils ?

Dans ce chapitre, je vais expliquer certaines de leurs méthodes.

Commençons par un exemple qui démontre parfaitement ce qu'il ne faut pas faire.

Kenan Erol avait un plan

Le 6 avril 2005, il alla voir Sefer Hakan Olgun pour essayer de le soudoyer. Erol apporta un sac rempli de billets de 500 € à son rendez-vous avec Olgun, le gardien de but de la Super Ligue turque, Sebatspor. Il avait de bonnes raisons pour vouloir corrompre le gardien du Akçaabat Sebatspor. Lors du match le samedi suivant, ils étaient certains de se faire reléguer étant donné qu'ils étaient derniers du classement de leur division, à huit points des avant-derniers. Ce samedi-là, ils allaient rencontrer Kayserispor, eux aussi relégables mais qui avaient une chance de rester dans la Super Ligue s'ils gagnaient.

Le matin du match, quelqu'un entra dans une officine de jeu dans la ville de Trabzon et paria par le biais d'un organisme de jeu turc plus de 250 000 YTL (nouvelle lire turque[1]), que Akçaabat Sebatspor perdrait. Quelqu'un voulait que l'équipe perde et était disposé à payer beaucoup d'argent pour que ça arrive. Kenan Erol était l'homme qu'il lui fallait.

Erol avait convaincu trois autres joueurs de l'équipe, mais il avait besoin d'être sûr que le gardien, l'homme qui pouvait sauver ou faire perdre l'équipe avec quelques erreurs, était des leurs. Il rencontra Olgun.

Mais c'était un mauvais jour pour lui. Pourquoi ? Parce que Olgun enregistra leur conversation.

Kenan Erol : J'ai parlé aux autres joueurs de cet arrangement, ils le savent.

Hakan Olgun : Toute l'équipe est au courant ?

Kenan Erol : Ne t'inquiète pas !

Hakan Olgun ; Je ne comprends pas, tu veux juste que je quitte la surface et que je me « mange » un but ?

Kenan Erol : À la première mi-temps, vous aurez l'avantage 1 à 0, mais Kayseri doit gagner le match. Tu dois laisser rentrer deux ou trois buts dans la deuxième mi-temps.

Hakan Ogul : Je peux faire confiance à ces gens ?

Kenan Erol : L'argent est dans la voiture. Je te le montre.

---

1. Environ 131 700 € en nouvelles lires turques, la devise utilisée par la suite est la TRL, ancienne lire turque.

Hakan Ogul : Alors, c'est un deal avec les bookmakers et aussi un avec l'autre équipe ? C'est ça ? Et la direction de notre équipe est au courant ?

Kenan Erol : Si cet arrangement remonte à la direction, tu n'auras pas une lire ! J'essaye de te rendre un service. Ces mecs sont en train de parier 500 à 600 milliards de lires TRL [261 000 €] [il montre le sac avec l'argent]. Il y a 200 000 € dans le sac et y en aura plus à condition que tu nous donnes le score que nous voulons.

Hakan Ogul : Dis donc ! Il n'y a que des billets de 500 €. Je n'ai jamais vu autant d'argent de ma vie ! C'est pour moi ?

Kenan Erol : À la fin du match, ils sont dans ta poche.

Hakan Ogul : J'ai 130 à 140 milliards TRL [environ 64 000 €] de dettes. Je toucherai combien ?

Kenan Erol : 75 milliards minimum TRL [39 000 €]. Le reste, c'est pour tes amis.

L'identité de ces « mecs » qui étaient prêts à parier 500 à 600 milliards de lires turques n'a jamais été révélée. Mais le retour sur investissement aurait été spectaculaire : pour le score exact, les parieurs allaient remporter vingt-cinq fois la mise. Mais quand Veli Sezgin, le président de Akçaabat Sebatspor, entendit parler des tentatives de corruption sur ses joueurs, il équipa son gardien de but avec un micro. Le trucage échoua et ils firent match nul. Cependant, son courage lui a coûté cher. Cinq mois plus tard, Sezgin fut sévèrement blessé par balles dans une embuscade. Il survécut. La retranscription de la conversation d'Erol avec Ogul permit à la Fédération de football turque de comprendre la situation. La commission suspendit six joueurs pour corruption, offrit à Hakan Ogul 50 000 YTL[1] de récompense et demanda à Kenan Erol de venir s'expliquer devant elle. Monsieur Erol déclara

1. 23 400 €.

qu'il n'était pas en état de venir témoigner et la police turque décida de ne pas poursuivre l'enquête.

Une tentative de trucage ou une embuscade mafieuse n'ont rien de surprenant dans le football turc, la ligue est connue pour les connivences entre les responsables de clubs et les grands personnages de la mafia. Quelques mois auparavant, le Parlement turc ouvrit une enquête sur les liens entre le grand mafieux Sedat Peker et la ligue de football. Des enregistrements avaient surpris ses partenaires en train de négocier des arrangements avec les arbitres et les responsables du club. Mais ni l'attention des politiques ni la curiosité de la Fédération de football turque ne semblent avoir mis un terme à la carrière de Peker dans le football de son pays.

Il n'est pas le seul criminel à avoir des liens avec une équipe de la Super Ligue. Le Besiktas est un des trois grands clubs de foot turcs, l'équivalent de Liverpool ou de l'Inter de Milan. Malgré leur succès, les responsables du club de Besiktas étaient très liés à Alaattin Çakici. Cet homme était un membre dirigeant des « Loups Gris », une organisation paramilitaire qui avait torturé et tué nombre de dissidents politiques dans les années soixante-dix et quatre-vingt. Çakici a commencé sa carrière dans le crime organisé, le meurtre et le trafic de drogue dans les années quatre-vingt-dix. Quand la police vint enfin l'arrêter, trente ans après ses débuts dans la violence et l'intimidation, ils découvrirent qu'il avait de très bons amis au sein du Besiktas football club. Le directeur du club aimait tellement Çakici que quand la police se mit à sa recherche, il l'aida à sortir du pays en lui fournissant un visa sous un faux nom.

Les événements troubles qui entourent Kenan Erol et le club Akçaabat Sebatspor et plus généralement les liens de la mafia avec la ligue turque démontrent une chose : Kenan Erol devrait se contenter de faire l'homme d'affaires, ce qu'il est officiellement ; je lui souhaite cependant d'être un meilleur homme d'affaires que truqueur de match. Ses tentatives de corruption ont été maladroites, il n'a aucun savoir-faire et le bagout d'un vendeur de voitures d'occasion sans talent. Voyons s'il pourrait s'améliorer...

Mon mentor dans ce domaine est Michael Franzese, le genre d'homme qu'on ne trouve qu'en Amérique. Fils d'un tueur à gages notoire de la mafia, John « Sonny » Franzese, Michael devint un capo[1] pour la famille Colombo à New York alors qu'il n'avait que vingt ans. Sa place, il la devait à son arbre généalogique, mais aussi à un extraordinaire plan d'arnaque sur les taxes liées à l'essence qu'il avait organisé avec Michael Markowitz, un criminel lié à la mafia russe. Le plan consistait à ouvrir et fermer des centaines de sociétés écran qui avaient des stations essence dans les états de New York, du New Jersey, du Connecticut, de la Pennsylvanie et de la Floride. Les sociétés récoltaient les taxes des clients, puis se mettaient en faillite et ne payaient jamais les taxes à l'état fédéral et aux autorités du comté. C'était simple, direct et ça rapportait à la famille des centaines de millions de dollars par an. Le crime parfait : plein d'argent, peu de risques et très peu de pénalités s'ils se faisaient prendre. À côté, Franzese truquait les rencontres sportives professionnelles, y compris les rencontres de base-ball des New York Yankees affirment certains. Dans les années quatre-vingt-dix, après une série d'arrestations, Franzese se rangea des voitures et partit à Hollywood où il devint... producteur de cinéma.

Je l'ai rencontré alors qu'il était au Canada. Il était devenu un dévot *born-again Christian* [2] et produisait une tournée de concerts antidrogue à Toronto. Quand nous nous vîmes, je

---

1. Chef. Grade dans la hiérarchie de la mafia italienne *(Ndlt)*.
2. Chrétien né à nouveau ou nouveau chrétien, secte chrétienne dont fait partie George W. Bush *(Ndlt)*.

faisais mes recherches sur la mafia russe et la Ligue nationale de hockey pour *Frontline*. Franzese fut très direct :

Lorsque j'étais dans le crime organisé et dans le jeu, j'ai été frappé par la facilité avec laquelle ça se fait... C'est très facile de convaincre un athlète professionnel. On passait beaucoup de temps à approcher ces mecs... on les ciblait très précisément... Et je te jure, très souvent c'est eux qui venaient tous seuls !

Il est grand, il s'habille en cuir et a les cheveux noirs, Franzese est un homme très intéressant.

Quand je le vis, il était avec sa femme Camille Garcia qui, disait-il, était responsable de sa transformation. Leur bébé les accompagnait et ils donnaient l'impression d'une famille heureuse et travailleuse. Mais il n'était pas difficile de deviner le gangster qu'il avait été : il transpirait l'intelligence, le pouvoir et le danger. Il savait ce qu'il faut pour faire flancher un joueur :

Les athlètes aiment jouer de l'argent. Ils ont confiance en eux et prennent de gros risques. Tout ce qui les rend d'excellents athlètes les rend aussi d'excellents parieurs... Une fois qu'ils ont le pied dedans et qu'ils sont en difficulté, on leur fait faire des trucs pour nous. Rater des points, ne pas trop y mettre du leur, tu vois ce que je veux dire ? Ou juste nous donner des informations, nous dire ce qu'il se passe.

Franzese est loin d'être idiot. C'est un fin psychologue qui a mis son talent au service des trucages de matchs. Je lui ai demandé si c'était difficile de convaincre les sportifs de saboter des matchs, il m'a répondu que, pour commencer, quand on est mafieux, on cherche à être ami avec des sportifs. L'idée est de se servir de leurs faiblesses. Si ce sont les blondes, on se sert des blondes, si c'est la drogue, on se sert de la drogue. On utilise ce qu'il faut pour avoir du pouvoir sur un sportif, peu importent les goûts et les couleurs. Ensuite, on lui demande de saboter un match :

On peut les approcher ou les piéger avec une femme. Elle peut tomber enceinte, ou prétendre l'être. Ça fout en l'air le match. Ou bien les faire sortir tard, faire la fête la nuit avant le match.

Ce redoutable talent pour flairer la faiblesse humaine auquel Franzese a maintenant renoncé explique son succès en tant que truqueur.

Mais le premier problème auquel se trouve confronté un escroc comme Franzese, qu'il soit brillant ou non, est : comment entrer en contact avec les joueurs. S'il ne peut pas *parler* aux joueurs, il ne peut pas truquer le match.

Les footballeurs sont jalousement gardés par les gens qui les entourent, comment faire pour les approcher ?

Les truqueurs qui travaillent dans leur propre pays utilisent la séduction. Le rapport du procureur du Staatsanwaltschaft de Berlin parle des frères Sapina, les parieurs croates qui réussirent à corrompre Robert Hyoyzer ; et de leur bar où de nombreux arbitres allemands non seulement faisaient la fête, mais se sentaient vraiment chez eux. D'autres truqueurs s'infiltrent dans les clubs de football et arrivent à occuper une place officielle. Pour les championnats internationaux, ils doivent s'y prendre autrement. Certains footballeurs et responsables racontent les manœuvres des truqueurs pour arriver à avoir une chambre au même étage et dans le même couloir d'hôtel qu'eux et comment ils se servent de prostituées pour établir le contact.

Une autre méthode consiste à « louer » l'accès aux footballeurs. Pour cela il faut utiliser des agents, des « coursiers » qui assurent la liaison entre les truqueurs et les footballeurs ; ils peuvent même se présenter comme agents, leur proposer de les représenter dans les affaires. En Asie, où la corruption est plus organisée qu'en Europe, il existe un certain nombre de « coursiers » indépendants qui travaillent pour les footballeurs corrompus de chaque équipe ; ces coursiers peuvent être contactés par les truqueurs quand ils ont besoin de rentrer en contact avec le footballeur. Chin Lai* est un ancien footballeur qui a été beaucoup approché pour truquer des matchs. Ses coéquipiers également. Il explique que les coursiers étaient les pièces maîtresses de l'opération. Ils devenaient amis avec les footballeurs, reniflaient quels étaient ceux qu'on pouvait corrompre et les présentaient aux bookmakers importants du pays.

… ils étaient coursiers. Des anciens footballeurs, amis de l'équipe. Parfois, c'étaient des mecs qu'on rencontrait en boîte de nuit. Pendant plusieurs mois, le propriétaire, ou quelqu'un d'autre faisait la fête avec nous. Un jour, ils disaient un truc. Ces mecs avaient beaucoup d'importance. Ils devaient pouvoir approcher les joueurs, ils devaient avoir leur confiance. C'était la même chose dans le cricket. Il faut des gens qui puissent rentrer en contact avec l'équipe. Ils sont vitaux. Ils doivent pouvoir avoir accès aux entraînements ou aux matchs.

Au début, le point commun entre ces deux méthodes – le contact direct ou par le biais des coursiers est que le parieur veut simplement avoir accès au plus grand nombre de joueurs possible. Comment approcher les footballeurs et quoi leur dire se décide à la prochaine étape.

Mise en place

Pour un truqueur, être présenté aux joueurs n'est qu'un début. Comme nous l'a démontré le cas de Kenan Erol l'infortuné truqueur turc, se retrouver face à un footballeur ne garantit rien. Il faut savoir *comment* l'approcher. Il existe généralement deux approches qui, étrangement, ressemblent beaucoup aux danses érotiques des go-go girls américaines.

Pour l'innocent qui n'a jamais mis les pieds dans un bar de « go-go dancers », voilà comment ça marche : des grappes d'hommes arrivent, avec plein de billets dans les poches, pour regarder danser des femmes à moitié nues. Ils *croient* qu'ils vont vivre une expérience érotique. C'est faux. Les filles à moitié nues *savent* que leur job consiste à soutirer le maximum d'argent à ces hommes. En d'autres termes, il s'agit de maximiser les profits. Pour cela, la fille à moitié nue doit faire un maximum de « lapdance » (danse contact). C'est une danse qui consiste à se coller au client pendant tout un morceau de musique. Elle sera payée au morceau de musique.

On a mené une étude sociologique pour déterminer comment les filles à moitié nues arrivent à se faire « engager » par le client. Les sociologues ont découvert que les danseuses ont deux stratégies qui sont empruntées au monde des affaires : il y a celles qui veulent se faire de l'argent rapidement – approche rapide, directe d'autant de clients que possible – Chéri, tu veux voir mes seins ? – et il y a celles qui font croire à une fausse intimité à des clients bien choisis – Mon cœur, on dirait que tu as eu une sale journée, tu veux que je vienne sur tes genoux et que je sois ta petite fille ? –, ce qui va leur rapporter beaucoup plus d'argent.

Les truqueurs asiatiques, qui travaillent dans des ligues très corrompues, utilisent la méthode rapide. Le footballeur Tohari Paijan, accepta de jouer des matchs truqués dans la ligue malaisienne et singapourienne. Quand on lui demande comment il était approché, il répond : « Il n'y avait rien de subtil. Ils nous appelaient à l'hôtel et nous faisaient une proposition par téléphone. » C'est aussi ce qui arrive quand le contact est difficile. Pendant la Coupe du monde de 1990 en Italie par exemple, les arbitres de la FIFA étaient cachés dans une résidence ultra-sécurisée au centre de Rome habituellement réservée au Vatican, mais un observateur raconte : « C'était incroyable. Les numéros de téléphone étaient censés être confidentiels ou sur liste rouge mais les arbitres recevaient des coups de fil dans leurs chambres de bookmakers qui leur offraient des pots-de-vin. » Ces exemples montrent que quand il y a beaucoup de corruption, comme dans le premier cas, ou que le contact est très difficile, comme dans le deuxième, les truqueurs utilisent des approches directes.

Dans les ligues où la corruption est plus rare, les truqueurs doivent utiliser la stratégie de la « fausse intimité ». Un exemple qui nous vient d'un joueur de basket-ball d'une université américaine nous éclaire. Art Hicks était noir. Un jour où un coéquipier lui fit une énième remarque raciste, Art décida de truquer les rencontres avec une organisation criminelle. Il fut arrêté et son témoignage révèle à quel point les truqueurs sont « experts en nature humaine » :

Ce qu'on ne dit jamais, c'est à quel point les truqueurs excellent dans ce qu'ils font. Ils étaient de fins psychologues et c'est pour cela que très peu de jeunes qu'ils approchaient les envoyaient promener. Ils sont là juste quand il faut, quand vous êtes vulnérables... Quel que soit le problème, ils savent parfaitement l'exploiter. Le truqueur devient la personne sur laquelle vous pouvez compter. Il remplace l'entraîneur.

C'est exactement ce que voulait dire l'ancien capo de la mafia, Michael Franzese, quand il parlait de « devenir amis » avec les joueurs dans un premier temps, pour utiliser leurs faiblesses contre eux ensuite. Le truqueur approche sa proie (le footballeur) et l'affaiblit ou utilise ses faiblesses pour lui proposer un arrangement.

Tout ce que nous venons d'apprendre sur l'approche, ne répond pas à une autre question : comment propose-t-on l'arrangement ? Quel est le langage utilisé ?

L'arbitre allemand Robert Hoyzer n'arriva jamais à vraiment expliquer comment les frères Sapina, les truqueurs croates, avaient réussi à le corrompre. Il s'était toujours considéré très honnête et bien élevé, cependant il leur fallut peu de temps pour le convaincre de faire ce qu'il ne se croyait pas du tout capable de faire :

Ça se passa sur un certain laps de temps et je n'en avais même plus conscience à la fin, à tel point que je ne remarquais plus ce qu'il se passait autour de moi. Je passai mon temps dans leur bar, c'était presque mon deuxième salon. J'y étais tout le temps, sept jours sur sept … et j'étais traité comme un prince.

Un administrateur d'une équipe malaisienne raconte le même genre de schéma et l'utilisation d'un langage qui permet aux joueurs « de ne pas se sentir criminels… ils [les truqueurs] appelaient ça un pourboire. » L'autre formule que les truqueurs utilisent est : « Tu peux te faire cette somme d'argent pour seulement 90 minutes de travail. Penses-y. » Ces propositions sont faites sur un ton neutre et gentil, comme s'il n'y avait rien de mal à accepter.

L'extrait suivant est un bon exemple de la façon dont on truque un match dans une ligue très corrompue. Une démonstration d'approche directe.

Chieu* était un des truqueurs de la Ligue malaisienne et singapourienne au début des années quatre-vingt-dix. Il était « expert en nature humaine » et avec d'autres truqueurs, ils avaient créé un réseau de corruption à travers lequel il se fit beaucoup d'argent. Ce passage est tiré de confessions à la police malaisienne citées dans un chapitre précédent : le footballeur est en train de rejouer la conversation qu'il a eue avec le truqueur. Chieu avait déjà rencontré David* – un grand footballeur malaisien – qui le présente ensuite à deux autres joueurs de son équipe, Ali* et Rahil*, pour qu'ils aident à truquer le match.

David : Voici notre ami Chieu.

Chieu : Je m'appelle Chieu. [Ali et Rahil serrent la main de Chieu.] Je suis venu pour vous parler. Je vais essayer de vous aider à atteindre la finale de la coupe de Malaisie d'accord ? Je vais vous faciliter la tâche. D'abord, j'aide votre équipe à gagner pour cinq matchs et je vous paye 15 000 RM pour chaque match gagné. Après ces cinq matchs, il faudra soit perdre, soir faire match nul. Je vous paierai 25 000 RM pour un nul et 40 000[1] *pour une défaite.*

David : Ne vous inquiétez pas, le patron [Chieu] va nous aider.

Chieu : OK, c'est facile. Je contrôle votre entraîneur. C'est moi qui ai amené les deux étrangers, j'ai payé le transfert, ce n'est pas la fédération, c'est moi.

Rahil : Je vais réfléchir.

Chieu :[lui tend une enveloppe] C'est l'argent de la Coupe FA.

David : Ne vous inquiétez pas, Chieu va nous aider.

Cet extrait montre la différence entre Chieu et le beaucoup moins subtil Kenan Erol. D'abord, Chieu ne se rend pas seul au rendez-vous, il préfère être présenté aux deux footballeurs par un autre footballeur. Ça le rend crédible : David, qui est un joueur important, garantit par deux fois la fiabilité de Chieu. Ensuite, il serre la main des joueurs. Chieu leur montre qu'il est du même milieu populaire qu'eux, par le vernaculaire malaisien qu'il utilise (ceci m'a été répété plusieurs fois par le traducteur, même si ce n'est évidemment pas visible dans la version traduite) et il est amical et direct avec les joueurs. (La tradition locale voudrait que les joueurs baisent les mains des propriétaires lorsqu'ils les rencontrent.) Chieu est courtois et leur dit qu'il a l'entraîneur dans la poche : même si c'était un mensonge, les joueurs ont l'impression que c'est vrai et cela les empêche d'aller voir la direction. Encore un exemple à mettre en parallèle avec Kenan Erol qui, quand on lui demande s'il contrôle la direction, montre tout de suite qu'il

1. Successivement : 2 990 €, 4 980 €, 7 980 € environ.

est un petit outsider sans pouvoir. En peu de phrases, Chieu a réussi aussi bien à isoler les joueurs de la direction qu'à gagner leurs faveurs.

David C. Whelan est un ancien officier de la police du New Jersey, devenu professeur de justice criminelle. Il a écrit sur l'implication du crime organisé dans le « point shaving » ou trucage sur handicap dans le basket-ball universitaire. Il affirme qu'au début, les truqueurs payent des bonus aux joueurs pour qu'ils jouent aussi bien que possible ; ce que ces derniers considèrent comme un gain tout à fait innocent car ils sont restés fidèles à l'équipe en gagnant le match même s'ils touchent de l'argent extérieur. Mais ces versements sont souvent ce que Whelan appelle le « portail du crime » qui, sans qu'ils s'en aperçoivent, précipite les joueurs dans les bras des criminels.

Chieu utilise le « portail du crime » de Whelan. Il explique que si les footballeurs coopèrent, ils auront non seulement de l'argent pour gagner les cinq prochains matchs mais qu'il les aidera à aller jusqu'en finale de la coupe de Malaisie. Puis, il leur verse de l'argent pour un match qu'ils ont déjà gagné *quelques semaines auparavant*. Ceci est une étape importante car dès qu'ils acceptent l'argent, les footballeurs ont *de facto* accepté l'offre de Chieu.

Quand les footballeurs acceptent l'argent du truqueur, ils marquent la fin de la négociation, l'acceptation de l'offre et l'impossibilité de retrouver leur innocence…

Un officier de police singapourien m'expliqua ceci dans une interview : « Tu sais, s'ils acceptent l'argent une fois, une seule fois, c'est fini. Ils ne peuvent pas revenir en arrière car les truqueurs vont leur dire : "Si tu ne le fais pas, on va dire que tu as accepté de l'argent l'autre fois". »

Un autre truqueur affirme : « Dès que les footballeurs ont pris l'argent, ils doivent faire ce que j'ai demandé. Je ne suis pas du genre à montrer l'argent et à leur dire : "c'est à toi si tu truques le match". Non, je leur donne l'argent et je leur dis : "C'est un pourboire. Prends-le mais ne me trahis pas. Je te retrouverai." »

Ici le truqueur ne nous parle pas seulement de l'importance de ce moment où le footballeur accepte l'argent, il nous montre un changement d'attitude, qui passe de l'amitié à la menace (dès que les footballeurs ont accepté l'arrangement), qui nous amène à la prochaine étape du trucage.

Exiger le trucage

La publicité qui fut faite autour de la mort mystérieuse de l'entraîneur de cricket Bob Woolmer pendant la Coupe du monde de 2007 pourrait laisser croire que le trucage était une nouveauté dans ce jeu. Pourtant, l'histoire du cricket est associée au trucage depuis deux cents ans. En 1806, le trucage était courant dans le cricket anglais. Il existait des tables de bookmaking clandestines sous les stands de cricket sur les terres des lords et, comme leurs collègues asiatiques, des années plus tard, ils payaient les parieurs rubis sur l'ongle et s'arrangeaient pour truquer les matchs afin de tromper leurs clients et leurs rivaux.

William Beldham était un grand joueur de cricket qui fut approché par des truqueurs pour saboter des matchs, il dit qu'il refusa en disant : « On n'achète le même homme qu'une seule fois… Non, monsieur un homme devient un esclave dès qu'il s'est vendu à ces individus. »

Il décrit le changement qui affecte le rapport entre les truqueurs et les joueurs dès que l'argent a été accepté. C'est le même changement dont parle Franzese quand il dit : « On ne traite pas les footballeurs corrompus comme des amis… on est beaucoup plus amical avec ceux qui ne truquent pas les matchs… »

Comment se fait-il que les rapports changent si radicalement surtout après le temps qu'a passé le truqueur à essayer d'approcher les footballeurs et à mettre en place le trucage ? C'est parce qu'à cette étape, les chances de gagner ou de perdre pour le truqueur sont les plus grandes. Le trucage par les parieurs ou les bookmakers est très différent du trucage « interne », c'est-à-dire pratiqué par les responsables des clubs eux-mêmes, comme l'exemple de la ligue russe. Dans le trucage « interne », le but ultime est de truquer le résultat du match. Pour les personnes qui truquent, l'important c'est *qui* gagne le match. Quand les bookmakers truquent, ils se fichent de *qui* va remporter la rencontre, ce qu'ils veulent c'est gagner beaucoup d'argent. Il existe donc deux sortes de trucages : les trucages « internes » et les trucages sur le marché du jeu. Pour truquer sur le marché du jeu, le bookmaker doit observer la tendance du marché, miser sur ce qui va lui rapporter le plus d'argent et obtenir des joueurs qu'ils livrent le résultat. Le truqueur doit être sûr que les joueurs suivront les consignes à la lettre car si cela échoue, les sommes perdues peuvent être colossales. Donc à ce stade, le rapport avec le footballeur ne compte plus, il ne s'agit plus que d'affaires.

En 1919, le mafieux Arnold Rothstein, qui travaillait avec les Chicago White Sox, truqua la plus importante compétition de base-ball, les World Series.

Les problèmes que rencontrent les truqueurs contemporains sont exactement les mêmes que rencontra Rothstein. Le souci majeur est de faire venir suffisamment de parieurs sur le marché pour que la somme d'argent en jeu vaille la peine de truquer. Mais si Rothstein ou n'importe qui d'autre aujourd'hui misait très gros sur une équipe, les observateurs du marché du jeu comprendraient immédiatement qu'il se passe quelque chose de louche. En général, les organismes de jeu savent qui sont les voyous mais si Rothstein ou un de ses associés étaient rentrés dans un cercle de jeu clandestin et avaient misé 10 dollars sur un match, personne ne l'aurait remarqué, cependant s'ils avaient misé 60 000 dollars, tout le monde l'aurait su en un moins de temps. Un truqueur doit déguiser ses mises pour ne pas alerter ses rivaux. C'est le même problème pour les joueurs professionnels honnêtes. J'ai parlé avec beaucoup d'entre eux et ils sont persuadés que les bookmakers leur « volaient » le pari en disant que ce n'était pas bon de jouer cette somme sur le match qu'ils avaient choisi, en faisant en sorte que la cote bouge en misant eux-mêmes avec un autre bookmaker, à l'insu du joueur. Pour résoudre ce problème, les joueurs professionnels et les truqueurs engagent des agents qui parient pour eux.

Un truqueur veut que la tendance du marché soit contre le trucage – c'est-à-dire que l'équipe qu'il contrôle et à qui il demande de perdre soit celle dont on attende la victoire. Pour encourager les parieurs à miser sur cette équipe, il peut faire courir le bruit que l'autre équipe est affaiblie : une blessure sur un joueur important, des tensions dans les vestiaires, ou même sous-entendre qu'il contrôle l'*autre* équipe, celle qui doit en fait gagner !

Cependant, un truqueur peut aussi suivre le marché, c'est-à-dire truquer *en fonction* du marché, pour éviter d'être découvert. Ce qui signifie moins de gains à court terme, mais aussi moins de risques. C'est le danger qui guette les ligues européennes car ce genre de trucage peut durer des années sans que personne ne suspecte quoi que ce soit.

Par exemple, si une équipe faible doit rencontrer une équipe plus forte, le marché s'attend à ce que l'équipe forte gagne. Les truqueurs vont s'arranger avec l'équipe faible, miser un maximum d'argent sur l'équipe forte et personne ne va rien suspecter puisque les résultats seront ceux attendus par le marché. En 2005, un footballeur finlandais témoigna :

J'ai pris de l'argent pour quelques matchs. Ça fait des années que ça dure. Le cas le plus récent date de la saison dernière. C'était un match de championnat. On y allait en perdants, alors le résultat n'a surpris personne.

Les paris dans le sport étant en grande partie pris deux heures avant le match, il vaut mieux pour un truqueur parier le plus tard possible, ce sera plus facile et plus profitable. Si, par exemple, un truqueur est en relation avec les footballeurs de l'équipe A et qu'il voit le marché parier en masse sur l'équipe A gagnante, idéalement il va devoir parier gros sur la mise la plus attirante, l'équipe B, mais pas trop tôt sinon il va faire changer la tendance. Il dit alors à son équipe de lâcher le jeu et de perdre, une minute avant le début du match. Ce qui lui rapportera gros.

Mais il y a un problème : comment avertir ses joueurs sans attirer l'attention ? Et eux, comment peuvent-ils lui montrer qu'ils ont compris quelques minutes avant le début du match, alors que tout le monde les observe ? La solution à ce problème m'a été donnée par un truqueur indonésien :

Moi, j'ai mon coursier qui se tient près du banc de l'équipe. Il porte un tee-shirt rouge si l'équipe doit perdre. Quand ils arrivent sur le terrain, les joueurs s'arrêtent à mi-chemin pour saluer le public, ils voient mon coursier en rouge et ils savent qu'ils doivent lâcher le jeu. Si je voulais qu'ils gagnent, il porterait un tee-shirt bleu. Quand les joueurs voient le coursier, ils doivent mettre la main sur le cœur, comme s'ils saluaient la foule. C'est le signe qui nous dit qu'ils ont bien vu notre coursier. Après, ils ne peuvent pas dire qu'ils n'avaient pas vu.

Le truqueur a donc demandé le trucage.

Il a commandé à l'équipe de tricher.

C'est à eux maintenant de livrer le bon score.

Le paiement

La dernière étape vient après le match, quand le truqueur paye les joueurs ou les arbitres. Ces versements doivent être dissimulés ou faciles à nier. Les footballeurs sont des personnages publics, leurs salaires sont connus, leurs vies scrutées à la loupe par les journaux *people* et leurs coéquipiers honnêtes travaillent et jouent avec eux. Comment profiter de cet argent sans attirer l'attention ?

Johnson Fernandez, un des héroïques journalistes malaisiens, écrivit dans son enquête que les truqueurs donnaient aux joueurs des billets de loterie gagnants. Ils les achetaient aux vainqueurs et les donnaient aux footballeurs qui avaient truqué les matchs pour qu'ils puissent dire qu'ils avaient gagné l'argent légitimement. D'autres personnes interviewées disent qu'on reversait au footballeur ce qu'il avait lui-même misé sur le marché du jeu. Cette méthode a deux avantages : elle augmente leur récompense et garantit la participation des footballeurs au trucage.

Cela dit, on utilise aussi beaucoup la bonne vieille enveloppe de cash.

En général, les truqueurs payent en deux fois : d'abord, le « pourboire, ou l'argent de poche » versé avant le match. C'est par ce paiement que l'arrangement est scellé, cela montre que le footballeur va prendre part au trucage.

Mais la partie la plus importante du versement se fait après le match, lorsque le joueur a livré le bon score.

L'endroit choisi pour la transaction est souvent neutre, loin du monde du football – une boîte de nuit ou un restaurant. Voici un exemple qui nous vient d'un joueur malaisien et de ses aveux à la police :

Une semaine après [le match truqué], Lee m'a appelé. On a pris rendez-vous à une station-service Shell de Ipoh. Il voulait me payer pour le match contre Singapour. J'y suis allé tout de suite. Il y avait Lee et sa femme. Lee m'a dit de le suivre et nous sommes allés dans une zone industrielle. On s'est parlé à travers la fenêtre de la voiture. Il m'a donné un menu de restaurant, à l'intérieur il y avait 15 000 dollars.

Il existe une autre forme de récompense que les truqueurs expérimentés assurent aux footballeurs, elle est d'ordre psychologique. Ils essayent de mettre en place une relation durable avec les footballeurs corrompus. Elle n'est plus amicale mais elle doit être entretenue. Souvent, les footballeurs ne se sentent pas très à l'aise après avoir mal joué un match, alors les truqueurs leur offrent des cadeaux en plus de l'argent.

Souvent ces cadeaux sont des femmes.

Rafiq Saad a participé à beaucoup de matchs truqués par Chieu. Un de ceux-là était contre Singapour. À cause des rivalités culturelles, il est très difficile pour un footballeur malaisien de perdre à Singapour devant 50 000 personnes. Dans sa confession, Saad parle des femmes que leur fournissait le truqueur :

Le XX à Singapour, nous avons perdu. Je suis rentré à l'hôtel. Ce soir-là, Chieu avait apporté quatre prostituées de luxe pour quatre des joueurs…

Ça n'est pas la dernière fois que nous verrons que le sexe est utilisé comme récompense dans le monde du football. Ici, les footballeurs sont « payés » en femmes. Dans le chapitre suivant, nous verrons comment d'autres personnes qui semblent être les plus honnêtes et les plus coincées de tous sont remerciées de cette façon : les arbitres des plus grands matchs de football du monde.

12

Le sexe et les hommes en noir

Bien sûr que le sexe était utilisé. Parfois c'était la traductrice ; elle venait dans la chambre et montrait qu'elle n'était pas contre l'idée de coucher avec l'arbitre. Le lendemain matin, les responsables du club venaient le voir et lui disaient : « Si tu n'es pas coopérant, on va faire savoir ce que tu faisais la nuit dernière. »

Jusqu'à maintenant, je n'ai parlé que des footballeurs et des responsables d'équipe, mais qu'en est-il des arbitres ? Comment font les responsables de clubs européens qui veulent truquer un match et qui n'arrivent pas à s'arranger avec l'autre équipe ?

Comment corrompent-ils les arbitres ?

Pour le savoir, j'ai parlé avec un éminent truqueur, un maître, quelqu'un qui comprend les faiblesses humaines, un homme qui avait aidé à soudoyer un nombre incroyable d'arbitres internationaux.

Il s'appelle Ljubomir Barin, il est Croate et on l'appelle « le miroir de l'âme », « le porte-monnaie noir » et « le corrupteur ».

Pendant des années, Barin a aidé à truquer les Coupes d'Europe pour les équipes de Bordeaux et de l'Olympique de Marseille. Dans les années quatre-vingt et quatre-vingt-dix c'étaient les deux équipes les plus importantes de France, à elles deux elles avaient gagné douze trophées nationaux en dix ans. Barin travaillait aussi comme agent pour des grandes équipes européennes, le Standard de Liège et Anderlecht en Belgique, les Red Star de Belgrade en Yougoslavie et les champions allemands, le Bayern de Munich. Il a aussi travaillé avec les Américains du Cosmos de New York, coqueluches de leur pays.

L'écrivain anglais Brian Glanville enquêta pour le *Sunday Times* dans les années soixante-dix. Il révéla que l'agent bulgare Dezso Solti, truquait les matchs de l'équipe italienne de la Juventus. Glanville et ses collègues racontèrent que Solti avait invité l'arbitre portugais dans sa chambre d'hôtel, avant une demi-finale de la Coupe d'Europe. Quand l'arbitre arriva, Solti avait à son bras une jolie jeune femme blonde et il proposa une voiture à l'arbitre s'il acceptait d'aider la Juventus à aller en finale.

Barin est le même genre d'homme du monde que Solti : sophistiqué et polyglotte, cet ancien truqueur de l'Empire soviétique s'habille avec goût et sur mesure. On l'imagine très bien arriver devant un arbitre, une blonde à son bras, à la seule différence que Barin offre la blonde et non pas la voiture.

Pendant des années, il fournit des femmes, des cadeaux et des pots-de-vin aux arbitres et responsables de clubs, pour assurer à ses clients français le succès européen. Il établit un réseau financier sur deux continents, avec payement sur des comptes à Zagreb, en Suisse et à Vienne. Barin savait y faire : il avait de l'allure, de la culture et la finesse d'esprit pour comprendre les hommes. Le 11 juillet 1995, il donna le plus incroyable cours magistral de trucage de match dans le bureau du juge Pierre Philippon, au Palais de Justice de Marseille.

Barin affirme qu'il commença en 1981 quand, Claude Bez le président des Girondins de Bordeaux, assista à la énième défaite de son club adoré à la Coupe de l'UEFA sur un penalty contesté, offert par un arbitre soi-disant corrompu. Après le match, Barin alla voir un Bez défait et lui dit : « Si tu veux que nous gagnions tu dois te bouger et faire ce que tous les autres font. » Bez répondit : « OK ».

Barin s'employa donc à faire tourner la chance du club.

Par la suite, il dit de son travail :

Quand un club me demande de m'occuper des arbitres, ce n'est pas parce que je peux servir de traducteur, mais parce que je peux les influencer. C'était important pour moi qu'il y ait une atmosphère agréable avant le match pour les arbitres de satisfaire leurs désirs, m'assurer qu'ils étaient bien reçus, leur donner des cadeaux. Il fallait se renseigner sur qui avait des enfants, afin de remplir leurs valises...

En d'autres termes, Barin soudoyait les arbitres. Il leur donnait des manteaux de fourrure, des Rolex, des parfums, des vêtements de marque et de beaux stylos. Barin travaillait aussi avec l'OM, propriété de Tapie. Barin raconte qu'ils rencontraient souvent les arbitres sur le yacht de Tapie avant les matchs.

Je me souviens d'une fois où un arbitre était sur le Phocéa, *le bateau de Bernard Tapie, et il remarqua une montre qui lui plaisait au poignet de Tapie. Le lendemain matin, il reçut la même montre en cadeau... Je crois bien que c'était un arbitre anglais, mais je ne sais plus pour quel match.*

Quand Barin travaillait pour Bordeaux, l'équipe avait deux comptes en banque : le premier était un compte ordinaire, tout ce qu'il y a de plus officiel et le deuxième, occulte, servait à soustraire de l'argent aux impôts. Pour provisionner ce compte, ils trafiquaient les montants des transferts des joueurs internationaux. Ils déclaraient qu'un joueur valait 7 millions de francs, alors que sa valeur était bien inférieure, 3 à 5 millions de francs, puis ils créditaient le surplus sur le compte occulte. Cette méthode permit à Barin de créer une série de comptes secrets à travers toute l'Europe. D'après lui, cet argent avait servi à soudoyer les arbitres et les équipes dans au moins seize matchs pour Bordeaux et une douzaine de transferts pour l'OM et les Girondins. Mais au début des années quatre-vingt-dix le château de cartes s'écroula. Il affirme avoir été pris au piège de manœuvres politico-économiques : Bernard Tapie étant considéré de gauche et la droite voulait le faire tomber.

Mais les juges français ne racontent pas tout à fait la même histoire.

En France, il existe une fonction que la loi anglaise ne connaît pas, le juge d'instruction. Ces hommes ou femmes, sont des enquêteurs remarquables qui mènent des investigations indépendantes avec des ressources et un pouvoir que la police n'a tout simplement pas.

L'un d'entre eux éplucha les comptes et les centaines de millions de subventions qui finançaient le club de Bordeaux. Un autre juge enquêta sur le trucage organisé par Tapie et l'OM, contre ce pauvre club de Valenciennes, (cette fois-là, ils n'avaient pas fait appel à Barin, ce qui s'avéra être une grosse erreur).

Barin, qui était à l'époque un grand agent du football fut convoqué pour être interrogé mais il refusa de se présenter et un mandat d'arrêt européen fut délivré à son encontre.

Entre 1992 et l'hiver 1995, Barin fuit la justice. Il réussit entre autres, à s'échapper des hôtels de Graz en Autriche et du Novotel de Bordeaux : d'après les rumeurs, il aurait été averti de l'arrivée des forces de l'ordre. Finalement, il fut arrêté à l'aéroport de Duddeldorf par la police allemande, le 23 février 1995 et extradé vers la France.

De peur qu'il ne s'enfuie à nouveau, les juges le gardèrent en prison cinq mois.

Barin en fut très affecté et il déposa un recours devant la Cour européenne des Droits de l'Homme à Strasbourg, invoquant des « conditions de détention inhumaines ».

Cela ne servit à rien.

Rendu plus raisonnable par la prison, Barin apparut devant le juge Philippon le 11 juillet 1995 et promit de tout dire s'il était libéré. Le procès-verbal relate une confrontation entre Barin et Jean-Pierre Bernès, l'ancien directeur de l'OM.

Après quatre heures et demie dans le bureau du juge, l'avocat de Bernès, Me Gilbert Collard sortit secoué : « M. Barin a pointé du doigt l'organisation générale du foot mondial. C'est un système de corruption géante qu'il est désormais impossible d'ignorer. Ce dossier va ouvrir d'autres enquêtes qui vont partir dans beaucoup de directions. Il va y avoir un raz-de-marée, qui va submerger le monde du football. »

Ce qui secoua Collard, c'est que Barin ne donnait pas seulement un cours magistral sur la façon dont on truque un match, il aidait l'enquête en apportant aussi des reçus, révélant les montants exacts et le nombre de comptes occultes.

Il dit que de son rapport avec Bernès était né tout un système de corruption continue qui avait servi pour truquer pas un, mais de nombreux matchs. Le fond secret s'élevait à 5 ou 6 millions de francs par an et servait à truquer certains matchs clés, surtout au niveau européen. À Bordeaux, Claude Bez donna des centaines de milliers de dollars en cadeaux et en liquide aux arbitres.

Parmi les affaires révélées par Barin et Bernès, il y a l'exemple du match truqué entre l'AEK d'Athènes et l'OM en Coupe d'Europe, en octobre et novembre 1989. Avant le match aller qui se jouait à Athènes, ils payèrent leurs adversaires pour qu'ils perdent. Bernès transféra 1 760 000 francs sur le compte d'une banque suisse contrôlée par une entreprise panaméenne, dirigée par l'homme d'affaires Spiros Karageorgis, qui était lié au

AEK d'Athènes. Pour le match retour à Marseille, Barin devait s'occuper de l'arbitre autrichien Helmut Khol. « M. Khol était un de mes grands amis, dit Barin, il est mort d'un cancer en 1992. C'était un employé de la poste autrichienne et il avait des difficultés financières. Je lui ai viré la somme de 310 000 francs, 698 190 shillings, sur son compte en Autriche, le 10 novembre 1989. »

Des reçus font état de pots-de-vin de 100 000 deutsche Marks à un arbitre allemand et au juge de touche pour une Coupe d'Europe ; on apprend que des responsables italiens avaient été approchés avant un match de l'OM contre le club danois Brondby (sans aucune preuve qu'il ait accepté de l'argent) et que des pots-de-vin furent payés à l'équipe du Spartak Moscow, pour la demi-finale de la Coupe d'Europe de 1991.

Des années plus tard, Jean-Jacques Eydelie, le joueur qui avait aidé au trucage du match contre Valenciennes, surenchérit en affirmant que d'autres footballeurs avaient participé à des trucages. Il expliqua qu'il existait une sorte de rituel quelques jours avant les matchs de l'OM : les joueurs qui connaissaient les adversaires, pour avoir joué avec eux dans le passé, étaient chargés d'appeler leurs anciens coéquipiers pour leur demander s'ils accepteraient de lever le pied. En récompense, ils recevaient de l'argent et la promesse d'un transfert à l'OM, pour la saison d'après.

Eydelie raconte même dans son autobiographie, *Je ne joue plus : un footballeur rompt l'omerta,* qu'après la finale de 1993 de la Ligue des Champions, quand Marseille battit le Milan AC, deux joueurs du Milan vinrent chercher leur récompense. C'est le même genre de chose qu'a dit Jean-Pierre Papin, autre ancien de l'OM qui a joué au Milan AC : « J'ai joué pour Marseille, je sais comment ça se passe... »

Mais les autres joueurs et entraîneurs nient ces accusations, affirmant qu'Eydelie cherchait à faire sensation dans son livre et Papin se rétracta après avoir subi des pressions de l'UEFA.

Le fait le plus choquant est quand Barin parle de récompenses « en nature » : les femmes qu'il fournissait aux arbitres avant les grands matchs de la Coupe d'Europe. Il explique qu'il louait les services de prostituées de luxe parisiennes pour 2 000 livres[1] la nuit, afin qu'elles satisfassent les envies des arbitres.

« Quand ça s'est su, les arbitres se battaient pour venir, dit Barin au juge. Tous les arbitres voulaient venir ici, c'était bon pour la région.

– Que se passait-il quand il y avait des responsables officiels ? demanda le juge.

– Il y avait trois, quatre ou cinq hôtesses, répondit Barin. Quand les arbitres étaient très exigeants, les filles restaient deux nuits. »

Au tribunal, le public éclata de rire.

Il ne faut cependant pas sous-estimer Ljubomir Barin. Il a peut-être l'air d'être un Père Noël offrant des cadeaux à des arbitres complices et corrompus, mais les hommes avec lesquels il travaillait, comme Bernard Tapie, n'étaient pas des tendres.

Le vrai Monsieur Noël (de son surnom), était l'homme d'affaires corse André Noël Filippeddu. Tapie le décrivit à un entraîneur qu'il voulait influencer comme « quelqu'un en qui tu peux vraiment avoir confiance. Lui ou moi, c'est la même chose. »

Parmi les amis ou partenaires d'affaires de Monsieur Noël, il y avait des gens comme Francis Vanverberghe (alias Francis le Belge), trafiquant d'héroïne notoire et maître chanteur. En 2000, avant son assassinat, Vanverberghe était à la tête de

1. Environ 2 500 € *(Ndlt).*

la « French Connexion », les réseaux de la drogue qui firent entrer de l'héroïne aux États-Unis dans les années soixante et soixante-dix et qui inspirèrent deux films avec Gene Hackman. Tapie était intervenu un jour auprès d'un ministre ami, pour faire sortir Vanverberghe de prison.

Une autre des fréquentations de Monsieur Noël était Dominique Rutily, président du football club de Calvi, une équipe corse de troisième division. Le 29 mars 1996, quatre hommes attaquèrent Rutily à la mitraillette et, une fois au sol, ils le terminèrent par deux balles dans le crâne. Ce meurtre mafieux eut lieu juste après un match de son équipe.

Le frère de Monsieur Noël, Jean-Philippe, a été accusé par une enquête parlementaire brésilienne, d'être un chef de la mafia au Brésil. Monsieur Noël lui-même fut arrêté un jour pour fraude, quand son nom fut découvert sur des chèques signés par Lillo Lauricella, un ami de l'homme appelé le Trésorier de la mafia, Pippo Calò.

Connaissant ces fréquentations, il n'est pas étonnant que l'ancien directeur de l'OM, Jean-Pierre Bernès, ait été terrifié de témoigner. Un jour, lors du procès, un juge lui demanda pourquoi il avait tellement peur et Bernès répondit qu'il savait que certains mafieux ne seraient pas du tout contents d'apprendre qu'il avait parlé.

La défense qu'adoptèrent Bernard Tapie, Claude Bez, Jean-Pierre Bernès et Ljubomir Barin fut de dire que « tout le monde le faisait. » Bernès écrivit même dans son livre : « J'ai découvert surtout que si Marseille voulait faire jeu égal avec les grands clubs européens… nous devions utiliser les mêmes méthodes qu'eux… et que quand les joueurs rentraient sur le terrain, le match devait déjà être perdu ou gagné ! »

Tout au long de leurs procès, Bez et Barin répétèrent que soudoyer, faire des cadeaux et offrir des services sexuels aux arbitres, c'était habituel dans les affaires du monde du football. M. Barin affirma que le Real de Madrid, le club le plus riche et qui a remporté le plus de succès au monde, offrait aux juges de touche des Rolex, d'une valeur allant de 1900 € à 5 000 € et il ajouta : « Le Real gagnait tous leurs matchs 4 à 0. »

Cette ligne de défense ne servit à rien.

Bez mourut avant le début de son procès. Tapie fut condamné à un an de prison et à sa sortie, il devint le *Commissaire Valence* sur TF1, se lança à nouveau dans les affaires et retrouva l'OM, comme directeur sportif, pour une courte période en 2001. Ljubomir Barin n'alla pas en prison, mais il dut payer une amende de 76 000 €, ce qui, considérant que ce qu'il avait mis en place avait rapporté 4 700 000 €, était une affaire.

Faisons un point sur la sévérité (très relative) de ces condamnations : Bordeaux et Marseille étaient à cette époque les équipes phares françaises ; il s'était avéré qu'elles avaient triché et qu'elles concouraient au championnat le plus difficile d'Europe, si ce n'est du monde où il fut prouvé qu'elles avaient soudoyé les arbitres et d'autres équipes et, pour finir, un des plus grands agents du football affirma que les pots-de-vin, les cadeaux et les faveurs sexuelles étaient monnaie courante parmi les clubs européens.

Pourquoi diable la prophétie de Gilbert Collard qui avait dit que ce dossier allait déclencher un raz-de-marée d'enquêtes qui secoueraient le monde du football, ne se réalisât pas ?

La Fédération française de football, a-t-elle enquêté sur les autres équipes citées par Barin ? Non.

L'Union européenne des Associations de football a-t-elle eu cette curiosité ?

Non plus.

Une autre fédération européenne l'a-t-elle fait ?

Non plus.

Après des années de négociations entre les avocats de la défense et les juges d'instruction, quelques jours d'audience aux révélations saisissantes, quelques « unes » de journaux sarcastiques du genre : « Un Bordeaux corsé » ou « Prendre son pied gratuitement », il ne se passa plus rien.

Le monde du football international n'avait pas tremblé.

Est-il alors possible que comme il le dit lui-même, Barin et son compère Bernès aient été pris dans une manipulation politique ?

Pour le découvrir, je me rendis en Suisse.

Le quartier des putes se situe dans les petites rues entre la gare et le lac de Genève.

Nous sommes en Suisse.

De jour, les bâtiments de banque de couleur fade et les hôtels bon marché peuplés de fonctionnaires des Nations unies, donnent une tonalité quelconque à ce quartier.

La nuit venue, les lanternes rouges des bars de rencontre et cabines de massage le transforment totalement. Les bureaux de Michel Zen-Ruffinen étaient dans ce quartier.

Zen-Ruffinen était autrefois, le deuxième homme le plus important de la FIFA, mais quand je le rencontrai, il avait une petite agence de sports et un bureau d'avocats. (Il a depuis, déménagé à Lausanne et travaille aujourd'hui pour un gros bureau d'avocats, dont un des clients était le G-14, un groupe qui représente les clubs européens les plus riches. Ils avaient poursuivi la FIFA, demandant une assurance ou une compensation pour les joueurs blessés pendant les matchs internationaux quand ils jouaient en équipe nationale.)

Zen-Ruffinen est un grand et bel homme d'une quarantaine d'années qui a la réputation d'être un honorable fauteur de trouble. Quand il était secrétaire général de la FIFA en 2002, il déclara que son ancien patron, Sepp Blatter, le président de la FIFA, avait commis plusieurs escroqueries. Dès qu'il fut réélu à la tête de l'organisation Blatter licencia Zen-Ruffinen, prétendant qu'il fabulait. Les autorités suisses refusèrent d'ouvrir une enquête pour escroquerie, estimant qu'il n'y avait pas assez de preuves.

Nous ne parlâmes pas de cela. J'étais là pour autre chose : d'abord, qu'est-ce qu'être un arbitre international de premier rang signifiait ? C'est ce qu'il avait été avant de devenir administrateur. Zen-Ruffinen appuya les dires de Barin, concernant l'utilisation du sexe avec les arbitres.

Bien sûr que le sexe était utilisé. Parfois, c'était la traductrice ; elle venait dans la chambre et montrait qu'elle n'était pas contre l'idée de coucher avec l'arbitre. Le lendemain matin, les responsables du club venaient le voir et lui disaient : « Si tu n'es pas coopérant, on va faire savoir ce que tu faisais la nuit dernière. »

Zen-Ruffinen me jura qu'il n'avait jamais profité d'aucune femme et n'avait jamais accepté de pots-de-vin. Je le crois.

Mais il dit qu'il a entendu que d'autres arbitres le faisaient. Il me parla également des nombreuses tentatives de le « satisfaire » et de lui faire des cadeaux.

Je me souviens quand j'étais arbitre et que j'étais à Madrid pour un match de l'Atletico de Madrid. On nous emmena à « El Corte Inglès » [équivalent des Galeries Lafayette]. Il était dix heures et les responsables du club nous dirent : « On revient à une heure. Si quelque chose vous plaît, vous le prenez et vous le mettez sur la note du club. » Nous étions trois Suisses… alors nous allâmes prendre un café. Mais si nous avions été Ukrainiens ou d'un autre pays de l'Est, vous imaginez bien ce qui se serait passé !

Que Zen-Ruffinen affirme que le club espagnol, l'Atlético de Madrid utilise ce genre de pratiques n'est pas vraiment une surprise. L'ancien propriétaire du club Jesùs Gil est connu pour son approche de la vie disons, colorée. Il a commencé en travaillant dans un bordel. Alors qu'il venait de monter en grade dans l'industrie du sport, il a été filmé par la télévision nationale en train de donner un coup de poing à un autre directeur de club. Il a été condamné à la prison trois fois et les juges espagnols lui ont trouvé des liens avec la mafia sicilienne.

Alors, qu'il ait dirigé une équipe qui achetait les faveurs des arbitres n'a rien d'extraordinaire. Seulement, Zen-Ruffinen se souvient d'autres incidents avec d'autres clubs de bien meilleure réputation, notamment lorsqu'il arbitrait un match avec un club européen, sponsorisé par une grande marque électronique :

Je me souviens être revenu à mon hôtel et avoir trouvé une chaîne hi-fi sur mon lit ! Il y avait un mot qui disait : « Nous voulions juste vous le montrer, on l'enverra directement chez vous ! »

Zen-Ruffinen appela la réception et demanda qu'on enlève la chaîne hi-fi.

Quand je menais mon enquête en Afrique et en Asie, je demandai à d'autres arbitres de la FIFA si ce que l'arbitre suisse avait raconté était vrai. Ils confirmèrent tous. L'un d'eux me décrit l'été qu'il avait passé en Corée à arbitrer un championnat :

C'était bien. On allait là-bas et il y avait de très bonnes équipes. Ils nous envoyaient des femmes dans nos chambres. Ou alors notre traductrice venait nous rejoindre le soir. Mais c'était sympa, tu vois. Ce n'étaient que des matchs amicaux. Souvent, la manière de te corrompre est très subtile. On t'envoie des femmes, mais rien n'est dit directement. Certains pays sont juste très hospitaliers, c'est difficile de voir les limites.

Un autre arbitre malaisien affirme que les offres sexuelles sont bien plus directes et beaucoup moins innocentes :

C'est toujours la même chose. Peu importe où tu te trouves, l'argent ne peut pas toujours t'acheter, mais le sexe oui. Si tu n'es pas gay, tu as toujours envie d'une femme. Ils le savent et ils t'envoient une fille dans la chambre. Ça arrive tout le temps. Après que l'arbitre ait couché avec la fille, on lui fait une offre. Parfois, c'est la fille elle-même qui la fait. Elle dit un truc du genre : « Il faut que tu me soutiennes... Il faut que tu m'aides... » Le mec se sent coupable et il le fait.

Les invitations sexuelles étaient tellement courantes dans les années quatre-vingt, quatre-vingt-dix qu'on était obligé de mettre en garde les arbitres avant les matchs avec des pays arabes.

Mais lorsque j'ai rencontré Zen-Ruffinen, je n'avais pas encore été en Asie et je ne savais pas comment prendre son histoire. Je pensais qu'il était amer envers le monde du football, je pensais que ses histoires étaient simplement un moyen de se venger indirectement.

Malgré le fait que parmi les journalistes, Zen-Ruffinen jouisse d'une réputation d'honnêteté et de moralité irréprochables, même si son histoire n'avait rien à voir avec la FIFA et même si cela correspondait au récit de Barin, je pensais que ça ne valait rien.

Mais un jour, je suis allé voir les responsables de l'UEFA.

Leurs bureaux sont sur le lac de Genève à Nyon, ce qui donne la mesure de la puissance du football européen dans le monde et des sommes d'argent y circulant.

Le bâtiment a une façade en verre qui regarde le lac et l'après-midi où j'y étais, la lumière baignait l'édifice dans un halo doré.

Les deux responsables qui m'ont reçu étaient très sympathiques et ouverts. Ils demandèrent juste que je ne cite pas leurs noms dans l'interview. Une fois les règles posées, ils furent assez candides. Un des responsables rit quand je lui racontai les histoires de Barin et de Zen-Ruffinen, sur les arbitres à qui on offrait des femmes avant les grands matchs internationaux :

Oh oui ! C'est devenu presque une tradition. « Jolies filles, argent et électronique ». Ils avaient ce qu'ils voulaient. Les femmes étaient monnaie courante. Dans bien des cas, il était difficile de distinguer la différence entre hospitalité excessive et corruption. C'était tellement dans les mœurs que les arbitres arrivaient à l'hôtel, regardaient leurs montres et disaient : « Les filles doivent être là à six heures. »

Ljubomir Barin avait dit la vérité…

En fait, plus on étudie les coutumes des arbitres internationaux dans les années quatre-vingt-dix, plus on rencontre ce genre d'histoires. L'Anglais David Ellray, un ancien arbitre maintenant dans le comité des arbitres de l'UEFA, affirme que le président de la commission des arbitres de l'UEFA avait dit à l'époque : « N'acceptez des cadeaux que s'ils sont petits… et chers ! » Dans sa biographie Ellray raconte l'histoire suivante qui suinte l'hypocrisie : lors d'une soirée conviviale dans un bordel roumain, avant un match européen, organisée par les responsables du club roumain, les arbitres anglais, pour s'assurer que la soirée ne devienne pas « trop conviviale », s'étaient réunis tous ensemble dans une chambre à l'abri des femmes…

Ce n'est pas ce que raconte l'arbitre gallois Howard King qui a été banni du foot après qu'il ait révélé en 1996 aux journaux anglais, qu'avant au moins, une quinzaine de matchs des quarante-quatre qu'il avait arbitrés, on lui offrait des femmes. En Russie, en Allemagne, au Portugal, en Espagne, en Hollande et au Danemark. Il affirma : « Je n'ai jamais dit non à une lady ». Mais il ajouta que sa vie sexuelle n'avait jamais influencé un match, même le jour où il démarcha des responsables russes pour lui trouver une blonde avant un match contre la Norvège en Championnat d'Europe.

Dans une autre vie, Luciano Moggi, le truqueur de la Juventus, était responsable du club rival, de Torino. Il dut trouver des femmes pour les arbitres belges pendant la coupe de l'UEFA contre l'AEK d'Athènes en 1991. Les responsables de l'UEFA préférèrent se dire que les femmes qui avaient passé la nuit avec les arbitres étaient seulement des traductrices enthousiastes qui voulaient pratiquer la langue... Turin gagna le match et Moggi finit à la Juventus, un des plus grands clubs d'Italie.

Annie était délicieusement sexy et saoule comme je l'étais, je pelotai son corps mince et tendu avec appétit. J'étais à Singapour pour interviewer Ong Kheng Hock, l'homme d'affaires et truqueur de matchs, condamné en 1995 pour avoir été impliqué dans une tentative de corruption envers le gardien de but singapourien David Lee. Il fit deux ans de prison.

Un après-midi, je me rendis sans rendez-vous, à son restaurant dans le centre-ville – bizarrement appelé Mr Bean's Café – et commençai à lui poser des questions embarrassantes sur son passé. Ong était très gentil et il affirma qu'il n'avait jamais truqué aucun match. Il m'invita prendre un verre et nous parlâmes de mes recherches, de son expérience de la prison et je lui racontai les coutumes sexuelles des arbitres européens.

Je ne me souviens pas du nombre de verres exact que nous bûmes ensemble : beaucoup de bières sur un estomac vide dans un petit bar en face de son restaurant. Je me souviens vaguement d'une bouteille de scotch aussi. Puis brusquement, comme souvent les hommes d'affaires chinois, il dit : « Allez, on s'en va, cet endroit est ennuyeux. » J'étais en pleine conversation avec une fille qui disait être hôtesse de la Singapour Airlines, mais je le suivis.

Il faisait nuit et nous nous dirigions vers l'ouest de la ville. Nous entrâmes dans un centre commercial complètement surréaliste. Surréaliste, parce qu'il ressemblait à un centre commercial tout à fait normal fait d'escalators, de faux plafonds en plastique et de cloisons en verre. Mais là où, normalement, il aurait dû y avoir des magasins, il y avait des bars et où il devait y avoir des clients, il y avait des femmes, des dizaines de femmes aux robes trop courtes et aux yeux affamés. Il me traîna dans un de ces bars, où les gens semblaient le reconnaître. On but encore des bières et du whisky et nous parlâmes encore de corruption dans le football. Les femmes venaient nous voir et s'offraient à nous, la plupart étaient philippines. L'une d'entre elles me dit qu'elle avait connu Ong quand elle était encore une écolière de treize ans et qu'elle ne portait jamais de culotte et lui la considérait avec la bienveillance d'un oncle. J'aimerais vous faire croire que mon seul charme avait un fort pouvoir d'attraction sur cette femme, mais la vérité est qu'être l'« ami » de Ong me rendait irrésistible. Sans lui je serais un ivrogne rougeaud quelconque, dans une foule d'ivrognes rougeauds, entourés d'une foule encore plus grande de femmes philippines.

Ong était connu aussi dans l'autre bar où il m'emmena. C'est là qu'apparut Annie. Ong lui fit signe de s'occuper de moi. Au début, j'étais assez distant ; après tout, je faisais une interview sur un sujet très polémique et même si les circonstances étaient inhabituelles, c'était un rendez-vous professionnel. Mais Annie nous suivit de bar en bar et j'étais de plus en plus ivre. Tout à coup, je vis la femme la plus belle du monde, dansant sur une chaise dans le coin d'un bar, éclairé comme un pub anglais. Ses cheveux lui caressaient le visage, sa chemise était ouverte, dévoilant une poitrine parfaite et des hommes rougeauds habillés de tee-shirt criards l'ignoraient. J'étais totalement ivre et Annie passa à l'attaque : elle commença à se frotter contre moi et à caresser mon sexe à travers mon pantalon, pendant que son amie Karen se frottait contre mon dos. Sans savoir comment, je me retrouvai dans un coin du bar en train de tripoter et de rouler des pelles aux deux filles.

C'était une connerie, exactement la même que font certains arbitres dont j'ai parlé dans ce chapitre. J'ai bu, je me sentais seul et j'ai mélangé le sexe avec une situation professionnelle.

Quand je revins à moi, Ong se moquait de moi, ou pire : il me regardait avec cette tristesse qui accompagne la perte de respect pour un homme dont on vient de découvrir les faiblesses, surtout quand il se présente à vous en vous posant des questions sur votre passé criminel…

« Alors, tu disais quoi sur les arbitres et le sexe ? » demanda-t-il ?

Je n'étais qu'un idiot.

Quand je rencontrai Ljubomar Barin, il allait affronter sa septième opération du cœur en six ans. Il se décrivait comme une victime. Je lui demandai s'il pensait qu'il avait été mis à l'écart parce que Tapie était un homme politique socialiste ; il dit qu'en effet, il avait été le jouet d'une bataille politique.

Après les rencontres avec Zen-Ruffinen, les responsables de l'UEFA et les autres grands arbitres internationaux, il m'était difficile de ne pas le trouver sympathique. Au fond, il n'avait fait que ce qui semblait être la norme dans certains clubs.

Est-ce que tous les clubs européens le faisaient ?

Non.

Mais suffisamment pour que ce ne soit une surprise pour personne.

Une question importante reste sans réponse : si cette pratique était courante dans les années quatre-vingt et quatre-vingt-dix, qu'en est-il maintenant ?

Si on écoute certains responsables de l'UEFA, il semblerait que non. Ils affirment qu'après un autre scandale impliquant un arbitre qui pariait sur les matchs et sollicitait parallèlement des pots-de-vin de la part des responsables des clubs, tout a changé. De nouvelles règles ont mis fin à la corruption. Par exemple : les arbitres ne sont plus payés directement par les clubs. Dans le passé, en guise de salaire, les arbitres recevaient une enveloppe d'argent liquide à la fin du match… On se demande pourquoi ils ont mis quarante ans pour comprendre que ce n'était pas vraiment une bonne idée !

Mais si on écoute Robert Hoyzer ou Carolina Salgado, on comprend que les magouilles continuent de plus belle, dans le monde du football.

Dans ces terres teutonnes dont les habitants sont d'une rectitude prétendument sans humour, Robert Hoyzer était un exemple de tout ce qui pouvait mais n'aurait pas dû aller de travers. C'est un bel Allemand, qui avait un grand avenir d'arbitre. Il avait un peu plus de vingt ans quand il fit une ascension professionnelle sans faute. Parallèlement, il truqua des matchs avec un groupe de parieurs croates, les frères Sapina.

En janvier 2005, ses collègues affirmèrent qu'il avait truqué des matchs ; au début, Hoyzer nia puis, poussé par sa compagne, il avoua. Elle le quitta aussitôt et le public allemand nourrit à son égard une haine féroce.

Deux semaines plus tard, il apparut à la télévision avec ses avocats, pour raconter sa version des faits. Le public, sur le plateau, le hua. Le présentateur était stupéfait, il dit qu'il n'avait jamais vu ça ; son émission n'était pas du genre *Jerry Springer* [1] et on était en Allemagne, que diable !

Hoyzer était le témoin clé d'une enquête qui, d'après lui, allait résonner dans toute l'Europe.

« Depuis le temps que je suis dans ce milieu et d'après les contacts que j'y ai faits, je doute que tout cela ne se limite qu'à l'Allemagne. Ça va affecter toute l'Europe. »

Dans une interview, il dit : « Ils [la Fédération de football allemande] pensaient que ça se limitait à un arbitre et ils ont ciblé juste en m'arrêtant, mais c'est comme avoir tapé

1. Émission de « télé-poubelle » américaine, où les invités viennent laver leur linge sale en public *(Ndlt).*

dans un nid de frelons : j'ai beaucoup d'informations en ma possession. »

Cela ressemblait beaucoup à la déposition de Barin devant le juge Philippon dix ans auparavant : on y parla également de « raz-de-marée » qui recouvrirait le football mondial. L'enquête semblait avancer, la police allemande, sur la base des aveux de Hoyzer, fit dix-neuf perquisitions dans des bureaux et au domicile de certains suspects et affirma qu'ils enquêtaient sur au moins vingt-cinq personnes, y compris quatre arbitres et quatorze joueurs.

Les aveux de Hoyzer conduisirent la police en Autriche, en Turquie et en Grèce, pour enquêter sur des matchs truqués.

Un grand nombre d'arbitres de la Bundesliga, y compris Torsten Koop, furent déchargés de leur fonction pour ne pas avoir averti les autorités qu'ils avaient été approchés par Hoyzer qui leur demandait de truquer des matchs. Koop se défendit en disant qu'il avait refusé, mais les responsables du football allemand furent très sévères : « Le nom de Koop ne figurera plus jamais sur la liste des arbitres », dit le porte-parole Manfred Amerel à la DPA, agence de presse allemande.

Quatre jours après l'interview choc de Hoyzer et le scandale qui s'ensuivit, la police l'arrêta et il fut inculpé sur la base de huit chefs d'accusation d'escroquerie.

Vingt-huit mois d'enquêtes tortueuses et d'auditions s'ensuivirent, mais au final, un seul arbitre finit en prison et ce fut Robert Hoyzer.

Quelques arbitres furent suspendus, deux parieurs croates emprisonnés, mais pas un seul footballeur. L'honnête et gentil Torsten Koop finit même par retrouver sa place au sein de la Bundesliga.

De deux choses l'une : ou bien Hoyzer est un arbitre corrompu qui ment et il ne représente qu'un cas isolé qui n'a affecté que très peu de matchs, ou bien il est le Gong Jianping du football européen : un arbitre corrompu qui a dit la vérité sur l'étendue de la corruption du football et qui a payé pour tout le monde.

J'ai suivi l'histoire pendant cette période et je suis allé en Allemagne plusieurs fois. J'ai parlé à des personnes proches de l'enquête. Ce que certains m'ont dit, c'est que la deuxième hypothèse était la bonne : les autorités allemandes étaient en train de limiter les dégâts parce qu'ils étaient très embarrassés par la Coupe du monde qui devait avoir lieu bientôt. Plus tard, ces mêmes sources changèrent étrangement d'avis et m'assurèrent que l'enquête avait été parfaitement menée.

Quelle que soit la vérité, certaines allégations d'Hoyzer nous sont familières.

Il dit que c'était « une pratique courante » d'emmener les arbitres dans des bordels avant les matchs et qu'il en avait fait l'expérience avec d'autres responsables dans des bars à putes de Leipzig.

Mais le plus important est qu'il affirme avoir vu dans la voiture des parieurs croates, des listes d'arbitres et de délégués de l'UEFA à quelques jours des matchs de la Ligue des Champions, de la Coupe de l'UEFA et de rencontres nationales. Ces listes qui sont censées être top-secret ne sont visibles, normalement, que deux jours avant les matchs. D'après Hoyzer, un groupe de parieurs qui étaient en relation avec le crime organisé, avaient obtenu ces listes… mais pas seulement pour connaître le bulletin de santé des arbitres.

J'ai demandé à mes contacts à l'UEFA s'ils savaient quelque chose de la violation du secret de ces listes et ils répondirent assez évasivement que « Oui, nous nous sommes posé des questions, mais on ne sait pas comment ils ont pu avoir accès à ces listes. »

Quand j'ai posé la question à la police allemande, elle me répondit qu'ils n'étaient pas en mesure d'enquêter en dehors de leur juridiction.

Je n'essaye pas d'excuser Hoyzer et ses liens avec le gang des parieurs croates. Son histoire est vieille comme le monde : un bel homme qui avait presque tout, se fourvoya pour obtenir un tout petit peu plus.

Mais est-il un mythomane pathologique ou bien y a-t-il encore un courant de corruption puissant qui coule sous le football européen ?

J'ai essayé de le rencontrer pour en avoir le cœur net et je me suis rendu dans la prison où il est encore enfermé.

Si je devais aller en prison je choisirais celle-ci : à l'accueil il y a un panneau qui dit : « La prison ferme à six heures. Les prisonniers sont priés de ne pas escalader le grillage et de pointer lorsqu'ils quittent les lieux. »

Hoyzer refusa de me rencontrer et le lendemain, je reçus un mot glacial de son avocat me demandant de ne plus essayer de le contacter.

J'ai respecté son désir.

Je rencontrai une personne beaucoup plus loquace, un des hommes qui avait entraîné Hoyzer dans le trucage de matchs : Milan Spina.

Nous nous rencontrâmes autour d'un café dans son bar au centre de Berlin, le Café King.

Spina était le plus âgé des frères croates. Il était habillé d'un jean, d'un tee-shirt moulant et arborait un sourire gêné. Sa jambe gigotait sans cesse pendant l'interview mais il était extrêmement cordial et poli.

Je m'étais pointé un soir, tard dans le bar et je lui avais demandé s'il voulait bien parler de trucage de matchs. Il était assis à une table avec quelques amis très musclés. On se serra la main et là, nous découvrîmes que nous n'avions pas de langue commune pour nous parler. En allemand, je ne sais dire que bonjour et commander un café et il m'affirma qu'en anglais, il en était au même point. Je lui dis que je reviendrais le lendemain matin avec un traducteur, ce qu'il accepta. Je partis avec le sentiment qu'il ne viendrait pas. Mais, le lendemain matin, il était ponctuel et il passa presque une heure à parler de trucage de matchs avec moi.

Il fut totalement d'accord avec les déclarations d'Hoyzer sur l'utilisation du sexe par les clubs de nos jours, pour acheter les faveurs des arbitres :

C'est normal. Normal. La pratique courante est que les clubs payent un ex-arbitre, qui va retrouver les arbitres à l'aéroport. Il les accueille dans sa ville, les emmène dans un pub et essaye d'être aussi sympathique que possible avec eux. Certains y arrivent, d'autres pas, ça dépend de leur culture. Beaucoup d'arbitres sortent et s'amusent. C'est normal de boire une bière, de voir des femmes. Tout le monde veut des femmes. Ce n'est pas nécessairement parce que tu veux influencer l'arbitre. Mais les arbitres sont des hommes aussi. Ils sont humains. Mais si tu veux vraiment les avoir avec toi, tu ne dis rien directement. C'est toujours par sous-entendus.

Il dit aussi que son frère et Hoyzer étaient « des petits poissons… et qu'il y a des poissons beaucoup plus gros dans l'aquarium. » Je lui demandai qui étaient les « gros poissons », il sourit et me dit : « Il vaut mieux que je ne le dise pas. Il vaut mieux que je fasse profil bas en ce moment. Mon frère et moi savons beaucoup de choses, mais il vaut mieux nous taire. »

Cette réponse nous amena directement à la question clé : comment avaient-ils eu accès à la liste des arbitres de l'UEFA ? Il me regarda d'un air moqueur et son sourire lourdement ironique me cloua le bec : « Écoute, nous avons beaucoup de bonnes relations, beaucoup de gens qui prennent soin de nous. Nous avons beaucoup d'amis… »

De l'autre côté du continent européen, Carolina Salgado était une prostituée qui couchait avec un responsable sportif. Pour être plus précis, elle couchait avec un des hommes les plus puissants du football portugais et européen : l'ancien patron de José Mourinho et propriétaire de l'équipe de Porto, vainqueur de deux Ligues des Champions, d'une Coupe de l'UEFA et du championnat portugais, vingt et une fois : Jorge Nuno Pinto Da Costa. Dites le nom de « Da Costa » à un Portugais et vous verrez son visage prendre une expression résignée, comme un Anglais à qui on parle de l'horrible climat insulaire. Cet homme est un épouvantable phénomène, tellement puissant et si naturellement inscrit dans le paysage, qu'il émane de lui une sorte de fierté perverse et résignée.

Salgado travaillait dans un bordel appelé *No Calor Da Noite* (Dans la chaleur de la nuit) quand elle rencontra Da Costa. Ils eurent une relation pendant six ans.

Elle raconta que « si je compare le football à ce que j'ai vu et vécu à No Calor Da Noite, je dirais qu'à côté, les bordels sont presque des centres de soins. »

Je ne sais pas à quoi ressemble un centre de soins au Portugal mais le football portugais a une réputation terrible de corruption. On le soupçonne régulièrement de liens avec la mafia et l'utilisation de pots-de-vin sexuels pour les arbitres a été détaillée dans le livre de Marinho Neves, *Golpe de Estadio* [1]. João Vale e Azevedo, l'ancien président du grand club Benfica, fit quatre ans de prison pour des escroqueries liées au football. Les accusations de trucage de match remontaient à 1984 et à la demi-finale de la Coupe des coupes, quand Porto joua contre l'équipe d'Alex Ferguson, Aberdeen. L'arbitre aurait été soudoyé par un homme nommé Fernando Barata, ancien président du club de Farnese, qui travaillait pour... Da Costa.

---

1. Coup de stade (jeu de mots intraduisibles sur *estadio*, stade et *estato*, État).

Le 20 avril 2004, le Portugal se réveilla, résigné. La police arrêta seize personnes, après avoir analysé le contenu des enregistrements de 16 000 conversations téléphoniques. Da Costa était mouillé. Il nia, entre autres chefs d'accusation, avoir organisé des virées dans des bordels avec des arbitres et réfuta que certaines prostituées brésiliennes lui avaient fourni leurs services. Il prétendit que c'était impossible, puisque l'arbitre était gay ; l'arbitre menaça de le poursuivre en justice et l'enquête vira à la farce.

Mais Carolina Salgado, qui avait quitté Da Costa, publia son autobiographie.

Dans la série « Les vengeances des ex-petites amies », celle-ci fut un vrai succès.

En peu de temps, le livre devint un best-seller et occupa les conversations du pays tout entier.

Elle y révélait que Da Costa invitait régulièrement des arbitres chez eux pour leur demander des faveurs. Elle affirmait aussi qu'une personne bien placée dans la police l'avait renseigné sur l'enquête dont il faisait l'objet afin qu'il puisse s'enfuir en Espagne et préparer sa défense.

Le capitaine de l'équipe de Porto, le défendit disant qu'il était « un grand président, avec une grande éthique. » Mais Victor Reis, qui était alors le président de la Fédération portugaise des Arbitres de football, salua l'intervention de la police. « Il est temps qu'on établisse une fois pour toutes dans le football, qui a une éthique et qui n'en a pas », déclara Reis.

Monsieur Reis a tout à fait raison, il est temps que le football européen établisse une fois pour toutes qui a une éthique.

Surtout au moment où les truqueurs asiatiques arrivent.

Malheureusement, on dirait que ce n'est pas une priorité.

13

Les canons sont pointés dans la mauvaise direction

Nous sommes totalement dépassés par Internet, on ne sait pas quoi faire. C'est un problème très sérieux. Les organisations de jeu nous donnent parfois des informations. Mais c'est très difficile puisque les gens peuvent parier dans le monde entier.

Le dernier match, disons « sérieux », auquel j'ai participé, se passait à Singapour. J'aimerais pouvoir dire que j'étais dans un état de grâce semblable à ceux de mon enfance et qu'adulte, il m'était encore arrivé d'éprouver mais, hélas, ma forme physique laissait à désirer. À côté des joueurs professionnels, j'étais gras, haletant et transpirant. Le pire, c'est qu'en arrivant sur le terrain, une sorte de confiance en moi aveugle m'avait fait me sentir un champion. Quand je vis les autres joueurs, flottant dans leurs shorts, perchés sur des jambes squelettiques surmontées de bouées de sauvetage accrochées au bas de leurs maillots, car la plupart de leurs ventres étaient bien plus volumineux que le mien, je me dis que j'étais vraiment en forme… Ce fut une erreur fatale. Le summum de l'horreur fut quand je glissai pour rattraper le ballon d'un adversaire d'une manière que je pensais être, comme l'arbitre d'ailleurs, tout à fait réglementaire. Ce ne fut pas de l'avis de mon camarade. Mon tacle l'avait agacé et il s'apprêtait à me sauter à pieds joints sur le torse. Je levai ma jambe et l'empêchai de me tomber dessus. Ce fut le début d'une bagarre humiliante. Mon dernier match fut un match honteux.

Le seul aspect positif de cet événement, fut qu'il se déroulait sur l'île de Sentosa, juste en face de Singapour. La grande statue de Merlion, être moitié lion moitié poisson symbolisant la ville, surplombait le terrain. Pour un grand nombre d'Européens, l'autre grand monument se situait un peu plus loin : Fort Siloso est le dernier vestige de l'Empire britannique, construit pour se défendre des Japonais pendant la Seconde Guerre mondiale.

La légende veut qu'en temps de paix, les troupes tournaient les canons, les dirigeant vers la mer et non pas vers la terre d'où pouvait venir l'attaque japonaise.

C'est le genre de légende que les historiens adorent démonter. Ce qui est indiscutable, c'est qu'entre 1941 et 1942, pendant la campagne de Malaisie et le siège de Singapour, les Japonais supérieurs en nombre, mirent en déroute la défense britannique. Les officiers alliés avaient sous-estimé l'habilité des soldats japonais, non pas parce qu'ils étaient renseignés d'une manière quelconque, mais simplement parce qu'ils étaient racistes et ignorants. Des officiers australiens déclarèrent au début de la campagne qu'ils étaient déçus, car ils auraient voulu « de meilleurs ennemis que les Japonais. » À l'époque, on disait en Europe, que les Asiatiques avaient une mauvaise vue et que donc, ils ne pouvaient pas tirer droit ou piloter des avions modernes !

Ce qui est navrant, c'est que ce genre d'ignorance n'a pas disparu de nos jours.

Toutes les grandes enquêtes européennes contre les truqueurs asiatiques qui sévissent dans le football européen, ont été bâclées par ce même mélange d'ignorance et d'incompétence.

Car les truqueurs ont fait ce que l'armée japonaise a si brillamment fait en 1941 et 1942 en Malaisie : ils ont mis en déroute les associations de football européennes, les organisations de jeu légales et la police. Chacune d'entre elles est censée défendre ce sport en Europe.

Beaucoup de gens disent qu'elles font du très bon travail pour défendre la crédibilité du football contre les truqueurs asiatiques.

Je ne le crois pas.

Commençons par l'industrie du jeu : les bookmakers *détestent* le trucage. Ça leur coûte de l'argent et ils deviennent les victimes d'escroqueries parfaitement orchestrées. Mais la révolution qui est en route dans le monde du jeu et qui est en train de transformer la façon dont les affaires se font, c'est évidemment Internet. Cela modifiera l'industrie du jeu, comme cela a modifié l'industrie du disque.

Lars Jensen* a été dérouté par cette révolution. Il est trader pour la loterie nationale scandinave. Les clients de cette entreprise d'État peuvent parier sur les événements sportifs européens. « La croissance dans ce domaine est incroyable », m'a-t-il dit. « Il y a cinq ans, nous avions 90 % des parts du marché du pays. Maintenant, le marché est quatre fois plus grand, mais notre part n'est plus que de 25 %. »

Les agents du FBI qui enquêtent dans le district Sud de New York, disent la même chose. C'est là qu'il faut être si on est un bon flic aux États-Unis. C'est de là que Rudolph Giuliani commença à ronger le pouvoir des Cinq Familles de la mafia new-yorkaise. C'est de là que les enquêtes sur Ben Laden furent menées et c'est à partir de là que le FBI est en train d'infiltrer les circuits illégaux de paris sportifs sur Internet aux États-Unis. L'agent spécial, David Velasquez est un des principaux enquêteurs sur le front du jeu illégal sur

Internet. « Le pouvoir de cette industrie est étourdissant », m'a-t-il dit. « Nous estimons les revenus de l'industrie du jeu sur Internet, incluant le poker et les sports, à 100 milliards de dollars par an. »

Velasquez a contribué à l'instruction du procès de deux hommes d'affaires canadiens qui dirigeaient une entreprise de payement de dettes de jeu sur Internet, Neteller, depuis le paradis fiscal de l'Île de Man en Écosse. Le livre de comptes de l'entreprise nous montre la vitesse de cette évolution. En 2000, Neteller Inc. était une petite entreprise dont le chiffre d'affaires aux États-Unis était de 289 000 dollars ; en 2006, quand elle changea de statut pour devenir Neteller PLC, ce chiffre avait grossi de 58 000 %, soit 169 millions de dollars. Plus parlant encore est le chiffre de toutes les transactions liées au jeu dans le monde qui passa d'un petit million de dollars en 2000 à 10 600 000 000 dollars en 2006. Neteller était juste une des entreprises parmi les dizaines qui aident les joueurs à payer leurs dettes en ligne.

Cette révolution est, en grande partie, bénigne : des innocents parient sur leur équipe préférée en ligne et tout va bien. Même à l'UEFA à Nyon, on trouve des responsables qui jouent depuis leur ordinateur de bureau. Les optimistes disent que cela a rendu la mise en place des trucages dans le sport quasiment impossible. Mais les pessimistes pensent que la révolution Internet a considérablement aidé les truqueurs qui travaillent pour les organismes de jeu illégal asiatiques.

Ce phénomène Internet leur permet d'apporter leur savoir-faire dans le trucage, à des équipes qui n'en avaient jamais rêvé.

C'est une situation effrayante pour les associations de football. Un responsable européen honnête me dit hors micro :

Nous sommes totalement dépassés par Internet, on ne sait pas quoi faire. C'est un problème très sérieux. Les organisations de jeu nous donnent parfois des informations. Mais c'est très difficile, puisque les gens peuvent parier dans le monde entier.

Officiellement bien sûr, les associations de football et les organisations de jeu disent autre chose. Souvent, leur porte-parole déclare qu'Internet a rendu le trucage plus difficile, sinon impossible puisque chaque mise est traçable et que les bookmakers honnêtes peuvent surveiller la cote. Ils sont en mesure de déduire ce qui est en train de se passer. Ils peuvent contacter les clubs et les mettre en garde contre un trucage.

C'est une contrevérité dangereuse.

Voyons les faits.

Le cas le plus connu de trucage asiatique dans le football européen est l'incursion de Ye Zehun dans les clubs belges. Les bookmakers et leurs alliés disent que l'alarme a été donnée par l'organisation de jeu britannique Betfair en octobre 2005, à cause de mouvements suspects.

Cependant, Zehun commença à truquer les matchs de la Ligue belge, début décembre 2004, *plus de dix mois avant* que Betfair ne donne l'alarme. Zehun avait truqué tellement de matchs, de manière tellement évidente, que l'information avait commencé à sortir du cercle des intimes. Une des choses les plus importantes dans le trucage est le contrôle de l'information. Or, entre décembre 2004 et octobre 2005, Ye et ses associés avaient réussi à contenir l'information sur les trucages mais petit à petit, il y eut des fuites et les paris sur les matchs truqués atteignirent des sommets, à mesure que les personnes qui avaient l'information misaient ou conseillaient leurs amis de le faire.

Les bookmakers et leurs alliés font valoir que les grandes organisations de jeu européennes ont signé des accords avec l'UEFA et même la FIFA, afin de les informer des trucages qu'ils seraient susceptibles de détecter. La FIFA se vante même de son « Système de Surveillance Avancé » capable, disent-ils, de détecter les trucages potentiels. Ce système ne résiste pas aux truqueurs asiatiques qui n'utilisent pas les organismes de jeu européens ou anglais. Ils jouent sur le marché asiatique et c'est pour cela que Betfair a mis onze mois avant de s'apercevoir que quelque chose clochait en Belgique ! Les vrais truqueurs, ceux qui étaient impliqués, gardaient le secret jalousement en pariant sur le marché asiatique.

Beaucoup de personnes dans l'industrie du jeu affirment que si un parieur joue à Shanghai, Djakarta ou Johor Bahru, sa mise sera tout de même traçable. Ils disent que les inconvénients qui existaient autrefois dans le jeu ont disparu grâce à Internet. D'une certaine manière, ils n'ont pas tort. Il existait de grands décalages entre les marchés asiatiques et européens. Des informations que tout le monde pouvait avoir en Europe n'arrivaient pas jusqu'en Asie. Il y a dix ans, aux débuts d'Internet, on pouvait se faire beaucoup d'argent sur cet écart d'information. Les joueurs appellent cela de l'« arbitrage » et certains parieurs jouent encore sur ces différents tableaux, d'un côté à l'autre de la planète. Mais ils doivent être rapides : il est rare qu'un bookmaker ne suive pas l'évolution du marché pendant plus de dix minutes.

C'est le raisonnement que font les organisations de jeu : grâce à Internet, un truqueur peut être détecté n'importe où dans le monde. Un bookmaker qui accepterait de grosses sommes d'argent d'un truqueur, va tout de suite comprendre qu'il y a un problème. Il y a même des entreprises qui surveillent les cours pouvant être modifiés par un trucage.

Le problème est que les truqueurs ne sont pas idiots.

Ils se donnent beaucoup de mal pour calculer quand miser leur argent sur un match truqué et Internet leur a facilité grandement la tâche. Avant, il leur était parfois difficile de drainer assez d'argent sur un pari pour que le trucage en vaille la peine. Ils devaient engager des « barbes » et des

« coursiers », noms donnés à ceux qui misaient de l'argent sans connexion apparente avec les truqueurs. Maintenant, grâce au click d'une souris, ils peuvent parier leur argent avec une demi-douzaine de bookmakers dans le monde et avec quelques précautions élémentaires, personne ne les trace.

De plus, si un bookmaker ou un « système de surveillance avancé » peut détecter que les paris ont pu évoluer sur le marché asiatique sur un match truqué, ils ne peuvent pas dire combien d'argent est investi dans le trucage. Si un truqueur asiatique a soudoyé une petite équipe pour qu'elle perde et que l'équipe la plus forte gagne, le trucage est virtuellement indétectable. Les paris changent, mais ils sont tous en faveur de l'équipe que tout le monde s'attend à voir gagner !

Ce qui est vrai, c'est que quand un truqueur truque un match, c'est bien plus difficile à faire dans une petite ligue comme en Belgique. Même en dissimulant les paris, il y a trop peu d'argent en jeu et il est difficile de drainer beaucoup d'argent sur un match truqué. Paradoxalement, plus le match est important, plus il est facile pour les truqueurs de travailler. Quand il y a beaucoup d'argent en jeu, les truqueurs peuvent en placer beaucoup sur l'équipe corrompue. S'ils sont discrets et qu'ils corrompent l'équipe la plus faible, pas un bookmaker, aussi attentif soit-il, ne détectera l'escroquerie.

Enfin, si on détecte un match truqué, cela ne change pas grand-chose dans la pratique. Betfair avait écrit aux Belges que quelque chose n'allait pas. L'Association de football belge perdit la lettre. Cependant, même s'ils avaient fait attention à leur courrier, qu'auraient-ils pu faire ? Dans le match Sarawak contre Singapour, qui engloutit l'organisation de jeu singapourienne, les responsables de l'équipe firent irruption dans les vestiaires, engueulèrent les joueurs qui baissèrent la tête et le résultat du match fut celui qu'attendaient les truqueurs.

Si l'industrie du jeu est un partenaire inefficace, quoique de bonne volonté, dans la chasse au trucage, qu'en est-il de la police ?

Y a-t-il eu des enquêtes probantes, conduites par la police européenne sur la présence des truqueurs asiatiques ?

La réponse est non.

14

Ça ne sert à rien d'y aller

Personne ne veut rien savoir. On préfère croire que tout est propre. La Fédération de football allemande ne veut rien dire là-dessus.

En Asie ou en Grande-Bretagne, dès qu'on évoque la corruption dans le football, on fait référence à l'enquête sur Bruce Grobbelaar et le procès qui s'ensuivit. Gobbelaar était l'un des meilleurs gardiens de but au monde, mais il eut la malchance de naître au Zimbabwe. S'il avait joué dans une équipe nationale qui participe à la Coupe du monde, il serait devenu une immense star. Il fit tout de même des prouesses à Liverpool avec Ian Rush et, ensemble, ils remportèrent la Coupe d'Europe, trois Coupes FA[1] et trois Ligues des Champions, tout cela avec brio et panache. Derrière cette grande équipe du football anglais, il y avait l'imbattable Bruce Gobbelaar. C'était un original. Un jour, il garda même le but avec un parapluie. On dit que son jeu de jambes, qu'il avait fort maigres, avait offert à Liverpool la Coupe d'Europe en 1984.

Mais cet homme accepta de truquer des matchs.

1. FA Challenge Cup, Coupe d'Angleterre *(Ndlt).*

En 1994, une caméra cachée du *The Sun,* le tabloïd anglais, le filma en train de discuter de trucages avec son meilleur ami Chris Vincent qui ensuite le trahit. Ce que révélèrent ces enregistrements uniques en leur genre, c'étaient les liens entre les truqueurs asiatiques et leurs organisations. Grobbelaar y cite « Short Man[1] », qu'on identifia plus tard comme un Malaisien vivant à Londres appelé Richard Heng Suan Lim, qui l'avait mis en relation avec une organisation de jeu à Kuala Lumpur.

Voici un extrait d'une conversation sur le prétendu chef du gang et sur la place qu'il occupe dans son pays :

Tu crois que j'ai été jusqu'à Kuala Lumpur comme ça ? Pas du tout. Le « Short Man » m'avait dit : « Si tu veux aller en Extrême-Orient, tu peux y aller avec ta femme, je m'occupe de tout ». Et on m'a fait une offre pour jouer à Kuala Lumpur... Le chef là-bas, si c'est le même homme, c'est un gros poisson en Malaisie. S'il dit : « Ce mec-là, c'est... fini ! » C'est vraiment fini !

Après l'article du *The Sun* en novembre 1994, dont la une était : « Grobbelaar a accepté des pots-de-vin pour truquer des matchs », il y eut cinq procès en Grande-Bretagne. Les résultats des différents procès furent : l'abandon des poursuites dans une des plaintes pour escroquerie, l'acquittement de Grobbelaar dans une autre plainte pour escroquerie, une victoire de Grobbelaar dans la plainte pour diffamation envers *The Sun* et une condamnation en appel pour Grobbelaar. La défense objecta qu'il était un homme innocent pris au piège d'une presse infâme et agressive. L'accusation, quant à elle, dit qu'ils n'arrivèrent pas à obtenir de condamnation parce que c'était un jury de midinettes, impressionné par la star (pendant le procès, un des jurés demanda un autographe à

---

1. Petit homme *(Ndlt).*

Grobbelaar) et qui n'aurait jamais voulu condamner un grand joueur de football pour quoi que ce soit. Grobbelaar répondit qu'il n'avait pas été condamné parce qu'il était innocent. Ce fut donc à la plus haute instance britannique de décider, la Chambre des Lords.

En tous les cas, le procès laissa à tout le monde l'impression que Chris Vincent était un mec minable et qu'on ne pouvait pas lui faire confiance, même quand il disait : « Je t'aime » à sa mère.

La seule vraie preuve qu'on eût était la retranscription des bandes vidéo où Gobbelaar discutait de tactiques de trucage de matchs. Les juges de la Chambre des Lords regardèrent attentivement les cassettes, puis ils rédigèrent vingt-trois pages de rapport. Quatre des cinq juges dirent un truc du genre « Voyooooons ! Bien sûûûûr que ces vidéos montrent que Grobbelaar avait accepté de truquer des matchs. Mais ce qu'elles ne montrent pas c'est s'il l'a vraiment fait. »

Il en ressortit deux choses : d'abord le lien entre Grobbelaar et des parieurs asiatiques était avéré ; on sait qui étaient ces derniers, mais nous ne savons pas exactement ce qu'ils faisaient : étaient-ils de simples bookmakers ou des hommes fortunés qui aimaient parier ? Mais l'incompétence des enquêteurs a laissé ces questions sans réponse. David Thomas, un écrivain britannique, a écrit un très beau livre sur le procès, qui s'intitule *Foul Play* [1]. C'était surtout une étude psychologique de la relation entre Vincent et Grobbelaar. Cependant, à la fin du livre, il nous livre un extrait de l'enquête :

Quand le journaliste du The Sun revint d'Asie sans la moindre piste solide pour l'enquête, la police estima que ça ne servait à rien d'y envoyer qui que ce soit. Ils n'avaient pas d'autorité légale à l'étranger, aucun pouvoir d'interroger des suspects ou de les arrêter. La seule manière de poursuivre une enquête en

1. Sale jeu.

Indonésie, en Malaisie et à Singapour, aurait été de savoir exactement qui interroger, quelles questions poser et quelles réponses attendre.

La première fois que j'ai lu ce passage, j'ai trouvé cela tellement ridicule que je me suis demandé où était l'erreur. L'idée que la police doive marcher sur les traces de journalistes d'un tabloïd, ou bien qu'elle ne puisse mener une enquête que si elle en connaît déjà l'aboutissement, ne pouvait être qu'une invention de l'auteur.

Pourtant, c'était vrai.

J'ai vérifié auprès de sources policières proches du procès qui m'ont confirmé qu'aucun officier de police britannique n'avait été en Asie. Ils employèrent les mêmes mots que Thomas : « Ça ne sert à rien d'y aller » s'ils ne savaient pas à qui parler. Je fus tellement estomaqué par cette marque d'incompétence que je me dis qu'ils devaient vouloir couvrir leurs sources. Je suis donc allé voir des avocats qui avaient suivi l'affaire et ils me confirmèrent ce que m'avait dit la police. J'étais sûr qu'on me cachait quelque chose et, ne voulant pas lâcher le morceau, je suis parti en Asie poser des questions à mes contacts de la police royale malaisienne et à l'agence anticorruption de Singapour. Personne ne se souvenait avoir vu ou entendu parler de la présence de la police britannique enquêtant sur les trucages de matchs.

Ce qui est vraiment incroyable, c'est que pendant qu'il y avait cette pseudo enquête en Angleterre, les policiers malaisiens et les forces anticorruption de Singapour pénétraient les réseaux de truqueurs dans leurs pays. Si les forces de police asiatiques et européennes avaient mis leurs compétences en commun, le football serait devenu bien moins corrompu et ce livre n'aurait peut-être jamais vu le jour.

La deuxième chose que ce procès met en évidence, c'est qu'une triade asiatique très dangereuse en relation avec

Richard Heng Suan Lim, dit « Short Man », allait encore pouvoir truquer des matchs de la Premier League anglaise.

Trois tentatives de meurtre et quatre cartouches n'avaient pas réussi à tuer l'homme que George Wai Hen Cheung cherchait à abattre. Un groupe d'« hommes d'affaires » fraîchement arrivé de Hong Kong était en Angleterre pour reprendre la main sur le gang. Cheung, un homme qui par la suite fut condamné pour extorsion, racket, trafic de drogue et pour avoir sculpté le visage d'un homme avec un Stanley[1] à double lame, avait pour mission de tuer un certain Ying Kit Lam.

Un soir d'automne, il le suivit dans les rues de Chinatown à Londres ; il aurait pu le tuer la veille dans une boîte de nuit chinoise, mais Lam avait changé de plan et était allé dans un bordel qui faisait aussi office de casino, à Maida Vale, à l'ouest de la ville et Cheung l'avait raté. Ce soir-là à Chinatown, l'opportunité s'offrait à lui : il se plaça derrière Lam, lui enfonça le canon de son pistolet dans le dos et tira deux fois. Mais les choses ne se passèrent pas comme prévu. Blessé, Lam se retourna, l'attrapa et ils se mirent à se battre au beau milieu de la rue. Cheung tira encore deux fois, mais son pistolet s'enraya et dans sa fuite, il le laissa tomber.

Le procès du *Old Bailey* fut un des plus intéressants de l'histoire des triades, car pour la première fois, un membre éminent d'un de ces gangs, George Wai Hen Cheung, en décrivit les rites d'initiation. Il raconta que, dans les sous-sols du restaurant *Princess Gardens*, à Fulham, un membre du gang, Ng Lo alias N° 5, lui demanda à lui et à d'autres initiés, d'enlever leurs vêtements et leurs bijoux. Ils devaient ensuite se mettre à genoux devant une table recouverte de papier rouge sur laquelle il y avait un pot rempli de bâtonnets d'encens allumés, une bouteille de vin et la forme d'un homme découpée dans du papier. Cheung devait tenir les

1. Marque de couteaux.

bâtons d'encens avec quatre doigts de la main gauche et cinq doigts de la main droite et répéter une série de serments. Le plus important était : « Ne jamais trahir un frère, ne jamais voler un frère et ne jamais commettre l'adultère avec la femme d'un frère. Si on trahissait ces serments, on était sévèrement punis. On me dit qu'on pouvait finir estropié ou mort. » dit-il.

Malgré cet avertissement, Cheung affirma au procès que le meurtre de Lam avait été commandité par six membres de la Triade Shui Fong. L'un de ces hommes avait trente et un ans et s'appelait Danny Wai Yuen Liu ; il était poursuivi pour avoir dirigé un réseau de cartes de crédit volées. À la fin du procès, quatre des accusés furent acquittés d'une éventuelle préméditation de meurtre, même si deux d'entre eux furent jugés coupables de tentative d'intimidation sur Cheung alors qu'il était en prison, afin de l'empêcher de témoigner. Liu disparut pendant six ans et quand il refit surface, c'était dans l'affaire de trucage de match la plus grave que l'Angleterre n'ait jamais connue.

Le 10 février 1999, Liu conduisait une BMW avec à son bord deux criminels malaisiens. En quittant le stade de Charlton FC au sud-ouest de Londres, la brigade de répression du crime organisé de Scotland Yard les arrêta. Cette arrestation mettait un terme à une série de matchs truqués qu'on avait appelée « l'escroquerie lumineuse ». L'arnaque portait sur une série de matchs anglais qui avaient été retransmis à la télé en Asie. C'étaient des matchs de niveau inégal mais, si l'équipe la plus faible était à égalité au score avec la favorite, ou en train de perdre d'un seul but à la deuxième mi-temps alors que les jeux étaient faits, sans oublier que le handicap était de *deux* buts, les truqueurs asiatiques éteignaient les lumières et gagnaient leur pari. Comme le public asiatique pariait sur la victoire des favoris, on estima le gain des truqueurs à 30 millions de livres par match.

Le gang se fit coincer lorsque leur assistant anglais essaya, sans succès, d'engager quelqu'un d'autre pour les aider. Les trois membres du groupe furent arrêtés et on découvrit que deux d'entre eux, peut-être les trois, avaient été cités dans d'autres procès de trucage de matchs. Le premier était Danny Wai Yuen Liu, le chauffeur impliqué et acquitté dans l'histoire d'assassinat de Lam. Le deuxième se nommait Mark Chee Kew Ong, il avait été arrêté pour jeu clandestin en Malaisie. En 1987, Ong avait écrit à Richard Heng Suan Lim, « Short Man », entremetteur présumé dans le plan de trucage de match de Grobbelaar, en lui disant : « Tu dois absolument essayer d'approcher Wimbledon et d'autres clubs (*sic*). Vas-y. Tu peux le faire. » Lim venait d'arriver à Londres et essayait de nouer des contacts dans le monde du foot. Ong dit à Lim qu'ils pouvaient s'enrichir tous les deux sur le marché du jeu de Kuala Lumpur s'ils avaient les bonnes informations.

Le troisième membre du groupe s'appelait aussi Lim Eng Wa. Il venait d'une petite région du Nord de la Malaisie, appelée Penang. Les trois Asiatiques du « gang lumineux » furent condamnés à la prison. Ce fut le seul vrai succès de la police européenne face aux truqueurs asiatiques, mais ça ne semble pas avoir encouragé les autres polices d'Europe.

Le procès le plus récent eut lieu à la Sitzungsaal 1, salle d'audience n° 1, au tribunal de Francfort. Sur la gauche de la salle, se tenaient les sept prévenus et leurs avocats. La plupart d'entre eux étaient avachis sur leurs sièges, comme les membres d'une délégation de fonctionnaires des Nations unies qui s'ennuient. Sur la droite, face à eux, la plaignante était une jeune et jolie femme blonde.

C'était la plus importante histoire de trucage de match en Europe depuis « l'escroquerie lumineuse », pourtant personne n'y prêta la moindre attention. Ce procès était tellement confidentiel que je mis presque quarante-cinq minutes à trouver la salle d'audience. Très peu de gens dans le palais de justice savaient où ça se passait, ou même que le procès avait lieu.

Pour tout public, il y avait trois personnes : un vieil avocat dans un costume mal coupé qui se révéla être le représentant de l'Association de football allemand, un homme très gros, engoncé dans un tee-shirt couleur citron vert qui passa son temps à parler dans son téléphone portable, et moi-même.

L'affaire traînait depuis mars 2006, date à laquelle la police allemande annonça qu'ils avaient arrêté une bande de truqueurs qui avait essayé de saboter des matchs en Autriche et en Allemagne sans succès. Un autre Malaisien-Chinois, du nom de Bee Wah Lim, ou William, était au centre du procès. Comme Monsieur Lim, du procès du « gang lumineux », il était originaire de Penang, où il était né en 1962. D'après la presse, c'était un pauvre et malheureux cuisinier qui avait perdu au moins 700 000 € en essayant de truquer dix matchs dans la ligue allemande et autrichienne. J'ai trouvé ça étrange qu'un soi-disant cuisinier puisse se permettre de perdre de telles sommes.

Le mince intérêt de la presse finit par s'éteindre et je n'en entendis plus parler jusqu'en juin 2007, lorsque j'ai appelé un de mes contacts, qui était en rapport avec les truqueurs asiatiques. Il m'informa que l'un d'entre eux était à Francfort. Que faisait-il donc à Francfort pendant l'été ? Ce n'est pas le genre d'homme à prendre un avion juste pour faire un tour. Quelle affaire était assez importante pour le faire venir en Europe ? Soudain, je me souvins du procès. J'appelai les avocats au tribunal qui me dirent que Lim avait fait plus d'un an de prison et que cette semaine-là, il avait décidé d'avouer. Un triste après-midi de juin, il expliqua à la cour comment il avait mis en place les trucages. Ses avocats plaidèrent que sa femme riche était morte en lui laissant beaucoup d'argent et Lim avait utilisé une partie de cet argent pour qu'un ancien footballeur serbe du nom de Dragan Anic et un petit criminel libanais, approchent les joueurs pour saboter les matchs. Les avocats lurent à la cour les retranscriptions des messages SMS entre les accusés. Les juges demandèrent une caution de 30 000 € à Lim et lui demandèrent de revenir la semaine suivante au tribunal.

Évidemment, il disparut.

Comme Michael Vana, le footballeur tchèque à Singapour. Il disparut le jour même où mon contact asiatique était en ville et personne, ni la police, ni son avocat, ni la partie civile, ne surent où il était allé. Je posai la question à la police allemande qui me répondit :

Nous pensons qu'il a quitté le pays. On nous a dit qu'il a quitté le pays, mais nous n'en sommes pas sûrs. Il devait se présenter la semaine suivante, mais il n'est pas venu. Nous pensons qu'il a quitté le pays. Il a plusieurs passeports : un britannique, un malaisien, un singapourien et un chinois. Il voyage avec tous, alors il peut être n'importe où.

Ce qu'ils ne savaient pas non plus c'est *où* Lim jouait son argent, ils ne savaient pas avec qui ni pour quelle organisation asiatique il travaillait. Ils ne savaient même pas quelle langue il parlait avec ses contacts en Asie... Les méthodes de Lim, ses manières et surtout ses finances, laissent penser qu'il était en contact avec une organisation importante, pourtant les autorités allemandes le laissèrent filer. Voici encore un exemple de la façon dont les truqueurs asiatiques narguent les autorités européennes. Voilà un homme dont les activités et les méthodes étaient les mêmes que Ye Zheyun en Belgique au même moment, mais une fois de plus, on lui permit de disparaître et de même que la police anglaise, la police allemande n'avaient jamais été en Asie et n'avaient pas idée de l'importance de l'organisation qui était derrière Lim.

Je n'ai aucune preuve que la police ait été corrompue, je pense plutôt qu'elle était ignorante. Pour paraphraser l'ancien secrétaire de la défense US, Donald Rumsfeld, ils ne savaient pas ce qu'ils ne savaient pas. Mais qu'en est-il de l'Association de football allemande ? Un des officiers de police me dit un truc intéressant :

Personne ne veut rien savoir. On préfère croire que tout est propre. La Fédération de football allemande ne veut rien dire là-dessus.

Cela ne veut pas dire qu'ils aient couvert qui que ce soit, la Fédération avait constitué une commission contre le trucage qui enquêtait sur les déclarations d'Hoyzer, mais je me rappelai des commentaires des avocats et enquêteurs de l'affaire Grobbelaar. L'un d'eux me dit : « Au début, je voulais donner un coup de main, mais quand le procès a commencé, le monde du football a fait corps et ils ne voulaient plus du tout nous aider. Ils ne voulaient plus de cette mauvaise publicité. »

La fin du siège de Singapour en 1942, est l'épisode le plus honteux de cette bataille. Les Japonais, supérieurs en nombre, avaient progressé très rapidement et usé toutes leurs munitions. Ils étaient au nord de Singapour. Les alliés eux, avaient 120 000 hommes et, contrairement à la légende, les canons pouvaient aussi être tournés vers le nord mais, pour une raison mystérieuse, les alliés décidèrent de se rendre. Il existe nombre d'interprétations concernant cette reddition, mais ce qui est psychologiquement sûr, c'est qu'ils paniquèrent. Les rues de la ville étaient sans dessus dessous, les gens ne savaient pas quoi faire, il n'y avait plus de commandement central. Ils passèrent de l'arrogance raciste à un état de panique ridicule.

C'est ce qui arrive au monde du sport européen.

Quand je commençai à parler des truqueurs de matchs asiatiques, il y a trois ans, je ne récoltais, en général, que scepticisme ou incrédulité. J'étais un peu comme un prophète de l'Ancien Testament : je sortais de mon désert de recherches, avec des histoires de destruction qui condamnaient un sport déjà en péril. Les gens m'écoutaient poliment, mais ne me croyaient pas. Au bout de deux ou trois ans, j'ai vu mes interlocuteurs changer : ils se disaient qu'il y avait sûrement un problème mais répondaient : « Oui, ça existe, bien sûr, mais seulement dans les petites divisions, pas dans les matchs importants. Les grands clubs ne feraient jamais une chose pareille. » Maintenant, nous en sommes au stade de la résignation : « Il n'y a rien à faire », disent-ils, balayant le problème sous le tapis, comme si le trucage de match était aussi inévitable que la neige en hiver.

Il y a trois ans, ils avaient tort de penser qu'il n'y avait aucun problème, comme ils avaient tort plus tard de croire que les grands clubs ne le feraient jamais et encore tort de dire qu'il n'y a rien à faire.

J'ai dit dans un chapitre précédent, que certains clubs ont l'habitude de « donner » des femmes aux arbitres avant un grand match. Il existerait une façon de résoudre le problème radicalement : engager des femmes arbitres. « Dis, t'as aimé la poule que je t'ai envoyée hier soir ? » deviendrait, dans bien des cas, légèrement déplacé si c'était adressé à une femme… Si les associations de football veulent *vraiment* arrêter ces coutumes, ils doivent simplement trouver rapidement des arbitres officiels féminins. Parmi les vingt-quatre arbitres les plus importants en Europe de ceux qui s'occupent des matchs de Ligue des Champions et de Coupe d'Europe, il n'y a pour le moment pas une seule femme.

Vous voulez *vraiment* que les joueurs arrêtent d'accepter des pots-de-vin ? Expliquez-leur comment d'« ami secret », on passe rapidement au statut d'« esclave », quand les truqueurs commencent à « exiger un trucage ». L'Association athlétique nationale des universités américaines a engagé l'ancien capo Michael Franzese. Il vient faire des conférences sur la façon dont la mafia travaille vraiment. Pour le moment, pas une seule des associations européennes n'apporte une formation ou une éducation à ses joueurs pour leur permettre d'éviter les pièges des criminels et les dangers qu'ils représentent.

Je ne veux pas être injuste envers les associations européennes ou envers la police. Il y a dans leurs rangs, des gens incompétents et infâmes, mais aussi des gens de très bonne volonté qui font de leur mieux pour défendre leur sport et respecter la loi. Mais ils manquent d'outils. Il n'y a par exemple aucune association qui possède un service de sécurité, ce qui est le lot commun dans toutes les associations sportives nord-américaines, comme le NFL et le NHL[1]. Même l'UEFA, organisme qui gère les plus gros championnats européens, qui rapportent des milliards de dollars de revenus en produits dérivés, n'a pas une unité chargée de protéger et policer le jeu. Il n'y a personne qui puisse informer les polices des autres pays sur les liens entre certains événements, par exemple qu'un certain Richard Lim et un William Lim avaient été au cœur de *deux* procès pour trucage de match. Que Richard Lim était lié à un membre d'une triade qui fut aussi impliqué dans d'autres tentatives de trucage de match et que toutes ces affaires avaient un rapport avec des organisations criminelles en Malaisie, à Singapour, à Hong Kong et au Vietnam. Tant que ce genre de service ne sera pas créé, le trucage continuera.

Devant la salle du tribunal de Francfort, après la journée de procès, je me présentai à l'avocat de l'Association de football allemande. Il me dit qu'il suivait l'affaire et qu'il avait été dans la commission d'investigation de la fédération sur les matchs truqués. Je le pris à part et je lui expliquai ce que je faisais, qui je connaissais et que s'il avait besoin de vérifier une information et qu'il avait confiance dans mon honnêteté,

1. National football League (Ligue nationale de football) et National Hockey League (Ligue nationale de hockey).

je serais heureux de l'aider. Je lui donnai mon adresse mail, mon numéro de téléphone et tous mes contacts. Je lui dis enfin que je suspectai les truqueurs asiatiques qui avaient si bien réussi dans la Bundesliga.

Vous savez quelle fut sa réponse ? Il s'enfuit. Il disparut de ma vue, passa la sécurité en courant, son attaché-case volant dans les airs me faisant signe de ne plus rien lui dire. Je n'ai jamais plus entendu parler de lui. Sa réaction est assez symptomatique de ce que j'ai pu voir dans la police européenne. Donner des informations à la police ne fait pas partie de mon travail, mais dans certains cas, quand j'entendais parler de trucages qui atteignaient des niveaux importants, je me disais que c'était de mon devoir d'en parler aux forces de l'ordre.

Mais je n'entrais pas dans un commissariat de quartier pour parler au planton. J'allais voir les unités qui avaient mené des enquêtes dans le crime organisé et je leur faisais un résumé de ce que je savais. Ça n'intéressait personne. C'est dommage, car les truqueurs asiatiques sont revenus et je crois bien qu'ils ont truqué les matchs les plus importants du monde.

TROISIÈME PARTIE
LA COUPE DU MONDE

Prologue

Mon passage à Oxford m'a fait mûrir. Deux incidents surtout.

L'un d'eux se passa au printemps 2004 alors que je travaillais comme journaliste free-lance. J'étais à nouveau en Irak, un an après l'invasion américaine. C'était un matin comme les autres au Kirkuk Business Centre au nord du pays. Les murs du hall désert étaient décorés d'un étrange dessin d'amarante. Les Irakiens qui travaillaient là me dirent tous qu'ils allaient bientôt partir pour la Virginie, la Floride ou Los Angeles, du moins qu'ils le feraient dès qu'ils auraient leurs visas. De leur côté, les Américains disaient que la ville allait devenir le « Houston du Moyen-Orient » et qu'ils allaient partir, dans neuf jours, dans deux semaines, ou le mois prochain.

Mais, malgré leurs sourires, leurs yeux me lançaient des regards terrifiés…

À ce moment-là, j'ai compris.

Les États-Unis avaient perdu. Ils avaient perdu en Irak. C'était fini.

J'ai observé ce qui se passait pendant les trois années et demie qui ont suivi : des centaines de milliers de personnes sont mortes pour sauver quelque chose qui était déjà condamné à mourir. Ils sont morts pour rien. Ils sont morts par manque d'imagination. Ils sont morts à cause d'un tas de bobards. Ils sont morts parce que d'autres milliers de personnes, à Washington, Londres et dans d'obscures grottes pakistanaises ont continué à raconter des montagnes de bobards, pour cacher une vérité dégoûtante, terrible : personne n'allait gagner et ce qui survivrait de ces années de mensonge et de misère, ce serait le chaos et la mort.

L'autre événement qui me fit changer se déroula dans l'aile Sud de la bibliothèque Bodelian d'Oxford. C'était là que l'on rangeait les livres de sciences sociales et, étrangement, les étudiants pouvaient toucher et voir presque tous les ouvrages… En passant devant des rangées de livres, je n'en trouvai que quelques-uns, ou très peu que je pouvais lire.

Ces dernières années, le langage utilisé dans les sciences sociales est devenu tellement hermétique qu'il en est incompréhensible. Il n'en allait pas ainsi auparavant. Mon arrière-grand-père enseignait l'art oublié de la rhétorique à l'université. J'ai gardé certains de ses écrits. Il essayait d'apprendre à dire des choses compliquées d'une manière simple. Maintenant, la plupart des documents universitaires font exactement l'inverse, ils disent les choses les plus simples de la manière la plus complexe possible. Dans les années trente, quand mon arrière-grand-père prit sa retraite, n'importe quelle personne curieuse pouvait prendre un article universitaire et le lire quel que soit son niveau de culture. Elle n'en aurait peut-être pas saisi toutes les nuances, mais l'idée générale lui serait parvenue. Ce n'est plus le cas. Je défie la plupart des lecteurs de prendre un article de sociologie, de psychologie ou de linguistique où l'auteur parle de postmodernisme ou bien de Foucault ou du structuralisme et d'en comprendre simplement l'introduction.

Ces deux expériences m'ont transformé.

J'ai commencé à voir des usines à mensonges partout. Je ne parle pas de l'habituel camelot d'entreprise qui vocifère à la télévision. Je parle de choses qui se passent dans les gouvernements, les ministères, les agences de développement international, les *think tanks*, les commissions, les agences de communications des entreprises, tous ceux qui pondent indéfiniment et sans se lasser des documents, des rapports et des études, qui ne seront jamais lus.

Le sport est différent. Dans ses meilleurs moments, le sport nous offre de la vérité. C'est un des rares endroits à notre époque où tout est possible. La météo peut altérer le jeu. L'équipe la plus faible peut faire des étincelles et inverser la donne. L'équipe la plus forte, gagner comme si c'était la chose la plus simple du monde. Le sport dès lors qu'il est joué honnêtement, possède la vérité de l'improvisation.

Nous avons tous un souvenir sportif qui nous a marqués. Le mien remonte à une course de ski de fond aux Jeux Olympiques de 1988. Si vous connaissez le ski nordique, vous connaissez forcément Bjorn Daehlie, vainqueur de douze médailles olympiques, quatorze championnats du monde et ayant remporté une flopée de records personnels. La course que je vis se déroula de la façon suivante : il gagna sans effort, il était tellement en avance qu'il aurait pu rentrer chez lui se faire un café, le boire et revenir bien avant que la plupart de ses concurrents n'aient franchi la ligne d'arrivée. Mais il ne bougea pas. Il attendit que ses adversaires arrivent et leur serra la main. Ils s'en allèrent et lui resta. Daehlei attendit que le dernier skieur qui participait à une de ses premières courses, arrive. Il avait vingt minutes d'écart avec les autres, il faisait très froid et la majeure partie des spectateurs était partie ainsi que beaucoup des médias présents. Bien d'autres athlètes se seraient contentés d'une poignée de main au village olympique, mais lui non. Cet homme était un vrai champion. Il attendit. Il attendit dans le froid le plus cuisant et, quand il vit le dernier coureur arriver, il l'accueillit en l'acclamant et l'applaudissant.

Le sport est capable de fabriquer des événements qui nous donnent envie d'être plus grand que ce que nous sommes, c'est sa beauté : que ce soit Liverpool et son fabuleux comeback dans la finale de la Ligue des Champions, que ce soit le courage des survivants du crash d'avion de Munich qui essayent de gagner la Coupe FA pour leurs coéquipiers morts ou un champion de ski qui acclame le dernier coureur de la course.

Le trucage de match détruit tout cela. Le trucage de match détruit nos rêves et nos idéaux. Le trucage de match fait du sport un endroit de plus où triomphent des mensonges prévisibles.

Maintenant, je vais vous présenter des personnes qui affirment avoir truqué plusieurs matchs internationaux. Cela risque de vous choquer et de vous déranger, mais d'après ce que je sais, tout cela est vrai.

15

L'histoire de Pal

L'avocat : Dans votre déposition au procès, vous avez dit au juge que vous aviez gagné des millions [en truquant des matchs].

Kurusamy : Oui.

L'avocat : Combien ?

Kurusamy : En fait, j'ai gagné plus de 20 millions de dollars.

L'avocat : Combien pour vous ?

Kurusamy : Après avoir payé les joueurs, il me restait 16 ou 17 millions.

L'avocat : Cela représente le gain de l'année 1994 ?

Kurusamy : Non, pas de l'année, de cinq mois.

Rajendran Kurusamy est un génie. En quelques années, il a réussi à contrôler le trucage de matchs, au détriment du gang de Chinois et de Chinois-Malaisiens qui tenait aussi la course de chevaux. Kurusamy ne ressemble ni à Barin, ni à tout autre arnaqueur sophistiqué du genre de Luciano Moggi. Il n'est pas agent de joueurs et se fiche de l'habileté des footballeurs. Il ne s'habille pas dans des costumes impeccables et il ne connaît ni le nouveau ni l'ancien président de la FIFA, Sepp Blatter ou João Havelange. Il prétend même être presque analphabète. Il a plusieurs surnoms : Raj ou Ah Sing, mais le plus commun est Pal. « Pal » en tamoul veut dire « lait », ce surnom remonte à l'époque où il était livreur de lait, son premier travail. Ses parents étaient des paysans du Sri Lanka.

Pal dit qu'il aurait des choses à apprendre aux psychologues sur la nature humaine.

« Je pourrais truquer n'importe quel match, partout dans le monde, me confia-t-il. En vingt ou trente minutes, je peux te dire si un joueur va accepter un pot-de-vin. C'est comme ça que j'ai toujours fait. »

Je l'ai suivi à la trace après des semaines de recherches dans Singapour. L'enquêteur anticorruption ne voulait pas me donner l'adresse de Pal. « C'est un homme très dangereux, je ne veux pas être responsable de ce qui pourrait vous arriver. » L'agence anticorruption avait utilisé Pal comme témoin, puis ils l'avaient arrêté et condamné pour trucage de matchs. Mais apparemment, ils avaient encore peur de lui. Un des commandants me dit que le gang avait essayé d'intimider un de leurs agents, en laissant un serpent dans sa voiture... Il me jura que « tout est possible, avec ces gens-là ».

Après avoir parlé à la police, je passai du temps dans les archives du tribunal à examiner les dépositions de Pal sur le trucage de matchs. Je trouvai différentes adresses, des numéros de téléphone et, par une chaude nuit de juin, je partis à sa recherche.

Sembawang est un quartier populaire du Nord de Singapour, où s'alignent des immeubles identiques, séparés par de pauvres carrés de gazon. J'ai monté des étages, frappé à des portes et je n'ai rencontré que des gens honnêtes et stupéfaits de voir un Occidental frapper à leur porte. Au bout de la troisième tentative infructueuse, mon chauffeur de taxi me demanda ce que je cherchais.

« Je cherche à retrouver un bookmaker qui s'appelle Pal. Vous le connaissez ? »

Le chauffeur blêmit : « Oui, je le connais. Vous allez vous mettre dans le pétrin. Faut pas fricoter avec ces gens-là. » Puis, pendant quarante-cinq minutes, il me raconta de nombreuses histoires sur Pal et sa conquête du monde du sport à Singapour et à chaque fois qu'il se garait, il le faisait de manière à ce qu'on puisse déguerpir rapidement, au cas où cela s'avérerait nécessaire. Il avait très peur.

Il n'était pas le seul. La légende de Pal s'est propagée dans toute la ville. Un responsable de l'Association de football de Singapour ne voulait pas me rencontrer en public, il me donna rendez-vous dans un petit café anonyme de Bencoolen Street en prenant des précautions d'espion. Il avait plus peur des autorités de la ville que des gangsters. Comme beaucoup de gens du foot à Singapour, il était encore traumatisé par la disparition de Michael Vana, le footballeur tchèque. Il pensait qu'il y avait eu un arrangement secret entre les autorités et Vana pour le sortir du pays : « Je crois qu'ils l'ont laissé partir, chuchota-t-il, je crois qu'il y a beaucoup de footballeurs impliqués dans ces affaires à Singapour, et que s'ils avaient mis Vana au trou, ils auraient dû remplir les prisons. »

Ce qui le gênait, c'était aussi qu'un de ses collègues puisse apprendre qu'il m'avait dit qu'il pensait qu'il y avait encore beaucoup d'arnaque dans le foot à Singapour. Il n'aurait pas dû se faire du souci : un an plus tard, un énorme procès allait encore prouver qu'il avait raison.

Mais quand nous parlâmes de Pal, sa voix s'estompa et je dus m'approcher de lui au-dessus de la table pour l'entendre. Il me dit qu'il avait vu Pal dans un stade avant un match qui parlait avec un gardien de but et qu'il avait demandé à ses agents de sécurité de le photographier en cachette. Pal s'en aperçut, il alla le voir et lui dit :

« Tu veux ma photo ? Je t'en faxe une dès que je rentre. Dis-moi si ça t'intéresse ! » Il déclina son offre.

Un « homme d'affaires » chinois très macho rigola quand je lui parlai de Pal et de sa mainmise sur le monde du crime.

« Pal ? C'est un trouillard, me dit-il, les vrais durs étaient au-dessus de lui. C'étaient des hommes d'affaires, des courtiers d'assurance, peu importe. La plupart connectés aux courses de chevaux. Maintenant, il est fauché. Il erre dans le Nord de la ville et fait des petites affaires, mais il n'y a pas de quoi avoir peur. Il est totalement raide, sans le sou. Il est fini. »

La description de l'« homme d'affaires » ne m'avait pas totalement rassuré : les « trouillards » peuvent toujours vous tuer pour prouver qu'ils ne le sont pas d'ailleurs. Ils peuvent même être encore plus violents qu'un gangster courageux. Et puis, cet « homme d'affaires » avait parlé après avoir bu plusieurs bières, dans un bar à seize kilomètres de l'endroit où était Pal et il n'avait pas la moindre intention de m'aider à le retrouver. Dans la vie, les conseillers ne sont pas les payeurs et plus un homme se vante, moins il agit…

Je n'arrêtais pas de penser aux comptes rendus d'audience du procès de Lutz Pfannenstiel, le gardien de but allemand inculpé de trucage de matchs dans la Ligue de Singapour en 2000. On y disait que Wilson Raj Perumal, un truqueur indien bien baraqué avait attaqué le défenseur croate Ivica Raguz. Raj et un complice l'avaient agressé alors qu'il se promenait dans les rues de Singapour et lui avaient brisé le genou gauche à l'aide d'une batte de cricket. Lors du procès, d'autres joueurs témoignèrent avoir été menacés par téléphone de se faire briser les jambes. Ce qui était encore moins rassurant était que le responsable de l'Association de football disait que Wilson Raj et Pal travaillaient ensemble, mais que « Wilson Raj est plus gentil que Pal ».

Je me suis rendu dans le nord de la ville. C'était chez lui, c'était son territoire : des blocks de béton immenses, où habitaient les travailleurs indiens. Au tribunal, on avait dit que c'était la « base » de Pal. Il avait ajouté :

« C'est parce que les gens me sont redevables. Si vous faites du bien aux gens, vous avez une "base"… Et moi, je n'ai fait que du bien. »

Pour finir, je me suis décidé à lui envoyer un fax, tout simplement, lui demandant si je pouvais l'interviewer. Quelques jours plus tard, je lui passai un coup de fil. Sa secrétaire et lui furent très polis et bien disposés. Quand nous finîmes par nous voir, Pal était très avenant, il semblait honnête et voulait parler librement de ses forfaits. Il avait aussi une énorme confiance en lui : il affirma que dans la fleur de l'âge, il pouvait truquer n'importe quel match, n'importe où dans le monde, même les grands matchs internationaux :

D'abord, j'avais une fausse carte de visite. Je disais que j'étais de la presse singapourienne, ou un truc de ce genre. Puis je rencontrais le footballeur et je l'interviewais. Je parlais un peu du match, puis de sa famille. Je me montrais prévenant et très vite, je savais s'il avait toute la famille à charge et s'il y tenait vraiment et après, c'était facile de savoir s'il accepterait mon offre ou non.

Nous discutions dans le bureau de son entreprise. Pal était habillé d'un tee-shirt et d'un jean, le tout recouvert d'une tonne de bijoux en or. Il conduisait une voiture allemande noire et ressemblait à un homme d'affaires normal. La seule chose étrange était la statue représentant Kali, la déesse indienne avec plusieurs bras, piétinant un pauvre homme en sang, qui trônait dans son bureau.

La tactique de la fausse carte de presse ressemble à ce que le gardien de but Ian Bennett de Birmingham City raconte, lorsque deux soi-disant journalistes de Singapour lui proposèrent 20 000 livres. Pal sait donc y faire. Mais peut-il vraiment réussir un trucage ? D'après son passé, oui.

Pal mit sur pied un réseau de footballeurs corrompus, d'entraîneurs ripoux et de responsables vendus dans toute la Ligue malaisienne et singapourienne. Il n'était ni le premier ni le dernier truqueur, mais à ce jour, c'était celui qui avait eu le plus de succès.

Un arbitre me raconta ce que voulait dire travailler sur un des nombreux matchs truqués de Selangor, l'équipe la plus populaire de la Ligue.

Je ne suis pas idiot, je sais bien que le match était truqué. On le voyait, mais on s'en fichait, ça me facilitait la vie ! Je me prépare à affronter un match difficile et puis, il ne se passe rien… ça facilite la vie ! Si l'équipe veut faire ce genre de conneries, ça ne me regarde pas.

Pendant l'été 1994, la police de Singapour et de Malaisie décida que ça les regardait et ils finirent par agir. Ce n'était pas une tâche facile pour les enquêteurs. Plus ils arrêtaient de gens, plus ils s'apercevaient que l'affaire prenait une ampleur inattendue. À la fin de l'enquête, 150 personnes étaient derrière les verrous et la police estima que 80 % des matchs avaient été truqués.

Rajendran Kurusamy était le chef d'orchestre d'une incroyable organisation de trucage de matchs, il n'était pas le seul, mais son réseau s'étendait à pas moins de neuf clubs de la Ligue. Quand il fut entendu, il affirma que ça pouvait lui rapporter plus de 16 millions de dollars en cinq mois.

Les footballeurs n'étaient pas des débutants, ils faisaient partie des meilleurs joueurs du pays. Ils expliquèrent comment ils étaient tombés dans le panneau. Un des joueurs, Junaid*, qui travailla pour Pal, dit :

Pal me contacta. Il me parlait en tamoul au téléphone. Il voulait que je sabote le match. J'avais peur. Pal me dit : « T'inquiète pas, j'ai toute l'équipe avec moi. » Puis, il me demanda d'informer Zahid que s'il ne coopérait pas, Pal allait lui casser les jambes. Je parlai à Zahid, qui accepta de truquer le match. Pal m'a ensuite demandé d'informer le reste du groupe. Ils étaient tous d'accord. Il nous promit 20 000 RM [environ 7 500 dollars] chacun. On devait perdre ou faire match nul. Faire en sorte de ne pas gagner.*

Cet extrait révèle l'habileté de Pal. D'abord, il parle le tamoul, une langue qui n'est utilisée que par la petite communauté de travailleurs tamouls en Malaisie et ce faisant, Pal établit une sorte de complicité du genre *« nous contre eux »*. Il poursuit avec une menace, mais pas directement au joueur à qui il s'adresse :

« Tu peux dire à Zahid que je vais lui casser les jambes ? »

Rien ne l'empêche de dire directement à Junaid qu'il va lui casser les jambes, mais il détruirait les liens d'amitié et de confiance qu'il essaye de tisser. Après avoir parlé à Zahid de la menace, Junaid se range du côté de Pal, évidemment.

En 1998 ce fut son moment de gloire. Il venait d'être arrêté pour trucage de match à Singapour et il était en prison. Les prisons de Singapour ne sont pas des endroits pour les mauviettes. Les autorités estiment que la prison est un endroit pour corriger les criminels avec fermeté et, de ce fait, ce sont des endroits sauvages. Le gardien allemand, Lutz Pfannenstiel, les décrit après son incarcération :

« La nuit les gens se faisaient violer. Un homme est mort et je me souviens quand on a emporté son corps... J'entendais les cris de ceux qu'on battait. C'était horrible ».

Mais la prison profita à Pal, peut-être à cause de son talent pour comprendre l'être humain. Il arriva à se faire acheter un téléphone portable par un maton et à partir de ce jour-là, il fut tranquille.

« J'ai tout fait, dit-il heureux, j'ai travaillé de la prison. Les matchs européens, la Coupe du monde, les matchs internationaux. »

« Une minute, répondis-je. Vous voulez dire que vous pariiez sur les matchs ou que vous les truquiez ?

– Les deux. J'en truquais aussi. Enfin, jusqu'à ce qu'ils le découvrent.

– Excusez-moi, mais je n'arrive pas à vous croire. Vous dites que vous avez truqué un match de Coupe du monde de l'intérieur de la prison de Singapour ?

– Oui, bien sûr. Une fois que tu as le réseau, c'est facile. Je jure, je peux te révéler tous les matchs qui étaient truqués. Peu importe le genre de match. Et je peux les truquer aussi, presque tous. »

Et c'est là qu'il me raconta l'histoire de son exploit, le but suprême de n'importe quel truqueur : truquer un match de Coupe du monde.

La vie étant ce qu'elle est, Pal commença à truquer des matchs en prison. En 1990, il était au cachot pour un meurtre mafieux : lui et une bande de Tamouls avaient poignardé un homme. Personne n'avoua le meurtre, ils furent donc tous condamnés à une peine réduite. Ce fut dans la prison que Pal fit une expérience « initiatique » : il y découvrit le volley-ball, en même temps que son talent pour corrompre le sport :

Là-bas [en prison] j'étais un champion de volley. Le meilleur. On pariait beaucoup sur les matchs, en prison. Les prisonniers misaient 1 000 dollars ou 2 000 dollars, à payer par leurs familles, d'une famille à l'autre, à l'extérieur. Je me débrouillais pour savoir si la mise était importante et je truquais le jeu de volley, pour me faire de l'argent. Quand je suis sorti, j'avais plein d'argent.

Il avait beau être sorti de prison avec plein d'argent, il n'avait aucun talent pour rien, mis à part saboter les matchs de volley. Alors, suivant cette pente naturelle, il s'intéressa au jeu et ce vaste réseau l'intrigua. La péninsule était obsédée par le football et Pal commença à parier, comme tout le monde. Il s'aperçut que quand il jouait, le plus souvent, il perdait. Ce n'est que quand ses amis lui dirent que certains matchs étaient truqués, qu'il comprit pourquoi il perdait son argent et alors, il décida de battre les truqueurs à leur propre jeu.

D'abord, il travailla pour un groupe de gangsters chinois d'Indonésie, tenu par un truqueur qui se faisait appeler Uncle Jimmie (oncle Jimmie), Uncle Rickie, ou alors Chong, cela dépendait du jour et de la personne à qui il s'adressait. Uncle Jimmie truquait des matchs dans la péninsule depuis longtemps. Les aveux d'un footballeur mentionnent déjà Uncle Jimmie en 1987.

Une semaine avant le match, Uncle Jimmie m'appelait, il me disait s'il voulait qu'on gagne ou qu'on perde. Puis, la veille, Uncle Jimmie nous confirmait qu'il voulait qu'on perde et de combien de buts. Généralement, après le match, je récupérais l'argent d'Uncle Jimmie, quelque part en ville.

Ce joueur eut un rapport assez long, quoique compliqué avec Uncle Jimmie. Quand il fut licencié de l'équipe et se retrouva à Kuala Lumpur sans travail, Uncle Jimmie fit ce que peu de responsables de football font, il lui prêta de l'argent.

J'errai dans la ville. Je téléphonai à Uncle Jimmie et nous nous sommes vus, je ne sais plus où. Il m'a donné 2 000 dollars, juste comme argent de poche.

Si vous voulez vous représenter le réseau de trucage dans cette Ligue, imaginez des hyènes autour d'une carcasse d'antilope. Tous ceux qui pouvaient truquer le faisaient. Avec Pal et Uncle Jimmie, il y avait aussi un Chinois, Ong alias l'Homme aveugle, qui venait de Malaisie ; son territoire était délimité à Kuala Lumpur et Malacca. Des rapports de police disent que lui aussi s'est beaucoup enrichi en truquant les matchs, au moins 10 millions de dollars. Il y avait aussi un groupe de truqueurs devant les champs de courses, qui avaient une réputation de brutalité absolue : ils avaient tué et mutilé plusieurs jockeys et entraîneurs. Dans un autre gang indonésien, il y avait un mec qui avait l'habitude de se pavaner couvert de bijoux en or sur Marine Drive à Singapour. La violence et la corruption de ces gangs ressemblaient beaucoup à ce que racontait Pal. Des années plus tard, je parlais de ces gens à un reporter criminel de Kuala Lumpur et je vis que ses mains commencèrent à trembler.

Leur rivalité engendrait la violence : les équipes étaient divisées en cliques, certains suivaient certains truqueurs, d'autres un autre groupe de truqueurs. Il y eut même des rixes dans les vestiaires de Selangor, une des plus grandes équipes de la Ligue, entre des joueurs représentant différents truqueurs.

Un autre truqueur de Singapour me dit à peu près la même chose. Nous venions de parler de la mafia américaine et il me dit :

Ici, un coursier peut tout à fait être aussi bookmaker. En Amérique du Nord, vous avez peut-être une hiérarchie, ici c'est l'argent qui parle. Ils font ce qu'ils veulent. Ils prennent l'argent, ils parient, ils truquent... Ils voient l'autre bookmaker prendre des mises importantes dans un sens, alors ils vont de l'autre côté miser sur le contraire ou truquer le match. Ils sont incontrôlables.

Quand Pal arriva dans ce milieu, il se dit qu'il avait un gros avantage sur les autres truqueurs : beaucoup de footballeurs étaient Indiens ou de la classe ouvrière malaisienne comme lui. Les Chinois n'étaient pas aussi bien placés... Pour beaucoup de raisons, économiques et culturelles, peu de chinois jouaient au foot et quand les truqueurs Chinois parlaient aux joueurs, ils ne connaissaient ni leur langue ni leur milieu. Alors que Pal avait grandi dans le même quartier et il les comprenait comme aucun Chinois ne pouvait les comprendre. Uncle Jimmie et Pal travaillèrent ensemble pendant toute la saison 1993. Dans ses aveux à la police malaisienne, Uncle Jimmie dit à un joueur qui voulait des instructions, que son « partenaire », Pal, allait l'aider. Ils avaient un rapport amical, mais Pal commença à rouler les autres truqueurs : il paya les joueurs plus cher.

Les autres payaient les joueurs 2 000 ou 3 000 ringgits[1]. *Mais moi, je les payais 30 000 ringgits*[2]. *Comme ça, les joueurs me connaissaient et ils revenaient vers moi.*

Puis, d'après Pal, au printemps 1994, Uncle Jimmie lui livra les secrets du trucage de matchs des championnats internationaux. Au début, Pal n'était pas très intéressé. Il gagnait beaucoup d'argent en truquant les matchs locaux, pourquoi se compliquer la vie ? Mais, il paraît que Uncle Jimmie vint le voir avant la Coupe du monde de 1994 et lui dit :

Nous avons une équipe, l'équipe du Cameroun... Le mec est venu me voir, c'est mon coursier. Je lui dis : « Tu es sûr ? L'équipe du Cameroun ? Qui c'est ? » Il me dit le nom d'un footballeur de l'équipe, affirme que c'est le coursier d'un réseau de footballeurs corrompus du Cameroun. Alors je lui dis : « Tu en es sûr ? Quel est le deal ? » Il me fait une proposition. Il me parle du prix, il m'explique sa fonction et il me demande 100 000 dollars. Ensuite, je les ai rencontrés, je les ai vus, je leur ai parlé et ils ont dit : « On veut bien faire affaire sur notre premier match avec le Brésil. » Puis ils m'ont recommandé l'équipe russe et bien d'autres.

---

1. 400 € ou 600 €.
2. 6 000 €.

Tant d'années s'étaient écoulées depuis la Coupe du monde de 1994, qu'il était impossible pour moi de vérifier ses dires, mais ce n'était pas la première fois que des personnes de l'équipe camerounaise étaient soupçonnées d'avoir saboté des matchs dans la plus grande compétition mondiale. En 1984, les journalistes italiens, Olivero Beha et Roberto Chiodi affirmaient avoir parlé avec un informateur de l'équipe du Cameroun qui disait que le match entre l'Italie et le Cameroun de la Coupe du monde de 1982 avait été truqué.

Pal tomba, trahi selon lui par un coursier chinois, au moment où les enquêtes commençaient et où Lazarus Rokk et Johnson Fernandez sortaient leurs articles.

Le Chinois a informé l'anticorruption… C'était mon coursier. On pariait sur un match. On allait gagner 8 millions de dollars sur une mise, il prit 5 millions, les mit dans sa poche et ne m'en donna que 3. C'était très bête. Le marché du jeu est très petit. Tu sais tout. Alors j'ai pris mon téléphone, j'ai travaillé sur l'Indonésie, la Thaïlande et j'ai renversé le jeu. Je me suis fait 22 millions, j'ai retourné le score 2 à 1. C'était un contre-trucage. Le Chinois a perdu et il était fâché, alors il a été voir la police.

Les rats quittaient le navire. Les truqueurs déguerpissaient à mesure que la police avançait dans son enquête. Un des footballeurs raconte qu'il a appelé les truqueurs pour leur demander quoi faire, car il avait peur :

Le 10 décembre 1994, j'ai contacté mon ami truqueur car j'avais peur de me faire arrêter. Il m'avertit : « Ne cite pas mon nom. Les autres si tu veux, mais si tu parles de moi, je te retrouverai… »

Le problème de Pal, c'est que cette fois, il avait un sérieux désavantage sur les autres criminels, il n'avait pas la protection politique des Chinois.

Si un policier zélé pousse trop loin une enquête sur un gang chinois lié aux triades, tôt ou tard, il va finir par avoir des problèmes avec les autorités. Le même policier qui mène une enquête sérieuse sur Pal et ses amis indiens et malaisiens de la classe ouvrière ne sera pas en danger pour des raisons politiques.

Ce qui ne l'aida pas non plus, bien sûr, c'est qu'il était coupable, vraiment coupable.

Pal fit ce que d'innombrables criminels ont fait avant et après lui, il s'arrangea avec la police et les assura de sa participation à l'enquête. Entre 1994 et 1995, Rajendran Kurusamy fut le témoin à charge principal, de tous les procès sur le trucage de match à Singapour. Un grand arbitre de la FIFA, Thiru Rajamanickam, fut condamné pour avoir encouragé et aidé à truquer un match. Au procès de Michael Vana, Pal aurait dû comparaître comme témoin, si le footballeur tchèque n'avait pas eu la bonne idée de disparaître. Le milieu de terrain vedette Abbas Saad, le « Maradona de Singapour », fut condamné pour avoir accepté des pots-de-vin, grâce au témoignage de Pal. Ong Kheng Hock (le truqueur qui m'avait saoulé et jeté dans les bras de la jeune Annie, dans un bar) fut envoyé en prison pendant plusieurs années, également grâce à Pal.

Cela irrita beaucoup l'establishment chinois de Singapour.

Voilà un travailleur indien, sans amis dans la politique, à la tête du plus grand réseau de trucage de matchs dans leur Ligue nationale, rackettant des milliers de parieurs, qui étaient en train de détruire la Ligue et de provoquer un scandale entre eux et leurs voisins malaisiens. Les membres de l'establishment connectés aux triades devaient être furieux, car Pal les avait mis au chômage pendant au moins un an et demi. Et pour finir, ce travailleur indien ne passait pas une seule nuit en prison et vivait tranquillement, après avoir raconté au tribunal qu'il s'était fait 16 ou 17 millions de dollars en cinq mois.

Pal aurait dû faire profil bas. L'enquêteur anticorruption le mit en garde et même son avocat lui dit de ne plus truquer de matchs. Mais Pal n'écouta pas. Comme un vrai drogué qui se rend compte que le crack n'est pas anodin, mais qui ne peut s'empêcher d'en reprendre, Pal recommença à truquer des matchs.

Après les matchs de la Coupe du monde qu'il disait avoir truqué, Pal se fit arrêter pour des forfaits bien moins glamour. C'étaient presque des matchs de quartier, d'équipes telles que Woodlands Wellington contre Sembawang Rangers et Woodland Wellington contre Balestier Central United, qui eurent lieu pendant l'été 1996. Ces matchs ne passionnaient pas grand monde dans Singapour, mais Pal se présenta au procès avec ses deux complices, Maran A. Jagannathan et Devaraj Doraisamy, respectivement capitaine de l'équipe et footballeur national. Pal aurait donné aux deux 80 000 dollars, avant le coup d'envoi. Devaraj aurait sorti une paire de chaussettes bleues de son sac et les aurait mises, c'était le signal pour ses complices, les autres footballeurs, qu'il fallait perdre. S'il avait sorti une paire de chaussettes blanches, ça aurait voulu dire qu'ils n'acceptaient pas l'offre. Pal expliqua, en vain, que l'argent correspondait à une dette que Jagannathan aurait contractée en ouvrant un magasin de fleurs mais ce dernier venait d'avouer pendant un interrogatoire de la brigade anticorruption. En plein milieu du procès, quand il comprit que ses compagnons, eux, ne l'avaient pas trahi, il commença à se rétracter. Il ne convainquit personne et les trois hommes furent condamnés. Le juge d'appel laissa une note dans le dossier qui disait ce que beaucoup de gens de la classe dominante de Singapour pensaient :

Le football est un sport très suivi. Ce genre de crime a particulièrement attiré l'attention du public ces derniers temps. Une sanction est nécessaire pour que l'image de Singapour ne soit pas ternie.

Au printemps 1998, Pal retourna en prison et ses nombreux recours furent rejetés. La boucle était bouclée : il avait commencé le trucage de matchs en prison et la prison mit un terme à son activité frauduleuse. Une fois là-bas, non seulement Pal a payé un surveillant de prison des dizaines de milliers de dollars pour avoir un téléphone portable et des batteries ce qui, au regard de l'attitude des autorités envers la corruption, est un exploit ; mais en plus, il affirme imperturbablement avoir truqué des matchs de la Coupe du monde en France en 1998. Un des responsables de la brigade anti-corruption m'a dit :

Pal continuait à truquer en prison ! Il réussit à se faire apporter un téléphone par un surveillant que nous avons arrêté par la suite.

Ce que ce responsable ne m'a pas dit c'est l'histoire que Pal m'a racontée plus tard. Quelques semaines avant d'aller en prison, il s'est rendu au Cameroun :

Le match que j'ai truqué de la prison m'a rapporté 3 millions de dollars. Je suis allé au Cameroun avant d'être enfermé. J'y ai rencontré X [un joueur qui aurait été son coursier en 1994]. J'ai installé l'eau dans son village. C'est comme ça que j'ai truqué les matchs.

Pal affirme qu'en échange de l'argent et des canalisations, le coursier s'arrangea avec ses coéquipiers pour saboter un match de la Coupe du monde de 1998. Je n'ai pas été en mesure de vérifier cette allégation, elle n'a valeur que de témoignage. Mais je vais donner au lecteur quelques indices qui lui permettront de juger par lui-même de la véracité des propos de Pal.

D'abord, l'officier anticorruption affirme qu'en prison, Pal truquait des matchs par téléphone. Il ne précisa pas quel match ou quels matchs, mais c'était bien cela la nature de son occupation de prisonnier.

En juin 1998, Mark Saunders, le directeur général de Victor Chandler, un grand bookmaker britannique annonça à la presse, furieux, qu'il était persuadé qu'il y avait eu des trucages pendant la Coupe du monde. Il dit que de grosses sommes en provenance de Malaisie et Singapour avaient été misées sur un même match. Les rumeurs disaient qu'une des équipes avait été soudoyée. D'après lui le match en question impliquait le Cameroun. Par la suite, il me dit :

« Nos agents qui travaillaient sur le marché asiatique étaient submergés. Leurs téléphones devenaient fous. Pour moi, ça ne fait pas l'ombre d'un doute, il y avait un match truqué dans la Coupe du monde. »

Pour finir, cette histoire de canalisation dans un village au Cameroun me fut racontée *avant* que je ne rencontre Pal par des gens de Singapour. Si cette histoire est fausse, ce qui est possible, elle est au moins solide, car elle correspond tout à fait à ce que Pal raconte.

Quelle que soit la vérité, la nature généreuse de Pal ne lui a pas rendu service en prison. Il affirme qu'il avait dit à tout le bâtiment de prisonnier de miser sur la France en finale :

« Même en prison : Qui va gagner la Coupe ? Tu le sais ? » « Oui, je le sais. Je leur dis : "Misez sur la France". Et c'est ce qui arrive. Ils les battent [les Brésiliens]. Je l'ai dit à tout le monde.»

Son dernier exploit révéla aux autorités la nature de ses activités en prison qui finit par faire une descente dans sa cellule. Pal était au téléphone, il le jeta dans les toilettes et tira la chasse. La brigade anticorruption, qui commençait à vraiment en avoir assez, descendit dans les égouts pour le récupérer.

Les responsables de la prison étaient encore plus furieux. Comme je vous l'ai dit, les prisons de Singapour ne sont pas des lieux de villégiature, mais il existe des quartiers spécialement conçus pour les durs à cuire : le mitard. Pas de fenêtres et pas de contact avec d'autres prisonniers. Pal y passa deux ans.

Tu vois, je suis seul en prison. Il y a beaucoup de gens en prison, mais moi je suis seul, au mitard. Je ne peux pas voir le soleil ou la nuit. J'ai été seul pendant vingt-huit mois.

Quand il sortit de prison, en 2001, Pal correspondait enfin à la description qu'en avait faite l'« homme d'affaires » chinois. Il était sans le sou. Son entreprise avait fait faillite, il avait une grande famille et beaucoup de responsabilités. Quatre ans plus tard, quand je le rencontrai, il ressemblait à un homme qui travaille dur et qui essaye de faire des affaires. Il voulait écrire un livre. Il dit qu'il avait abandonné les trucages, tout en ayant l'air d'être nostalgique de cette époque où son savoir-faire mettait le monde du foot sans dessus dessous. Mais il m'assura qu'il s'était totalement rangé, son fils avait pris trop d'importance pour prendre ce genre de risques.

Pal n'avait rien à voir avec un autre homme que je rencontrerai par la suite.

Un gros poisson du trucage de matchs internationaux.

J'assistai même à ses opérations, en direct.

16

Derrière la porte

Toutes les ligues du monde, EPL[1]*, la Ligue des Champions, la Coupe du monde, toutes peuvent être truquées. J'avais des joueurs au Crystal Palace, à Wimbledon et à Liverpool. Vous croyez que ce sont des grandes équipes ? C'est n'importe quoi. On peut les acheter comme on veut. Vous croyez que parce que les clubs se font plein d'argent sur les transferts, les footballeurs ne vont pas accepter de pots-de-vin ? Ce n'est pas vrai, ils acceptent l'argent.*

Samedi 26 novembre 2005, 8 heures, Bangkok, Thaïlande.

Cela faisait des mois que je traquais un certain truqueur. Son nom est très connu parmi les joueurs et les bookmakers asiatiques. Il a opéré pendant plus de quinze ans. Son nom a été associé aux plus grands procès de trucage de la dernière décennie, mais toujours comme l'homme de l'ombre dont on ne sait pas grand-chose.

Cet homme garantit les paris, l'argent et la violence nécessaire.

Nous allons le nommer Lee Chin*.

1. English Premier League.

Cela faisait des mois que nous échangions des fax, des coups de fil et que nos rendez-vous étaient annulés.

Quelques semaines auparavant, j'avais reçu un coup de téléphone me donnant un rendez-vous.

C'était peut-être parce que je venais d'apprendre comment regarder une carte de visite à la manière chinoise : on la tient des deux mains, on l'étudie et on pose une question qui montre qu'on a compris le rang de la personne à qui on a affaire. À mon insu, j'avais suivi ce protocole lorsque je rencontrai un des associés de Chin, dans le carré VIP lors d'un match de foot et j'avais fait bonne impression. On me dit que cela avait été apprécié et que la rencontre risquait de se faire.

Chin m'appela et m'invita à le rencontrer. Je pris le premier avion toutes affaires cessantes. S'ensuivirent dix jours de rendez-vous annulés et de coups de fil sans réponse. Enfin nous étions convenus de nous voir un dimanche après-midi. Le rendez-vous était confirmé, mais à 18 h 37, un de ses assistants annula :

« M. Chin est très occupé. Il faut que vous compreniez. Si vous expliquez pourquoi vous voulez le voir, il pourra peut-être vous recevoir dans les prochaines semaines. »

J'étais furieux, j'avais traversé la planète pour le voir et il annulait encore un rendez-vous. Je fis de mon mieux pour maîtriser mon humeur et plaidai que nous avions déjà parlé de l'interview et que j'avais déjà expliqué de quoi il s'agissait. L'assistant raccrocha et je ne pariais pas cher sur mes chances d'obtenir l'entretien, du moins pas ce jour-là. Puis à 20 h 07, je reçus un nouveau coup de fil.

« Bonjour, c'est vous ? fit une voix.

– Oui, répondis-je. M. Chin ?

– Oui. Où êtes-vous ?

– Je suis en ville, près du centre commercial.

– Vous connaissez le XX Country Club ? » Il cita un club de golf très huppé des environs de la ville.

« Je le trouverai.

– Bien. Prenez un taxi. Je vous y retrouve dans une heure. Pardon pour ce retard. Je serai dans la chambre 1104, au rez-de-chaussée. Venez sans vous faire annoncer.

– Merci. Merci beaucoup. Je suis ravi de vous rencontrer. »

En réalité, je n'étais pas si pressé de le rencontrer. J'étais très nerveux et pas très surpris par ces manières presque habituelles chez les gangsters, qui aiment à changer les lieux de rendez-vous au dernier moment.

J'avais rencontré deux hommes de main des Hell's Angels à Barrie, une petite ville de l'Ontario. À cette époque, les Hell's Angels étaient au cœur d'une guerre avec un autre gang de bikers, appelés les Rock Machine. On devait se voir dans un restaurant ; je restai là une demi-heure jusqu'à ce qu'une de leurs anciennes petites amies ne vienne. Elle s'excusa et me dit que je devais la suivre, elle allait m'emmener quelque part pour les rencontrer. Nous nous retrouvâmes dans un centre commercial à moitié vide où ils m'attendaient. Ça m'avait mis très mal à l'aise. J'avais dû prendre sa voiture en me demandant si j'allais revenir. Les Hell's Angels commençaient à s'installer au Canada anglophone et ils n'étaient pas réputés pour leur gentillesse. Mais comme j'étais un représentant de la télévision nationale et qu'un de mes collègues avec qui j'étais en contact téléphonique m'attendait dans une voiture toute proche, si j'avais disparu, j'aurais été recherché.

Cette expérience ne servait pas à me rassurer, en cette journée de novembre 2005 à Bangkok. Le courage est comme un seau, rempli d'un liquide mystérieux : on se sert de ce liquide à loisir et puis un jour, il n'en reste plus. Cette fois-ci, j'étais seul : je n'étais pas le représentant d'un grand média, je n'étais qu'un pauvre étudiant. La police thaïlandaise n'est pas du genre à secourir des pauvres gens qui se mettent à la merci de gangsters millionnaires dans leurs country clubs. Un ami me promit de m'appeler à minuit et nous avions mis au point un code pour que je puisse lui dire si tout allait bien. Mais qu'allait-il faire si je lui donnais le code pour « tout va mal » ? Je me souvins du jeune étudiant britannique qui se fit tuer en enquêtant sur le trafic de drogue à Bristol dans les années soixante-dix. Je pensai à Jim Thompson, le collectionneur d'art et marchand de soie, parfois agent de la CIA, qui avait disparu en Malaisie dans les années soixante. Son corps n'a toujours pas été retrouvé.

Comme convenu, je pris un taxi. Le temps s'accélérait. L'oxygène que je respirais prenait une valeur inestimable. Le chauffeur bavardait gentiment et je fis de mon mieux pour qu'il se souvienne bien de moi et de l'endroit où il me déposait, au cas où. On arriva au club. Le long du chemin, les PDG s'exerçaient au *golf drive* sous des projecteurs. Le taxi s'arrêta et je sortis.

Il était 21 h 55, le restaurant et le hall étaient vides. C'était un bâtiment ancien, entouré d'une véranda qui donnait sur une pelouse. On aurait dit un film des années trente en noir et blanc et comme dans ces films dans lesquels abondent les clichés sur les tropiques, j'entendais des centaines de grillons chanter dans la nuit. Je m'approchai des employés à l'accueil et je les questionnais longuement, de manière à ce qu'eux aussi se souviennent de moi. L'endroit semblait désert.

J'avançai d'un pas rapide dans le couloir en direction de la chambre 1104. Je ne voulais pas ralentir, je ne voulais pas prendre le temps de penser ou de changer d'avis. Cela faisait des mois que je menais mon enquête en Asie posant des questions embarrassantes et enquêtant là où les journalis-tes locaux avaient abandonné depuis longtemps. Est-ce que cette rencontre était un moyen pour Chin de m'attirer dans son territoire pour ensuite me casser en mille morceaux, ou même me tuer ?

J'étais devant sa porte.

Je m'étais déjà trouvé dans ce genre de situation, voulant à la fois découvrir ce qu'il y avait derrière une porte et à la fois partir en courant. Il y avait eu cette histoire avec un grand criminel centre américain qui m'avait emmené faire le tour de sa maison avec toute l'équipe de télévision. Nous avions traversé sa salle de réception, avec bar, un grand ours polaire en guise de tapis et des sculptures érotiques médiévales. Puis il s'était arrêté devant une porte et avait souri :

« Je parie que vous ne savez pas ce qu'il y a là-dedans, c'est mon endroit préféré. »

Il poussa la porte à double battant. Cette pièce, qui se trouvait à côté de son bar alcôve, était une salle opératoire de gynécologie totalement équipée avec des forceps, le lit à étriers et des perceuses…

Au jour d'aujourd'hui, il m'arrive de faire encore des cauchemars sur ce qui peut arriver dans cette pièce.

Mais que se passait-il derrière la porte de ce club de golf à Bangkok ? Allais-je me trouver face à quelque chose d'aussi dégoûtant que cette salle d'opération, ou bien face à une explosion de violence ?

Allai-je tomber sous une pluie de battes de cricket, comme l'attaque sur Wilson Raj, le footballeur croate ? Je préférais les battes de cricket aux battes de base-ball et cela me réconforta. Al Capone avait utilisé les battes de base-ball. Les battes de hockey, c'est ce qu'utilisent les jeunes filles de bonne famille à l'université de Chentelham Ladie's College : cela faisait mal, mais je m'en sortirais. Alors que j'étais noyé dans ces pensées absurdes, je frappai à la porte.

J'entendis une voix. Je m'éloignai pour avoir de la distance, au cas où des coups devaient pleuvoir. J'avais une main dans la poche agrippée à une bombe lacrymogène, mais j'affichais la mine la plus détendue possible. La porte s'ouvrit. L'homme asiatique qui apparut n'avait pas l'air particulièrement effrayant, il m'invita à entrer.

Je fis quelques pas et la porte se referma derrière moi.

Il y avait trois personnes : deux hommes, Chin et son assistant et une femme magnifique qui regardait un film, allongée sur le lit. Les rideaux étaient ouverts et je balayai toute la chambre du regard. Il n'y avait personne sur le balcon. En passant devant la salle de bains, j'avais fait semblant d'être un peu perdu et j'avais poussé la porte : il n'y avait personne non plus.

Je ne fus ni attaqué, ni menacé, ni intimidé.

Il n'y eut aucune scène de violence, avec forceps, battes de cricket ou autres. La conversation que j'eus pendant les deux heures et demie qui suivirent est la plus étrange que j'ai jamais eue.

Aujourd'hui encore, je continue à me demander si tout était vrai. Peu importe : dans le journalisme, il y a les faits qu'on peut prouver légalement, les faits sans preuves et les bobards.

Je n'ai pas cité les noms des footballeurs et des entraîneurs que Chin a nommés, mais j'ai dit quels étaient les matchs qui d'après ce grand bookmaker asiatique étaient truqués, car c'est l'intérêt du public de savoir. Mais je ne prétends pas que cela est vrai et ne puis affirmer avec certitude quels sont les joueurs qui ont participé à ces trucages.

Voici dans les grandes lignes, ce que m'a révélé Chin.

Stephen Fleming, le capitaine de l'équipe néo-zélandaise de cricket, affirme avoir été approché par un parieur en 1999, qui lui dit qu'il y avait une organisation de bookmakers asiatiques qui arrangeaient des matchs de football et de cricket.

« Écoute, ce n'est pas un hasard », aurait dit le parieur à propos de matchs récents. « Si tu veux savoir où se trouve l'argent, le vrai, il est dans l'organisation qui est en train d'envahir le monde entier en ce moment en spéculant sur les résultats ou événements. » D'après Fleming, le parieur lui dit que des grands sportifs étaient mouillés, y compris des footballeurs et tennismen anglais.

Chin me raconta cette histoire et me dit qu'il était un des hommes au centre de l'organisation. Il dit avoir seize coursiers qui travaillaient pour lui dans le monde.

L'un des deux téléphones qui étaient sur la table sonna dès que je m'assis. Chin répondit et commença à parler en ce qui me sembla être de l'Indonésien Bahasa, mélangé à de l'anglais.

Il parlait aimablement, citant des joueurs et des entraîneurs que je connaissais, puis il raccrocha et se tourna vers moi.

« Vous voyez, Monsieur Hill, je viens de recevoir un appel des Philippines. Vous devez savoir que le championnat de SEA[1] a lieu en ce moment. Je m'occupe de tous les matchs. Le Laos a perdu seulement 1 à 0 contre Singapour. Tout le monde pensait que Singapour allait gagner 3 ou 4 à 0. Je contrôle le Laos, je leur ai dit d'y aller à fond, je savais qu'ils pouvaient le faire. »

Le championnat de la SEA est l'équivalent du championnat panaméricain ou de celui des Nations africaines, c'est une sorte de réplique des Jeux Olympiques, à l'échelle d'un continent avec plusieurs épreuves dont l'athlétisme, la navigation à voile et le foot. Cela faisait quelques années qu'ils avaient lieu aux Philippines. Je n'étais pas très surpris qu'un truqueur me dise que les matchs étaient arrangés. Un responsable sportif asiatique, qui avait le numéro d'un truqueur en mémoire dans son téléphone, m'avait affirmé que ces épreuves étaient vérolées par la « manie du partage. » En d'autres termes, les

1. South East Asia, Sud-Est Asiatique *(Ndlt)*.

pays se répartissaient les médailles et afin que chaque pays y trouve son compte. Si cette information ne venait que de Chin, je n'en parlerais même pas, mais quelques jours après cette rencontre, je lus la déclaration du Premier ministre thaïlandais, qui disait que les jeux de la SEA étaient truqués et que le chef de mission de la délégation vietnamienne avait même donné une conférence de presse annonçant combien de médailles aurait chaque pays, *avant* le début des jeux. Les révélations de Chin ne me surprenaient donc pas, mais après, il me dit qu'il voyageait à travers le monde avec ses associés pour truquer des matchs du football international.

Je lui demandai quel était le plus gros championnat où il était intervenu.

Chin secoua les épaules : « Les Jeux Olympiques, la Coupe du monde. Je ne sais pas, quel est le plus gros ? »

Cela me sembla très bizarre.

« J'étais aux Jeux, à Athènes en 1996 », dit-il. « J'ai truqué un match de la Tunisie contre le Portugal. J'ai payé quelques-uns des Tunisiens pour qu'ils perdent en dehors du handicap (*point spread*). Ce qu'ils ont fait. »

On parla de ce trucage. Il dit que c'est une des seules fois où des footballeurs ne voulaient pas faire ça pour de l'argent, ils étaient trop religieux.

« Pour finir, j'ai trouvé une magnifique fille mexicaine. Je l'ai payée 50 000 dollars pour tout le tournoi. Elle traînait dans le hall de l'hôtel… puis elle l'approcha [le joueur tunisien], ils allèrent dans sa chambre, ils firent ce qu'ils firent et elle lui proposa le deal. Après je suis venu, je lui ai dit :

"Tu veux bien faire ça pour moi ?"

Il a dit : "Oui".

Ils ont perdu 2 à 0 contre le Portugal. J'ai gagné plein d'argent et tout le monde était content. »

Un de ses téléphones sonna à 22 h 27. La conversation dura deux minutes, dans une langue qui m'était inconnue.

Comme beaucoup d'Asiatiques, Chin parle au moins quatre langues. Je n'arrivai pas à suivre, il raccrocha.

« Vous voyez, je viens de recevoir un appel, Hanovre va gagner d'au moins deux buts. C'est arrangé. Je n'ai misé que 20 000 dollars là-dessus, pas grand-chose. »

« Pas grand-chose pour vous peut-être, pour moi, c'est beaucoup d'argent. »

La femme, allongée sur le lit, rit. C'était la première fois depuis mon arrivée, qu'elle manifesta le moindre intérêt pour la conversation. Je me tournai pour la regarder. Elle haussa les épaules et continua à regarder le film à la télé.

« Le match commence maintenant. Hanovre va gagner d'au moins deux buts. Vous allez voir. »

Ici, il me semble qu'il est nécessaire que j'explique quelque chose. La Ligue 1 allemande est appelée la Bundesliga, littéralement « la meilleure division ». Le 26 novembre 2005, Hanovre était au milieu du classement. Ils allaient affronter un autre club de la Bundesliga, Kaiserslautern, en Allemagne.

Chin affirma *avant* le match, qu'Hanovre allait gagner d'au moins deux buts. Il ne me révéla pas comment ce match avait été truqué, si c'était par le réseau des footballeurs ou des arbitres, mais, au cours de la conversation, il dit :

« Certains arbitres allemands ne sont pas bons… J'ai des arbitres qui travaillent pour moi dans beaucoup de pays : États-Unis, Grèce, beaucoup de pays. »

Je ne veux en aucun cas sous-entendre que ces arbitres-là étaient dans le coup lors du match Hanovre-Kaiserslautern. Ce ne fut pas explicite pendant la conversation, cela dit à cette époque, l'histoire de Robert Hoyzer était bien connue, Chin était peut-être juste en train de reparler de ces faits. Ce que je peux affirmer c'est que le téléphone a sonné au moins six fois pendant les deux heures de notre conversation et j'imagine qu'on lui donnait les résultats du match.

Je dis à Chin que je ne le croyais pas quand il affirmait qu'il truquait les grands championnats.

Ces matchs valent trop d'argent et les footballeurs en gagnent trop.

Il sourit.

C'est une erreur très courante. Les gens pensent à la somme que représente un transfert, mais ce n'est pas ce que touchent les footballeurs. Il faut approcher leurs agents, c'est de cette façon qu'on arrive aux footballeurs. Disons qu'ils touchent 50 000 livres par semaine et nous leur offrons 150 000 livres pour une heure et demie de travail. Vous croyez vraiment qu'ils vont refuser ? C'est très facile de les amener à accepter. Toutes les Ligues du monde, EPL, la Ligue des Champions, la Coupe du monde, toutes peuvent être truquées. J'avais des joueurs au Crystal Palace, à Wimbledon et à Liverpool. Vous croyez que ce sont des grandes équipes ? C'est n'importe quoi. On peut les acheter comme on veut. Vous croyez que parce que les clubs se font plein d'argent sur les transferts, les footballeurs ne vont pas accepter de pots-de-vin ? Ce n'est pas vrai, ils acceptent l'argent.

C'était à moi de sourire. Je n'y croyais pas. Il haussa les épaules à nouveau et me raconta que quelques années auparavant, un de ses associés lui avait parlé d'une affaire.

Je me rappelle qu'un de mes coursiers m'a dit :

« Tu peux devenir le patron de X [il cite des clubs anglais relativement importants]. Il suffit de payer 20 000 à 50 000 livres. »

J'ai dit :

« Oublie, contentons-nous de faire de l'argent. »

Nous parlâmes du réseau de truqueurs asiatiques et je lui dis qu'il était trop difficile pour les Asiatiques d'avoir accès aux joueurs européens. Il hocha la tête :

Oui, j'ai entendu que des gangs anglais essayent de truquer les matchs de la Premier League. Depuis quatre ou cinq ans, les Anglais viennent en Asie... les Asiatiques leur apprennent comment truquer les matchs. Ils ont même voulu me rencontrer, mais j'ai refusé. Ils font la même chose dans la boxe et le rugby.

Quand j'avais demandé à Pal s'il utilisait des prostituées pour payer ou encourager des footballeurs ou des responsables corrompus, il avait été stupéfait qu'on puisse poser une question aussi naïve. Quand je demandai à Chin s'il avait des liens avec les hauts responsables du football asiatique, il me considéra d'un air amusé :

L'année dernière, c'était pour X *[nom d'une équipe asiatique de premier plan]... le directeur de l'équipe m'a appelé. Il m'a payé 300 000 dollars pour gagner le championnat. J'ai arrangé les choses pour qu'ils puissent gagner.*

Vous pourriez vous demander, comme moi-même à cet instant-là, pourquoi Chin acceptait de me parler. Pal m'avait parlé de choses passées et avait fait de la prison, Chin me parlait de faits présents, inconnus des autorités et du public. Je compris à mesure que nous discutions, qu'il caressait l'idée que je fasse un livre *sur lui.* Je dis cela, car cela éclaire de manière particulière les déclarations de Chin : avait-il envie de briller et donc d'inventer ou embellir les faits ? Bien sûr qu'il avait truqué des matchs, même des championnats internationaux, les autorités anglaises avaient même suggéré qu'il ait pu approcher les footballeurs de la Premier League. Mais toutes ses histoires étaient-elles vraies ? Je n'arrivais pas à savoir.

À minuit et quart, je quittais la chambre, sain et sauf. Mais ma tête ressemblait à une centrifugeuse. Il me serra la main et je partis. Pour la petite histoire, sachez que le téléphone a sonné quelques minutes avant mon départ et que son correspondant lui confirmait le score : Hanovre venait de battre

Kaiserslautern de 5 à 1. Au moins deux buts d'écart, cela collait avec la prévision de Chin.

Quelques jours plus tard, j'étais assis sur la plage de Sentosa Island, à Singapour. J'étais troublé. Cet endroit est très à la mode, on s'assoit pour un verre au bar de la plage, la musique rythmant le passage de jolies filles en bikini et d'hommes bodybuildés. On dirait une version asiatique d'un film se déroulant sur une plage californienne en 1962, les surfs en moins.

Mais ce jour-là, je ne voyais rien, j'étais confus et j'essayai de trouver des réponses aux questions qui me taraudaient.

Existait-il vraiment ce réseau de parieurs internationaux qui truquaient les matchs ? Ou bien, disait-il tout cela pour que j'ai envie d'écrire sur lui ? Même si Chin cherchait à vendre une histoire en librairie, étant donné les sommes d'argent auquel il était habitué, cela ne lui rapporterait pas grand-chose, ni en argent ni en réputation. C'était peut-être une question de personnalité. Était-il le Baron de Münchhausen des truqueurs ? C'était peut-être un fantaisiste qui racontait des histoires pour impressionner des chercheurs comme moi. D'un autre côté, comme il n'avait jamais accordé d'entretien à qui que ce soit, pourquoi commencerait-il par des bobards ?

Par les comptes rendus de procès et grâce à mes sources policières, je savais que cet homme était pris très au sérieux par les responsables anticorruption. Par ailleurs, j'avais su qu'il existait un groupe de parieurs en rapport avec Chin, qui assistaient aux grands championnats internationaux et qui essayaient de truquer les matchs.

En 1995, plusieurs truqueurs avaient été arrêtés pendant la Coupe du monde de football des moins de dix-sept ans à Doha. Deux jeunes Portugais avaient été invités par une jeune et jolie femme thaïlandaise à discuter d'une « proposition intéressante » dans une chambre. En arrivant, ils avaient découvert un tas d'argent sur la table, deux truqueurs « connus » et un groupe de footballeurs de l'équipe du Cameroun.

Bizarrement, ces truqueurs « connus » ne furent pas embêtés par la police. Un honnête responsable de l'AFC m'a dit :

« Ces bookmakers sont très connus. Nous les croisons régulièrement. »

Ce qui m'amène une autre question :

« Si vous les connaissez si bien, pourquoi ne pas les avoir arrêtés, ou du moins interdits de championnats ? »

L'exemple du match allemand était impressionnant : Chin avait prédit un résultat qui s'avéra exact en temps réel. Était-ce une coïncidence ?

Quatre mois plus tard, je visitai le bureau du joueur professionnel, John McAllister. Sa base de données est digne d'une petite agence spatiale. On y trouve presque tous les détails sur chaque match joué en Europe de l'Ouest et le mouvement des cotes avant les matchs. M'engageant à ne pas révéler son identité, je lui demandai des détails sur le match Hanovre-Kaiserslautern.

C'est étrange que tu parles de ce match, parce que c'était très curieux.

Il y avait beaucoup de « mauvais » matchs de la Budesliga à ce moment-là. Je travaillais avec un collègue sur celui-là et nous avons essayé de parier avec deux agents chinois, qui travaillaient au Vietnam. Souvent, quand ils entendent nos paris, ils misent pour eux-mêmes derrière notre dos et puis, ils nous disent :

« On est désolés, on n'a pas pu parier votre argent à temps… »

Ça arrive sans arrêt et on se méfie d'eux. Mais on avait décidé de leur donner une dernière chance, justement sur ce match-là. On voulait parier et par la suite ils nous dirent :

« On n'a pas pu miser, parce que ça a bougé tellement vite. Ce n'était pas nous, c'est quelqu'un d'autre. » On voulait miser

sur Hanovre, mais la cote est partie en vrille. Si c'était vraiment quelqu'un d'autre, ils avaient mis le paquet.

McAllister me montra un graphique de la cote du match Hanovre-Kaiserlautern : une heure avant le coup d'envoi sur le graphique, on aurait dit les prémices d'un tremblement de terre.

Encore une fois, c'était peut-être une coïncidence, mais quelques jours après ce moment de réflexion sur la plage de Sentosa Island, on annonça que certains matchs de la SEA avaient été truqués par des parieurs et les résultats de tous les matchs de football étaient remis en question.

Si ces deux événements me permettaient de croire à certaines des déclarations de Chin, ils ne répondaient certainement pas à une question qui me trottait dans la tête. Il voulait que j'écrive un livre sur lui. Mais pourquoi ? Je lui avais bien dit que l'argent qu'il gagnerait en faisant un livre représentait un pourboire comparé à ce qu'il gagnait en trafiquant les matchs et que ce genre d'exposition mettrait en danger ses affaires.

Deux ans après notre première rencontre, je crois comprendre pourquoi Chin voulait faire un livre, du moins au début. Il est issu d'une minorité ethnique et, bien que son pouvoir soit très grand, il n'a pas de relations importantes en politique. Il voyage beaucoup, mais les gens qui le croisent dans les aéroports ne le regardent même pas. En plus il est extraordinairement doué. Moralité mise à part, je pense qu'il est un génie de psychologie. C'est un homme qui grâce à son esprit et à son intelligence, est capable de corrompre des footballeurs et des arbitres de cultures totalement différentes dans le monde entier et ensuite manipuler le marché asiatique pour que ça lui rapporte gros.

Les truqueurs pensent d'une façon très particulière et ils m'ont toujours abordé en jouant aux hommes d'affaires mais je pense qu'après des années passées dans l'ombre, Chin était très flatté que quelqu'un qui vient d'un monde aussi différent du sien, un universitaire anglais, puisse s'intéresser à lui.

Mais, en décembre 2005, j'avais encore des doutes quant à la véracité de ses propos et je le lui dis sincèrement. Alors il m'invita à le regarder truquer les matchs de la Coupe du monde 2006.

En direct.

17

La préparation

Tu as pris une photo au KFC[1]*, non ? Je t'ai vu. Je savais que tu essayais de prendre des photos. Je le savais. Je sais tout.*

Le trucage de la Coupe du monde fut décidé dans un Kentucky Fried Chicken du Nord de Bangkok.

Ils étaient quatre assis à une table. Un grand noir athlétique, habillé d'un tee-shirt moulant et d'un jean et trois Asiatiques : Chin et deux jeunes Chinois. Ils s'étaient donné rendez-vous à 12 heures, le 25 mai 2006 et discutèrent pendant une heure et vingt minutes. À 12 h 10, un grand blanc, qui portait une chemise froissée, s'assit à une table toute proche. Il avait l'air épuisé et semblait avoir des problèmes avec ses téléphones portables, il sortit plusieurs fois pour essayer de les faire marcher.

Les quatre hommes discutaient de la façon de truquer les matchs des derniers tours de la Coupe du monde 2006. Il y avait un tel décalage entre ce centre commercial anonyme au Nord de Bangkok et ce que faisaient ces hommes qui avaient décidé de gagner plein d'argent en détruisant le rêve de millions de gens. Le grand blanc, c'était moi. J'essayai

1. Kentucky Fried Chicken, chaîne de fast-food où la nourriture est à base de poulet *(Ndlt).*

d'enregistrer la rencontre avec mes téléphones dans lesquels j'avais installé du matériel adéquat. Mais malheureusement, ma caméra cachée ne marchait pas, j'en étais donc réduit à prendre des photos avec mon téléphone.

Je dus demander au manager du KFC de baisser la musique pop que crachaient les haut-parleurs, pour pouvoir enregistrer quelque chose. Je faisais semblant d'avoir un problème de téléphone, ce qui me permettait d'essayer de faire des images des quatre hommes ensemble, sans me faire repérer ni par eux ni par leurs sbires qui étaient sûrement dans les parages. C'était un travail épuisant. Je faisais semblant de lire le journal en écoutant leur conversation, je regardais ma montre comme un homme d'affaires étranger qui attend un coup de fil. Puis, de temps en temps, je prenais mon téléphone, je passais un coup de fil imaginaire, je parlais dans le vide en essayant de prendre une photo.

Leur conversation portait sur *la façon* dont ils allaient arnaquer le marché du jeu. D'après ce que j'ai entendu et ce que Chin m'a dit ensuite, l'homme noir était le coursier d'une équipe et il disait qu'il y avait des responsables et des joueurs de son pays qui étaient prêts à considérer l'idée de saboter un match. Mais Chin et ses associés n'avaient pas assez d'argent pour le versement initial qui sert à s'assurer la confiance de l'équipe.

Le coursier était prêt à travailler avec eux. Ils avaient déjà travaillé ensemble et ils avaient confiance. Mais il lui fallait « le pourboire » pour convaincre les membres corrompus de l'équipe. La somme dépend du niveau du match. Pour une rencontre locale ou un championnat junior, mille dollars par joueur suffisent. Mais pour une Coupe du monde, c'est autre chose. Le coursier demandait au moins 100 000 dollars, pour tout le réseau.

Chin voulait le présenter à d'autres « investisseurs » qui auraient l'argent, il abandonnerait le trucage et prendrait une commission. Le coursier ne voulait pas. Il ne connaissait pas ces gens et ça allait être difficile de gagner sa confiance.

D'un autre côté, le coursier disait que deux responsables de l'équipe voulaient faire partie du deal et Chin n'aimait pas ça. Ils disaient qu'ils avaient déjà travaillé avec cette équipe et qu'ils connaissaient les joueurs. Au stade où ils en étaient, ils n'aimaient pas du tout l'idée de faire participer les responsables.

Ils examinèrent tous les cas de figure. Pendant ce temps-là, j'essayais d'écouter leurs arguments le plus discrètement possible, en essayant de rester dans mon rôle d'homme d'affaires débordé.

On ne peut pas rester trop longtemps dans un KFC sans attirer l'attention. Je finis mon repas et je lus chaque ligne du tabloïd que j'avais acheté, deux fois. Tout à coup, un jeune couple vint s'asseoir entre leur table et la mienne. Je faillis leur taper dessus. Je me levai, passai devant eux et c'est à ce moment-là que j'ai entendu une conversation sur les gardiens de but. Je m'arrêtai devant la porte et commençai à prendre désespérément des photos du groupe.

À 13 h 20, ils se levèrent et partirent. Chin s'en alla avec un des Chinois et l'homme noir avec le plus jeune. Il ne me regarda pas. J'essayai d'éviter de le regarder. Je regardai le noir, en essayant de retenir un maximum d'informations.

À 13 h 59, je reçus un coup de fil. C'était Chin qui exultait :

« Ils avaient résolu leurs problèmes. Le trucage allait se faire. »

J'étais resté en contact avec Chin durant l'hiver et le printemps 2006. Il avait parlé du trucage de la Coupe du monde et le pays qui revenait sans cesse était le Ghana.

D'après lui, en 2004 aux Jeux Olympiques d'Athènes, des personnes de son groupe avaient réussi à s'approcher de l'équipe du Ghana et leur avaient fait saboter leur dernier match, contre le Japon. Je ne savais pas ce que valait l'équipe du Ghana car je ne la connaissais pas, Chin se moqua de moi.

Tu crois que le Japon aurait pu battre le Ghana ? Tu rigoles, c'est une bonne équipe. J'ai payé un joueur 15 000 dollars [en prépaiement]. Je sais tout de suite s'ils vont accepter un pot-de-vin ou non. S'ils disent qu'ils veulent bien me voir, c'est que c'est bon. Le match m'a coûté 550 000 dollars.

C'est toujours la même chose : les affaires ne se font que si la confiance règne. Dans le passé, l'équipe du Ghana aurait eu une mauvaise expérience avec d'autres truqueurs et Chin réussit à les convaincre qu'il était la personne avec qui il fallait travailler et depuis, il avait été en contact avec plusieurs joueurs de l'équipe. Moi j'avais des doutes, mais lui était très confiant. Il me dit :

Tu veux venir au Ghana avec moi ? J'y vais un mois avant la Coupe du monde. Je vais arranger le match, là-bas et puis… je te montre ce que je fais. Mais il faudra que tu restes derrière, tu ne dis rien. Tu verras le travail.

Puis fin avril, nous nous sommes entretenus au téléphone. Il me dit qu'il ne pouvait pas me parler comme ça, il fallait que je vienne le voir à Bangkok.

Je le revis, cette fois-ci dans un bureau anonyme dans les environs de Bangkok, à l'endroit où la ville commence à se fondre dans la campagne. Contrairement à beaucoup de touristes, je ne suis pas un fan de la Thaïlande. J'y suis allé plusieurs fois et j'ai l'impression que tout est possible ici, à partir du moment où vous avez de l'argent. Vous voulez une fille ? Payez. Vous voulez un jeune garçon ? Payez un peu plus cher. Vous voulez détruire une partie de la forêt tropicale pour planter de la drogue ? Payez beaucoup plus cher et vous pourrez le faire. Tout est possible si vous avez de l'argent, mis à part insulter la famille royale. La corruption existe dans beaucoup d'autres pays d'Asie, mais pas à l'échelle de la Thaïlande. Paradoxalement, ce qui me dérange le plus, ce sont les sourires. Les Singapouriens et surtout les Malaisiens et les Indonésiens peuvent être très grincheux, mais les Thaïlandais sourient tout le temps. J'ai toujours la désagréable impression qu'ils pourraient me poignarder avec ce même sourire.

Je n'aime pas Bangkok, non plus. C'est une ville paralysée par la circulation où l'on passe des heures assis dans un taxi, quel que soit l'endroit où l'on va. Le bureau où Chin m'emmenait cette fois-ci était à l'opposé du Country Club de notre premier rendez-vous : les murs étaient nus et les meubles en contreplaqué. J'avais encore sur moi un matériel d'enregistrement digne d'un d'espion et ça me rendait nerveux car Chin était avec un autre homme qui avait l'air beaucoup plus effrayant que le type du Country Club. Cet homme me regardait comme s'il essayait de savoir si j'enregistrais quelque chose et j'essayais de masquer ma nervosité en parlant beaucoup. Chin n'était pas à l'aise non plus. C'était un moment étrange.

Il me dit que tout était arrangé. Le contingent corrompu de l'équipe du Ghana était d'accord et deux responsables aussi, dit-il. C'était lui qui truquait mais, tout à coup, il me demanda de l'argent, *mon* argent. Pas de l'argent pour le livre, pas une avance sur des droits d'auteur, il voulait que j'investisse. Je devais lui donner 100 000 dollars, le « pourboire » pour les joueurs corrompus du Ghana, ce serait notre investissement à *nous deux*. Je lui dis qu'il n'en était pas question. Nous parlâmes brièvement et je partis.

Ma tête explosait. Qu'était-il arrivé au réseau des seize associés du monde entier ? Qu'était-il arrivé au big boss du Country Club ? Il me demandait de l'argent *à moi* ? J'étais tellement fauché à cause de tous ces voyages et de ce que me coûtaient mes recherches, que j'étais obligé de dormir dans l'hôtel le moins cher de Bangkok, où la porte fermait à peine et où je partageais la salle de bains avec quinze autres personnes, dont une famille entière de l'Est de la Thaïlande. Étais-je venu jusqu'ici pour qu'on me raconte des bobards sur le trucage de match, la Coupe du monde et sur une équipe qui avait l'air aussi honnête qu'une bande de pasteurs mennonites[1] ?

Ce soir-là, je m'accroupis sur le sol de ma chambre avec une tasse de thé et j'examinai la situation. Il y avait trois possibilités :

1) C'était une grosse arnaque. Chin avait entendu parler de mes recherches et il se disait qu'il pourrait se faire un peu d'argent et rigoler un bon coup. Si j'avais de l'argent, ce qui n'était pas le cas, il le prendrait et disparaîtrait.

2) C'était un grand truqueur, mais il était dans le pétrin. Il était sincère. Il avait toujours ses contacts et il pouvait truquer un match de la Coupe du monde. Mais il était aux abois et essayait de trouver de l'argent pour le faire.

3) Il était encore le big boss. Il disait la vérité. Son argent était en Suisse, comme il l'affirmait, mais il n'avait pas encore été transféré par le Crédit suisse. Il essayait vraiment de faire le deal.

La seule option était de rester dans le coin et de continuer à travailler. Je n'avais pas l'intention de lui donner de l'argent, j'écartai donc la première possibilité, mais je resterais en contact avec Chin et je verrais bien ce qu'il se passerait.

Ensuite, ce fut la rencontre au KFC. Entre les deux, j'ai traîné entre Bangkok et Kuala Lumpur, j'ai rencontré des agents et d'autres footballeurs que j'ai interviewés. À chaque fois que quelqu'un me posait des questions, je parlais de Singapour et de l'Indonésie, mais jamais de Bangkok et j'ap-

1. Courant religieux chrétien protestant, que manifestement, l'auteur ne tient pas en grande estime *(Ndlt).*

pelai Chin, presque tous les jours, pour lui demander ce qu'il se passait. Notre rapport était devenu étrange, il prenait très mal le fait que je puisse mettre en doute sa capacité à truquer et il était déterminé à me prouver que c'était vrai.

Nous nous revîmes deux jours après la rencontre au KFC et il était de très bonne humeur. Nous étions seuls dans le même bureau sordide des environs de la ville. Aucun associé, ni malabar ne nous accompagnait. Je lui demandai comment s'était passé le rendez-vous, il dit qu'ils n'avaient pas été d'accord sur le fait de faire rentrer de nouvelles personnes dans l'affaire : un investisseur asiatique, de son côté et de nouveaux joueurs et responsables, du côté de l'équipe. Je lui demandai comment il pouvait être sûr que ce type n'était pas en train de l'arnaquer et qu'il avait vraiment une influence sur l'équipe ghanéenne.

– Hill : Tu es sûr qu'il est assez puissant dans l'Association de football ghanéen ?

– Chin : Bien sûr, il est entraîneur de l'équipe junior du Ghana.

– Hill : Donc il connaît tout le monde ?

– Chin : Oui, il connaît tout le monde.

– Hill : Parce que je pensais à toi, j'ai vu dans le journal qu'ils vont payer tout le monde 20 000 dollars, pour chaque match gagné.

– Chin : Gagner, c'est pas sûr à 100 %. Tu crois que c'est sûr à 100 % ?

Mais moi je paye chaque joueur, chaque joueur touche 30 000 dollars. OK ? Je connais l'équipe… Il m'a dit « OK boss, nous avons huit joueurs. »

Nous parlâmes encore et vers la fin de la conversation quand Chin s'est penché vers moi et m'a dit :

« Au KFC, tu as fait une photo, non ? Je t'ai vu. Je savais que tu étais en train d'essayer de prendre des photos. Je le savais. Je sais tout », je me suis presque pissé dessus.

Je bafouillai mais j'essayai de rester calme. Le truc c'est qu'à ce moment-là, j'étais aussi en train d'enregistrer et ma caméra cachée filmait. Le problème c'était la petite lumière rouge…

Quand il dit : « Je sais tout », Chin semblait regarder droit dans l'objectif. Je me penchai et essayai de le distraire, cela sembla marcher. Il ne fallait pas oublier que je m'étais engagé dans une drôle d'aventure avec des gens qui pouvaient être très dangereux. Même si Chin m'avait demandé de l'argent, même s'il avait l'air de jouer à un drôle de jeu avec moi, s'il le désirait, il pouvait vraiment me faire du mal. Je devais faire attention.

Quelques jours plus tard, je rentrai en Europe. Les derniers événements ricochaient dans ma tête. Ou bien une des plus grosses arnaques de l'histoire du sport était en train de se jouer sous mes yeux, ou bien quelqu'un s'amusait à mes dépens.

18

Une petite ville allemande

La FIFA rejette l'idée que les footballeurs ou les responsables puissent être soumis à une quelconque tentation et dit que les joueurs veulent tous faire de leur mieux pendant la Coupe du monde.

Je suis tombé amoureux de la Coupe du monde dans l'Allianz Arena à Munich. C'était le 9 juin 2006, quelques minutes avant le match d'ouverture entre le Costa Rica et leurs hôtes, l'Allemagne. Les colombes s'étaient envolées avec les ballons et les confettis, les dernières notes de musique venaient de s'estomper et le capitaine de l'équipe allemande, Michael Ballack, précédait ses coéquipiers et riait, pendant une sorte de ballet d'échauffement. Les supporters des Costaricains, en rouge, dansaient dans les tribunes et moi, j'agitai mon écharpe en même temps que tout le monde.

J'étais venu faire une conférence sur le trucage de match à un groupe de responsables européens. Ils m'avaient payé suffisamment bien pour que je puisse continuer mes recherches encore quelques semaines, mais le vrai cadeau, c'était la place pour le match d'ouverture.

C'est grisant d'assister à un événement que le monde entier regarde, l'air avait une couleur particulière et je voyais les filaments invisibles qui reliaient le stade à toutes les télévisions dans tous les salons, de toutes les maisons du monde.

Qu'en était-il du match ? La fameuse citation de l'écrivain uruguayen Edouardo Galeano dit :

« Les années ont passé et j'ai enfin accepté de me voir tel que je suis : un homme qui prie pour qu'il y ait du bon football. Je me promène de par le monde, les mains tendues et j'implore : "Un beau geste, pour l'amour de Dieu." »

Il aurait été ravi. Le match était parfait. Plein de buts, de talent et de bon esprit. À la sixième minute, Philipp Lahm, un défenseur allemand qui avait l'air tellement jeune qu'on aurait dit que le ramasseur de balle se trouvait sur le terrain par erreur, coupa la route à un défenseur et tira un but dans la lucarne. La tribune tout entière se leva en criant et moi avec. C'en était fini du Costa Rica. Comment cette petite équipe allait-elle pouvoir remonter le score face à la grande équipe allemande qui menait 1 à 0 dans le match d'ouverture à domicile ? C'était compter sans Paulo Wanchope, le grand et athlétique footballeur costaricain qui, quelques minutes plus tard, traversa la défense allemande et marqua un but, égalisant 1 à 1.

Le jeu fut ainsi, plein d'allers-retours à un rythme endiablé. La foule exultait accompagnant chaque geste de cris de joie. Nous étions transportés, les 66 000 spectateurs que nous étions, personne n'aurait voulu être ailleurs. C'était magique. Quel beau match ! Comme c'était bon d'être vivant !

Pour des hommes de ma génération, dont les pères et les hommes plus âgés avaient fait la guerre contre les nazis, il était difficile de se retrouver dans un grand stade rempli d'Allemands qui agitaient des drapeaux et hurlaient. Je sais que ce n'est pas politiquement correct de dire cela, mais c'est vrai. En arrivant au stade, ces drapeaux partout, ces dizaines de milliers d'Allemands habillés souvent avec la même tenue de football, ces gens chantant ensemble m'avaient fait dresser les cheveux sur la tête. Tout cela entrait étrangement en résonance avec un passé douloureux. Au bout de dix minutes, je compris mon erreur. Aucune de ces horreurs ne ressemblait à ce merveilleux championnat qui avait lieu en ce magnifique mois de juin, sous les yeux du monde entier. Les Allemands étaient charmants et hospitaliers et les fantômes du passé étaient endormis.

Après le match, la fête était dans les rues et les boulevards du centre de Munich. Dans les cours pavées, chargées d'histoire, des Iraniens saluaient des Américains. Ils n'étaient pas les seuls : des supporters de tous les pays chantaient et faisaient la fête ensemble. Les Allemands offraient de la bière, les Costaricains improvisaient une salsa, les Mexicains sautaient en se tenant enlacés et nous dansions et chantions, jusqu'à en avoir mal à la gorge. Je ne vis aucune violence, aucune bagarre, aucun racisme, aucun vol, aucun pickpocket. J'ai peut-être eu de la chance, mais c'était une merveilleuse fête internationale. Je suis rentré à mon hôtel le lendemain matin à 7 h 30, grisé par la vie, par le chant et par le football.

L'idée que deux semaines auparavant, j'avais été entraîné dans un fast-food thaïlandais, et entendu des gens fomenter un plan pour truquer un match de ce merveilleux championnat, me semblait à présent ridicule. Au bout de cinq jours, je rentrai à Oxford et je me sentais heureux et vivant. Chin avait prétendu qu'un match amical contre la Corée du Sud le 4 juin en Écosse pourrait être truqué. Ce ne fut pas le cas. Dans les journaux, on disait que les Ghanéens avaient mis en pièces les Coréens, avec une victoire de 3 buts à 1. Ma curiosité commença à décroître.

Le 12 juin, le Ghana rencontrait l'Italie. D'après Chin, ce match serait truqué, il dit que les joueurs corrompus de l'équipe le saboteraient. L'Italie devait battre le handicap (*point spread*), ils devaient gagner d'au moins deux buts. Je courus chez moi au Nord d'Oxford, pour regarder le match.

Depuis l'ouverture du championnat à Munich, je regardais les matchs par pur plaisir. J'avais très envie de voir l'Italie, une grande équipe, mais qui aussi avait porté en son sein l'horrible Moggi et ses matchs truqués et qui les avait laissés se faire humilier par une petite équipe africaine. Je m'installai sur mon sofa, et mis la télévision sur la BBC.

À la moitié de la première mi-temps, j'eus un haut-le-cœur.

La caméra venait de faire un panneau sur les bancs de touche de l'équipe du Ghana. Là, juste derrière l'entraîneur, Ratomir Dujkovic, parmi un groupe de responsables officiels, j'aurais pu jurer avoir vu l'homme du KFC de Bangkok. J'attendis, en espérant que le réalisateur recadre le banc, mais il ne le fit pas et je passai le reste du match à tourner la tête bizarrement comme pour voir derrière le cadre de la télévision.

Les Ghanéens jouaient bizarrement : parfois très élégamment, le milieu de terrain contrôlait le ballon, ils se faisaient de belles passes puis, arrivés devant le but italien, l'attaquant semblait toujours rater son coup ou bien mettait le ballon en touche.

L'esprit du jeu aussi était bizarre, ils ne se faisaient pas signe et ne se tapaient pas dans la main quand ils étaient sur le terrain. Leurs visages étaient morts. L'équipe avait 53 % de possession de la balle, mais ils n'en faisaient rien. Un joueur ghanéen faillit même, plusieurs fois, mettre la balle en touche dans les 35 mètres. Je pensais à ce que Chin m'avait dit sur la façon de perdre un match. Comment l'équipe corrompue devait garder le ballon, faire de petits trucs, puis la donner à l'autre équipe.

Les buts italiens ne furent même pas dus aux prouesses de leurs attaquants, mais plutôt aux erreurs idiotes de la défense adverse. Après le match, les commentateurs de la BBC firent des remarques cinglantes sur le Ghana, surtout Martin

O'Neill, ancien joueur et maintenant directeur d'Aston Villa de la Premier League anglaise et qui ressemble à un prêtre. Il fut particulièrement dur : « Ils n'ont aucune excuse », dit-il à propos du premier but. « Ils ont eu des avertissements pendant toute la première mi-temps... Ils ont été punis. »

C'était tellement subjectif. Peut-être que les joueurs étaient trop nerveux pour ce genre de championnat. Je n'avais jamais vu cette équipe jouer et peut-être que cette énergie avait toujours été la leur. Cela dit, le résultat était exactement celui que Chin avait annoncé : l'Italie avait gagné par deux buts, assez pour enregistrer une perte sur le marché du jeu asiatique.

Au jour d'aujourd'hui, je n'ai pas de certitude en ce qui concerne ce match, mais en le regardant, j'avais griffonné mon opinion sur un bout de papier en grosses lettres capitales :

CE MATCH EST TRUQUÉ.

Il était temps de retourner en Allemagne, il était temps de mettre de côté cette griserie du match d'ouverture, il était temps d'aller voir le quartier général de l'équipe du Ghana et de découvrir si l'homme assis sur le banc de touche était le même que celui que j'avais photographié au KFC de Bangkok. Il était temps de savoir si ce que j'avais vu et entendu ce jour-là au fin fond d'une banlieue asiatique avait du sens ou non. Pouvait-on truquer un match de Coupe du monde ?

Le premier Ghanéen que j'ai vu en Allemagne sortait les poubelles. Dans les années soixante et soixante-dix, des milliers de Ghanéens, fuyant la pauvreté écrasante de leur pays, vinrent en Allemagne. Ils occupent toujours les métiers ingrats de concierge, jardinier ou éboueur. Il était là, au beau milieu de la foule grouillante de la gare de Würzburg, il devait avoir dans les cinquante ans, silencieux et digne et il ramassait les détritus. Il n'y avait pas de racisme apparent, personne ne le traitait ou ne lui parlait mal, la plupart des Allemands blancs se contentaient de l'ignorer, comme si l'espace qu'il occupait était vide. J'ai vu une bonne douzaine d'Africains en Allemagne en ce mois de juin et c'était souvent la même chose : pas de racisme apparent, pas de peur à l'américaine, simplement des espaces vides, des gens qui étaient là sans qu'on ne les considère.

Devant la gare de Würzburg, s'étend une colline couverte de vignes. C'est une jolie ville dont le centre historique est traversé par une rivière. On dit qu'elle possède plus d'églises que de maisons, ce qui n'est pas loin d'être vrai. Il ne s'est rien passé de spécial à Würzburg depuis 1631, mais en juin 2006, les regards du monde entier sont tournés vers la ville.

Le QG du Ghana était un hôtel au centre de Würzburg. Après le match contre l'Italie, ils avaient battu l'équipe tchèque qui avait été donnée favorite, 2 à 0 et la nuit de mon arrivée, ils battirent les États-Unis 2 à 1. La moitié de la ville était à l'hôtel Maritim pour les accueillir.

Je n'avais aucune idée de ce que j'allais faire. J'étais parti d'Angleterre en pensant que le QG de l'équipe serait dans un château fort dont l'accès serait strictement contrôlé et les entrées gardées, que la sécurité serait à son maximum afin de se prémunir contre les kamikazes, les paparazzi et les truqueurs.

Heureusement et malheureusement, ce n'était pas le cas. À mon arrivée à l'hôtel, la fête battait son plein, les habitants de la ville étaient devant l'entrée et acclamaient l'équipe, des Ghanéens plus âgés s'étaient drapés dans leur drapeau et dansaient dans la rue, encouragés par des Allemands enthousiastes.

C'était l'inverse du racisme que j'avais senti à la gare et à travers l'Allemagne. Pendant les jours qui suivirent, les Africains ne furent pas ignorés, ils étaient devenus des gens *heureux* qui dansent dans la rue. Je bus un verre avec un Ghanéen dans un bar en face de l'hôtel. Les Allemands enthousiastes levaient leurs pouces en signe d'encouragement envers les Africains *heureux*. Le problème est le suivant : le Ghanéen avec lequel je pris un verre avait fondé une entreprise de soudure dans les mines d'or de l'Ouest du Ghana. Il avait lui-même été mineur pendant cinq ans. C'était un homme d'affaires impitoyable, dans un environnement impitoyable, mais pour les gens du bar, c'était un Africain *heureux*. C'est l'impossibilité de voir une personne en tant que telle, plutôt que comme un espace vide ou un cliché, qui définit le racisme.

Je bus un verre de vin avec l'ex-mineur. Deux footballeurs ghanéens traînaient devant la vitrine, ils se tenaient la main. Au milieu du tohu-bohu de la fête, des drapeaux, des danses et des klaxons de voiture, ils étaient comme deux villageois qui, par hasard, étaient aussi des joueurs de la Coupe du monde et se baladaient innocemment dans ce joyeux chaos qu'ils avaient contribué à créer.

« Le monde vous remercie d'avoir battu les États-Unis », lança une femme à un footballeur dans le hall de l'hôtel. Elle était habillée d'un pantalon en cuir noir et ses cheveux étaient teints en blond. Elle prit sa main et la tint dans la sienne longtemps en disant :

« Vous savez, tout le monde déteste les États-Unis, ils ne font que du mal en Irak. Ils ont une réputation horrible et vous, vous les avez battus ! »

Elle sourit au joueur qui ne dit rien et eut la décence d'avoir l'air gêné.

Cela ne devait pas se passer comme ça. J'avais lu partout que des responsables sinistres repoussaient les hordes de personnes et mettaient les équipes à l'abri de dangers potentiels. Dans un article sur la Coupe du monde de 2002 dans le *London Evening Standard*, on disait que la « FIFA n'avait pas établi de règles particulières pour limiter le contact entre les footballeurs et les responsables et les bookmakers, durant la

Coupe du monde ». La réponse de la FIFA dans l'article était la suivante :

La FIFA rejette l'idée que les footballeurs ou les responsables puissent être soumis à une quelconque tentation et disent que les joueurs veulent tous faire de leur mieux pendant la Coupe du monde... La FIFA dit que les mesures de sécurité seront tellement sévères, qu'il sera impossible de contacter les footballeurs, les directeurs et autres responsables.

C'était peut-être vrai en Corée ou au Japon, mais certainement pas en Allemagne. J'étais si près d'un footballeur en seulement dix minutes, que je pouvais même voir ses oreilles rougir d'embarras.

Pendant les six jours qui ont suivi, j'ai pu contacter tous les footballeurs, directeurs et responsables que j'avais envie de voir. Ma stratégie en arrivant à l'hôtel fut très simple : en vingt secondes, je pris une décision cruciale. J'inspirai profondément, je comptai les euros qui me restaient de mon séminaire à Munich, j'inspirai à nouveau et me dirigeai d'un pas décidé vers la réception où je demandai une chambre. C'était un hôtel assez cher et très différent de celui de Bangkok. Je réussis à avoir une chambre au deuxième étage, juste à côté de la salle à manger où toute l'équipe prenait ses repas. Je pouvais me promener et parler à qui je voulais. Ce qui était si facile pour un pauvre chercheur universitaire devait l'être encore plus pour un riche « homme d'affaires ».

Je n'aurais même pas eu besoin de prendre une chambre car tout le monde entrait et sortait librement de l'hôtel. J'assistai à la retransmission des autres matchs, assis tout près de deux des plus grands joueurs africains de leur génération : Abédi Pélé et Tony Yeboha. La jeunesse et la simplicité de l'atmosphère autour de l'équipe étaient déconcertantes. D'habitude, pendant des championnats sportifs de haut niveau, on sait qu'il y règne une atmosphère à moitié familiale, à moitié sportive, les athlètes se préparent pour l'attaque, on parle des blessures, le temps est géré minutieusement. Deux jeunes joueurs sortent de l'ascenseur, en retard pour la réception sur la place de la ville.

« Quelle heure est-il ? » C'est Anthony Baffoe, une des vedettes de la grande équipe du Ghana du début des années quatre-vingt-dix, qui est là pour donner un coup de main à l'équipe.

Les deux jeunes sourient gênés.

« Vous deviez y être à six heures trente. Allons-y. »

Un matin, j'ai croisé Michael Essien, la star ghanéenne de Chelsea, qui prenait son petit déjeuner à quelques tables de la mienne. Quand il passe à la télé, on dirait un pitbull, alors que dans la vie, il a l'air bien plus jeune et moins musclé. Tous les footballeurs semblaient tellement jeunes et *normaux*. Voilà le paradoxe de cette fièvre de marketing, de cette ferveur nationaliste et de cette folie médiatique : la Coupe du monde n'est qu'un championnat de jeunes gens qui jouent ensemble au football.

Je devais d'abord retrouver l'entraîneur des juniors. Chin m'avait dit que cet homme était son coursier. Dans la délégation, il y avait deux entraîneurs juniors : Sam Arady et Cecil Jones Attuqayefio. Je leur donnai rendez-vous dans le patio du restaurant. Avant leur arrivée, je faisais les cent pas, me demandant ce que j'allais bien pouvoir dire s'il s'avérait qu'un de ces hommes était celui que j'avais vu à Bangkok quelques semaines auparavant. Je n'avais pas besoin de m'inquiéter car à mon grand soulagement, quand je les vis arriver, je constatai que l'homme du KFC n'était pas là. C'étaient deux personnes de grand talent et bien plus âgées qui avaient entraîné leurs équipes vers de nombreuses victoires, aussi bien pour la Coupe du monde junior, la Coupe junior africaine que pour des médailles aux Jeux Olympiques.

Je demandai à Arday quel était le meilleur souvenir de sa longue carrière.

Pour moi, le meilleur souvenir du football ghanéen c'était à Barcelone. C'était la première fois qu'une équipe africaine gagnait une médaille aux Jeux Olympiques et c'était comme si ça m'était arrivé à moi. Quand nous sommes allés au village olympique et nous avons vu notre équipe, j'étais tellement heureux... C'est un moment que je n'oublierai jamais. Jamais.

Avant ma rencontre avec Chin, je n'avais jamais fait très attention au football ghanéen. Ce fut une découverte énorme. Le Ghana est une pépinière internationale du football. Le nombre de Coupes du monde junior que ce pays a remporté depuis vingt ans est presque aussi important que celles du Brésil. Le matin de notre rencontre, l'équipe serbe avait été éliminée, ils avaient très mal joué. L'entraîneur ghanéen était Serbe. Je dis à Arday et Jones qu'ils devraient faxer un CV à l'Association de football serbe et ça les fit rire. Je ris avec eux, mais au fond, j'étais peiné car on considère ridicule l'idée qu'un entraîneur africain puisse soumettre un CV à une équipe européenne, même quand cet entraîneur a remporté nombre de victoires continentales, internationales et olympiques en équipe junior. C'est le racisme qui affecte encore le football en Afrique. Je leur demandai pourquoi ils n'étaient pas considérés comme d'assez bons entraîneurs pour une équipe adulte.

C'est le problème de l'Afrique tout entière. Nous, les entraîneurs africains, n'avons pas le droit d'entraîner l'équipe nationale. On ne nous a pas laissé la possibilité de proposer des idées qui aideraient au développement du football dans notre pays, ou même dans toute l'Afrique. Quand il s'agit de l'équipe nationale, ils préfèrent prendre des étrangers. Ils n'ont pas l'air de nous faire confiance. C'est comme ça partout en Afrique, y compris au

Ghana, ils n'ont jamais eu confiance en nous et c'est pour ça que nous n'avons pas accès à l'équipe nationale.

C'est ce paradoxe qui a, semble-t-il, vérolé le football ghanéen depuis vingt ans : dans le football junior, il n'y a que le Brésil et le Nigeria qui peuvent se mesurer à eux et plus d'une centaine de Ghanéens jouent ou ont joué dans les plus grandes équipes européennes, mais jusqu'en 2006, ils n'ont jamais pu montrer de quoi ils étaient capables au niveau mondial. L'équipe ghanéenne du début des années quatre-vingt-dix en est l'exemple le plus flagrant. Elle aurait dû dominer le football africain et international. Leurs stars, Abédi Pelé, Tony Yeboah et Anthony Baffoe, étaient de très grands joueurs européens. Abédi Pelé a été trois fois élu meilleur joueur africain de l'année ; il a gagné le Championnat d'Europe avec l'Olympique de Marseille. Il était impensable qu'ils ne soient pas de sérieux prétendants à la Coupe du monde. Mais en 1993, ils jouèrent un match dont chaque Ghanéen se souvient avec désespoir. L'équipe devait affronter en Allemagne, les vainqueurs de la Coupe du monde de 1990, les Allemands. Pendant la première mi-temps, les Ghanéens jouèrent comme s'ils étaient les vainqueurs de la Coupe du monde et revinrent au vestiaire en menant 1 à 0. Mais la deuxième mi-temps fut si mauvaise que c'en était presque drôle, si ça n'avait pas été horriblement triste : les Allemands revinrent en force et écrasèrent les Ghanéens. Ils marquèrent trois buts en une minute, pour un score final de 6 buts à 1. Au Ghana, on appelle ça « le désastre de Bochum » et l'histoire qui court sur ce revirement est qu'à la mi-temps, les responsables ghanéens sont rentrés dans les vestiaires et ont annoncé qu'il y aurait deux niveaux de rémunération pour le match : les joueurs internationaux vedettes toucheraient une certaine somme et les joueurs basés au Ghana une autre somme, nettement inférieure. Les joueurs qui jouaient au Ghana n'apprécièrent que modérément la décision des responsables et le firent savoir aussi clairement que possible…

L'homme qui m'a raconté cette histoire était un grand journaliste ghanéen, le merveilleux et perspicace Michael Oti-Adjei, Michaël. Il a une émission de télévision sportive au Ghana et il aime passionnément son pays et son équipe. On devint amis et un jour en prenant un café, il essaya de m'expliquer à quel point son pays aimait l'équipe de football nationale :

Tu sais, pour un pays comme le Ghana, les victoires au football sont tellement importantes. C'est extrêmement symbolique. C'est une des rares occasions où ce pays a l'impression de faire partie du monde. Parce que pour le reste, on n'y arrive pas : nos meilleurs docteurs, nos meilleurs professeurs, on n'arrive pas à les retenir. Les gens terminent leur premier cycle d'études et s'enfuient en Grande-Bretagne, les autres font des tâches ingrates, comme des ménages, tu sais bien, tous ces métiers, serveurs et autres. Alors tu sais, quand on les voit à la télé et qu'ils sont le centre de l'attention du monde entier, ça nous donne un sentiment patriotique vraiment merveilleux, que personne ne peut nous enlever.

J'ai passé six jours dans l'hôtel et la pression montait.

Une fois passée l'euphorie de la victoire contre les Tchèques et les Américains, l'attention se tourna vers le match contre le Brésil, qui devait avoir lieu le 27 juin. Les conversations devinrent tactiques, stratégiques, on discutait préparation. Un soir, j'interviewai Stephen Appiah, le capitaine porte-bonheur de l'équipe de Ghana, dans le hall de l'hôtel. C'est un ancien de la Juventus qui joue aujourd'hui à Fenerbaçe, les champions de la Ligue turque. Il me dit que pour le match contre le Brésil, ils se concentreraient sur la défense :

Nous devons bien défendre parce qu'ils ont des joueurs, on le voit dans leurs matchs, qui viennent toujours à l'avant, à trois, quatre ou cinq. Ils attaquent tout le temps. Il nous faut prendre notre temps pour contre-attaquer, mais si nous y arrivons, je crois que nous pourrions vraiment les mettre en difficulté. Parce qu'ils sont toujours à l'attaque, ils ne savent pas défendre, ils ne font qu'attaquer. Nous devons nous servir de nos têtes pour les battre.

Il était charismatique et charmant et semblait totalement concentré sur la victoire. Cet homme, qui avait autant de talent et d'argent, n'allait-il pas être tenté par les propositions d'un parieur asiatique ?

Tout avait l'air parfait, en surface, il n'y avait pas l'ombre d'un truqueur à l'horizon. Je n'avais pas aperçu la silhouette de l'entraîneur junior corrompu. J'observais chaque membre de l'équipe plusieurs fois, je m'asseyais dans la salle à manger pendant leurs repas, je prenais en photo tout le monde dans le hall de l'hôtel et, le soir tard dans ma chambre, j'examinai chaque cliché, cherchant à apercevoir un visage connu. Personne ne me rappelait, même de loin, les personnes croisées au KFC à Bangkok. Je conversais avec chaque Asiatique que je croisais. Rien.

Il n'y avait absolument personne qui me rappelait les hommes de Bangkok, pas d'entraîneur véreux qui avait soi-disant huit joueurs et deux responsables sous contrôle, pas de truqueur asiatique se promenant avec une mallette pleine d'argent liquide. Personne n'éveillait le moindre de mes soupçons.

Le soir, alors que je marchais dans le couloir pour rejoindre ma chambre, j'entendis les joueurs réunis en train de chanter des cantiques et l'idée qu'ils puissent truquer le match fut dissoute dans l'harmonie de leurs voix.

Le trucage était devenu une sorte de mauvais rêve. Les Ghanéens étaient une équipe dont les joueurs se tenaient la main en public, restaient polis face à des fans idiots et chantaient des hymnes chaque nuit avant de se coucher. C'était absurde, on m'avait ensorcelé, ma vision du match contre l'Italie avait été une erreur. Pourquoi n'auraient-ils pas eu le droit d'être à côté de la plaque pendant un match aussi important ? Chin avait deviné le score par pure coïncidence.

Une drôle de pensée me traversa : Chin avait peut-être, par mesure de sécurité, cité le mauvais pays. Peut-être était-il en train de truquer un autre match africain de la Coupe du monde ? Le Togo, par exemple, avait de très gros problèmes. J'avais lu dans les journaux que leur entraîneur allemand leur avait interdit de parler à tout journaliste asiatique. Ils allaient bientôt jouer contre la Corée du Sud. L'entraîneur se méfiait de la corruption et il pensait que les journalistes, ou ceux qui prétendaient l'être, auraient essayé d'approcher ses joueurs. Puis du jour au lendemain, l'entraîneur allemand donna sa démission, pour finalement être réengagé. Les joueurs firent la grève et demandèrent à être payés directement et non par l'intermédiaire de la Fédération de football du Togo, car ils craignaient que les autorités ne leur volent leur argent. Pour finir, les joueurs ne jouaient que quand la FIFA leur garantissait un paiement direct. J'en déduisis que le Ghana étant une équipe très calme, la vraie connexion de Chin devait être avec le Togo.

J'avais beau être plongé dans mes réflexions, je commençai tout de même à m'apercevoir qu'il se passait autre chose dans l'hôtel. Quelque chose de bizarre que je ne compris pas tout de suite. Ce qui m'alerta fut un événement qui n'avait pas de signification particulière, mais qui imprima en moi une image étrange. Le dimanche matin, deux jours avant le match, je sortis de l'hôtel, le soleil brillait et la place était inhabituellement vide. C'était beau et calme. Je me retournai vers la façade de l'hôtel et je vis à une fenêtre du même étage que celui de la délégation ghanéenne, une magnifique jeune femme. Je crois que c'était une prostituée, elle en avait tout à fait l'air. Sûre de l'effet qu'elle produisait, elle se tenait là avec son opulente poitrine prisonnière d'une guêpière rouge, ses cheveux blonds volant au vent et regardait vers la place avec une rare assurance.

Ce n'est pas que je sois contre le sexe. C'est qu'il y avait quelque chose, un remous sous cette surface si lisse, qui me surprit. Quelque chose qui était trop en contradiction avec les cantiques du coucher.

En passant quelques jours à côté d'eux, je m'aperçus qu'il y avait une différence de classe entre les responsables et les joueurs. Les uns étaient les « grands hommes » d'Afrique, les autres étaient issus de la classe laborieuse. Les responsables officiels se pavanaient dans le hall, faisant constamment la démonstration de leur pouvoir et de leur force, alors que les footballeurs avaient l'air de provinciaux. Ils ne semblaient pas avoir l'ego ou l'arrogance des athlètes nord-américains, mais plutôt la dégaine d'une équipe locale jouant dans un petit tournoi. Ils étaient entourés d'amis venant du même quartier, qui leur servaient d'assistants et d'hommes à tout faire.

C'était la même histoire qu'avec les succès de la Coupe du monde junior. Le premier jour, en parlant avec Sam Arday et Cecil Jones Attuquayefio, j'étais devenu un immense fan du football ghanéen, mais ce ne fut pas du tout pareil lorsque je rencontrai le président de l'Association de football du Ghana, Kwesi Nyantakyi. Un matin, je prenais mon petit-déjeuner tard et m'assis par erreur dans la section du restaurant réservée à l'équipe. Nyantakyi attendait son café et semblait assez autoritaire. Néanmoins, lorsque je commençai à lui poser des questions, il fut très ouvert. Je lui demandai pourquoi l'équipe junior du Ghana avait un niveau inégalé par rapport à l'équipe senior, du moins jusqu'à cette Coupe du monde. Il me servit ce que je soupçonne être la liste d'excuses habituelles à cette question : que les joueurs changent tout le temps [ce qui est normal puisqu'ils sont jeunes] et que le Ghana n'a ni argent ni structures. Mais le plus intéressant est ceci : il me dit, le plus honnêtement du monde, que si l'équipe junior avait si bien réussi par le passé, c'est parce que les joueurs n'avaient pas tous moins de dix-sept ans. Ils avaient dix-neuf, vingt ou vingt et un ans et faisaient semblant d'être plus jeunes. Son prédécesseur avait décidé de mettre fin à ces pratiques et Nyantakyi faisait de son mieux pour s'assurer que les joueurs soient en règle. Cela dit, depuis ce sursaut d'honnêteté, les équipes juniors du Ghana n'avaient pas remporté autant de succès.

Un journaliste ghanéen m'expliqua par la suite que cette pratique était tellement répandue que beaucoup d'entre eux avaient deux âges : selon l'officiel, ils étaient plus jeunes et selon le vrai, ils étaient deux ou trois ans plus vieux.

D'autres histoires de corruption étaient plus inquiétantes. Oti-Adjei, Michael me raconta l'histoire de la défaite du Ghana face au Nigeria, dans les matchs qualificatifs pour la Coupe du monde de 2002. Cela voulait dire que le Nigeria jouerait la phase finale des qualificatifs, alors que la Côte d'Ivoire ne la disputerait pas. Le Ghana était déjà disqualifié et ils perdirent 3 à 0 contre le Nigeria. Au banquet d'adieu, après le match, à côté de chaque joueur et de chaque responsable, il y avait une enveloppe d'argent liquide. Les Nigérians prétendirent que c'était la tradition de faire un cadeau…

Pendant le week-end, l'Association de football du Ghana reçut des billets pour le prochain match, que la FIFA allouait aux équipes qui passaient le deuxième tour. Une impeccable queue d'Allemands se forma immédiatement devant l'hôtel. Les Ghanéens ignorèrent la queue et passèrent de l'autre côté de la table pour acheter des dizaines de billets chacun. Évidemment en vingt minutes, il n'y en avait plus. Puis, certains des acheteurs revendirent les billets deux fois plus cher dans le hall de l'hôtel. J'achetai deux billets à Michael qui me les vendit au prix coûtant, mais les fans allemands étaient furieux. Ils commencèrent à protester, les journalistes commencèrent à prendre des photos et la police arriva. Mais les gens de Würzburg étaient tellement amoureux de tout ce qui était ghanéen, que la police n'arrêta pas la vente de billets illicite ; au contraire, sur « ordre » des responsables ghanéens, ils interdirent les photos. Ils menacèrent même d'arrêter un journaliste brésilien qui demandait l'autorisation de le faire. Comment, dans un pays qui est censé être une démocratie, la police peut-elle interdire de prendre des photos ? Cela me dépasse. Je réalisai avec amertume que malgré ma proximité avec l'équipe, je ne saisissais pas tout ce qu'il était en train de se passer.

Puis vinrent les coups de téléphone.

Je retournai dans ma chambre, loin de tout ce carnaval et j'appelai Chin. Il était de retour à Bangkok avec ses associés et nous nous appelions tous les deux jours. Le 25 juin, deux jours avant le match contre le Brésil, nous nous parlâmes en regardant l'Équateur jouer contre l'Angleterre à la télévision. Chin me dit qu'un de ses amis avait aidé à truquer le match. Le problème c'est que les Anglais étaient tellement nuls qu'il leur était même difficile de battre une équipe complaisante. Mais il avait des nouvelles du match Brésil-Ghana.

– Chin : Oui, oui, mon ami m'en a parlé. Il m'a appelé et ils sont intéressés par le match Ghana-Brésil.

– Hill : Le Brésil va gagner ?

– Chin : Le Ghana va perdre. Ils vont s'arranger avec le Brésil.

– Hill : Vraiment ?

– Chin : Oui, c'est confirmé.

– Hill : Confirmé, confirmé ?

– Chin : Absolument. 100 % confirmé. Ils disent qu'ils veulent vraiment faire affaire avec le Brésil.

– Hill : Mais je ne comprends pas pourquoi ils feraient cela ? Ils sont payés par l'Association de football.

– Chin : Oui. [rire] Mais il faut que tu saches que parfois, au football, il y a des joueurs… qui veulent faire des affaires… Aujourd'hui mon ami m'a dit qu'ils avaient arrangé le match Équateur-Angleterre pour gagner 2 à 0.

– Hill : Oui, je ne sais pas, je suis en train de regarder le match et les Anglais ont l'air bien moins bons que les Équatoriens. Ils sont bons, les Équatoriens.

– Chin : Oui, les Anglais sont très mauvais… Ils jouent 4-5-1. C'est un trucage de merde, tu sais.

– Hill : Mais pour le match Ghana-Brésil, nous avons plus d'informations, non ? Nous avons des gens à nous dans leur camp, non ?

– Chin : Oui, absolument. Absolument. Absolument, c'est vrai.

Chin me disait deux choses. D'abord qu'un de ses associés avait des contacts avec des joueurs de l'équipe d'Équateur qui devaient perdre face à l'Angleterre. Mais l'équipe anglaise était tellement mauvaise que les Équatoriens avaient beaucoup de mal à les laisser marquer un but convaincant. L'Angleterre gagna 1 à 0, ce qui n'était pas le score que les truqueurs voulaient, mais Chin était assez content de lui et dit que quand il truquait les matchs, il demandait souvent à l'équipe de jouer bien pendant la première mi-temps et mal pendant la seconde. Il pensa que c'était sûrement ce qu'il s'était passé avec ce match. Je ne suis absolument pas sûr de ce que j'avance, étant donné que je n'ai pas d'autres détails sur ce soi-disant trucage. Mais je cite cette conversation car je crois que le public a le droit de savoir.

D'autre part, Chin garantissait que le Ghana « perdrait » face au Brésil, ce qui voulait dire, en langage de parieur, perdre avec une marge de deux buts. Cette conversation eut lieu deux jours avant le match. Il prédit que le Ghana perdrait d'au moins deux buts et il en était certain à 100 %.

27 juin 2006, stade de Dortmund, Allemagne

J'ai pleuré. Debout dans les tribunes, j'ai pleuré.

Je suis désolé de partager cela avec vous, ça a sûrement l'air bête, ce n'est sûrement pas digne d'un homme. Mais je veux dire la vérité. Je ne suis pas sûr de la raison de ces larmes. Je crois que j'ai pleuré en pensant à cet homme ghanéen digne et solitaire qui ramassait les poubelles à la gare. Je crois que j'ai aussi pleuré pour les millions de gens qui, dans le monde, ont soutenu leur équipe face à l'équipe favorite du football mondial. J'ai pleuré aussi pour le couple qui était à côté de moi dans les tribunes : un père de quarante ans et son fils de vingt ans. Ils s'étaient rencontrés quelques semaines avant le match, ils ne se connaissaient pas avant et maintenant, ils s'aimaient tellement, ça faisait chaud au cœur. Je crois que j'ai pleuré pour le Brésilien habillé en poule, le visage tordu, que j'ai croisé devant le stade. Un homme qui voulait tellement voir ses héros en action, qu'il avait dépensé une fortune pour faire le voyage jusqu'en Allemagne et maintenant, il mendiait un billet pour assister au match. J'ai pleuré pour toutes les émotions et les symboles que charrie un grand et beau match. J'ai pleuré parce que sans pouvoir dire pourquoi, je crois bien que le match était truqué.

J'ai regardé ce match entouré de dizaines de milliers de personnes qui agitaient des drapeaux et chantaient en chœur au stade de Dortmund. Les fans du Brésil avaient exactement l'accoutrement que le monde entier attend d'eux : des tambours de samba, des créatures magnifiques en bikini et cette arrogance décontractée de Champions du monde. Les Ghanéens avaient de l'espoir. J'étais parmi les supporters de l'équipe perdante, pour eux, l'équipe représentait leurs rêves, leurs aspirations et leur dignité. Ils acclamaient désespérément chaque passe réussie, chaque beau tacle et chaque remontée de terrain, qui avait beaucoup plus de sens pour eux qu'un simple match de foot.

Je ne sais pas comment, je ne comprends pas pourquoi, mais je regardai le match sans croire au trucage. J'avais entendu les propos de Chin avant le match, mais je le regardai incrédule, me disant qu'il ne se passerait rien de louche. C'était impossible. Les équipes arrivèrent sur le terrain, elles jouèrent avec tout leur cœur, elles firent tout pour remporter le match, du moins me sembla-t-il. Mais il y eut une succession d'erreurs stupides, des tirs ratés, des hors-jeu, l'attention de la défense était vacillante et les Brésiliens marquèrent trois buts improbables. Des buts dont même une équipe junior aurait eu honte. Il y avait quelque chose de pourri dans ce match, quelque chose qui sonnait faux.

Le score fut exactement celui que Chin m'avait annoncé. Encore aujourd'hui, je suis persuadé d'avoir assisté à un match truqué.

Les supporters quittèrent les lieux et je me retrouvai seul et là, j'ai pleuré pendant une minute peut-être, j'ai pleuré de vraies larmes. Puis, m'étant ressaisi, j'ai appelé Chin.

Je l'ai congratulé pour sa victoire et je lui ai dit que je ne l'avais jamais vraiment cru mais que maintenant, je le croyais. Il était très calme :

« Si je suis un tellement génial, se plaignit-il, comment ça se fait que je ne me sois fait que quelques centaines de milliers de dollars ? »

Puis il dit :

« J'en ai un autre pour toi. Un autre match truqué. »

C'était l'Ukraine contre l'Italie. D'après Chin, un autre de ses associés avait un joueur corrompu dans l'équipe d'Ukraine. Ils voulaient saboter le match face à l'Italie. Le score serait au handicap asiatique, c'est-à-dire plus de deux buts. Ils me dit cela avant et pendant le match. Franchement, mon attachement à l'équipe ukrainienne n'était pas aussi fort. Je n'avais pas assisté à un rendez-vous du genre du KFC et je n'avais pas rencontré les footballeurs. Je vis le match à la télévision. L'équipe ukrainienne semblait faire de son mieux, ils semblaient vraiment faire tout pour battre l'équipe italienne qui techniquement était supérieure. Mais ils perdirent. Avec le score que Chin avait annoncé.

La situation commençait à prendre de drôles de proportions. Sur quatre matchs de la Coupe du monde dont on m'avait annoncé les résultats avant les rencontres, trois s'étaient déroulés de la façon attendue, le quatrième avait varié d'un seul but. Était-ce une coïncidence ? Le hasard ? Je voulais absolument en savoir plus.

Mais on m'empêcha d'enquêter.

19

La cote d'or

Oui, oui, je me souviens en Malaisie en 1997, à la Coupe du monde des moins de vingt ans. Il y a ce mec que je vois partout, même pendant la Coupe du monde, il était là. Je crois qu'il est... Japonais ou Chinois. Il est venu nous voir et il a dit : « Hé les mecs, il faut que vous marquiez le premier but et nous allons parier, parce qu'il y a des paris et je vais vous donner de l'argent. »

Les derniers mois, ça avait été difficile de jongler avec mes rôles de journaliste et d'étudiant. Il est arrivé un moment où, pour des raisons internes, j'ai dû promettre au département de sociologie de ne plus mener de recherches en dehors de mon travail universitaire qui était d'ailleurs à ce moment-là, surtout statistique. Je ne pouvais plus appeler Chin, ou n'importe quel autre truqueur asiatique. Si je transgressais cette règle, j'allais à la rencontre de sérieux problèmes.

Pendant un an, j'obéis. Je n'enquêtai pas sur les éventuels trucages de la Coupe du monde. Ce fut L'ANNÉE DE L'ATTENTE. Ce fut l'année où je m'attachai à ma chaise et rangeai mes valises. Ce fut l'année des statistiques, des murs sombres et des bouteilles à la mer. L'année d'Oxford, des courses avec mes amis à Port Meadow, de baignades dans la Tamise et des couchers de soleil dorés sur la ville. Mais pendant ce temps-là, les images de ce que j'avais vu se bousculaient dans ma tête et les questions demeuraient.

Enfin, le mois de juin arriva et je fus libre à nouveau. Je rendis ma thèse à mon directeur de thèse et je dégageai de ses chaînes l'enquêteur qui sommeille en moi. J'étais parti pour découvrir ce qui se cachait derrière les événements de la Coupe du monde 2006.

Faisons un peu le point sur ce que je savais et ce que je ne savais pas.

Premièrement, il existait des preuves purement circonstancielles.

Des journalistes ghanéens m'avaient affirmé que l'équipe nationale avait sûrement saboté un match contre le Nigeria, quelques années auparavant. Ce qui voulait dire que *l'idée* de vendre un match ne leur était pas totalement étrangère.

Deuxièmement, j'avais vu des rencontres qui m'avaient mis la puce à l'oreille, dont une qui m'avait même fait pleurer, tellement j'avais la conviction d'avoir assisté à un match truqué. Mais en y repensant à froid, il me semblait impensable qu'un match de ce niveau puisse l'être.

La preuve la plus importante de trucage dans la plus grande compétition du monde était, bien évidemment, ce fameux truqueur chinois qui m'avait donné l'essentiel des scores de matchs qui n'avaient pas encore été joués. Bien sûr, ça pouvait être le hasard ou la chance. Les quatre rencontres suivaient un schéma particulier, il s'agissait toujours d'une petite équipe face à une grande favorite. Les prédictions de trucage coïncidaient avec ce que la majeure partie des parieurs aurait dit : l'Italie allait battre le Ghana et l'Ukraine, le Brésil allait battre le Ghana et l'Angleterre, l'Équateur. Il était donc possible que Chin me mène en bateau en m'annonçant en grand secret les résultats que n'importe quel outsider aurait pu prévoir. Évidemment, il avait été un peu plus précis que cela, il m'avait donné les buts d'écart de chaque match.

Un jour, pendant L'ANNÉE DE L'ATTENTE, je demandai conseil à Steve, un des éminents sociologues d'Oxford. Fisher est un statisticien qui non seulement travaille sur le vote tactique[1], mais qui donne aussi un coup de main à la BBC les nuits d'élection où il devient analyste des tendances sur le plateau.

Je lui racontai un peu la situation et il dit : « C'est très simple, tu additionnes la cote de chaque match avec le résultat prévu, parce que la cote dépend de l'issue du match. Tu devrais pouvoir te rendre compte si la chance a joué un rôle déterminant. »

C'est ce que j'ai fait. Le chiffre que j'ai trouvé n'était pas particulièrement élevé. Les chances de trouver le bon score étaient seulement à 528 contre 1. Cependant, il était bon de se rappeler que si j'avais parié mille dollars en suivant ses conseils, j'aurais gagné plus d'un million de dollars.

J'avais aussi vu des choses, *à côté* des matchs. Je n'avais pas fait que parler avec le truqueur Chin qui était supposé avoir aidé le trucage, il m'avait aussi convié à un rendez-vous avec un homme qui était censé être son coursier, avec lequel il avait discuté de l'arnaque.

Alors, non seulement les prédictions étaient bonnes, mais en plus je savais qu'il se passait quelque chose. Je savais que toute l'équipe n'était pas impliquée mais que les truqueurs étaient soi-disant de petits groupes de footballeurs corrompus. Mais je n'avais aucune certitude sur le match de l'Ukraine ou de l'Équateur, je ne connaissais pas les noms des joueurs impliqués. Je n'avais pas le témoignage d'un seul joueur racontant qu'il avait été approché pour truquer le match et

1. Quand un électeur vote pour un candidat pour des raisons tactiques et non de préférence.

en plus, je n'avais pas la moindre idée de qui était ce coursier vu au KFC de Bangkok. Je ne l'avais pas vu au QG du Ghana, et je n'avais aperçu aucun des parieurs.

Je croyais possible que *quelque chose* se soit passé. Si Chin avait dit la vérité, le coursier devait ressembler à cela :

– Il devait avoir une relation assez proche avec l'équipe ghanéenne, pour avoir un accès facile aux footballeurs ;

– Il devait être un entraîneur de l'équipe junior ;

– Il devait avoir été proche de l'équipe olympique à Athènes contre le Japon.

Il aurait dû être à Würzburg, mais il y devait y avoir une raison pour que je ne l'aie pas vu. Ou bien il n'était pas dans cet hôtel, ou bien il se cachait vraiment, ce qui paraît improbable.

Je décidai d'aller au Ghana pour trouver cet homme, s'il existait. C'était apparemment une tâche ridicule que d'essayer de trouver un homme qui risquait de ne pas être au Ghana, et au milieu de millions de Ghanéens. J'avais passé des heures à le chercher dans l'hôtel de Würzburg. J'avais pris des centaines de photos des groupes de Ghanéens que j'avais scrutés à la loupe et je n'avais rien trouvé. Mais si je n'allais pas au Ghana, j'allais passer ma vie à me demander ce qui s'était passé en Allemagne pendant la Coupe du monde.

Le Ghana est la première des anciennes colonies britannique subsahariennes à avoir conquis son indépendance. En 1957, le Premier ministre charismatique du pays, Kwame Nkrumah, voulait réunir toute l'Afrique en un seul pays. Un des moyens d'y arriver était de développer le football. Ils investirent des sommes colossales pour convaincre le reste du continent à s'unir sous une seule autorité qui serait ghanéenne. L'ironie, c'est que le jour de mon arrivée à Accra était le jour d'ouverture du sommet africain : une grosse bamboula pour permettre aux dirigeants africains de parler de l'Unité

Africaine. Ce sommet laissait les gens d'Accra de marbre. Le leader libyen M'uammar Kadhafi avait traversé le désert avec sa suite pour assister à la réunion. Il avait fait une arrivée spectaculaire. Mais le vrai problème pour la plupart des gens de ce pays n'est pas l'Unité africaine, mais la pauvreté. Un des vieux entraîneurs ghanéens me dit que pendant la grande famine des années quatre-vingt, il avait donné des sacs de riz et de haricots à ses joueurs pour les motiver. Puis il leur avait laissé le temps d'apporter tout cela à leurs familles pendant le week-end. Ainsi, ils n'allaient pas s'inquiéter et se demander si leurs familles mangeaient alors qu'ils devaient se préparer à une grande compétition.

Ce pays s'est fortement développé depuis vingt-cinq ans et son taux d'alphabétisation est un des plus élevés d'Afrique, mais 75 % de la population gagne encore moins de deux dollars par jour. Ce qui intéresse vraiment les gens ici, mis à part la survie de leur famille, c'est le football. Les exploits des Black Stars sont au centre des conversations. C'est un pays habitué à être oublié par le reste de la planète et les gens étaient encore un peu ivres des événements de la Coupe du monde de l'année précédente. Les autorités avaient fait en sorte que la ville soit ornée des portraits des grands politiciens africains, mais les gens préféraient les images des joueurs des Black Stars dont ils avaient recouvert les murs, les voitures et leurs vêtements.

Cette obsession pour leur équipe venait en partie de l'attention que ses exploits avaient attirée sur le pays, mais aussi parce que les joueurs avaient gagné au gros lot et que la plupart d'entre eux avaient gagné honnêtement. Ils n'étaient pas des politiciens corrompus qui roulaient en limousine, bloquant la circulation et faisant des discours mensongers dans des salles de conférence de luxe. Au contraire, la plupart venaient de familles très pauvres et n'avaient rien d'autre que leur talent, de l'endurance et étaient assez entreprenants pour gagner relativement bien leur vie. Les journaux sportifs étaient inondés de nouvelles d'Europe. Le grand journal *African Sports* fait douze pages. Dans l'édition de fin juin, sept pages trois quarts étaient consacrées aux nouvelles de la Coupe de la Ligue des Champions, et les quatre pages et quart restantes parlaient du sport ghanéen.

Un article attira mon attention. Abédi Pelé avait été le plus grand footballeur de sa génération. J'avais regardé des matchs en sa compagnie dans le hall de l'hôtel de Würzburg. Il fait partie de la génération dorée des footballeurs ghanéens des années quatre-vingt-dix. Il avait été footballeur africain de l'année, plus grand buteur de l'équipe nationale et vainqueur de la Ligue des Champions européens. Mais au printemps 2007, beaucoup de Ghanéens pensaient qu'il avait participé à un match truqué.

En mars 2007, l'équipe dont il était le propriétaire, FC Nania, s'était battue pour rentrer en première division ghanéenne. Ils étaient arrivés au dernier tour à égalité avec le club rival des Great Mariners. Si la situation n'évoluait pas, on allait devoir compter les buts de la saison.

Ils commencèrent leurs matchs respectifs, exactement à la même heure et pendant la première mi-temps, ils semblèrent jouer normalement : chacune des équipes, aussi bien le FC Nania que les Great Mariners étaient en train de battre leurs adversaires avec respectivement 1 but à 0 et 2 à 0. Soudain, ça se gâta. On commença à marquer des buts, dans les deux matchs, *beaucoup* de buts, tellement qu'un des arbitres commença à avoir le tournis. On ne peut pas lui en vouloir : FC Nania marqua 31 buts à 0 et Great Mariners 28 à 0. Ce fut une victoire *totalement inattendue* pour le club d'Abédi Pelé.

Ce n'était pas la première fois que des scores aussi ridicules avaient été enregistrés dans des matchs de football au Ghana. Mais c'était tout de même très gênant. C'était comme si

Roberto Baggio, Wayne Gretzky ou sir Bobby Charlton avaient un club qui gagne avec un score de ce genre. Pire, Abédi Pelé est un astre de la FIFA et un membre du Comité du football. Il est même un des ambassadeurs de l'organisation pour la prochaine Coupe du monde en Afrique du Sud en 2010. Ce n'était pas simplement un problème entre le Ghana et le football, mais un problème entre l'Afrique et le football mondial.

Le mérite de l'Association de football ghanéenne (GFA) fut de réagir prestement à ce problème. Le comité disciplinaire bannit Abédi Pelé, les deux équipes et la plupart des joueurs. La FIFA devait encore décider ce qu'elle faisait pour la Coupe du monde, quand la femme d'Abédi Pelé attaqua l'Association ghanéenne de football en justice. Abédi Pelé fit une déclaration dont voici un extrait :

Je ferai tout ce qui est en mon pouvoir pour obtenir réparation car nous avons été bannis sur des conjectures... La seule accusation valable est que mon équipe a marqué plus de buts. Si c'est le cas, j'affirme que même si le score peut faire jaser, il n'apporte aucune preuve que le match ait été truqué.

Ensuite, ce fut un festival de fausses excuses. L'entraîneur d'une des équipes perdantes dit que ses joueurs avaient souffert d'intoxication alimentaire, c'était la raison de leur petite forme. Un des arbitres dit qu'il ne pouvait « pas comprendre ce qu'il s'est passé ». Abédi Pelé dit même qu'il avait quitté le stade avant la fin du match, mais il fut contredit par son propre frère qui affirma que non seulement Abédi était resté jusqu'à la fin, mais qu'il fut porté sur les épaules des footballeurs de son équipe.

Ce n'était pas le premier cas d'accusation de trucage de match au Ghana. Un blogger écrit sur Internet : « Je suis tout de même surpris du foin qu'on fait autour de ces quatre équipes. Un fanatique de football (*sic*) peut-il me dire quelle équipe au Ghana n'a pas été impliquée dans le trucage de match ? » L'année précédente, deux équipes de première division auraient été enregistrées en train d'arranger des matchs. J'ai parlé à un propriétaire d'une équipe de première division ghanéenne qui m'a dit que ça arrivait très souvent et que lui-même avait acheté des matchs. « J'ai eu le gardien de buts de l'autre équipe pour 50 000 cedi par but qu'il laisserait passer. Chaque fois qu'il laissait passer un but, il levait le bras, comme pour injurier le ciel, mais c'était un signal... Ils ont fini par perdre 4 à 1 alors je l'ai payé 200 000 cedi[1]. »

Quand j'arrivai à Accra, la GFA venait de décider de bannir Abédi Pelé et son équipe. Les faits étaient en train d'être jugés par les tribunaux ghanéens et intéressaient beaucoup les fans de foot du pays. (Quelques mois après mon départ, le tribunal décida de ne pas retenir les charges contre Abédi Pelé, mais la sanction contre les équipes fut appliquée.) C'était un désastre pour le football ghanéen, mais mon enquête n'en fut que facilitée. Dans une conjoncture pareille, je n'éveillai les soupçons de personne en posant des questions sur le trucage de match.

J'engageai Oti-Adjei, Michael, le journaliste intello qui m'avait tant impressionné l'année précédente. Il devait trouver les numéros de téléphone et m'aider à obtenir les interviews. Cependant, je restai vague sur le but de mes recherches même avec lui. Je fis cela pour deux raisons. D'abord, parce que je voulais qu'il soit capable d'être totalement innocent si on lui demandait ce que je fabriquais. C'est assez facile d'être un journaliste international : à la fin de l'enquête, je pars. Ce qui est difficile est d'être celui qui reste et qui doit supporter ceux qui ont été contrariés par ma présence. C'est donc mieux de ne pas tout dire, pour qu'ils puissent dire en toute honnêteté : « Je n'ai pas la moindre idée de ce qu'il faisait. » Ensuite parce que malgré mon respect pour son

1. Respectivement 5 et 20 dollars américains *(Ndlt).*

intellectualisme, j'avais remarqué que beaucoup de journalistes ghanéens agissaient comme s'ils travaillaient pour l'Association de football ou pour leur équipe préférée et même si je n'étais pas sûr que ce fût le cas de Oti-Adjei, Michaël, je ne voulais prendre aucun risque. Nous nous vîmes le soir de mon arrivée à la terrasse de l'Avenue Club, un restaurant du centre-ville d'Accra sous une voûte d'étoiles et de feuilles de palmiers. À mesure que Michael me parlait, je me rendis compte qu'à Würzburg, il s'était passé beaucoup plus de choses que je n'aurais pu imaginer.

La chose la plus importante qu'il m'ait dite dans l'obscurité de cette chaude nuit tropicale, était qu'il y avait eu une grosse dispute entre les responsables et les footballeurs à cause du salaire de ces derniers. Cette histoire me fut confirmée par la suite par certains joueurs et par le responsable de la GFA. Lors des réunions, presque tout le monde était présent, tous les joueurs et les principaux responsables de la GFA. Un des joueurs s'était levé et avait dit aux responsables : « C'est pas à vous que doit revenir l'argent. Vous ne savez pas jouer au football. Vous ne servez à rien. C'est nous qui jouons, c'est à nous que revient l'argent. » Le différend portait sur l'argent des sponsors et la subvention de la FIFA. Les joueurs voulaient être rémunérés pour leurs efforts, alors que les responsables disaient qu'ils voulaient la plus grosse partie de la somme afin de développer le football au Ghana.

Malheureusement pour eux, les joueurs n'avaient pas confiance, certains pensaient que les responsables voulaient tout simplement voler l'argent. La tension était tellement forte, qu'un politicien ghanéen de haut niveau dut intervenir pour mettre un terme au différend. Je demandai à Oti-Adjei, Michaël si des personnes avaient entendu parler de ces réunions houleuses, puisque d'autres disputes, celles entre les footballeurs togolais et leurs responsables étaient dans le journal. Il me répondit :

J'en ai eu vent, mais j'ai fait en sorte de ne pas fuiter l'affaire, comme les autres journalistes. Nous sommes patriotes. D'autres journalistes étrangers auraient fait une « une » du genre : « Réunions secrètes pour le partage du magot. »

Sa réponse me conforta dans mon choix de ne pas trop partager d'informations avec lui. Si Oti-Adjei, Michaël, un des meilleurs journalistes du pays, traitait ce genre d'événement de cette façon, comment réagirait-il s'il savait que j'enquêtais sur le trucage de match au niveau mondial ? Choisirait-il de dénoncer les joueurs corrompus ghanéens et leurs pratiques ou bien passer cela sous silence ? Peut-être choisirait-il la vérité, peut-être pas. Je respecte infiniment cet homme, mais je ne pouvais pas prendre de risques.

Ce qui me sembla intéressant dans cette histoire de négociation autour du salaire était le timing de ces réunions. La première, la plus violente, eut lieu la première semaine de juin. C'est-à-dire *après* le rendez-vous au KFC de Bangkok du 25 mai. Si certains joueurs se sentaient frustrés et en colère, ils avaient une bonne motivation pour accepter les propositions indélicates d'un coursier envoyé par Chin. Ils pouvaient changer d'avis, mais ils étaient suffisamment indignés au moment où le coursier allait à Bangkok.

La deuxième réunion se passa après le match contre les États-Unis. L'équipe passait au deuxième tour et les joueurs voulaient que leur salaire soit réajusté. C'est à ce moment-là que Chin m'assura que certains joueurs étaient confirmés à 100 % et que le trucage aurait lieu pendant le match contre le Brésil. Cela ne prouvait rien, mais ça changeait ma perception de cette équipe, ce n'étaient plus de jeunes hommes bien élevés, bien payés qui chantaient des cantiques. Ou plutôt, ils chantaient des cantiques mais ça ne les empêchait pas de se sentir spoliés.

Il y avait une autre chose dans la culture sportive du pays qu'Oti-Adjei, Michaël avait remarquée. Nous restâmes dans la nuit à parler du match contre le Brésil et des buts assez ridicules que le Ghana avait offerts à son adversaire. Il finit par soupirer longuement et dire :

Le truc, c'est qu'on s'en fout. On a perdu contre le Brésil, mais ça ne nous a pas empêchés de faire la fête. Arriver au deuxième tour, c'est déjà considéré comme un exploit. Après les matchs contre les Tchèques et les États-Unis, les joueurs savaient qu'ils étaient déjà des héros. Ils se disaient : « Nous sommes des grands garçons, maintenant, nous sommes entrés dans le monde. » Ils ont été reçus avec les honneurs quand ils sont rentrés au pays. Ils mettent la barre trop bas.

Si ce point de vue se révèle exact, cela rend la décision de truquer encore plus facile. Ils avaient déjà la gloire et n'en attendaient pas plus. Ils savaient qu'ils n'auraient pas à affronter la presse en colère, comme les Anglais lorsqu'ils sortent d'un tournoi en quart de finale. Pour paraphraser Jean-Pierre Bernès, s'ils allaient perdre la face au Brésil, pourquoi ne pas perdre avec 30 000 dollars dans leur poche ?

Comme je l'ai déjà dit, pour qu'un trucage fonctionne vraiment, il faut que le gardien soit dans le coup. Alors je suis allé voir Richard Kingson, l'homme qui a gardé les buts du Ghana pendant toute la coupe, pour savoir s'il avait été approché.

Au bout d'une heure et demie de route côtière, j'arrivai dans sa maison à l'est d'Accra. Je fus surpris par le quartier qui était desservi par un chemin de terre avec des nids-de-poule de cinquante centimètres de profondeur. Je m'en souviens parce que le taxi resta coincé dans l'un d'eux qui engloutissait totalement la roue ; la porte arrière ne s'ouvrait plus. Je fus également dérouté par l'extérieur modeste de sa maison, qui ne correspondait pas à son statut de joueur vedette qui venait de signer avec Birmingham. Kongson n'était pas là et Oti-Adjei, Michaël et moi-même restâmes à l'attendre deux heures. En nous approchant de sa maison, nous nous aperçûmes que les apparences peuvent être trompeuses. Derrière le portail, il y avait une grande cour pavée et une statue grandeur nature d'un gardien de but rattrapant un ballon. Il y avait aussi quatre hommes assis, qui jouaient aux cartes pour passer le temps. Autour des footballeurs ghanéens, il y a toujours trois ou quatre personnes. En général, ce sont les amis du quartier et ils protègent le joueur des intrus. C'est aussi la particularité de la société ghanéenne et de son économie. C'est un pays pauvre qui n'a pas les moyens de construire de grandes usines, des universités, des ministères et le reste, tout ce qui crée beaucoup d'emplois dans le monde développé. Les rues au Ghana sont donc pleines de jeunes gens assis qui attendent que *quelque chose*, n'importe quoi, se passe. Nous discutâmes avec eux un moment et finalement Kingson m'appela pour s'excuser et me dire qu'on ne pourrait pas se voir cette nuit-là.

J'ai réussi à le voir sur une plage privée luxueuse, le lendemain matin. Il n'était pas du tout d'humeur à se faire interviewer. C'était un athlète professionnel qui avait trois heures d'entraînement devant lui et qui voulait s'y mettre, mais il accepta de s'asseoir avec moi dans un petit bar pendant quelques minutes. Je m'étais débrouillé pour qu'il n'y ait pas d'autres journalistes ou de gêneurs, mais j'avais peu de temps donc je fus aussi direct que possible. Voici le début de notre entretien :

– Saviez-vous que des parieurs asiatiques voulaient acheter la Coupe du monde ?

– Non.

– Personne ne vous a approché pour truquer un match ?

– Non.

– Avez-vous truqué un match ?

– Non.

– Avez-vous entendu parler de matchs vendus ?

– *Non, rien.*

Ça avait le mérite d'être clair. Notre entretien se poursuivit, il se détendit et me conseilla de parler à Stephen Appiah, le capitaine. Il avait un mauvais souvenir de ce match mais, dit-il, si le match avait été truqué, il aurait été le dernier à être approché. Les joueurs savaient tous qu'il était très religieux, on le considérait comme le pasteur de l'équipe. Il me dit que lui aussi avait pleuré à la fin de ce match.

J'ai envie de pleurer, j'ai envie de pleurer à cause de ce que vous dites. Je ne savais pas du tout tout cela. Avant le match, j'ai pleuré parce que j'étais porté par l'inspiration, la confiance et la foi, j'étais sûr qu'on pouvait gagner, quoi qu'ils fassent. Oui... Maintenant, maintenant j'y repense, je prévoyais le match... [pause] c'est peut-être « comme ça » qu'ils ont gagné. C'est très mal. Si c'est ce qui se passe, c'est très mal. Comment peut-on sacrifier ça ? Après le match, je pleurais. Je me demandais pourquoi. Parce que je voyais Dieu dans toute sa gloire, nous aurions pu être des champions.

Kingson était catégorique : personne ne l'aurait approché pour truquer et si ça avait été le cas, il n'aurait jamais accepté l'argent. Après l'interview sur une plage immaculée, au bord de l'océan Atlantique, quelques-uns des meilleurs gardiens de but du Ghana commencèrent l'entraînement. C'était extraordinaire. Les amateurs n'atteignent jamais ce degré d'intensité. En général, plus l'athlète est faible, plus son ego est fort au moment de s'entraîner, alors que pour la plupart des professionnels, l'entraînement c'est du travail et ils sont dans un état de concentration totale. Ce à quoi j'assistai était de ce niveau et pendant des heures, je vis des gardiens, dont certains jouant en Europe, sauter, plonger, rattraper et bondir sans s'arrêter.

Pendant ce temps, j'eus une conversation avec Yusuf Alhassan Chibsah. C'est un milieu de terrain et il venait de terminer son entraînement. C'est un des grands joueurs du Ghana, mais il n'avait pas été sélectionné pour la Coupe du monde. Il était venu en Allemagne, mais une semaine avant la compétition, il n'avait pas été intégré à l'équipe. Cependant, il avait été le capitaine de l'équipe olympique, celle qui, d'après Chin, avait accepté de l'argent pour perdre face au Japon. Il me confirma tout de suite que des parieurs asiatiques les avaient contactés pendant les Jeux. Il dit :

Ils nous ont approchés. Je crois que c'était pour le match contre le Paraguay et après contre le Japon. Contre le Paraguay, ils nous disent qu'ils ont parié. Ce sont des parieurs. Ils ont parié sur le Paraguay, alors ils voudraient qu'on perde le match. Oui. On leur a dit que c'est pas possible de perdre. Le dernier match, on a fait match nul, alors on peut pas se permettre de perdre celui-ci. Ils ont essayé et essayé encore. Mais on a pas cédé. Stephen nous a raconté des trucs sur la Malaisie, quand ils y avaient été. Ces trucs-là étaient courants, pendant le tournoi malaisien. Il y a plein de parieurs qui traînent là-bas. Ça arrive tout le temps.

J'ai été aussi direct avec Chibsah. Je lui ai demandé s'il avait accepté de l'argent de truqueurs pour gagner ou perdre un match. Il me dit : « Non, non, jamais. Mais j'ai entendu qu'il y a beaucoup de parieurs à tous les grands championnats. Ils approchent beaucoup d'équipes. » Je lui ai demandé s'il avait eu vent de parieurs qui auraient approché l'équipe du Ghana à la Coupe du monde et il me dit qu'il ne savait pas, parce qu'au dernier moment il avait été écarté.

La première semaine de mon séjour au Ghana, je rencontrai deux autres grandes vedettes de l'équipe de la Coupe du monde : Asamoah Gyan et Sulley Muntari. Je ne les soupçonnais pas d'être impliqués dans un quelconque genre de trucage car ils avaient tous les deux marqué des buts pendant la coupe du monde. Quand je leur demandai si des matchs avaient été truqués, ils nièrent en bloc. À ma grande surprise,

Muntari est très gentil. J'écris *à ma grande surprise*, parce qu'il a la réputation d'un Roy Keane, l'ancien homme de main de Manchester United. Le Muntari qui venait de signer en Premier League avec Portsmouth est un milieu de terrain impitoyable, qui a déjà claqué la porte de centres d'entraînement internationaux parce qu'il n'était pas d'accord avec le directeur sportif. On imagine mal qu'il puisse accepter de l'argent d'un truqueur. Mais il me dit que pendant le match contre l'Italie, l'équipe était très déstabilisée par les histoires d'argent. Une partie du problème des joueurs que j'avais pris pour de la corruption était que les joueurs vedettes n'arrivaient pas à se concentrer à cause des disputes d'argent. Mais, comme presque tout le monde ici, il me conseilla de parler à Stephen Appiah : « Nous sommes des meneurs, nous sommes tous des meneurs, mais Stephen est notre chef. »

Il n'est pas le seul à respecter Appiah de la sorte. Son nom domine le football ghanéen. Il représente le rêve de millions de jeunes hommes du continent africain. Grâce à son talent, il est sorti d'un bidonville d'Accra et a gagné des millions pour lui et sa famille. Je suis allé faire un tour dans le quartier où il vit, à Chorkor, un petit village de pêcheurs dans les environs de la ville. Le seul nom du quartier fait peur à la majorité des gens d'Accra. C'est un quartier très dangereux. Les rues sont pavées, il y a de l'électricité et la plupart des maisons sont en ciment, mais de toute évidence, c'est un quartier pauvre. Appiah me dit plus tard : « Je regarde mes anciens amis et ensuite je me regarde et je me dis que Dieu m'a béni. Je sais ce que j'ai traversé et je m'en suis sorti alors que tous ces mecs, ils sont morts, ils ont été tués dans des vols à main armée, d'autres sont détruits par les drogues. Alors quand je me regarde… quand je vois où j'en suis, je n'oublie pas d'où je viens et je vois le chemin que j'ai parcouru. »

Son frère Ernest m'emmena faire un tour. Il portait de vieilles tongs, un tee-shirt noir, un pantalon mal coupé blanc et un diamant à l'oreille, c'était la seule chose qui le distinguait des autres habitant de Chorkor. Un autre frère et lui étaient chargés de réparer la maison où Stephen Appiah était né, une maison basse, où six personnes habitaient encore. La vie est une loterie et cette maison le démontre. Près de la plage, j'ai vu le terrain où le jeune Stephen Appiah jouait au football, il était couvert d'immondices et il n'y avait pas un brin d'herbe.

Appiah n'a pas oublié d'où il vient. Je l'ai retrouvé après un événement promotionnel pour un programme d'assurance nationale de santé. Il avait posé pour une photo de promotion et avait ensuite reversé de l'argent pour qu'une centaine de vieux de Chorkor soient assurés. Quand j'arrivai avec Michael Oti Adjei, il venait de partir dans un magnifique 4 x 4 Infiniti. Soudain, au milieu de cette pauvreté, une très belle femme, beaucoup trop glamour pour les circonstances, apparut. C'était l'attachée de presse d'Appiah. Akosua Puni se montra bienveillante et quand je lui demandai si je pouvais faire une interview, elle promit qu'elle s'en occuperait.

Cette interview ressembla à un film. Je pris un taxi avec mon acolyte Oti-Adjei, Michaël, jusqu'à une petite rue industrielle de l'autre côté de la ville, d'un côté, il y avait un concessionnaire Volvo, de l'autre, un hangar vide où quelques poutres en métal s'empilaient. L'Infiniti d'Appiah était garé sur le trottoir. Comme dans tous les bons films, il était entouré de deux assistants très costauds, Vladimir et Moral, dont un aux yeux rouges me faisait assez peur et de Akosua et sa sœur Coco, deux belles femmes cachées derrière leurs lunettes bandeau.

Appiah était assis dans sa voiture et avait l'air plus petit qu'à la télévision. Il portait un tee-shirt blanc fermé par trois boutons et deux boucles d'oreilles du côté gauche, une en argent et une en diamant. On s'installa sur les sièges arrière en cuir blanc. Il fut très amical, et parlait un anglais hésitant, mais correct.

Nous parlâmes de sa carrière et du chemin qu'il avait parcouru, puis je lui demandai s'il avait des conseils pour les millions de gens qui voulaient lui ressembler. Il me dit que ses débuts à Chorkor avaient été très difficiles, qu'ils avaient souvent manqué de nourriture, mais qu'il encourageait les gens « à tout faire pour réaliser leur rêve. Il ne faut jamais abandonner ».

Puis je lui demandai s'il s'était passé quelque chose dans le match contre le Brésil. « Il ne s'est rien passé. Nous avons fait l'erreur de sous-estimer leurs joueurs. À chaque fois que vous faites une erreur, ils marquent. C'est ce qui s'est passé. » Je lui ai parlé des truqueurs et il fut étonnamment direct :

Hill : Avez-vous déjà été approché par des parieurs, pour truquer des matchs ?

Appiah : Oui, oui, je me souviens en Malaisie en 1997, à la Coupe du monde des moins de vingt ans. Il y a ce mec que je vois partout, même pendant la Coupe du monde, il était là. Je crois qu'il est... Japonais ou Chinois. Il est venu nous voir et il a dit : « Hé, les mecs il faut que vous marquiez le premier but et nous allons parier, parce qu'il y a des paris et je vais vous donner de l'argent. » « OK, j'ai dit. OK, laissez-moi parler aux joueurs. » « Non », il a dit, il voulait me donner de l'argent à moi. J'ai dit : « Non, je ne vais pas prendre d'argent. » Si j'accepte l'argent, je vais avoir honte, alors je lui dis : « Laissez-moi parler aux joueurs. Il y a un mec qui voulait... comment on dit ? Il promet à l'équipe que si on marque un premier but, il nous donne une somme d'argent. » Alors j'ai approché les joueurs et ils ont dit : « OK, d'accord, d'accord. »

Mais j'ai convié les mecs et j'ai dit : « Les mecs, ça ne nous intéresse pas. » Et quand on a joué en demi-finale contre l'Uruguay, le type est venu me voir et m'a dit : « Stephen, on a parié beaucoup d'argent. Tu sais quoi ? Il faut que tu parles à ton gardien de but, pour que les autres marquent le premier but. »

J'ai dit : « Qu'est-ce que tu racontes ? Je ne peux pas faire ça. Je ne peux pas. On n'a pas besoin de ton argent, je ne vais pas le faire. »

Puis il raconta les Jeux d'Athènes.

Appiah : Quand nous sommes allées à Athènes en 2004 aux Jeux olympiques, un type est venu nous voir et a dit : « OK, voilà 200 000 dollars et vous laissez passer le premier but. »

J'ai dit « Non, parce que nous voulons aller plus loin… » Et tu sais ce qu'il a dit ? « Vous devez essayer de gagner le match. »

Hill : Et donc faire de votre mieux ?

Appiah : Oui, faire de notre mieux. Alors il me donne 20 000 dollars que je partage avec les autres joueurs. On a gagné 2 à 1 et on a partagé l'argent.

Hill : Et pour la dernière Coupe du monde, ils vous ont approchés ?

Appiah : Oui, ils sont venus me voir et m'ont dit : « Vous devez gagner contre la République tchèque. » Parce qu'on avait perdu le premier match. Je ne l'ai pas laissé parler, j'ai dit : « Mec, ne m'adresse pas la parole, je me concentre pour le match. » Je ne voulais pas parler de ça.

Hill : OK, mais est-ce que ce mec va voir d'autres équipes ?

Appiah : Oui, je crois qu'il est partout, ils sont partout.

Stephen Appiah, capitaine de l'équipe du Ghana et grand joueur international, m'a confirmé qu'il avait été approché par les truqueurs pendant la Coupe du monde. Ces truqueurs étaient dans beaucoup des championnats auxquels Appiah avait participé. Il les connaissait depuis longtemps et en 2004, à Athènes, il avait accepté 20 000 dollars de l'un d'eux et les avait partagés avec ses coéquipiers. Je l'ai rappelé quelques mois plus tard pour qu'il me confirme ses dires et il répéta ce qu'il avait dit et ajouta simplement qu'aux Jeux quand il avait accepté l'argent, il avait attendu d'être payé à la fin du match, pour qu'il n'y ait pas d'ambiguïté pour les truqueurs. Ils gagnaient et ils étaient payés, rien de plus. Je lui demandai s'il n'y avait pas eu d'autres trucages. Il rit et me dit : « Si tu écris ça dans ton livre, ces mecs vont venir me tuer. » Je lui reposai la question et il m'assura qu'il plaisantait.

Si ce qu'il disait était vrai, Appiah et ses coéquipiers étaient en train d'enfreindre un certain nombre de règles de la FIFA qui interdit d'accepter de l'argent d'intérêts extérieurs. Mais cela ne prouvait pas qu'il y avait eu trucage à la Coupe du monde. Au contraire, tous les joueurs affirmaient qu'ils n'avaient rien à voir avec la corruption.

C'est à ce moment-là que je vis le coursier.

20

Je suis innocent, je le jure

Il est venu dans ma chambre et s'est mis à genoux et il a dit qu'il était désolé, qu'il n'était pas mauvais, mais qu'il avait été tenté par le diable. Je lui ai dit qu'il devrait aller raconter ça à un prêtre. Je ne suis pas prêtre, moi, je suis un administrateur de football.

Les studios de télévision sont les mêmes partout. Qu'on soit chez CNN ou n'importe où comme à Londres quand on est en duplex avec le correspondant de Jérusalem, ou à un talk-show au Canada ou à l'émission sportive du matin à Accra, au Ghana. Il y a toujours ce mélange de chaos et d'organisation à la régie, pendant l'émission en direct. Les monteurs et producteurs sont assis devant des murs d'écrans, il y a toujours un producteur qui se plaint : « Pourquoi il fait ce plan de coupe ? C'est quoi ce plan de montre pendant l'interview ? On fait quoi, on fait de la pub ? », dans l'indifférence générale. Le réalisateur, chef d'orchestre de cet orchestre technique aux prises avec différentes choses à faire : choisir un plan, prévenir le présentateur par l'oreillette de ce qui vient ou dire à un cadreur de resserer le plan.

Non, c'est une jolie montre, c'est pour cela qu'ils ont fait un plan Caméra deux, plus serré. Trente secondes. J'aime bien quand on montre quelles montres portent les footballeurs, c'est plus facile à monter. Caméra deux, t'as la tremblote ce matin ? Prends un café et fais le point ! OK, on y est dans cinq, quatre, trois, deux, un, c'est bon.

La chaîne TV3 à Accra était pareille. J'étais assis au fond du studio à 8 h 15, un matin de juillet pour voir Michael Oti-Adjei en action. Il était très bon. Asamoah Gyan, l'attaquant vedette de l'équipe du Ghana avait décommandé son interview à 7 h 15 et ils n'avaient pas d'invité pour l'émission qui durait une heure et demie. D'autres présentateurs seraient devenus fous, ils auraient fait une crise de colère et s'en seraient pris à la plus petite stagiaire du plateau. Pas Oti-Adjei. Il se débrouilla pour improviser et décida de remplacer son invité par les coups de téléphone des téléspectateurs.

Ils appelaient de tout le pays et parlaient différentes langues qu'il traduisait directement. Il y avait de tout, comme toujours : les remarques les plus intéressantes et les plus bêtes.

Spectateur : Bonjour, bonjour. (bruit de fond grinçant)

Oti-Adjei : Bonjour, monsieur. Éteignez votre téléviseur, s'il vous plaît.

Spectateur : (n'éteignant rien du tout, ce qui provoque un larsen des plus grinçants dans les studios...) Bonjour, bonjour. Je veux vous parler de football.

Oti-Adjei : Oui, vous pouvez me parler, mais éteignez votre télé, s'il vous plaît ! (même bruit)

Spectateur : Bonjour, bonjour, bonjour.

Oti-Adjei : Oui, éteignez votre télé, s'il vous plaît.

Spectateur : Oui, bonjour, je vous entends. (même bruit)

(Oti-Adjei finit pas raccrocher.)

Les producteurs avaient organisé l'émission de la façon suivante : d'abord, il y avait une discussion sur l'endroit où Stephen Appiah irait jouer à la prochaine saison, allait-il rejoindre le Celtic de Glasgow, le club ukrainien Shakar Donestk ou allait-il rester en Turquie avec Fenerbahçe ? Puis il y avait un sujet sur la visite de deux joueurs du Black Stars dans un stade en construction. Asamoah Gyan, la vedette qui avait annulé sa venue était en train d'enregistrer un disque, il avait donc un sujet sur lui en train de jouer de la musique, suivi par une discussion sur la compatibilité de son activité de musicien avec sa carrière de footballeur en Italie. Et enfin jetée là comme une petite nouvelle, ils parlèrent d'un entraîneur ghanéen qui avait été licencié parce qu'on le soupçonnait d'avoir truqué un match du Ghana contre l'Iran la semaine précédente.

Quoi ?

Je me levai d'un bond. Les producteurs et le réalisateur me regardèrent, étonnés. L'émission était presque terminée et le producteur qui n'aimait pas les plans de montre me dit qu'effectivement un entraîneur des moins de vingt-trois ans avait mis en contact certains joueurs avec des « amis » de Malaisie ou de Hong Kong. Ils allaient les payer pour perdre le match.

Je me mis à la recherche d'un journal dans le studio. Heureusement, ils avaient l'air de mieux traiter l'information qu'à la télévision. En une de la page sport, sous le titre « Je suis innocent, je le jure », il y avait une grande photo de l'homme que j'avais vu au KFC de Bangkok. Je le reconnus aussitôt et je savais que, quoi qu'il dise, il n'était pas innocent.

Son nom est Abukari Damba. Il avait joué dans la grande équipe du Ghana des années quatre-vingt-dix, celle d'Abédi Pelé. Maintenant, il était dans le pétrin. Je l'appelai immédiatement et nous décidâmes d'un rendez-vous dans l'après-midi.

Avant l'interview je suis allé à l'Association de football ghanéenne. Leurs bureaux sont dans le centre d'Accra près du centre de conférences du sommet africain. Comme souvent dans les pays en développement, c'est un mélange de bureaux ultramodernes tout neufs et de grande désorganisation. Le jour de ma visite, la pluie et les mauvaises évacuations d'eau de la ville avaient formé des sortes de douves provisoires devant l'entrée. Les journalistes et les responsables officiels attendaient le passage des taxis pour pouvoir traverser.

J'avais déjà rencontré Kwesi Nyantakyi, le président de la GFA à Wurzbürg, dans la salle à manger de l'hôtel, alors qu'il attendait son petit-déjeuner. Il avait toujours cet air autoritaire, mais était assez franc. Notre discussion me laissa l'impression que la GFA considérait le trucage comme un problème important. À l'inverse des pays européens où les journalistes cherchent à soutirer de vraies informations sur ces pratiques frauduleuses qui sont minorées par les responsables, ici, ils semblaient jouer la carte de la franchise, ne sous-estimant pas le problème, alors que les journalistes sportifs donnaient autant d'importance à ce genre d'événement qu'un article sur les goûts musicaux d'un attaquant vedette.

Il me parla de la présence des truqueurs, qu'il appela des parieurs, aux tournois internationaux.

Il y a des parieurs partout, à chaque compétition. Oui, à chaque compétition, je dis bien à chaque compétition, ils sont là. Ça arrive tout le temps, dans les grands tournois, Coupe du monde, Coupe des Nations… Ils ne sont pas Africains, ils sont Européens et Asiatiques. C'est pour ça qu'ils ont beaucoup d'argent à miser sur ces choses-là.

Je lui demandai s'il pensait qu'il s'était passé quelque chose de semblable à la Coupe du monde en Allemagne.

Je n'écarte pas l'idée que des truqueurs aient pu approcher nos joueurs. En Allemagne, nous avions pris des mesures pour que des personnes non autorisées ne puissent pas entrer dans les chambres, mais c'est impossible de les empêcher.

Je repensai à mon expérience allemande et à la facilité avec laquelle j'avais pris contact avec les joueurs. Même si on ne les rencontrait pas à l'hôtel, ce qui m'arrivait tout le temps, on pouvait les voir dans tous les bars où ils traînaient. Nyantakyi sembla lire dans mes pensées et dit :

Bien sûr, ils ne sont pas forcément dans les hôtels. Certains ont des agents qui prennent les contacts et après, ils font leurs affaires. Quand on a gagné la Coupe du monde junior de 91 aussi, il y avait des truqueurs qui proposaient beaucoup d'argent pour saboter le match.

Nous parlâmes des discussions sur les salaires avec les joueurs durant la Coupe du monde 2006, il me dit qu'ils avaient eu une conversation « franche et libre », mais « agitée » et puis on parla du trucage du match contre l'Iran :

La semaine dernière aussi, à un match amical contre l'Iran, les parieurs étaient là et ils soudoyaient nos joueurs. Ils l'ont fait à travers un de nos assistants entraîneurs, il a laissé une organisation de parieurs rencontrer chacun des joueurs. Ils donnaient 1 000 dollars à chaque joueur et cet entraîneur en prenait la moitié en commission. Il a ramassé 3 000 dollars et les joueurs ont touché 500 dollars chacun.

Après l'entretien, j'allai voir Randy Abbey, qui était le responsable du voyage en Iran. Abbey est un homme qui a l'air sérieux et coriace, mais il dit qu'il n'avait jamais vu cela et qu'il était encore sous le choc.

Un de nos entraîneurs s'était associé avec des gens. On m'a dit que deux d'entre eux ressemblaient à des Chinois et un était Iranien. Ils étaient dans sa chambre et lui allait voir les joueurs et... leur demandait de venir parler avec eux.

Abbey dit que dans la chambre d'hôtel, les joueurs étaient briefés sur la façon de saboter le match et recevaient

1 000 dollars. C'est sur cet argent que l'entraîneur prenait sa part de 500 dollars. Il ne sait pas si les joueurs avaient eu du remords ou étaient furieux de se faire prendre 50 % du pot-de-vin, toujours est-il que l'un d'eux alla voir le capitaine de l'équipe qui en parla à l'entraîneur. Abbey licencia l'assistant entraîneur sur-le-champ. Mais pendant la nuit, il reçut une visite.

Il est venu dans ma chambre et s'est mis à genoux et il a dit qu'il était désolé, qu'il n'était pas mauvais, mais qu'il avait été tenté par le diable. Je lui ai dit qu'il devait aller raconter ça à un prêtre. Je ne suis pas prêtre, moi, je suis un administrateur de football.

Dans la délégation ghanéenne de Würzburg, Il n'y avait pas que des fans innocents. Peu après mon arrivée au Ghana, j'entendis l'histoire de Kofi Boakye, l'officier de police chargé de la sécurité de la Coupe des Nations africaines, qui devait avoir lieu à Accra en 2008. Il a été emmené en Allemagne pour qu'on lui montre à quoi ressemblait un événement sportif de cette envergure. Deux mois plus tard, on révéla qu'il avait passé la moitié de son temps à appeler le Ghana pour savoir qui avait enregistré, dans une tout autre affaire, ses rencontres avec des trafiquants de drogue ghanéens. Sur ces enregistrements, il disait que s'il avait trop de problèmes avec eux, il irait « trouver » des barons colombiens de la drogue. Il était également question de soixante-seize sacs de cocaïne qui manquaient car la police les avait trouvés lors d'une descente. Après un procès, qui dura un an, les deux trafiquants, ceux qui avaient enregistré les conversations de Boakye, furent condamnés à quinze ans de travaux forcés, mais le juge dit qu'il était très mécontent que l'avocat général n'ait pas également poursuivi Bokaye… Un des bars préférés de cet homme où, paraît-il, il aime faire ses affaires, s'appelait le Bus Stop et se trouvait dans la rue qui fait le tour du centre de la ville. C'est étrangement dans ce bar que l'entraîneur choisit de me rencontrer. Dans le taxi qui m'emmenait à mon rendez-vous, je pensais à l'Hôtel Hilton de Bruxelles et je me demandais comment ces hôtels avaient attiré la majorité des truqueurs de matchs de l'histoire du football belge. Ce bar d'Accra semblait avoir le même genre d'histoire.

En arrivant, je me rendis compte que je n'étais pas vraiment anxieux. J'étais fatigué et excité. Cela n'avait rien à voir avec ma première rencontre avec Chin. La vérité c'est qu'à chaque fois que je voyais Chin, j'étais terrifié par ce qui pourrait m'arriver. Cela faisait maintenant treize mois depuis le rendez-vous au KFC et la chasse avait été longue. J'avais traversé les continents et j'étais prêt à toutes les déceptions. Je me préparais à ce que ce ne soit pas le même homme.

Puis je rencontrai Demba.

C'était bien lui. Je sais que la mémoire est faillible, mais c'était bien la même personne que j'avais vue au KFC de Bangkok. Une des choses qui m'avaient frappé, c'était le corps incroyablement athlétique de cet homme, déambulant dans ce fast-food thaïlandais. Le contraste entre lui et les hommes qu'il rencontrait. Ses muscles avaient la fermeté qui ne peut venir que d'un entraînement professionnel. Je reconnus d'abord son corps.

Nous nous serrâmes la main. Il n'avait pas l'air de me reconnaître. Nous nous installâmes à une table. Je m'assurai que personne ne traînât autour de nous et ne nous écoutât. Il se mit immédiatement à me raconter l'histoire de sa vie.

Plus je l'écoutais, plus mon impression se confirmait, c'était bien l'homme que j'avais rencontré treize mois auparavant et les fiches commencèrent à tomber.

Il était un des joueurs réguliers de la grande équipe du Ghana des années quatre-vingt-dix, avec Abedi Pelé. Et d'un ! (La réputation de cette équipe était telle que n'importe lequel de ses membres avait accès aux joueurs d'aujourd'hui, même aux vestiaires.)

Il avait été entraîneur junior de la GFA. Et de deux ! (Exactement ce que Chin m'avait dit.)

Il avait été à Athènes pendant les Jeux olympiques. Et de trois ! (Il pouvait tout à fait avoir aidé à ce prétendu trucage dont Appiah et Chin avaient parlé.)

Mais il n'y avait pas été « officiellement », il dit plutôt qu'il avait financé son propre voyage. Et de quatre ! (Je me demandais quels arrangements financiers lui avaient permis de financer son voyage.)

Il avait joué en Malaisie, juste après l'effondrement pour corruption de la Ligue. Et de cinq ! (Il pouvait tout à fait avoir rencontré les truqueurs à ce moment-là.)

En Malaisie, un homme qu'il croyait son ami lui avait volé plus de 100 000 dollars. Et de six !

(Était-ce une des raisons qui l'avaient poussé à truquer ?)

Il était à Würzburg, pour se perfectionner comme entraîneur. Il avait financé son voyage tout seul et était parti avant mon arrivée. Et de sept ! (C'est pour cela que je ne l'avais pas vu.)

Je lui demandai ce qu'il s'était passé pendant le match contre l'Iran.

Il affirma qu'il avait fait une erreur. Il pensait que ses amis étaient simplement des agents qui voulaient recruter certains joueurs. Tout cela n'était qu'une terrible méprise. Il dit qu'il avait essayé d'embobiner les parieurs pour qu'ils leur laissent l'argent, mais en aucun cas pour que les joueurs sabotent le match. Il dit que si on pouvait lire en lui, on verrait qu'il est vraiment innocent. En vérité, il était totalement perdu : son regard ne savait pas où se poser, il avait l'air détruit.

J'ai écouté l'histoire de sa vie en entier. Il me dit qu'il était le fils d'un chef de la région la plus pauvre du Ghana, au nord du pays, dont les gens plus aisés du Sud parlent avec mépris.

Au début, son père ne voulait pas qu'il soit footballeur, il voulait qu'il finisse ses études de professeur. Dès que cela fut fait, il devint gardien de but professionnel. Il travailla dur et devint un des meilleurs gardiens de but d'Afrique. À la fin de sa carrière, il alla jouer en Malaisie.

J'avais de la peine pour lui. C'était assez triste de voir un ancien grand joueur dans cet état. De plus, je n'aimais pas ce que j'étais en train de faire : je le trahissais. Je prétendais être amical, mais j'étais en train de lui soutirer des informations. Certains journalistes sont de grands profiteurs, ils flattent leurs sources ou sucent le sang des célébrités, pour ensuite leur planter un couteau dans le dos. Je n'aime pas du tout cela, mais c'était la seule façon d'avoir des informations sur le gang de truqueurs de Chin.

Puis, lors d'un silence, je me penchai vers lui et lui dis que j'avais des amis qui étaient ses amis.

Je lui dis qu'il était à Bangkok en mai 2006.

Il hésita, cligna deux fois des yeux et dit : « Non, je ne crois pas. »

Je souris et lui dis : « Je crois que vous y étiez.

– Je ne sais plus. Peut-être. »

Nous nous jaugeâmes comme deux spadassins en plein duel. La question que je voyais naître au fond de ses yeux était : « Qui diable es-tu ? » Et c'était une question à laquelle je ne voulais pas répondre, mais je tentai d'être aussi honnête que possible. Je lui dis que j'avais fait des recherches sur le trucage de match en Asie et que ses amis m'avaient aidé.

Nous nous sommes serré la main et avons convenu de nous revoir le lendemain.

Il vint avec sa femme. Ce n'était pas une reine de beauté glamour, mais une femme inflexible, politiquement très influente qui portait le hijab et planta ses yeux droit dans les miens. De toute évidence, ils étaient très amoureux. À un moment, ils se prirent la main l'un de l'autre et rirent en se regardant dans les yeux. Ce fut le seul moment de légèreté durant la première heure et demie de notre rencontre. L'atmosphère était encore plus tendue que la veille dans le bar. Nous étions dans le patio du Beverly Hills Hotel, un minuscule établissement peint en blanc, dans le centre d'Accra. Ça ressemblait au genre d'endroit où des couples, pas nécessairement mariés, vont passer quelques heures.

Madame Damba me regardait de haut en bas, comme si j'avais été un maître chanteur.

Je la comprends, à ses yeux, je pouvais rendre intenable une situation déjà explosive. La réputation de son mari était détruite, il n'avait plus de travail et voilà qu'un homme qui pouvait être aussi bien un espion pour le compte de la GFA, l'assistant d'un truqueur ou même un maître chanteur, se trouvait assis devant eux, leur racontant des choses qu'ils estimaient que personne ne devait savoir.

J'essayai de les rassurer. Je dis à Madame Damba que son mari « a des amis qui sont mes amis. Ils ont été très bien avec moi. » Mais j'étais nerveux. Je disais la vérité, mais je me servais du langage des mafieux. Je sous-entendais que je faisais partie du gang. On but un café, puis ils me demandèrent si je voulais venir assister à une interview de Damba à la radio Joy FM. Je l'aidai à préparer ses réponses, ce qui me mit très mal à l'aise.

Cet après-midi-là, je relus les notes que j'avais prises lors de ma rencontre avec Chin et je m'aperçus que j'étais passé à côté d'un détail majeur. Il avait utilisé le nom de Damba plusieurs fois, en parlant de son coursier :

Hill : Pourquoi penses-tu devoir rencontrer les joueurs, pour leur dire de saboter le match ?

Chin : Non, non. Je n'ai pas de problèmes, je fais confiance à Abu. Je le connais. Il me dit de parier, je parie, je lui fais confiance. Il fait ça depuis quelques années, deux ans, je lui fais confiance. OK ?

Abu est un surnom assez commun dans la culture asiatique, c'est un peu comme appeler quelqu'un « oncle ». J'avais écrit ça pensant que Chin ne voulait pas que je connaisse le nom de son coursier et je venais de réaliser que c'était le prénom de Damba.

Je fis aussi quelques recherches sur le trucage du match Iran-Ghana. J'avais été frappé par deux choses. D'abord, comme pour la Coupe du monde, les Iraniens étaient donnés favoris et ils avaient gagné. Même si ce devait être un match amical, l'équipe du Ghana n'était pas à son meilleur niveau, c'était au contraire une équipe affaiblie de moins de vingt-trois ans, alors que les Iraniens avaient sélectionné leurs meilleurs joueurs. Personne n'aurait pu soupçonner un trucage.

Ensuite, exiger d'une équipe qu'elle perde, c'est ce qu'il y a de plus facile. Les Ghanéens devaient juste perdre avec deux buts d'écart et il est assez facile de convaincre des joueurs qui s'attendent à perdre de toutes les façons.

Pour finir, après l'excitation, après toutes les enquêtes, après toutes les réunions d'équipe sur le trucage, le score final était exactement celui que les truqueurs attendaient : 4 à 2.

Je me débrouillai pour récupérer des retranscriptions des audiences du 3 juillet au GFA.

Elles n'avaient pas été rendues publiques et elles étaient accablantes. Elles commençaient par des prières et une annonce qui disait que les témoignages pouvaient être faits dans n'importe quelle langue du pays. Quatre joueurs témoignèrent que Damba les avait approchés. Deux d'entre eux dirent qu'il leur fit la proposition soit directement, soit dans la chambre, où il y avait deux Chinois et un homme qui avait l'air Iranien qu'il leur avait présenté.

Sampson Cudjoe était l'un des joueurs dont voici une partie du témoignage :

Le jour du match, l'entraîneur Damba l'emmena dans une chambre où il rencontra trois personnes. Après leur avoir serré la main, ils lui donnèrent 1 000 dollars pour « les courses » et lui dirent qu'après Damba leur dirait ce qu'il devait faire. Au moment de partir, ils lui dirent de saboter le match avec une marge de deux buts.

Emmanuel Allan était un autre de ces joueurs qui témoigna en Ga, une langue du Sud du Ghana.

« Avant d'embarquer pour l'Iran, Damba me dit que ses amis d'Hong Kong viendraient me donner de l'argent. En Iran, Damba me présenta à ces gens après notre [les joueurs] réunion avec M. Abbey. On m'informa mais on ne me donna pas l'argent. Quand je suis allé dans la chambre avec Damba, j'ai rencontré les trois personnes qui m'avaient promis de l'argent « pour les courses ». Ils me dirent que nous devions les laisser marquer deux buts dans la première mi-temps, un dans la deuxième et que nous pourrions avoir un but de consolation dans les dix dernières minutes. Ils étaient très précis sur le score. »

Damba confirme l'histoire d'Allan.

Je ne sais pas quelle est l'expression pour dire : « Je t'ai eu » parmi les Ghanéens, mais c'est ce qui arriva à Damba. Il fut licencié après les auditions.

Ces témoignages soulèvent un problème plus grand encore qui est sûrement la raison qui a poussé la GFA à ne pas les rendre publics. Si ce que disent les joueurs est vrai, il semble qu'un Iranien soit impliqué dans l'affaire. Il y avait cet « homme qui avait l'air Iranien » avec les deux parieurs asiatiques. Ce qui corrobore cette théorie, c'est le témoignage d'Emmanuel Allan qui affirme qu'on proposait aux Ghanéens de marquer un but à la fin du match, ce qui implique que les truqueurs travaillaient aussi avec les Iraniens, pour pouvoir garantir ce but.

J'ai revu Damba le lundi après-midi, toujours au Beverly Hills Hotel. Il essaya encore d'esquiver : je lui avais demandé d'apporter son passeport et il maintint qu'il n'avait pas été à Bangkok en mai 2006. Il m'apporta un nouveau passeport, me disant qu'il n'avait pu retrouver le vieux. Il recommença à me dire n'importe quoi. Sur ce, je l'arrêtai et lui dis :

J'ai un truc à te proposer. Je vais te dire exactement où tu te trouvais et puis nous allons avoir une vraie conversation. Tu étais à Bangkok l'année dernière. Le 25 mai, tu as rencontré des gens dans un Kentucky Fried Chicken, à midi. Tu t'es assis avec trois autres types, des Chinois. Ils portaient des chemises blanches. L'un d'eux avait un visage rond et portait des lunettes.

Il m'interrompit.

Oui, c'était Alan, le mec dont je t'ai parlé. Il a vécu en Amérique un certain temps.

Le masque était tombé !

Nous passâmes une heure à parler de ses activités. Il commença par me raconter sa rencontre avec « Alan », le truqueur malaisien. C'est le même Alan qui l'avait aidé à truquer le match contre l'Iran. Ils s'étaient rencontrés quand Damba jouait en Malaisie. Il avait perdu plus de 100 000 dollars en investissant dans une affaire de marbre, son partenaire s'était enfui avec l'argent. Il était aux abois, il n'avait aucun moyen de récupérer son argent. Il raconta ses ennuis à un autre gardien de but de la Ligue malaisienne et ce gardien de but lui présenta Alan. Et que fit Alan ? Il décida de séquestrer les enfants de l'ancien partenaire de Damba, jusqu'à ce qu'il trouve l'argent pour le rembourser. Il partagerait ensuite la somme à 40/60 avec Damba. Damba dit qu'il acceptait puis se rétracta et Alan fut furieux, il avait déjà trouvé des gens pour s'occuper des enfants. Ils décidèrent de ne pas toucher aux enfants et de prendre rendez-vous avec l'homme d'affaires. Alan réussit à récupérer une partie de la somme de cette façon.

Ils commencèrent à travailler ensemble pendant la Coupe du monde junior de 1997, en Malaisie. Damba lui présenta des membres de l'équipe. C'est comme ça, dit-il, qu'ils procédaient, il lui facilitait l'accès à l'équipe. Après tout, il avait été une des grandes vedettes de l'ancienne équipe, les gens le respectaient. Mais il affirma ne jamais avoir proposé de trucage aux joueurs, il se contentait de laisser rentrer Alan dans les chambres et il partait.

« Comment aurais-je pu demander aux joueurs de saboter un match ? me demanda-t-il plaintivement. Comment aurais-je pu leur demander de faire une chose pareille ? »

La chose la plus importante qu'il m'ait dite fut qu'Alan et lui étaient à Würzburg, ils étaient dans un hôtel de l'autre côté de la place du Maritim Hotel, mais ils avaient un contact permanent avec les joueurs. Ça avait été facile, puisque Alan avait fini par bien connaître un des joueurs :

Nous étions ensemble à Würzburg, Alan et moi. Il était ami avec Stephen Appiah. Ils sont en rapport. Ce n'est pas une amitié, mais une entente. Alan l'a approché pour truquer quelque chose, mais je ne sais pas ce qu'il s'est passé.

Soit dit en passant, ce n'est pas la relation que Chin m'a décrite. D'après lui, Damba représentait un groupe de joueurs corrompus de l'équipe. Il dit que Damba avait voyagé à ses frais pour faire affaire avec les truqueurs asiatiques. Mais Damba nia les faits, disant qu'il se contentait de laisser Alan approcher les joueurs. Les trucages, c'était le travail d'Alan. Stephen Appiah m'avait dit avoir rencontré quelqu'un qui ressemblait à Alan dans d'autres championnats. Il avait même dit avoir accepté de l'argent dans le passé.

Mais il avait nié avoir truqué des matchs pour la Coupe du monde ou tout autre championnat. Je demandai à Damba ce qu'il savait du match contre le Brésil, il affirma ne rien savoir mais il dit qu'un des défenseurs de l'équipe avait l'air suspect. Il me dessina un diagramme sur la nappe pour me montrer le ridicule de tous ces buts.

Nous nous rencontrâmes à nouveau, le dernier jour de mon séjour au Ghana. Nous essayâmes de parler dans le restaurant du Beverly Hills Hotel, mais un homme s'assit juste derrière Damba et se montrait très intéressé par ce qu'il disait. Nous nous empressâmes de partir marcher sur la route qui menait à l'Avenue Club. Damba me dit avoir reçu quelques coups de téléphone anonymes au milieu de la nuit. La personne disait : « Tu es là ? » Damba répondait : « Oui », le type disait : « Simple vérification. » Puis on raccrochait.

« J'ai eu très peur à 2 heures du matin lors du premier coup de fil. Tu sais quelque chose, toi ? »

Je lui dis que non et malgré les appels, il était davantage en confiance. Nous nous assîmes dans les fauteuils du club et Damba me dit qu'il était très choqué d'entendre qu'Alan pariait des millions de dollars. « Je voudrais te proposer qu'on travaille ensemble, toi et moi. Tu es presque, pour ainsi dire mon agent. Parce que je te le jure, ce que tu me racontes sur le marché du jeu, je n'en crois pas mes oreilles, je ne savais pas que c'était ce genre de sommes. Toi et moi devrions travailler en équipe. »

La dernière fois que j'ai vu Damba, il était en train d'aider un petit garçon. Je l'avais vu, allongé sur le trottoir, il avait l'air inconscient, les gens lui marchaient autour ou l'enjambaient. Nous sommes allés le voir et l'avons pris dans nos bras pour l'emmener manger quelque chose. Le garçon était affamé, mentalement retardé et ne comprenait pas ce qui lui arrivait. Il nous dit qu'il était d'un autre quartier de la ville.

Lorsque je partis faire mes valises, Damba le faisait monter dans sa voiture et m'assura qu'il allait le ramener chez lui.

Dans l'avion, je me mis à penser à ce que je savais. Je savais que des truqueurs avaient approché l'équipe du Ghana pendant les Jeux olympiques, le capitaine de l'équipe olympique dit qu'ils les avaient repoussés alors que les truqueurs affirment que certains joueurs ont accepté de l'argent pour perdre le match. Stephen Appiah, un des joueurs vedettes dit avoir accepté de l'argent pour *gagner* un match et de l'avoir distribué autour de lui.

Pour ce qui est de la Coupe du monde, Chin, le parieur asiatique, m'avait donné l'essentiel des scores des matchs avant qu'ils ne soient joués. Il m'avait invité à assister à un rendez-vous avec un homme qu'il disait être le coursier de l'équipe du Ghana. J'avais retrouvé ledit coursier au Ghana. Il connaissait tous les joueurs de l'équipe, il avait été en Grèce pendant les Jeux olympiques et me confirma qu'il avait été à Würzburg et qu'un autre truqueur, un associé de Chin appelé « Alan », avait contacté l'équipe pour perdre un match. Stephen Appiah m'avait aussi confirmé que ce truqueur l'avait approché, mais il affirma ne pas avoir accepté son offre, parce qu'il voulait absolument gagner ce match. Il faut souligner que personne ne m'a dit que *tous* les joueurs de l'équipe étaient corrompus. Au contraire, on me fit comprendre que certains avaient joué aussi bien que possible, alors que d'autres non.

La conclusion est : « Croyez qui vous voulez ».

Il y a trois possibilités.

Un, les parieurs mentent : personne n'a accepté de l'argent dans cette équipe et la chance a fait que les prédictions se sont réalisées.

Deux, Appiah a peut-être menti : il a pris l'argent et le trucage a eu lieu.

Trois, Appiah dit la vérité, mais quelqu'un d'autre a accepté l'argent.

Le moins qu'on puisse dire c'est que toutes les parties, les joueurs, les responsables et les truqueurs s'accordent sur le fait que les parieurs liés au crime organisé approchent régulièrement les équipes pour truquer les matchs dans des championnats internationaux.

Ils le font facilement et parfois, ils arrivent à leurs fins.

La question qui demeure est : « Qui essaye de les arrêter ? »

21

Qui garde les gardiens ?

Je ne crois pas que ce soit vrai. Je ne crois pas que ce soit vrai. Je ne crois pas que ce soit vrai. Si quelque chose est arrivé, ça n'a pas influencé le résultat final... [Mais si c'était vrai], alors je dirais que tout le travail que nous avons fait à la FIFA pendant les trente dernières années, pour développer le sport et le rendre accessible, pour dire que le sport est une éducation, que c'est l'école de la vie, que ça fait partie d'un programme socioculturel, que c'est du spectacle, de l'émotion et de la passion, tout ce travail est un échec. Un échec.

Le 27 octobre 1869, une foule immense assistait à un grand événement sportif. Ce n'était ni un match de football ni une course de chevaux, c'était une course d'avirons. Au printemps, l'équipe d'avirons de l'université Harvard avait écrit une lettre officielle à Oxford et Cambridge, leur proposant une course de 6,8 kilomètres, sur leur rivière, la Tamise. À leur plus grande honte, Cambridge ne releva pas le défi, mais Oxford oui.

L'équipe de Harvard arriva des États-Unis quelques semaines avant la course, dans un tourbillon de publicité. La guerre de Sécession était terminée depuis quatre ans, les États du Nord avaient gagné, mais la sympathie naturelle du gouvernement britannique allait aux États esclavagistes du Sud.

Les deux pays semblaient avoir envie de résoudre symboliquement toutes les tensions que ce conflit avait créées. Un journaliste britannique de l'époque écrivit que la course était « aux yeux du public, une course entre l'Amérique et l'Angleterre ». Charles Dickens, écrivain anglais et célébrité de l'époque, dans un discours au Crystal Palace, déclara que l'équipe d'Oxford était « la fierté et la fleur de l'Angleterre ». Aux États-Unis, l'intérêt pour la course fut immense. L'Hôtel de Ville de New York avait préparé des drapeaux et des coups de fusil en cas de victoire. Le journal *The Aquatic Monthly*, écrivit :

Dans la ville de Milwaukee, on a préparé un grand Pow Wow, en cas de victoire. Une réunion publique est prévue à l'Hôtel de Ville, cinquante fusils sont prêts à tirer, les cloches des églises à sonner et des feux de joie prêts à brûler pour accompagner la joie générale.

Le jour de la course, le *Times* rapporte que des millions de gens s'étaient regroupés sur la rive pour regarder la course ; le *Harper's Magazine* dit qu'il n'y avait jamais eu autant de spectateurs à un événement, « mis à part quand le prince de Galles ramena sa femme à la maison », et que pendant la course « la foule sur la rive est une masse dense qui s'est battue pour se retrouver là et qui, secouée, comme une grande rivière, avance dans les champs, enjambe les clôtures et les fossés, sauvage, folle et, avec une fière excitation, crie à tue-tête de toute sa puissance ».

Ces spectateurs assistèrent à une course très serrée. Pendant les deux premiers kilomètres l'équipe américaine était devant, puis lentement, inexorablement, l'équipe d'Oxford les dépassa. Le barreur de Harvard avait fait une erreur fatale qui avait réduit son avantage et Oxford en profita. Mais ils n'abandonnèrent pas pour autant. Dans la dernière ligne droite, l'équipe d'Oxford avait encore deux longueurs d'avance. La foule, en délire pendant toute la course, devint totalement folle, criant, acclamant et hurlant. Dans les derniers huit cents mètres, Harvard mit en danger l'avance des Anglais en la réduisant à une seule longueur, puis à une demi-longueur. À l'approche de la ligne d'arrivée, Oxford puisa dans on ne sait quelles ressources et battit Harvard. L'image des deux équipes, Oxford en tête, est encore imprimée en série aujourd'hui.

Le lendemain le *New York Times* avait fait sa première page presque exclusivement sur la course, avec une carte et les biographies des rameurs de Harvard.

Ce n'était pas parce qu'il n'y avait pas d'autres nouvelles importantes, mais parce qu'à la fin du XIXe siècle, l'aviron était un des sports les plus importants d'Amérique du Nord et d'Europe de l'Ouest. Un large groupe de journalistes avait accompagné l'équipe de Harvard et les fans étaient obsédés par des rameurs comme Binglins ou Wards et lorsque les godilleurs vedettes des deux pays concouraient seuls, ils attiraient encore plus l'attention des foules. Quand Ned Hanlan, le grand Canadien appelé aussi le *garçon en bleu,* défiait un champion américain sur l'Hudson[1], 200 000 personnes venaient voir la course.

De nos jours, cette popularité oubliée semble être un vieux rêve. L'aviron, comparé au football, le base-ball ou le tennis, est devenu un sport relativement mineur. Même en Angleterre où, paradoxalement la course Cambridge contre Oxford rencontre encore un joli succès, il est devenu un sport ignoré. Il existe plusieurs raisons à ce déclin, l'une d'elles est indubitablement le trucage. Les centaines de milliers de personnes qui venaient régulièrement assister à ces courses commencèrent à ne plus y croire. Pendant les semaines précédant la grande course sur la Tamise, la grande équipe de Harvard se

1. Rivière dont l'estuaire est autour de la ville de New York *(Ndlt).*

fit apporter deux repas différents. Les premiers étaient des repas faits par leurs hôtes et qu'ils prétendaient avaler, alors que les seconds, composés de recettes secrètes concoctées par les « hommes de Harvard », étaient ceux qu'ils mangeaient vraiment. Quelle était la raison de ce subterfuge diététique ? La même qu'invoqua la star de tennis allemande Tommy Haas l'été 2007 quand il disputa la Coupe Davis en Russie : ils avaient peur d'être empoisonnés par des truqueurs. Ce n'était pas le seul incident de ce type. Comme aujourd'hui dans le tennis, les trucages dans l'aviron étaient si fréquents qu'ils pouvaient se faire *pendant* la course. Ce petit jeu de triche constant et les trucages discréditèrent l'aviron professionnel qui échoua dans ce cimetière des sports abandonnés par le public, comme le combat de coqs, le tir à l'arc et le combat d'ours et de chiens.

Cette évocation de la mort de l'aviron n'est pas pour dire que le football va passer l'arme à gauche en une nuit, mais pour nous rappeler que les sports connaissent un moment de grande popularité puis retournent dans l'ombre. Vous souvenez-vous des présomptions de trucage dans la marche à pied professionnelle ? Vous vous en souviendriez si vous aviez vécu au XIXe siècle alors que c'était un des sports les plus populaires de l'époque. Voyons la situation du football qui est le sport le plus répandu au monde de nos jours. En Asie, la crédibilité de certaines ligues s'est écroulée à cause de la corruption. En Europe, certaines sont vérolées par le même phénomène de manière chronique. Certains matchs de championnats européens sont truqués et les truqueurs approchent les footballeurs pendant les plus grands championnats du monde…

Si le football est en danger, qui le protège ? Qui monte la garde contre ceux qui veulent le tuer ? Qui protège *le jeu* ? Quelle organisation est mandatée pour empêcher que le football se retrouve, comme l'aviron, le combat de coqs ou le catch, au cimetière des sports ?

Tout au long du livre, j'ai parlé de la FIFA. C'est l'organisation internationale qui gère le football partout. Enfin presque : les matchs du samedi matin, avec des vestes en tas pour marquer les poteaux et des équipes improvisées, ne sont pas gérés par la FIFA. Mais à peu près tous les matchs organisés, des équipes juniors de l'Arkansas ou de Zambie aux finales de Coupe du monde sont sous leur juridiction. Ou, pour être plus précis, sous la juridiction des fédérations nationales qui composent la FIFA. Chaque pays du monde a une fédération de football. Il y a même des endroits qui ne sont pas des pays et qui ont une fédération de football. On dit qu'il y a plus de pays représentés à la FIFA qu'aux Nations unies. Ces fédérations forment aussi bien les organisations continentales, comme l'UEFA ou la CONCACAF, en Europe ou en Amérique du Nord, que l'organisation mondiale basée en Suisse, la FIFA.

Il y a trente-cinq ans, l'homme qui dirigeait la FIFA était un Anglais tiré à quatre épingles, sir Stanley Rous. Chez les journalistes anglais, on sent une certaine nostalgie lorsqu'ils écrivent sur la période de sir Stanley ; apparemment, cela leur rappelle les jours heureux d'un empire dirigé par des gens bien, à qui on pouvait faire confiance. Était-ce l'Empire britannique ou la FIFA qui était bien dirigé à leurs yeux ? C'est un autre débat, mais ce qui est sûr, c'est qu'en 1974, deux nouveaux venus entrèrent dans la ronde et transformèrent le football international.

Ces deux hommes avaient compris mieux que quiconque l'influence du sport sur le pouvoir et le profit que l'on pouvait en tirer. L'un était le président de la Confédération de football brésilien (CBF), João Havelange, l'autre Horst Dassler, le président de l'immense entreprise d'équipements sportifs, Adidas. Ensemble ils révolutionnèrent le football.

D'abord, Havelange battit sir Stanley Rous à l'élection du président de la FIFA. Presque aussitôt, la manière anglaise de faire les choses fut remplacée par un marketing féroce. Des accords de sponsoring de plusieurs millions de dollars furent signés avec Adidas et beaucoup d'autres entreprises. Les droits de retransmission de télévision furent vendus et la Coupe du monde s'élargit à trente-deux équipes contre seize auparavant et devint l'événement sportif le plus important de la planète. La FIFA, qui était une petite organisation au début des années soixante-dix, devint l'organisation sportive la plus puissante au monde.

L'allégeance au président João Havelange était absolue et la hiérarchie très structurée. Je l'ai vu une fois dans le train venant de Dortmund, après le match du Ghana contre le Brésil. Il était en première classe, grand et athlétique malgré ses quatre-vingt-dix ans. Il était habillé d'un splendide costume et avait une présence impressionnante.

Il avait été un athlète olympique au Brésil, puis il avait fait fortune dans des compagnies de bus en tant qu'avocat et président et était le responsable de football qui avait senti le potentiel de croissance de ce sport dans les pays les plus pauvres du monde. L'homme qui a fait du football le sport le plus important de la planète.

Mais il existe une autre face du personnage. Le journaliste d'investigation britannique David Yallop affirme dans son livre *How They Stole The Game*[1] (présenté comme « le livre que le président de la FIFA a essayé d'interdire », lorsque la FIFA a attaqué le livre en justice) qu'Havelange était connecté aux services de renseignements brésiliens sous la dictature militaire et responsable de violations des droits de l'homme dans les années soixante. Un article de la version brésilienne de *Playboy* raconte qu'il a aidé à livrer des armes au régime militaire en Bolivie, connu pour ses violations de droits de l'homme. Mais le pire fut la révélation en 1994

1. « Comment ils ont pris le jeu otage » *(Ndlt)*.

d'un procureur général de Rio de Janeiro, sur ses liens avec le président d'une organisation de jeu multimillionnaire clandestine, le trop célèbre Castor De Andrade. Castor De Andrade employait des dizaines de milliers de personnes pour vendre des billets de la loterie du *Jogo Do Bicho*. Il aurait aidé à blanchir l'argent des narcotrafiquants colombiens et brésiliens. Après une perquisition au domicile de De Andrade, la police brésilienne réalisa qu'elle avait un problème de taille. Comme le dit si bien Joe Pistone, le flic américain qui infiltrait le milieu, le jeu clandestin entraîne la corruption. La corruption liée à De Andrade atteignait les hautes sphères de l'establishment brésilien. Des grands juges, des politiques et des officiers de police avaient tous été payés par lui. Au même moment, surgit une lettre de moralité, écrite par João Havelange pour Castor De Andrade.

« … *Castor De Andrade est un sportif. Je suis le président de la fédération internationale des associations de football (FIFA) et Castor De Andrade est un patron hors pair de ce sport à Rio de Janeiro, avec son équipe du Bangu Athlético Clube. Pour sa contribution sans pareille, Castor a reçu les plus hautes décorations de l'État de Rio de Janeiro et du Minas Gerais… Castor De Andrade, homme controversé à la forte personnalité, est une créature aimable et plaisante, qui se fait des amis grâce à un trait prédominant de son caractère : la loyauté… Castor De Andrade est un bon père de famille, un ami dévoué et un administrateur sportif admiré… Ceux qui l'attaquent, ignorent peut-être les traits positifs de son caractère. J'autorise Castor De Andrade à faire valoir ce témoignage à qui de droit…* »

Si les crimes de cet homme avaient été autres – meurtre, trafic de drogue ou chantage – ç'aurait été mieux. Que le président de la plus grande organisation sportive du monde soit lié au chef d'une entreprise de jeu clandestine donnait de lui une image désastreuse. Par la suite, Havelange et son beau-fils, président de la Confédération de football brésilienne, s'en prirent à Pelé, le plus grand joueur de tous les temps qui essayait de réformer le football brésilien. Cela commença à faire beaucoup et à la Coupe du monde 1998, Havelange prétextant son âge, il avait alors quatre-vingt-deux ans, démissionna. Un groupe d'administrateurs, mené par le secrétaire général suisse Sepp Blatter, gagna les élections et prit les rênes de la FIFA.

Son arrivée devait signifier un grand ménage. La FIFA devait devenir une organisation conduite par des Suisses, administrée efficacement par des professionnels qui avaient une éthique, un code de conduite et une morale. Malheureusement, dix ans après cette élection, on ne comprend pas bien ce qu'il s'est passé.

Il y a eu toute une série d'accusations de votes frauduleux au sein de l'organisation, d'enveloppes d'argent données aux délégués, de corruption d'un haut responsable et des scandales de billetterie lors de la dernière Coupe du monde. À l'automne 2007, la police suisse déclara qu'elle mettait en examen un certain nombre de responsables de l'agence qui s'occupait des droits de retransmission pour la télévision et du marketing depuis vingt ans. Les accusations portaient sur des malversations, faillite frauduleuse, escroquerie et falsification de documents dans une affaire de 100 millions de dollars.

Il peut nous paraître incroyable que les plus hauts responsables de l'administration du sport le plus important du monde soient poursuivis pour des crimes financiers aussi graves. Pour les responsables officiels de la FIFA, cela doit être très banal, puisque l'année précédente, lors d'un procès portant sur plusieurs millions de dollars de sponsoring entre MasterCard et Visa, quatre responsables du marketing, dont Jérôme Valcke le directeur du marketing et des droits télé, furent amenés à comparaître devant le juge pour avoir menti délibérément et avoir truqué des documents. Le jugement n'était pas des plus agréables à lire, pour les responsables de la FIFA :

Alors que les témoins de la FIFA comparaissent au procès et ont le culot de prétexter que leurs déviances ne sont que des « mensonges bénins », des « mensonges commerciaux », des « bluffs » ou, ironiquement, « du jeu », leurs e-mails internes parlent des « différentes excuses à donner à MasterCard pour justifier de ne pas avoir fait affaire avec eux », « comment nous, la FIFA, pouvons tout de même apparaître comme des gens qui ont une éthique en affaires » et comment « faire en sorte que toute cette m… n'entache pas la FIFA » ?

Le juge rejeta même le témoignage de Chuck Blazer, secrétaire général de la CONCACAF et membre du comité exécutif de la FIFA, en écrivant qu'il était clair qu'il avait falsifié une bonne partie de son témoignage. L'affaire se retrouva au tribunal après que la FIFA ait fait appel, mais ils finirent par préférer trouver un arrangement avec MasterCard, pour 90 millions de dollars. Jérôme Valcke, l'homme que le juge avait accusé de mentir au procès fut promu au poste de secrétaire général de la FIFA juste derrière Sepp Blatter. Au vu des pratiques de cette organisation, comment peut-elle protéger le football ?

J'étais en Angleterre et j'ai parlé à Jérôme Champagne, un ancien diplomate français, directeur des relations internationales de la FIFA. C'est un travail difficile. Il doit affronter toutes les controverses, tous les problèmes et scandales qui touchent au football international. Un de mes contacts m'avait dit que c'était quelqu'un de bien, alors je l'appelai et lui parlai du livre, de mes années de recherche et que, malheureusement j'avais de mauvaises nouvelles.

Il n'attendit pas de savoir quelles étaient les « mauvaises nouvelles » et dit : « La vie est faite de mauvaises nouvelles. » Il me dit que s'il y avait de la corruption dans le football, c'était la faute à la société tout entière. S'il existait du racisme dans les stades, c'est parce qu'il y avait du racisme dans le monde, et ainsi de suite.

Nos sociétés essayent de ne pas payer les impôts, de violer les règles, c'est pour cela que nous voyons tout cela. Nos sociétés sont avides, c'est pour cela que certains utilisent le football pour gagner de l'argent. Ce ne sont pas des mauvaises nouvelles, ce sont les réalités de la vie. Et c'est pour cela que nous nous battons sur les régulations, pour essayer de corriger ces errances. Mais malheureusement, nous vivons dans un monde imparfait [sic]. Nous sommes très conscients de tous ces problèmes et nous les combattons.

Jérôme Champagne ajouta que les médias internationaux étaient tellement versés dans les scandales et le sensationnalisme, qu'ils étaient injustes envers la FIFA. Il affirma que ses collègues et lui-même n'en avaient cure et qu'ils gardaient « une distance tranquille, loin de toutes ces choses » car les médias ne parlaient jamais des bonnes choses que la FIFA avait faites. Il parla du projet de construire cinquante-deux terrains de foot en Afrique, « personne n'en parle jamais », il parla de la construction de gradins dans un stade palestinien, « personne n'en parle », répéta-t-il. Il parla des efforts de la FIFA pour mettre fin à la corruption et à l'ingérence gouvernementale dans le football au Kenya, au Pérou et en Iran : « Personne n'en parle », conclut-il. À ce moment précis, il ne semblait être ni à distance ni tranquille ; il dit : « C'est ça la réalité. Mais en fait, nous nous en fichons, car nous avons compris que les gens [qui] écrivent sur le football et sur les scandales, ou toutes ces choses-là [essayent] de se faire de l'argent avec le football. »

Je lui dis :

« Jérôme, pourrais-je clarifier quelque chose ?

– Oui.

– J'ai pris des risques importants pour récolter ces informations, j'ai mis ma vie en danger pour le football... [et] je suis en train de parler de matchs truqués de très très haut niveau, organisés par la FIFA.

– Quoi, les finales ?

– Oui, les finales.

– Oui, bon, je veux bien vous écouter. »

Quelques semaines plus tard, après de longues et intenses négociations par téléphone et mail, je suis allé à Zurich à la FIFA rencontrer Sepp Blatter. J'étais prêt à ne pas l'aimer. L'homme que je rencontrai était un parfait mélange de grand charmeur et de dictateur. Notre rencontre débuta ainsi : le matin, je me retrouvai à rêver dans le hall de la FIFA qui ressemblait à une navette spatiale (c'est un bâtiment ultramoderne, répondant aux normes écologiques les plus strictes et les empreintes digitales des employés sont enregistrées dans un ordinateur central qui commande l'ouverture des portes) et Blatter était là avec un groupe de responsables. Il arrêta de leur parler un instant, vint me voir, se présenta et me dit qu'il serait enchanté de me rencontrer dans l'après-midi. C'était un petit, néanmoins savant exemple de grande diplomatie.

Le début de l'interview se passa aussi très bien. Blatter hurlait de rire en évoquant son médiocre talent de joueur de football. « J'étais un buteur et numéro neuf [et] mon entraîneur disait [à ses coéquipiers] : "Quand vous passez le ballon à Sepp et qu'il est à trente mètres, vous pouvez tous revenir derrière la ligne centrale parce que soit il marque un but, soit il perd le ballon !" »

Mais dès que j'osai m'aventurer sur un terrain plus épineux, l'humeur changea. Je lui parlai de ce qui s'était passé en Chine en 2004, lorsque le stade les avait hués. Il s'adossa au fauteuil, croisa les bras et me regarda comme si j'avais pété dans un ascenseur. « Mon souvenir [du match] est qu'il y avait une atmosphère formidable. Je ne pense pas que dans un stade chinois, qui que ce soit, ose huer un responsable. Ce n'est pas mon souvenir. »

C'était un moment étrange, où l'empereur qui sommeillait en lui apparut. Ses assistants hochèrent la tête en signe d'assentiment, mais son souvenir est en contradiction avec celui d'un grand nombre de témoins oculaires que j'avais rencontrés, d'articles de journaux écrits pas des journalistes présents et, probablement, des dizaines de milliers de supporters chinois. Ce qui était clair c'est que l'empereur avait parlé et qu'il n'en dirait pas davantage sur le sujet. Alors nous parlâmes des tentatives de trucages des parieurs chinois et il me dit qu'il avait eu connaissance de ces faits depuis la fin des années soixante-dix. Je lui demandai ce qu'il pensait du fait que j'ai été informé de l'essentiel des scores de certains matchs de la Coupe du monde par un parieur asiatique, *avant* que les matchs ne soient joués. Il devint de marbre, fit une pause de huit secondes, puis :

Je ne crois pas que ce soit vrai. Je ne crois pas que ce soit vrai. Je ne crois pas que ce soit vrai. Si quelque chose est arrivé, ça n'a pas influencé le résultat final… [mais si c'était vrai] alors je dirais que tout le travail que nous avons fait à la FIFA pendant les trente dernières années, pour développer le sport et le rendre accessible, pour dire que le sport est une éducation, que c'est l'école de la vie, que ça fait partie d'un programme socioculturel, que c'est du spectacle, de l'émotion et de la passion, tout ce travail est un échec. Un échec.

Il est important de comprendre que la FIFA, ou toute autre association de football, pourrait vraiment empêcher l'épidémie de trucage. Blatter est très fier de son « système de surveillance avancé », méthode qui utilise les informations provenant des organismes de jeu pour surveiller les paris. L'idée c'est que si une alerte leur parvient, les responsables rentrent en action et empêchent le trucage. Je lui expliquai pourquoi beaucoup de responsables d'organismes de jeu et moi-même trouvions cet outil bon, mais insuffisant pour détecter les trucages potentiels dans une Coupe du monde. (Les sommes jouées lors de ces rencontres sont tellement importantes qu'il est difficile de détecter une anomalie, surtout si les truqueurs aident une équipe à gagner.) Il répondit que le système était tellement performant que le Comité olympique International (CIO) envisageait de l'utiliser aux Jeux de Pékin en 2008 pour surveiller leurs compétitions.

Blatter était aussi très fier de son travail à propos des arbitres. « La personne la plus sensible est l'arbitre et je me suis battu pour qu'il y ait des arbitres professionnels. Il a fallu du temps pour comprendre que ce n'était pas seulement un hobby, mais un travail. Si on le prend comme un travail, on le fait plus sérieusement. »

Je suggérai la mise en place, comme en Amérique du Nord, de départements de sécurité, composés d'anciens officiers de police qui peuvent se spécialiser en trucage de matchs. (Le matin même, j'avais proposé à un haut responsable de la FIFA de mettre des femmes arbitres pour contrecarrer la culture « masculine » des grands arbitres. Il avait balayé cela en disant que c'était absurde.) Blatter répondit qu'il y avait quelqu'un chez eux qui avait une grande expérience des problèmes de trucage et que de toutes les façons, ils avaient tous, à la FIFA, conscience que la sécurité devait être prise au sérieux et qu'il n'y avait pas besoin de créer un département spécial.

Nous n'eûmes pas le temps de discuter de douzaines d'autres méthodes qui à mon avis, peuvent réduire les possibilités de truquer un match dans des championnats internationaux, mais la conversation se termina sur un ton amical. Blatter semblait à la fois choqué et incrédule qu'un match soit truqué dans un championnat de Coupe du monde, cependant il me parla d'une certaine rencontre à laquelle il avait assisté à la dernière Coupe du monde et dont il se demanda si elle avait été truquée. (Il ne sous-entendait absolument pas qu'il avait une quelconque information sur le fait que le match soit truqué.) Puis il dit :

« Cela fait trente ans que je travaille à la FIFA. Le football est mon enfant, je veux le protéger. Merci de votre enquête, mais si vous avez raison, cela fait très mal. » Puis, me jetant un regard lourd de sens, il quitta la pièce.

Ce sont les mots du président de la FIFA. Maintenant, comment l'organisation a-t-elle agi contre le trucage potentiel, en particulier depuis la mise en place du « système de surveillance avancée » ?

Ce livre commence en Chine et se termine en Chine.

C'était à la Coupe du monde féminine de football.

Le championnat avait lieu là-bas, au même endroit où la crédibilité des ligues de football s'était effondrée trois ans auparavant, à cause des trucages et des parieurs. Dans le pays où les Jeux Olympiques, y compris un championnat de football, allaient avoir lieu durant l'été 2008, ce même pays voulait accueillir la Coupe du monde de football en 2018.

Ce championnat en Chine fut un grand événement pour le sport féminin. Si l'on considère que presque chaque joueuse avait dû affronter une forme ou une autre de discrimination parce qu'elles faisaient un « sport d'homme » ; qu'il y a quinze ans, le sport féminin n'attirait que quelques milliers de personnes en dehors de l'Amérique du Nord et de la Scandinavie ; que Sepp Blatter avait dit, trois ans auparavant, que les femmes qui jouaient au foot devraient porter des tenues plus moulantes pour attirer plus de public… si l'on considère tout cela, la Coupe du monde féminine fut un immense succès public. Les sponsors avaient fait de gros contrats, les matchs étaient retransmis dans le monde entier où des centaines de millions de personnes les regardèrent. Les rencontres avaient lieu dans cinq villes différentes et la finale entre des exubérantes Brésiliennes et des Allemandes efficaces (il est drôle de remarquer que le style ne change pas selon le genre) attira plus de trente mille personnes.

Il y eut également des tentatives de trucages qui furent découvertes et qui restèrent impunies. Un premier cas attira grandement l'attention en Scandinavie et fut ignoré partout ailleurs. Il s'agissait de l'équipe danoise. Ils avaient été tirés au sort dans leur groupe pour jouer contre la Chine. La veille du match, l'entraîneur danois devait tenir une réunion stratégique avec son équipe. Juste avant la réunion, un des responsables se rendit compte qu'il se passait quelque chose d'étrange derrière le miroir de la pièce où ils étaient. Il alla voir et se rendit compte que c'était un miroir sans tain et que dans une petite pièce qui se trouvait derrière, deux Chinois allaient filmer la réunion.

Les Danois étaient furieux. Ils bloquèrent l'entrée de la pièce et appelèrent la sécurité de l'hôtel. Quand les responsables de la sécurité arrivèrent, ce fut très étrange car ils ne voulaient pas ouvrir la porte et quand ils le firent enfin, ils emmenèrent les deux hommes mais ne donnèrent aucune information aux Danois sur leur identité et ne confisquèrent pas les bandes vidéo. Tout se passa dans la plus grande opacité.

Que se passait-il ? Était-ce un film destiné aux pervers sexuels du web avec un titre du genre « Les poupées scandinaves dans leur hôtel » ? Ou bien ces deux hommes étaient-ils des membres du gouvernement chinois qui voulaient donner un avantage à leur équipe et qui ne pouvaient pas comprendre que le reste du monde n'apprécierait pas les tactiques de corruption qu'un État répressif pratique sur ses invités ? Ou bien était-ce des membres de la mafia locale qui, en filmant l'équipe danoise, précipiteraient la Coupe féminine dans le même abîme que leur propre ligue ?

Nous n'en savons rien, car quand les Danois se rendirent à la FIFA, un des représentants de cet organisme qui est censé protéger le football dit qu'ils avaient, ainsi que la sécurité de l'hôtel, enquêté sur cette affaire et qu'elle n'avait rien à voir avec le football. Quand les journalistes danois leur demandèrent comment ils en étaient arrivés à cette conclusion, un responsable de la FIFA dit : « Nous ne sommes pas tenus de donner les détails de notre enquête... Tout ce que nous avions à dire à ce sujet a été dit. »

L'Association de football danoise écrit une lettre à la FIFA leur demandant de leur dire *à eux*, comment ils avaient conclu que ce qui s'était passé derrière le miroir n'avait rien à voir avec le football. Ils tenaient vraiment à élucider cette *deuxième* affaire où de mystérieux Chinois filmaient leur équipe : la veille de l'histoire du miroir, pendant un de leurs entraînements à huis clos, ils avaient surpris une autre personne avec une caméra et, comme pour l'affaire suivante, rien ne fut fait.

Au siège de la FIFA, je rencontrai le responsable qui avait refusé de donner les détails de l'enquête en Chine. Je lui demandai une copie du rapport sur l'incident ou s'il pouvait me donner une explication sur sa certitude que ces incidents n'avaient rien à voir avec le sport. Mais encore une fois, il refusa de donner des détails sur l'enquête.

Sepp Blatter me dit qu'il s'agissait d'« espionnage tactique d'une chaîne de télévision chinoise », ce qui veut dire que toutes les questions qu'il est légitime de se poser sur cet incident restent ouvertes, comme d'ailleurs celle sur la raison qui a poussé la FIFA à laisser une chaîne de télévision se comporter de cette manière, ou de savoir si des sanctions ont été prises à l'encontre de ces « espions tactiques »...

Une deuxième série d'incidents impliquant la FIFA et le trucage de match eut lieu pendant ce championnat et est encore plus inquiétante pour le sport. Les informations sur ces événements ne sont pas encore sorties du Ghana. Blatter dit qu'il avait assisté à ce match, mais qu'il n'en savait rien et le responsable qui avait refusé de parler de l'histoire de l'équipe danoise affirma que ces événements n'avaient pas eu lieu, jusqu'à ce que je lui dise devant Blatter, que j'avais les documents de la FIFA qui relataient l'affaire et je lui donnai même le numéro de référence du dossier.

Cette histoire concernait encore l'équipe du Ghana. Ils logeaient à l'hôtel Radisson Plaza à Hangzhou. Ils n'avaient pas fait un bon championnat, ils avaient perdu leurs deux premiers matchs et il leur en restait un à jouer contre les grands favoris norvégiens. Deux jours avant le match, deux joueurs racontèrent qu'ils avaient été approchés par des truqueurs qui leur avaient demandé de saboter le match contre la Norvège et perdre de cinq buts, c'est-à-dire 5 à 0 ou 6 à 1, etc. Les truqueurs n'essayaient pas de faire affaire avec toute l'équipe mais juste avec certains joueurs : le gardien de but, un défenseur et un milieu de terrain. Ils appelèrent les joueurs plusieurs fois et l'un d'eux fut repéré en train de déambuler dans le hall de l'hôtel en train de chercher à connaître les numéros de chambres des joueurs.

J'ai parlé à des responsables ghanéens qui ont confirmé ce qu'avaient dit les joueurs. L'un d'eux me dit : « Le truqueur appelait les joueurs dans leur chambre d'hôtel. Certains responsables écoutaient d'un autre téléphone de la chambre. [Le truqueur dit que] il allait leur donner chacun 22 000 dollars et un ordinateur portable. C'est ce qu'il leur promettait. Il [le truqueur] dit qu'il serait très embêté si le joueur parlait de cet arrangement à qui que ce soit. »

Malgré la menace, le responsable ghanéen semble avoir fait du bon travail. Il a trouvé les noms des truqueurs, le numéro de leurs chambres et était prêt à témoigner sur ce qui avait été promis aux joueurs. Il rédigea un rapport pour la FIFA, mais encore une fois, d'après les joueurs et les responsables ghanéens, la réaction des responsables locaux fut très étrange. La FIFA dit qu'ils allaient contrôler le match très attentivement mais ensuite, ils décidèrent que la faute revenait aux Ghanéens et leur rappela les sanctions pour trucage de match. Ensuite, ils refusèrent d'enquêter et préférèrent déléguer l'affaire au comité local chinois, c'est-à-dire des gens qui ont eu beaucoup de mal à enquêter sur le trucage dans leur propre ligue, des gens qui n'ont jamais pu expliquer ce qui s'était passé lors de l'incident avec l'équipe danoise. Ce sont ces gens-là qui ont recueilli la plainte ghanéenne et qui en ont conclu qu'il n'était pas nécessaire d'arrêter ces truqueurs puisqu'« il n'y avait aucune preuve qu'ils aient fait quoi que ce soit de mal ».

On peut de se demander ce qu'un truqueur doit vraiment faire pour se faire arrêter en Chine…

Ce qui est vrai, c'est que les Ghanéens furent stupéfaits de voir les truqueurs quitter tranquillement la ville.

Épilogue

Sauver le football

Il était onze heures du matin, le 27 janvier 2007 et Geoffrey Chege était à genoux dans une rue de Nairobi. Des voleurs avaient arrêté sa voiture et les avaient forcés, lui et sa femme, à sortir du véhicule. Chege était le directeur régional de l'ONG internationale Care à Nairobi. Il n'avait pas d'arme et il était encerclé par quatre hommes armés. C'était un banal vol à mains armées, comme il y a en plein. Il leur donna son portefeuille, il leur offrit les clés de sa voiture et sa femme pleura et implora qu'on les laisse partir. Ses pleurs avaient l'air de marcher, les hommes s'éloignèrent. Puis l'un d'eux se retourna, pointa son arme sur Chege et lui tira dans la tête. Il mourut sur le coup.

Le même jour, j'étais à Nairobi et deux femmes américaines furent tuées de la même manière. Les deux événements eurent droit à quelques « unes » de journaux et disparurent dans le flot de la criminalité quotidienne de la ville.

On dit que les meurtriers de Chege et des deux femmes étaient originaires des bidonvilles qui occupent le centre de Nairobi. Ce ne sont pas des endroits agréables. Il y a dans cette ville, trois millions d'habitants et la moitié d'entre eux sont entassés dans les bidonvilles de Kibera et Mathare. 30 %

de cette population sont atteints de maladies comme la tuberculose, le sida et le paludisme.

La dernière histoire raconte la vie dans ces bidonvilles et l'on y parlera de combats mafieux, d'influences politiques et de salut à travers le foot. C'est une histoire d'espoir en enfer.

J'ai envie de la raconter parce que je vous ai parlé de meurtres et d'attaques à la bombe pour le contrôle du football international, parce que je vous ai montré certaines des façons de corrompre le sport, parce que je vous ai démontré que le plus grand championnat du monde est peut-être corrompu et que je ne voudrais pas que vous deveniez cyniques. Si c'est comme ça, à quoi bon se battre, pourriez-vous dire, pourquoi s'en soucier, la corruption est partout, pourquoi pas dans le football ? Pourquoi ne pas simplement s'asseoir et regarder le match, sans tenir compte des plaintes de tous ces honnêtes gens qui se dressent pour changer les choses ?

J'écris cette histoire parce que j'adore le football. Je l'écris parce que je veux montrer le pouvoir de ce magnifique sport qui peut changer les gens, à l'intérieur comme à l'extérieur. Je l'écris parce que de tous les endroits les plus improbables au monde, un bidonville de Nairobi nous montre une solution qui nous donne de l'espoir.

J'ai rencontré Rosemary Njiru après son match. Elle vit au milieu du bidonville de Mathare. C'est une vieille âme de treize ans qui a, toujours planté au coin des lèvres, un cure-dent à moitié dévoré et a des yeux brillants d'humour. La plupart de ses anciennes camarades de classe se prostituent, l'une d'entre elles a commencé à neuf ans, me dit-elle et, avec la maturité d'une adulte, elle m'explique la prostitution enfantine : « Dans n'importe quel endroit au monde où il y a quelques personnes avec beaucoup d'argent et beaucoup de personnes sans, ce genre de chose est possible. »

Le terrain où elle joue est au centre de Mathare. C'est un carré de terre nue, entouré de plastiques, de poubelles et de papier toilette usagé. Rosemary joue avec d'autres filles pendant que des hommes ivres traversent le terrain. Trois des joueuses n'ont pas de chaussures et ça n'a pas l'air de les déranger alors qu'elles tapent dans le ballon, pieds nus dans les détritus, quelques-unes en ont et deux autres en partagent une paire, chacune à un pied…

Joyce Moto joue avec Rosemary. Elle a aussi treize ans et vit dans une cabane de deux-pièces avec sa mère, qui tient un petit étalage de fruits et légumes, et trois sœurs. Le plus grand problème de Mathare selon elle, ce sont « les toilettes volantes. Tu sais, il y a très peu de toilettes et les gens font leurs besoins sur du papier puis, ils le jettent en l'air et il atterrit devant ta maison. Ça arrive tout le temps ».

Je les ai rencontrées alors qu'elles étaient sur le point de partir pour une grande aventure. Leur ligue compte plus de 16 000 joueurs dans Mathare et chaque année, quelques-uns sont sélectionnés pour un voyage tous frais payés en Norvège, où ils participent à un championnat junior. Pour des filles qui se battent chaque jour pour survivre, réussir à avoir l'argent pour traverser la ville en bus est déjà un exploit. Quand je leur ai demandé si elles savaient à quoi pouvait ressembler la Norvège, elles n'en avaient pas la moindre idée. Elles m'ont dit : « Comme le Kenya, mais en plus froid. » Nous sommes en janvier, le voyage est encore loin et les deux filles ne sont pas encore dans l'équipe. La compétition est rude, il y a 125 filles pour 16 places. Quand un enfant réussit à rentrer dans une telle équipe, sa vie change à tout jamais, s'il n'y arrive pas, il retourne d'où il vient.

Les deux filles m'emmènent faire un tour du quartier, la vallée de Mathare. Ce sont des milliers de petites huttes, faites de métal rouillé et de boue. Les rues en terre sont bordées de petites gargotes remplies d'hommes désespérément ivres et de pauvres prostituées. Les petites églises protestantes se succèdent : la Cathédrale de la prière, l'Évangile africain indépendant, l'Église évangélique des nations et l'Église de l'Évangile rédempteur, chacune d'elles promet le salut. Pendant ce temps, ignorant cet appel, des hommes ivres ayant cherché le réconfort ailleurs jonchent le sol en terre. Quand on vient de l'extérieur, deux choses sautent aux yeux : d'abord que le quartier tout entier est recouvert de détritus, l'odeur fétide des excréments saisit l'étranger et s'accroche à son odorat de novice ; ensuite, lorsque votre nez s'habitue aux effluves et vos yeux à la pauvreté, vous vous rendez compte que chaque habitant de la vallée de Mathare essaye de survivre le plus dignement possible.

Un matin, je suis allé à l'école où vont les filles. Dans de toutes petites pièces s'entassent vingt-cinq à trente enfants. Presque tous viennent là avec leurs sacs à dos et vêtus de leur uniforme parfaitement repassé. Les parents qui ont de la chance travaillent de longues journées de l'autre côté de la ville pour faire en sorte que leurs enfants puissent étudier. D'autres, comme la mère de Joyce qui vend des légumes près du terrain de football, vivent de petits commerces. Quand nous nous sommes rencontrés en allant chez elle, nous nous sommes serré la main et avons discuté du talent des filles au football puis nous nous sommes quittés. Nous venions de nous remettre en marche, lorsqu'elle est revenue en courant, les cheveux en désordre, tout essoufflée et a dit quelque chose en gikuyu à sa fille. « Ma mère t'invite à la maison et veut savoir si tu veux boire un soda ou si tu veux un biscuit. » Sa maison était un deux-pièces en torchis, si j'avais demandé un soda, cela aurait amputé sérieusement son salaire journalier. Je déclinai le plus poliment possible et invitai les filles à déjeuner.

Deux de leurs amies nous avaient rejoints : Patricia, qu'elles appelaient Pablo, et Mary, appelée aussi l'Évêque. Nous allâmes déjeuner dans un petit restaurant où nous mangeâmes des haricots et bûmes du Coca et après le repas, elles m'expliquèrent le monde avec la sagesse de leurs treize ans. La plus touchante était la petite Pablo. Elle mesurait la moitié de Joyce et me regardait sérieusement tandis qu'elle se battait pour m'expliquer ce que le football voulait dire pour elle :

Quand je joue au football, j'oublie les gens qui sont chez moi, parce que ce ne sont pas des gens bien. Ils vont dans un endroit qui s'appelle Koinange Street. Une fille comme moi de treize ans a été mariée à un vieil homme, parce qu'elle n'a pas de souteneur.

Je demandai à Rosemary ce que faisaient les filles qui ne jouaient pas au football. Elle me répondit avec une ferveur digne d'un prêcheur : si tu prends le bon chemin, le football, tu seras sauvée. Si tu ne le prends pas, tu finiras en enfer.

Certaines filles se prostituent. D'autres se marient très jeunes. Certaines doivent laisser tomber l'école car personne ne peut leur payer l'école. Si elles jouaient au football, elles éviteraient tout ça. Je ne peux que leur conseiller de venir jouer avec nous et elles verront les changements dans leur vie.

Toutes les filles disent que le football est une planche de salut. C'est bien plus qu'un hypothétique voyage en Norvège. C'est l'espoir au milieu de l'enfer.

Claire O'Brien est une chercheuse d'Oxford qui a passé du temps à observer le football féminin dans les bidonvilles de Nairobi. Elle affirme que, dans certains endroits, c'est tellement bien organisé que ça a fini par remplacer l'église dans la vie des filles. J'étais très sceptique en l'entendant au début, mais après avoir parlé avec les enfants, je compris ce qu'elle voulait dire. Elle m'expliqua que lors de ses recherches, elle avait donné des appareils photo aux enfants et leur avait demandé de rapporter des clichés illustrant ce que le football signifiait pour elles.

J'ai eu des photos tellement incroyables, des choses que je n'aurais jamais imaginées. L'une d'elles représentait deux filles escaladant un petit mur en terre, il y a un égout entre les deux murs et là, il y a un garçon qui sniffe de la colle. Je regardais ça et je pensais : « Hmmm...qu'est-ce que ça veut dire ? »

La fille qui avait pris la photo me dit : « C'est un égout, et il n'y a pas d'autre moyen de sortir de là que de marcher dans l'égout. Ce garçon-là, qui sniffe de la colle, a abandonné. Il n'a aucune raison de partir de ce bidonville. Et il ne le fera peut-être pas. Il va peut-être passer toute sa vie là, parce que rien d'autre ne le motive pour s'en aller et faire autre chose. Mais ces deux filles vont à un match de foot. Elles escaladent le mur et prennent des risques parce qu'elles savent qu'il y a neuf autres filles qui les attendent pour jouer avec elles au football. Elles prennent le risque de tomber dans l'égout parce qu'elles savent qu'il y a peut-être quelque chose de mieux pour elles, là-bas. Voilà ce que le football veut dire pour nous. C'est une opportunité. Ça nous sort de notre quotidien parce que nous savons qu'il y a quelque chose de mieux que ce que nous avons et qu'il y a d'autres gens qui font comme nous et qui nous attendent. »

Cette histoire de salut par le football commence dans la petite ville de Sainte Catherines, dans l'Ontario. En 1987, Bob Munro, un consultant en développement canadien, qui grandit dans une ville où il jouait au hockey dans des championnats organisés par les vétérans de la Deuxième Guerre mondiale, se rendit à Mathare chercher sa fille qui y enseignait l'anglais. Elle était en retard et Munro se balada dans l'enceinte de l'école. Il vit des enfants jouer au foot avec des balles en ficelle et en papier et il se dit : « Pourquoi ces enfants n'auraient pas la même chance que mes amis et moi quand nous étions enfants ? »

Il contacta le pasteur de l'église locale avec l'idée de mettre sur pied des petites ligues de football. Je leur ai dit la chose suivante :

« Écoutez, si vous et vos amis mettez sur pied un petit comité, je travaillerai avec vous. C'est très simple, si vous

vous impliquez, je m'implique ; si vous, vous ne vous impliquez pas, je ne m'implique pas. » À l'époque, il se dit que c'était assez malin pour ne pas se retrouver embarqué dans une organisation qui lui prendrait trop de temps. Mais les choses se passèrent différemment.

Le premier jour, Munro se présenta avec un petit bloc-notes et un sifflet, s'attendant à voir arriver assez d'enfants pour faire six ou huit équipes. Quelle ne fut sa surprise lorsqu'il découvrit que les enfants faisaient la queue depuis l'aurore et qu'il y en avait assez pour vingt-cinq équipes. Ce fut le début de l'Association sportive des jeunes de Mathare (MYSA), une organisation qui aujourd'hui a pris une importance qui dépasse Mathare. Son génie fut de mettre en rapport l'enthousiasme pour un sport et le développement.

Les enfants adoraient jouer au football et à chaque saison, la Ligue s'agrandit. Alors les organisateurs de MYSA ajoutèrent une petite ruse au système de points habituel : trois points pour un match gagné, un pour un match nul et six points s'ils aidaient à un projet communautaire de développement. Au début, ils ne savaient pas très bien ce que ce serait :

Nous envisageâmes plein de choses et puis l'évidence nous sauta au visage : les poubelles qui tuaient les enfants et les adultes des bidonvilles…

Parce que quand il pleut deux fois par an pendant plusieurs semaines, les détritus dévalent la colline et entrent dans les maisons. Ils sont donc entourés d'eau contaminée. Si vous avez la moindre coupure et que vous marchez dans de l'eau contaminée, ça peut vous tuer. Une infection avec le manque de soins provoque la diarrhée, le choléra, une méningite ou la typhoïde, vous voyez, des maladies du Moyen Âge.

Pour le nettoyage des poubelles, chaque équipe devait se réunir et un « arbitre » vérifiait que tous les joueurs étaient présents. C'était la condition pour avoir les points, le capitaine mettait donc une énorme pression sur les joueurs, car leur avenir dans la ligue en dépendait. L'idée devint immédiatement très populaire parmi les garçons, mais aussi les parents qui comprirent tout de suite le bénéfice que tiraient leurs enfants à jouer au foot. Mais dans les années quatre-vingt-dix, MYSA fit une chose vraiment révolutionnaire, elle proposa le football aux filles.

Nous dûmes affronter trois problèmes. Le premier avec les garçons, parce que c'était une organisation masculine qui savait que les filles ne savaient pas jouer au foot. Ensuite avec les filles qui ne croyaient pas pouvoir y arriver. Et pour finir, les mères ne voulaient pas parce que quand les filles ont sept, huit ou neuf ans et que la mère travaille, c'est elles qui s'occupent des jeunes frères et sœurs. Alors, nous avons mis des tentes à côté des terrains, pour que les filles puissent venir avec leur famille et nous organisâmes un petit centre d'accueil pour les plus petits. C'est comme ça que les filles ont commencé à jouer au football.

Depuis ses débuts, MYSA a étendu son programme de développement : scolarité, prêts, campagnes de prévention contre le sida. Aujourd'hui, ils ont aidé plus de 17 000 enfants de Mathare avec des bourses d'étude et des dizaines de milliers d'autres avec des accès à une librairie, des groupes de théâtre et des cours de vidéo. Au cœur du travail de MYSA, il y a cette idée :

« Fais quelque chose pour nous, nous ferons quelque chose pour toi ; si tu ne fais rien, tu n'as rien ». Au début, ça a l'air sévère, mais cela empêche de tomber dans la situation d'assisté et ça donne une force extraordinaire.

Bob Munro s'est lancé dans cette aventure, mais elle l'a totalement dépassé. L'organisation est maintenant composée de centaines de dirigeants, dont beaucoup viennent des rangs de MYSA, d'abord comme joueurs dans les équipes de jeunes, qui ont ensuite obtenu des bourses et aident à organiser les championnats. Elle vient juste d'ouvrir un nouveau centre d'entraînement pour ses équipes, sur les bords de Mathare, avec des bureaux, des salles de réunions, un studio de production vidéo, une salle de musculation et un centre de fitness.

Mais au milieu de toutes ces bonnes nouvelles de salut par le football, il reste un problème qui s'appelle la mafia. Le nom qu'on leur donne dans la vallée de Mathare, c'est Mungiki. Ils tiennent le bidonville, ici le gouvernement, c'est eux. À Mathare, ils ont fait main basse sur les canalisations qui amenaient l'eau dans le quartier et vendent l'eau aux résidents. C'est aussi un endroit où l'électricité qui arrive est payée à la mafia et non pas à la compagnie.

Il existe d'autres groupes mafieux dans les bidonvilles de Nairobi. Certains d'entre eux ont emprunté leurs noms à des événements récents. Il y a un gang qui s'appelle Bagdad et un autre les Talibans. Les Talibans, qui n'ont rien à voir avec l'Afghanistan, Ousama Ben Laden ou l'islam, sont les grands rivaux de Mungiki à Mathare. Ils ont une *chana,* une distillerie de whisky africain. Je suis allé la voir et elle consiste essentiellement en trois fûts en plastique alignés et l'eau, qui est le principal ingrédient, est pompée de la rivière couverte de détritus de Mathare en aval d'une douzaine d'égouts. Le breuvage n'est pas si mauvais, si l'on considère qu'il a été distillé pendant seulement quarante-cinq minutes avant d'être mis dans des jerricans en plastique. C'est une affaire très lucrative.

À l'automne 2006, les Mungiki et les Talibans se livrèrent une guerre meurtrière pour le contrôle de la distillerie, qui laissa des centaines de personnes de Mathare sans abri. Patricia et Rosemary assistèrent aux combats. Elles eurent très peur. Elles me racontèrent qu'en s'enfuyant de chez elles, elles avaient vu un jeune homme se faire prendre par les Mungiki : « Ils étaient beaucoup plus nombreux. Ils arrêtèrent la voiture et quand ils virent que c'était un

Taliban, ils le sortirent, brûlèrent sa voiture et lui coupèrent la tête. »

J'avais eu un petit exemple de ce que pouvait être la violence à Mathare. Je travaillais avec une jeune femme norvégienne, Gunhild Forselv, que je connaissais depuis l'Irak et la Turquie. Nous étions chez un des dirigeants de MYSA au beau milieu de Mathare. C'était une petite maison en terre, proche d'une décharge. Il y avait deux pièces et nous étions dans la chambre cuisine de sa famille. Il était 22 h 20, un ragoût de poisson mijotait sur le feu et nous faisions des blagues sur le fait d'apprendre le norvégien. L'atmosphère était familiale et nous étions détendus.

Soudain un coup s'abattit sur la porte et des cris résonnèrent dans l'allée.

Un jeune homme habillé en bleu entra en chancelant, l'arrière de son crâne était coupé sur cinq centimètres, on aurait dit qu'il avait été ouvert par une machette. Un filet de sang coulait le long de son cou. Tout le monde se précipita pour fermer la porte en bois. À travers une fissure au-dessus de la porte, je voyais un autre jeune homme qui criait et qui essayait d'entrer. On aurait dit qu'il y en avait beaucoup d'autres à l'extérieur. Les hommes qui étaient avec nous l'empêchèrent d'entrer. Quelqu'un brisa ce qui servait de fenêtre et un bras armé d'un couteau passa à travers le mur en terre. Tout le monde se mit à crier.

Je me dis que c'était la fin. Les Mungiki et les Talibans étaient là pour nous, ils avaient dû apprendre qu'il y avait des étrangers dans cette maison. Il n'y avait pas moyen de s'enfuir, ni de se cacher, nous étions pris au piège. Personne ne pouvait venir à notre secours.

Les hommes sortirent, il y eut une bagarre dans l'allée. Je pris ma bombe lacrymogène à la main et me cachai derrière la porte. Plus tard, je me dis : si j'avais été un homme, un vrai, serais-je sorti me battre avec les autres ? Franchement à ce moment-là, je ne pensais à rien, j'étais prêt à bondir, j'attendais qu'une horde de gangsters se jette sur moi ou pire encore, sur Gunhild.

Nos amis revinrent. L'un d'eux, souriant, me fit un signe de la tête.

« Temps de partir ? demandais-je.

– Temps de partir », répondit-il.

De l'autre côté de la rue, un autre type, Julius, nous invita chez lui. Je refusai en lui disant : « Je suis un lâche, j'ai peur. Je veux rentrer… » Je pus percevoir un soulagement dans les yeux de Julius et des hommes qui l'accompagnaient, mais de la honte dans les yeux de mon hôte. Il se recroquevillait à mesure que nous avancions. « J'étais heureux, mais maintenant je suis triste. Je me sens mal dans mon cœur… Je vais retrouver ces mecs et je vais leur briser le cou. » Pendant le reste de mon séjour, il n'osa plus me regarder dans les yeux. Quand nous sommes partis, ils continuaient à sillonner les rues à la recherche des hommes qui avaient attaqué sa maison pour les tuer.

En mai 2007, quand commencèrent les derniers entraînements pour le championnat norvégien, la violence explosa de nouveau. Cette fois-là, ce n'étaient plus les Mungiki contre les Talibans, mais un autre groupe de criminels, la police kenyane. Les Mungiki tuèrent un officier de police. Pour le bidonville, ce fut terrible. La police entra dans la zone et déclara la guerre à tout le monde. Ils tabassèrent des centaines d'hommes, de femmes et d'enfants. Ils tuèrent trente personnes et déclarèrent que chaque cadavre était un tueur Mungiki, ce qui est difficile à croire quand on sait qu'une des victimes était un enfant de dix ans. Pendant toute cette violence, Rosemary, Joyce, Mary et Pablo, continuèrent à s'entraîner et à rêver au possible voyage en Norvège.

Il ne serait pas très difficile d'arrêter la violence à Mathare, mais chacun des groupes mafieux est lié à des politiciens influents. Ils leur assurent des votes et les politiciens leur assurent une protection quand leur violence fait trop de bruit. Certains de ces politiciens n'aimaient *pas du tout* Bob Munro.

Son problème, c'est qu'après avoir fondé MYSA, l'organisation lui demanda de s'intéresser à l'ensemble de la corruption dans le football kenyan. MYSA avait lancé une équipe professionnelle, constituée de ses meilleurs joueurs juniors, qui fit rapidement son chemin jusqu'à la Premier League du football kenyan. Bob Munro se rendit compte, à mesure que son équipe prenait de l'importance, de la corruption dans la Ligue : les arbitres impayés, le vol de billets, la mauvaise gestion des programmes et les commissions occultes de transferts arrangés.

La politique de la Fédération kenyane de football (KFF) peut vraiment être très sale.

Deux responsables de la KFF ont récemment été tabassés par des malfrats, probablement envoyés par des rivaux. Deux autres responsables sont en procès pour avoir détourné plusieurs dizaines de millions de shillings kenyans. Le problème vient de ce qu'obtenir un poste dans la KFF représente un pas considérable pour qui veut se diriger vers la politique : six des sept derniers présidents de la KFF sont devenus des politiciens nationaux de premier plan. Un jour, une équipe très puissante refusa d'être reléguée, alors Munro décida d'aider à la création d'un autre championnat de Ligue 1, soutenu par des sponsors d'entreprise. Le succès fut immédiat, mais Munro avait marché sur les plates-bandes de personnes qui ne voyaient pas les choses comme lui. Quand je suis allé au Kenya en janvier 2007, ça n'avait pas l'air d'aller au mieux pour Munro, MYSA et le football kenyan. Le ministre des Sports kenyan avait menacé d'expulser Munro, prétextant qu'il faisait du mal au football. Le commissaire aux sports avait été attaqué après avoir appelé la police antiémeute à un match de la Ligue 1 de Munro, pour le faire cesser.

Et la FIFA, fatiguée de tout cela, avait décidé que le Kenya ne participerait plus aux championnats internationaux.

Au beau milieu de tout cela, Munro était toujours obstiné :

Les gens venaient me voir et me disaient : « Bob, ton problème c'est que tu ne sais pas faire de compromis. » Et je disais : « Écoute, j'ai passé trente ans aux Nations unies et les compromis, je sais ce que c'est. Mais parlons de notre problème, qu'est-ce que tu entends par compromis ? Est-ce que tu entends par là que puisque la direction précédente, qui a volé 55 millions de dollars, est poursuivie pour avoir volé 55 millions de dollars, nous pourrions trouver un compromis en laissant cette direction-ci voler 25 millions de dollars ? Ou alors, vu qu'ils ont enfreint plus de la moitié des règles de la KFF, nous pourrions trouver un compromis et dire aux nouveaux : « OK, vous avez le droit d'enfreindre le quart des règles. » C'est ça que tu appelles un compromis ?

Il y a des choses au sujet desquelles on ne peut pas faire de compromis. Ou bien on vole, ou bien on ne vole pas. Ou bien on respecte une constitution ou on ne la respecte pas. Tu crois à la loi, ou tu n'y crois pas. Il y a certaines choses qui sont absolues, et des espaces qui ne sont pas négociables.

Mais cette histoire se finit bien.

Pendant l'année 2007, les autorités internationales, la FIFA et la Confédération du football africain firent ce qu'on attendait d'eux : ils mirent de l'ordre dans tout cela. Ils réunirent tout le monde autour d'une table, nettoyèrent le système de ses escrocs et Munro fut enfin à l'abri, Mathare United est revenu dans la Ligue et la corruption a commencé à disparaître du football kenyan.

En juillet 2007, l'équipe Mathare United des filles de moins de quatorze ans partit pour la Norvège. Rosemary, Pablo et

Joyce furent sélectionnées. C'était leur premier voyage en dehors du Kenya et après six matchs difficiles, elles gagnèrent le championnat. J'ai vu une photo de Rosemary Njiru après la finale, elle est debout, devant son équipe jubilante et se fait interviewer par la presse norvégienne. Elle n'a plus son cure-dent accroché aux lèvres et elle a beaucoup grandi. Elle a l'air d'une professionnelle : pleine de sang-froid, heureuse et confiante. Elle a l'air d'une fille qui revient de très très loin.

La morale de cette histoire c'est que si une poignée de petites filles et un Canadien sans armes peuvent prendre le pouvoir sur la mafia, sur la violence et la corruption dans le football, survivre et s'épanouir, nous le pouvons tous. Nous pouvons nettoyer ce sport, nous pouvons mettre en place des équipes et des ligues qui aident la société, plutôt que devenir des nids de corruption et de criminels. Nous pouvons empêcher les arbitres de se faire acheter, nous pouvons nous assurer que les plus grands championnats internationaux ne soient pas infestés de truqueurs. Nous pouvons gagner ce combat et ce sport le mérite. Je vais terminer ce livre avec une de mes citations préférées. Elle est du grand avocat antiesclavagiste William Wilberforce. En 1789, Wilberforce réunit toute la population anglaise qui possédait des esclaves et leur fit un discours de trois heures et demie au Parlement, leur détaillant toutes les horreurs et les atrocités qui avaient lieu dans les navires des négriers. Il termina sur ces mots : « Maintenant que vous avez entendu tout cela, vous pouvez choisir de détourner votre regard, mais vous ne pourrez plus jamais dire que vous ne saviez pas. » Le sport, nos jeunes et tous ceux qui viendront après nous exigent que nous ne détournions pas le regard.

Remerciements

Une réplique célèbre de Blanche DuBois[1] dit qu'elle dépend de la « gentillesse des étrangers ». En écrivant ce livre, j'ai dépendu de la gentillesse de tout le monde : de mes collègues, de mes amis, de mes connaissances, de mes contacts et d'étrangers. Je voudrais tout particulièrement remercier les personnes qui ont accepté d'être interviewées, dont beaucoup ont demandé à garder l'anonymat. Pour respecter leur souhait, je ne mentionnerai pas les personnes qui ont consenti à me parler, mais je voudrais remercier pour le temps qu'il m'ont consacré et leur patience, tous ceux qui ont accepté de le faire et qui m'ont expliqué bien des choses sur la face cachée de ce sport que nous aimons tant.

Ce livre n'aurait jamais vu le jour sans Marc Carinci, un chercheur infatigable qui a travaillé sur les vérifications des faits et sur la recherche de rapports. Malgré ses longues heures de solitude, son enthousiasme et son dévouement pour la vérité n'ont jamais failli et s'il y a des erreurs dans ce texte, ce sont les miennes. Chris Bucci, le directeur de la maison d'édition McClelland Steward, m'a guidé avec son calme merveilleux à travers le long processus de ce livre. Et

1. Héroïne de la pièce de Tennessee Williams, *Un tramway nommé Désir.*

mon agent Emma Parry a toujours été là avec un bon mot, un grand sourire et un bon repas !

Pour la gestion et le traitement de l'information, je dois beaucoup à Ben Spurr, Noah Bush et Nolan Little, pour les heures de retranscription audio ; Alyn Still et Emma Link pour leur aide précieuse en calculs statistiques ; et Dominic Bown pour la maintenance de mes ordinateurs, mes caméras cachées et autres systèmes d'enregistrement.

À Oxford, deux gentlemen anglais ont fait de mon séjour un vrai plaisir : le docteur Andrew Markus, qui me prodigua les conseils les plus mesurés, m'aida à rester de bonne humeur et m'apprit à nouer un nœud papillon. Et, bien évidemment, le professeur Anthony Heath, un superviseur qui a de l'esprit, de la grâce, de l'intelligence et qui me suivit pendant la rédaction de ma thèse. D'autres collègues qui ont compté grandement et que je remercie sont le professeur Diego Gambetta, Tom Dawson, Uwe Ackerman, Sean David, Keith Frayn, Raman Saggu, Derek Jewell, Steve Fisher, Michael Biggs, Peter Hill, Matthew Bond, Jay Gershuny et Edmund Chattoe, merci pour leurs encouragements et leurs idées.

Des douzaines d'autres personnes m'ont aidé, certains à lire des brouillons de manuscrit, d'autres à faire du thé, tous m'ont empêché de devenir fou et je voudrais les remercier : Michael Drolet Anders Karup, Lucie Cluver, Jamie Salo, Paddy Coulter, Anne Millard, Allison Gilmore, Jackie Davis et Nigel, Glen, Darren Mick et le reste des gardiens du Green College. Merci également au British Council, qui a eu la gentillesse de me donner une bourse d'études Chevening, qui a financé une grande partie de mes études à l'université.

En Malaisie, j'ai eu la chance d'être adopté par deux mentors : Ian « M. Malaisie » Stratton et Gerry Boedeker. Mais aussi Sharon Saw, Ngooi Chiu Ing et la bande à l'Oxbridge Society of Malaisia, qui a réussi à me faire oublier mes recherches de temps à autre pour m'emmener danser.

D'autres personnes m'ont aidé, comme Tunku Adnan, Ann Lee, Hilary Chiew, Jahabar Sadiq, Patrick Chalmers, Richard Ryan et Roshan Jason.

À Singapour, Andrew Lecci et la bande de l'ESPN furent extrêmement hospitaliers. Steve « l'homme le plus sage d'Asie » Darby, Rafiq Jumabhoy, Jose Raymond et Jeffrey Lau, m'ont tous appris quelque chose sur la façon dont fonctionne leur ville de Singapour et sa société.

En Thaïlande, des personnes qui m'ont protégé ont demandé à ne pas être nommées. Je sais que vous êtes là et ce que vous avez fait. Merci.

Je n'ai jamais parié sur un sport de ma vie, ce territoire m'était totalement inconnu. Un groupe de personnes m'a appris énormément et m'a aidé patiemment quand je suis allé leur poser des questions qui ont dû leur paraître très idiotes. Ces gens sont des personnes du monde du jeu anglais, Andrew « Bert » Black et Robin Marks (Betfair), Graham Sharpe (William Hill), Alistair Flutter et Matthew Benham. Dans les loteries européennes, Göran Wessberg, Tjeerd Veenstra, Stephen Allmer et Wolfgang Feldner du Système d'alerte avancé de la FIFA.

J'ai un certain nombre de contacts à la FIFA et à l'UEFA et je voudrais tout particulièrement remercier Andreas Herren de la FIFA qui m'a aidé à obtenir les interviews et m'a donné accès à certaines informations.

J'ai aussi une bande de camarades journalistes et d'amateurs de football de par le monde qui ont partagé leurs informations, leurs histoires avec moi ou qui ont traduit avec une immense générosité. En Belgique : Kess t'Hooft, Stefan De Wachter, Frank Van Laeken, Douglas De Coninck, Jan Hauspie et Peter Verlinden. En Finlande : Risto Rumpunen, Tiina Ristikari et Ari Virtanen. En Croatie : Mislav Ivanisevic. En Irlande du Nord : Malcolm Brodie. En Italie : Stefania Battistelli, Graziano « Primo » Lolli et Andrea Patacconi. En

Allemagne : le professeur Johann Lambsdorff, Mathias Nell et mes collègues de l'ATC qui méritent une mention spéciale pour leur patience, pendant que je travaillais sur le livre, Julika Erfurt, Thomas Gerken, Franziska Telschow, Anna Zimdars et Söhnke Vosgerau. En Russie : Paer Gustafsson, Natasha Gorina, Ekaterina Korobsteva, Svetlana Guzeev Eugene Demchenko, Alisa Voznaya et Maria Semenova.

Au Brésil, en Colombie et en Argentine : Rafael Maranha, Mike Ceaser et Ezequiel Fernandez Moores. En Chine : Steward Park. En Turquie : Chris Wade et Emre Ozlan. Aux États-Unis : David C. Whelan. Au Kenya : le patient Odindo Ayieko et Joel Kinuthi ; Anthony Husher pour ses bières fraîches et ses bons conseils et James Njugush, Cosmos et les mecs qui se sont si bien battus dans l'allée. Au Ghana : le docteur David Abulai, « Paca » et mes nombreux informateurs, en particulier Tamale.

Au Canada : Anthony « Great Tony » Blundell, Rachel Vincent, Bruce Livesey, Tad Homer-Dixon, James Orbinski, Richard McLaren, Alan Guettel, David Nayman, Dick Miller et, bien sûr, mes deux coéquipiers si patients de l'équipe de Panagea, qui saison après saison ont dû supporter mes exhortations, mes colères, ma susceptibilité et mes excès, pendant que nous jouions à ce magnifique jeu.

Références

Au cours de mes recherches pour ce livre, j'ai réalisé plus de deux cents interviews. Parce que énormément de gens ont demandé à garder l'anonymat, par peur de la police, des criminels ou des officiels sportifs, j'ai utilisé le code ci-dessous afin d'aider le lecteur à comprendre le rôle de la personne dont je fais l'interview.

Parieur (P) : toute personne qui fait un pari, compile des statistiques, ou qui travaille pour l'industrie du jeu, à quelque échelon que ce soit.

Truand (T) : toute personne qui truque un match ou tout criminel impliqué dans le sport.

Footballeur (F) : joueur de football en activité ou à la retraite

Arbitre (A) : arbitre en activité ou à la retraite

Officiel sportif (OS) : toute personne faisant partie de l'administration d'une ligue ou d'une équipe, entraîneurs et managers inclus.

Agent de la Loi (AL) : officiers de police, agents anticorruption ou procureurs d'État.

Journaliste (J) : journaliste possédant une connaissance directe d'un trucage.

Divers (D) : divers autres rôles – diplomates, hommes d'affaires, membres de la famille royale de Malaisie, universitaires, politiciens et dissidents politiques.

Introduction : Les oiseaux de proie

Conditions météorologiques, audience TV, le jour de la finale

Notes concernant les conditions météorologiques ce jour-là :
www.ngdc.noaa.gov/nmmr/public/viewRecord.do?xmlstyle=FGDC&edit=&recuid=1916&recordset=NCDC

« US Helps World Cup Make Global TV History » (Les États-Unis aident la Coupe du monde à entrer dans l'histoire mondiale de la TV), *Atlanta Journal-Constitution* (Atlanta, GA), 19 juillet 1994, D1.

J.E. Vader, « All Was Ready, Then the Teams Failed to Deliver » (Tout était prêt jusqu'à ce que l'équipe manque à ses promesses), *Oregonian* (Portland, OR), 18 juillet 1994, D1.

Description du carré VIP

Entretiens avec Chuck Blazer, Alan Rothenberg, Sunil Gulati, Cathy Scanlan, Karen Bybee (tous officiels de la FIFA, de l'US Soccer, ou officiels protocolaires, présents ce jour-là), janvier 2008.

Kikalishvili dans le carré VIP

Entretien avec Anzor Kikalishvili, février 1999.

Également Gennady Fyodorov, « Godfather of Sports Denies Mafia Link » (Un parrain du sport dément toute affiliation à la mafia), Agence France-Presse, 19 novembre 1996.

Réputation de Kikalishvili

Permanent Subcommittee on Investigations of the Committee on Governmental Affairs, United States Senate (Session devant le sous-comité permanent chargé des investigations du Comité des affaires gouvernementales, Sénat des États-Unis), 104, Congrès, deuxième session, 15 mai 1996, p. 86 ; 88.

Informations sur l'Association du XXIe siècle

Robert Friedman, *Red Mafiya: How the Russian Mob has invaded America,* Londres, Little, Brown and Company, 2000, p. 115, 125, 130, 154, 194-195.

Voir aussi : Igor Baranovsky, « Mafia : Young Wolves vs. Authorities » (Mafia : les jeunes loups contre les autorités), *Moscow News,* Moscou, 1er octobre 1993, n.° 40.

Vladislav Trifonov, « Kvantrishvili Killed by Soldier » (Kvantrishvili tué par un soldat), *Kommersant,* Moscou, 14 juin 2006. Disponible sur : www.kommersant.com/page.asp?id=681819.

Informations générales sur la mafia russe

Stephen Handelman, *Comrade Criminal : The Theft of the Second Russian Revolution,* Londres, Michael Joseph, 1994.

Activités de Kikalishvili en Floride

Entretien avec AL 12, 20, mai-juin 1999.

Friedman, p. 154.

Sur le lien entre Havelange et Castor De Andrade

Claudio Renato, « Havelange e Avalista Moral de Castor » *O Globo,* São Paulo, 9 avril 1994, p. 12.

Ernesto Rodrigues, *Jogo Duro, a História de João Havelange,* Rio de Janeiro, Editora Record, 2007, p. 284-285.

David Yallop, *How They Stole the Game,* Londres, Poetic Publishing, 1999, p. 73; 210.

Jan Rocha, « Lottery Bribes Scandal Snares Rio's Elite Fifa's President and the Police Figure on an Alleged Mafia Payroll » (L'élite de Rio rattrapée par les scandales de la loterie : le président de la FIFA et la police figureraient sur une feuille de paye de la mafia), *The Guardian,* Londres, 9 avril 1994, p. 16.

« Un des chefs mafieux les plus connus du pays »

Isabel Vincent, « Not Told of Probe, Suspect Complains » (Ignorant qu'on l'interrogeait, un suspect se plaint), *Globe and Mail,* Toronto, 13 avril 1994.

Informations sur la situation du football en Russie

James Hansam, « Murder, Mystery and Suspensions in Moscow » (Meurtre, mystère et suspensions à Moscou), *Evening Standard,* Londres, 6 février 2001, p. 78.

Dan Brennan, « Soccer Russian style » (Le foot à la russe), *Scotland On Sunday,* Édimbourg, 6 juillet 2003.

Informations sur la situation du football en Colombie

Entretien avec Jose-Juan Bellini et D 7, janvier 2008.

Malcolm Macalister Hall, « Hero, Scapegoat, Martyr » (Héros, bouc émissaire et martyr), *Mail on Sunday,* Londres, 19 avril 1999, p. 11-13.

S.L. Price, « Shadow of Shame, The Specter of Violent Drug Cartels Haunts the Formidable Colombian National Soccer Team » (L'ombre de la honte : le spectre de violents cartels de drogue hante la formidable équipe nationale de football colombienne), *Sports Illustrated,* New York, 23 mai 1994. Disponible sur : http://vault.sportsillustrated.cnn.com/vault/article/magazine/MAG1005218/index.htm.

Informations télévisuelles

Le documentaire *Mafia Power Play* (Les jeux de pouvoir de la mafia) a été diffusé dans *The Fifth Estate,* CBC Television, 6 octobre 1999, et *Frontline,* PBS, 10 octobre 1999.

Explosion au quartier général de l'Association du XXIe siècle

Yulia Solovyova, « Hotel Open for Business as Bombing Investigated » (L'hôtel fonctionne normalement pendant l'enquête sur l'explosion), *Moscow Times,* Moscou, 28 avril 1999.

Disponible sur : www.themoscowtimes.com/indxes/1999/04/28/ 041.html.

Informations sur Friedman et son travail sur la mafia russe

Friedman a été surnommé « Le meilleur journaliste d'investigation dont on n'a jamais entendu parler » (The Best Investigative Reporter You've Never Heard Of), par Sherry Ricchiardi dans l'*American Journalism Review,* janvier-février 2000. Malheureusement, en 2002, Friedman est mort d'une maladie contractée lors de recherches préparatoires en Inde.

Pavel Bure

Friedman, p. 173-201.

« Mafia Power Play » *Frontline,* PBS TV, octobre 1999.

Information sur d'autres joueurs de hockey russe

Entretiens avec AL 20 et J 23, avril 1999.

Le passé de contrebandier de Joseph Kennedy est exploré dans
Seymour Hersh, *The Dark Side of Camelot*, Londres, Harper Collins, 1997, p. 44-60 (publié en français sous le titre *La Face cachée du Clan Kennedy*, J'ai lu, 2000).
Gus Russo, *The Outfit : The Role of Chicago's Underworld in the Shaping of Modern America*, Londres, Bloomsbury, 2001, p. 359-362.
Hersh cite plusieurs témoins ainsi que des documents du FBI établissant que Kennedy fournissait illégalement de l'alcool à la mafia. Russo cite un document de la RCMP (la police canadienne), datant de 1929 dans lequel Kennedy figure comme l'un des fournisseurs d'Al Capone.

Corruption dans d'autres sports
Dans le basket-ball au niveau des collèges américains (NCAA), et de l'Association nationale de basketball (NBA), il y eut des cas où des parieurs professionnels tentèrent de truquer des jeux. Le cas le plus récent et notoire est celui de l'ancien arbitre de NBA Tom Donaghy : voir William Bender, « Donaghy's associates indicted in betting case » (Les associés de Donaghy accusés dans une affaire de paris), *Philadelphia Daily News*, Philadelphie, PA, 9 février 2008, p. 42.

Cricket : un certain nombre de joueurs de cricket de haut niveau ont été impliqués dans des affaires de trucage de matchs internationaux avec des bookmakers criminels. Pour plus d'information, voir juge El King, « Commission of Inquiry into Cricket Match Fixing and Related Matters, 2nd Interim Report» (Commission d'enquête sur le trucage des matchs de cricket et les problèmes qui y sont liés, 2e rapport d'intérim), République d'Afrique du Sud, 2000 ; ou M.A. Ganapathy, « Report on Cricket Match-Fixing and Related Malpractices » (Rapport sur le trucage des matchs de cricket et les fautes professionnelles qui en découlent), New Delhi : CBI Special Crimes Branch – Central Bureau of Investigation, octobre 2000.

Tennis *:* du Russe Dmitry Tursunov à l'Anglais Andy Murray, en passant par l'ancien géant américain John McEnroe, un nombre important de stars du tennis ont discuté la présence de truqueurs dans le sport.

Voir : *Associated Press*, « Tursunov Multiple Match Fixing, Bribe Offers » (Tursunov et les multiples jeux truqués et pots-de-vin), 28 septembre 2007 ; Harman, Neil, « ATP Summons Andy Murray after Claims over Match-fixing » (L'ATP convoque Andy Murray après des allégations de matchs truqués), *The Times*, Londres, 10 octobre 2007. Sur John McEnroe: Mark Hodgkinson, « The Russian Mafia Could Be Involved. That's Scary » (Il se pourrait que la mafia russe soit impliquée. Ça fait peur), *Daily Telegraph*, Londres, 7 décembre 2007, p. 15.

Chapitre 1 : L'invasion des sauterelles

Sur le départ de Yang Zuwu
Jonathan Watts, « China Struggles to Quell Football Revolt : Country's Most Popular Spectator Sport Rebels against Bribe-taking and Match-fixing »

(La Chine a des difficultés à faire taire la révolte dans le football : le sport le plus populaire auprès des spectateurs se rebelle contre les pots-de-vin et les trucages), *The Guardian,* Londres, 4 novembre 2004, p. 19.

Da Shao, « Chinese Soccer on Defense » (Le football chinois sur la défensive), *China.org.cn.* 31 octobre 2004

Informations sur la Super Ligue chinoise

Entretiens avec Peter Velappan, ancien secrétaire général de l'AFC, juin 2005 et mai 2006. Voir aussi « Velappan Warns Corruption Could Kill Football in China » (Velappan met en guarde contre la corruption qui pourrait détruire le football en Chine), Agence France-Presse, 10 juin 2005.

James Davis, « Black Whistle casts a shadow » (L'affaire des Black Whistle jette un froid), *Observer,* Londres, Sport, p. 9.

Sur les accusations faites à l'équipe chinoise lors de la Coupe du monde

« China accused of match fixing » (La Chine accusée de trucage de match), Reuters, 26 juin 2002.

Information sur le « Black Whistle Scandal » :

« Black Whistle Fighter Remains Indomitable in Isolation » (Le combattant des Black Whistle reste indomptable en isolement), *Shanghai Star* (Shanghai), 3 juillet 2002. Disponible sur : http://app1.chinadaily.com.cn/star/2002/0703/pr231html.

John Gittings, « Chinese Fans Riot at Ref's Foul Decision » (Les fans chinois créent une émeute face à la décision injuste de l'arbitre), *The Guardian,* Londres, 28 mars 2002, p. 20.

Développement du football en Chine, commentaire radio

Charlie Gidney, « Football Development in China : It's a Funny Old Game » (Développement du football en Chine : un petit jeu qu'on connaît), http://www.chinalyst.net/node/14262. Retiré le 21 mai 2007.

Voir sur www.chinasuperleague.com :

– « More Black Whistles Blown » (Ça continue de siffler pour les Black Whistles), 19 janvier 2002.

– « CFA Response Imminent » (La réponse imminente du CFA), 23 janvier 2002.

– « Newspaper Makes Black Whistle Revelations » (Les journaux font des révélations sur les Black Whistles), 1er février 2002.

- « Black Whistle Arrested » (Arrestation des Black Whistle), 18 avril 2002.

– « Chinese Referee Jailed for Ten Years » (Arbitre chinois emprisonné pour dix ans), 29 janvier 2003.

Sur l'idée de Sepp Blatter selon laquelle de jeunes joueurs sont envoyés en Asie
James Kynge, « Send Football's Young Stars to Play in Asia, Says FIFA Chief » (Envoyez les jeunes stars du foot jouer en Asie, dit le président de la FIFA), *Financial Times,* Londres, 17-18 juillet 2004, p. 10.

Sur les huées dans le stade
Entretien avec Peter Velappan, juin 2005 et mai 2006.

Voir aussi : Xianfeng Chen et Fei Li, « AFC Official Apologizes for Tirade of Misunderstanding » (Un officiel de l'AFC présente ses excuses et invoque un malentendu), *China Daily,* Pékin, 20 juillet 2004.

Disponible sur : www.chinadaily.com.cn/english/doc/2004/07/20/content_34975/1htm.

« Beijing Olympics Questioned as Asian Cup Opens Amid Uproar » (Les Jeux olympiques de Pékin remis en cause alors que la Coupe d'Asie débute dans le tumulte), Agence France-Presse, 18 juillet 2004.

Dans un entretien avec Sepp Blatter, en février 2008, il a nié qu'aucune émeute, huée ou confrontation ait eu lieu dans le stade.

Information sur le trucage des joueurs à Hong Kong
Anne Stewart, « Footballers' Confessions Admissible » (Les confessions des footballeurs acceptées), *South China Morning Post,* Hong Kong, 12 février 1999, p. 6.

Membre de la rédaction, « Football Match-fixer Tells of Sorrow for Former Teammates » (Un truqueur de match fait des révélations qui risquent de heurter ses anciens coéquipiers), *Hong Kong Standard,* Hong Kong, 11 février 1999.

Discours du député commissaire Tony Kwok, « Sharing 25 Years' Experience in Law Enforcement Fighting Corruption & Organized Crime » (Partager 25 ans d'expérience dans la lutte contre la corruption et le crime organisé), ICAC, Hong Kong, 22e Conférence sur le crime organisé asiatique à échelle internationale (International Asian Organized Crime Conference).

Sur la mafia de l'arbitre indonésien
Membre de la rédaction, « PSSI Believes report on Collusion Practices » (PSSI croit au rapport sur les pratiques de collusion), *Jakarta Post,* Jakarta, 21 février 1998.

« Betting » (Parier), Agence France-Presse, 18 mai 1999.

Trucage de match au Vietnam et le cas Nam Cam
Nam Cam a participé à un grand nombre d'activités corrompues, et l'une des charges qui fut retenue contre lui a été le trucage de match de football ; un cas a même entraîné une enquête de la Banque mondiale. Deux autres cas typiques :
Membre de la rédaction, « Vietnam Football Needs to Be Clean to Grow » (Le football vietnamen doit être assaini s'il veut grandir), Agence France-Presse, 12 octobre 2002.

Membre de la rédaction, « Match-fixing Scam in Vietnam » (Scandale à popos de matchs truqués au Vietnam), Agence France-Presse, 30 octobre 2002.

Citation de Bruce Grobbelaar

Grobbelaar vs News Group Newspapers Ltd, Cour d'appel, division civile, 18 janvier 2001, 178.

Pour un excellent descriptif de l'intégralité du cas Grobbelaar, voir :

David Thomas, *Foul Play: The Inside Story of the Biggest Corruption Trial in British Sporting History,* Londres, Bantam, 2003.

Sur la violence commise par les truqueurs

David Mcdonnell, « One Player Died in a Mysterious Accident and Another Found a Cobra in His Car » (Un joueur meurt dans un mystérieux accident et un autre trouve un cobra dans sa voiture), *Daily Mail,* Londres, 30 mars 1999, p. 77.

Également entretiens avec F 2-13, J 4-9, OS 1-10, décembre 2005 ; mai 2006.

L'incident du couteau à la Mambo est issu d'une confession faite à la police par un joueur, dont la police malaisienne m'a fait part en mai 2005

« Nous savons où ta grand-mère fait ses courses… »

Entretien avec OS 9, juin 2005.

Sur la fondation de la ligue et l'effondrement qui s'ensuivit

Seneviratne, Percy, « *History of Football in Malaysia* » (Histoire du football en Malaisie), Kuala Lumpur, PNS Publishing, 2000. Publié avec l'aide de l'Association de football de Malaisie.

Entretiens avec OS 1, 3, 4, 8, à Singapour et Kuala Lumpur, avril à juin 2005.

Russ Williams, *Football Babylon 2,* Londres, Virgin Books, 1998, p. 109-126.

« J'ai travaillé quelquefois pour les bookmakers… »

Entretiens avec J 3, 8, 9, mai 2005 ; décembre 2005 ; mai 2006.

Information sur Johnson Fernadez et Lazarus Rokk

Entretiens avec J 2, 3, Fernandez, et Rokk, mai 2005 ; mai 2006.

« Pendant quatre ans, nous avons essayé de convaincre… »

« C'était un super-mec… »

« Ils utilisent d'anciens footballeurs… »

Entretiens avec Fernandez et Rokk, mai 2005.

« Des rumeurs circulaient constamment… »

« Il y avait un chef de bande parmi nos gars… »

Entretiens avec Scott Ollerenshaw, décembre 2005 ; mai 2006 ; novembre 2007.

Hansie Cronje

Voir la déclaration de Hansie Cronje devant la commission du juge Edwin King, 15 juin 2000.

Le trucage des Chicago White Sox 1919

Eliot Asinof, *Eight Men Out: The Black Sox and the 1919 World Series,* New York, Henry Holt, 1987. Voir aussi le film éponyme réalisé par John Sayles en 1988.

Trucage du match Liverpool-Manchester United 1915

Simon Inglis, *Soccer in the Dock: A History of British Football Scandals, 1900-1965,* Londres, Willow Books, 1985.

Graham Sharpe, *Free the Manchester United One: The Inside Story of Football's Greatest Scam,* Londres, Robson Books, 2003.

Information générale sur les réseaux et stratégies des truqueurs

Entretiens avec F 7, 8, 9, 32 ; Cor 1-4 ; B 3 ; novembre, décembre 2005 et février 2008.

Voir aussi Johnson Fernandez, « A Worldwide Plague » (Une plaie mondiale), *Malay Mail,* Kuala Lumpur, 28 juillet 1993, p. 74-75.

Chapitre 2 : « Mais qu'est-ce que tu fais, putain ? »

Répression des libertés civiles par les Britanniques en Malaisie

Pour une perspective critique sur le rôle de la Grande-Bretagne dans la guerre malaisienne de 1950, voir Victor Purcell, *Malaya : Communist or Free,* Londres, Victor Gollancz, 1954. Purcell était un ancien officier de l'armée britannique devenu ensuite fonctionnaire colonial qui, à l'occasion d'une visite qu'il fit par la suite dans l'ancienne colonie en 1952, décrivit le pays ainsi : « Un vaste camp militaire dans lequel personne ne peut dire que son âme lui appartient » (« A vast armed camp in which no one could call his soul his own »).

Le point de vue opposé se trouve dans C. Northcote Parkinson, *Templer in Malaya,* Singapour, Donald Moore, 1954 ; voir aussi l'ouvrage divertissant bien que daté, du brigadier Richard Miers, *Shoot to Kill,* Londres, Faber and Faber, 1959.

Voir aussi Anthony Short, *The Communist Insurrection in Malaya: 1948-1960,* Londres, Frederick Muller Limited, 1975, p. 295-296; 380-387.

La répression des libertés civiles en Malaisie

Rapport d'Amnesty International, *Another Guantanamo in Malaysia?,* 26 mai 2006.

L'affaire Anwar Ibrahim

L'officier des services secrets témoigna : « En gros, nous faisons une estimation rapide de notre cible [un prisonnier], et nous établissons ensuite les possibilités de changer ses positions. Si ce sont certaines positions politiques, il se peut que nous voulions neutraliser ces positions, surtout si elles représentent une menace sécuritaire. Chez les services spéciaux, on appelle ça le « retournement ». La procédure consiste à les retourner de manière à ce qu'ils changent leurs positions. Votre Honneur, [au juge] c'est un secret de services spéciaux. C'est un grand secret » (« Basically we do a quick assessment on our target [a prisoner], then we see how the possibilities are to turn over their stand. If it is a certain political stand, we may neutralize the stand if it is a security threat. It is known in the Special Branch as a turning-over operation. The procedure is to turn them over so that they will change their stand. My Lord, [to the judge] this is a Special Branch secret. It is a great secret »), « Malaysia's Intelligence Chief tells Anwar Trial He Would Lie », CNN Kuala Lumpur, 5 novembre 1998.

Disponible sur : www.cnn.com/WORLD/asiapcf/9811/05/anwar.02/.

Voir aussi : Brendan Pereira, « Ex-Special Branch director asked about 'trades secrets'. », *The Straits Times*, Singapoure, 5 novembre 1998, p. 26.

Détails sur l'opération Bola

Russ Williams, 1998, p. 112-130.

« Drastic Action Vowed if Soccer Corruption Not Curbed » (Des actions drastiques sont prescrites si la corruption dans le football ne cesse), *Associated Press*, 5 juillet 1995.

« Three More Picked up for Alleged Match-fixing » (Trois nouvelles personnes interpellées pour trucage de match supposé), *New Straits Times*, Singapour, 12 mars 1995, p. 8.

« Six Malaysian Footballers Banned for Life for Match fixing » (Six footballeurs malaisiens bannis à vie pour trucage), Agence France-Presse, 16 novembre 1995.

R.V. Veera, C. Navaratnam, Nambiar, Ravi, « Almost an Entire State Team to Be Banished » (Presque une équipe nationale entière sur le point d'être bannie), *New Straits Times*, Singapour, 16 février 1995, p. 1.

« World Soccer Body Seeks Assurance Tournament Won't Be Fixed » (Le monde du football international cherche des preuves de ce que le tournoi ne sera pas truqué), Associated Press, 21 avril 1995.

Confession de Rafiq Saad

Issue des archives de la police royale malaisienne.

Trucage du match Gênes-Venise

Enrico Preziosi, « Una Chiamata Durante la Partita », Associated Press, 24 juin 2005.

Erika Dellacasa, « Ecco la Telefonata Che Mette Nei Guai Il Genoa », *Corriere Della Sera,* Milan, 24 juin 2005.

Disponible sur : www.corriere.it/Primo_Piano/Sport/2005/06_Giugno/24/genosa.shtml.

Ian Hawkey, « Genoa's Top Flight Dreams Rest on a Pile of Cash » (Les rêves les plus fous de Gênes reposent sur une pile de cash), *Sunday Times,* Londres, 3 juillet 2005, p. 57.

Trucage du match Bologne-Juventus

Carlo Petrini, *Nel fango del dio Pallone,* Milan, Kaos Edizione, 2000, p. 110-112.

Trucage du match Canada-Corée du Nord

Voir Bob McKeown, *The Fifth Estate,* CBC Television, 10 octobre 1989.

Entretien avec Paul James, décembre 2005. Note : Paul James n'était aucunement impliqué dans le trucage du match. C'est au contraire son attitude courageuse qui a permis d'éclaircir l'affaire.

Tactiques du gardien de but finlandais pour tricher

Membre de la rédaction, « Kaksi Maalivahtia Kertoo IS Urheilulle, Että Lahjuksia on Tarjottu » et « Maalivahti Sami Sinkkonen : Kieltäydyin Kolmest Lahjukssta », *Ilta-Sanomat,* Helsinki, 12 décembre 2005, p. 2-3.

« Pendant un match... »

Entretien avec F 7, décembre 2005.

La passe suicide

Michael Borristow, Bernard Jordan, Harold Pendlebury et Robert Greaves, « This Is the Way Soccer Matches Are Fixed » (C'est comme ça qu'on truque les matchs de football), *Daily Mail,* Londres, 10 octobre 1960, p. 1 ; 11.

« C'étaient des erreurs ridicules... »

Entretien avec F 7, décembre 2005.

Fred Pagnam et « ce qui lui a pris... ? »

Membre de la rédaction, « Players Suspension : Claims for Damages and an Injunction » (Un joueur suspendu réclame des dommages et un arrêt de suspension), *Daily Dispatch,* Londres, 6-7 juillet 1917.

Les joueurs « achètent du temps »

Entretien avec T 3, décembre 2005.

Chapitre 3 : Experts en bobards

La disparition Michael Vana

Membre de la rédaction, « Singapore May Legalize Soccer Bets » (Singapour pourrait légaliser les paris sur les matchs de foot), *United Press International,* 1er avril 1996.

David Miller, « Ex-national Striker, Club Manager Nabbed » (Un manager de club, ex-buteur national, se fait pincer), *New Straits Times,* Singapour, 25 octobre 1994, p. 1.

« Le meilleur joueur que j'ai jamais entraîné. »

Entretien avec OS 15 mars 2006.

En dépit de son bannissement à vie par la FIFA, Michael Vana dément avoir jamais reçu de pots-de-vin. Voir membre de la rédaction : « Czech Soccer Player Rejects Bribery Charges. », *CTK National News Wire*, Prague, 18 mai 1995.

« Un raconte beaucoup d'histoires »
Entretiens avec J 8, 9 ; T 1, 2 ; OS 8, 10 ; B 3.

« Je crois que ça ne se voyait pas »
Entretien avec OS 15, mars 2006.

L'histoire de Jackie Pallo
Jackie Pallo, « Mr. TV » *You Grunt, I'll Groan: The Inside Story of Wrestling*, Londres, Macdonald Queen Anne Press, 1985, p. 8-32.

« Il est important que les lutteurs se répondent »
Jackie Pallo, p. 20.

« Tout tient dans le discours d'avant le match »
Entretien avec F 7, décembre 2005.

« Le football est très subjectif »
Entretien avec AL 5, mai 2005.

Travaux universitaires sur l'économie
Pour des points de vue similaires exprimés de manière bien plus érudite, voir les écrits du professeur Terence Hutchison de la London School of Economics (LSE), en particulier *The Significance and Basic Postulates of Economic Theory* (1938), ouvrage auquel on fait encore référence aujourd'hui, et *Knowledge and Ignorance in Economics* (1977),

Exemples d'investigations économiques appliquées au sport
Beck A. Taylor, et Justin G. Trogdon, « Losing to Win : Tournament Incentives in the National Basketball Association » (Perdre pour mieux gagner : les motivations en tournoi dans l'association nationale de basketball), *Journal of Labor Economics.* 2002, vol. 20, numéro 1, p. 23-41.

Charles C. Moul et John V. Nye, « Did the Soviets Collude ? A Statistical Analysis of Championship Chess 1940-1964 » (Y-a-t-il eu collusion de la part des Soviétiques ? Une analyse statistique des championnats d'échec 1940-1964). Disponible sur SSRN : http://ssrn.com/abstract=905612. Retiré en mai 2006.

Mark Duggan et Steven D. Levitt, « Winning Isn't Everything : Corruption in Sumo Wrestling » (Ce n'est pas le tout de gagner : la corruption dans le sumo), *American Economic Review,* 92.5, 2002, p. 594-605.

Compilation d'une base de données
Les deux collègues dont l'aide m'a été des plus précieuses furent le Dr Johann Lambsdorff et Marc Carinci. Lambsdorff est le créateur d'une étude fascinante : pour le groupe Transparency International, il classa la plupart des pays du monde selon la perception que les gens ont de leur degré de corruption.

C'est une recherche extrêmement compliquée et controversée, utilisée pratiquement dans le monde entier. Lambsdorff et moi avons aussi travaillé ensemble comme consultants anticorruption pour le groupe ACTC. Carinci est un parieur professionnel qui a très bien réussi et nous a apporté son aide dans nos recherches pour ce livre.

Péchés par omission, péchés par commission

Thomas d'Aquin, « Prima Secundae Partis Summa Theologica » (Somme Théologique, I, 2), 1920, p. 71-89. Dsiponible sur : http://www.newadvent.org/summa/.

Prendre la mesure des péchés par omission

J'ai aussi pensé à prendre la mesure de paramètres tels que les hors-jeu. Le piège du hors-jeu n'est pas seulement utile aux défenseurs corrompus mais aussi aux avants. Tohari Paijan était un joueur international de Singapour. Il reçut des pots-de-vin des bookmakers pour gagner une partie, mais joua aussi avec beaucoup de joueurs qui en avaient reçus pour perdre. Il m'a dit : « Une de leurs choses préférées consiste à faire des hors-jeu constamment. Je jouais avec un tireur, il aimait faire *kelung*, il marquait un but. Mais faisait dix hors-jeu. Il disait "Personne ne peut m'accuser de *kelung*, car j'ai marqué un but." Malheureusement, je n'ai simplement pas pu réunir assez de données pour mesurer cet effet. »

« Nous enquêtons sur un arbitre… »

Entretien avec OS 29, mai 2007.

Résultats des tirs de penalty

Il existe une note supplémentaire qui pourrait être d'intérêt aux fans de football. Le second groupe de contrôle était composé des statistiques de penalty de cinq ligues européennes – anglaise, hollandais, française, écossaise et allemande – lors de la saison 2005-2006. Cependant, j'avais délibérément exclu la série italienne A. J'étais en possession des mêmes statistiques pour cette ligue, mais en 2005-2006 il y avait eu trop de matchs truqués (au moins dix-neuf), pour que cela puisse être un indicateur fiable d'un jeu honnête. Dans la supposée honnête ligue européenne, le taux de penalty se situait quelque part entre 19 et 24 (environ un penaly tous les quatre ou cinq matchs). Dans les matchs où le trucage était dû à des arbitres corrompus, le taux de penalty s'éleva à 42 (presque un penalty tous les deux matchs). En Italie, où il est de notoriété publique que les arbitres truquaient les jeux, le taux de penalty était nettement plus élevé que dans les autres ligues, à 32.

Histoire de Vlado Kasalo

Cette affaire a été largement couverte en 1991, mais pour un résumé récent et de qualité, voir Kistner, Thomas, « Druck von der Kroatischen Wettmafia », *Süddeutsche Zeitung*, Munich, 27 janvier 2005 ; et Luke Harding, « Football : Germans mount matchfix inquiry : Dubious goals and heavy bets raise suspicion about obscure league game. », *The Guardian,* Londres, 16 décembre 2004, p. 33.

« Ils font n'importe quoi… »
Entretien avec T4, décembre 2005.

Discussion des joueurs truands
Joe McGinniss, *The Miracle of Castel di Sangro*, Londres, Little, Brown and Company, 1999.

« Trop visible… »
Brian Glanville, *The Story of the World Cup,* Londres, Faber and Faber, 1993, p. 256.

Le trucage était tellement voyant qu'un groupe de fans algériens, l'équipe qui avait par conséquent perdu sa chance de jouer au prochain tour, prirent le terrain d'assaut, menés par un des membres de la famille royale.

Chapitre 4 : Ils sont passés à côté des gros bonnets

« Il me paraissait évident que certains hauts responsables… »
Entretiens avec OS 1, 6, 13 ; A 2 ; J 4, 5, et 8 ; F 2 ; T 1, 2 ; mai à juin 2005.

« Ce n'était pas visible… »
Entretien avec OS 6, mai 2005.

« Est-ce que les managers de l'équipe se sont impliqués… »
Entretien avec F 9, novembre 2005.

« Ils ont arrêté plein de joueurs… »
Entretien avec F 7, décembre 2005.

« Johnson Fernandez découvrit… »
Johnson Fernandez, « End of Innocence » (La fin de l'innocence), *Malay Mail,* Kuala Lumpur, 30 juillet 1993, p. 59.

« Ils [les responsables] poussent la poussière sous le tapis… »
Johnson Fernandez, « End of Innocence. » (La fin de l'Innocence), *Malay Mail,* Kuala Lumpur, 18 mai 1993, p. 59.

« Au Moyen-Orient, j'ai ramassé un journal qui avait été glissé sous la porte de ma chambre d'hôtel… »
Entretien avec Peter Velappan, juin 2005 et mai 2006.

Les statistiques AFC sont issues d'une peinture murale du lobby d'entrée des quartiers généraux de l'AFC, mai 2005.

« Un sbire de Saddam Hussein avait frappé »
Entretien avec A 2, mai 2005.

« C'était un tournoi international au Moyen-Orient »
Entretien avec A 3, juin 2005.

« En 1882, W.A. Pickering, responsable colonial britannique… »
C.M.G. Wilfred Blythe, *The Impact of Chinese Secret Societies in Malaya: a Historical Study*, Oxford, Oxford University Press, 1969, p. 219-220.

« Kuala Lumpur par exemple fut fondée… »
Blythe, p. 119 ; 173-174 ; 193.

« À la tête de ces groupes sont… »
Entretiens avec D 5, 6 ; J 4, 5 ; B 1, 2.

« Tu ne comprendras pas la Malaisie… »
Entretiens avec B 2, D 6, mai 2005.

« Le succès en affaires et en politique en Asie… »
Bertil Lintner, *Blood Brothers: Crime, Business and Politics in Asia,* Crows Nest, NSW, Allen & Unwin, 2002, p. 16-54.

Lintner écrit aussi (pages 8-9), sur les liens entre le gouvernement communiste chinois et les triades criminelles et comment Deng Xiaoping, l'ancien président du Parti communiste chinois, déclara que beaucoup de triades étaient « bonnes » et « patriotes ». Le chef du bureau chinois à la sécurité publique déclara que les personnes ayant manifesté sur la place Tienanmen ne seraient pas libérées de prison. En revanche, le gouvernement ferait « union » avec les triades de Hong Kong.

« Ils sont illégaux… »
Entretien avec Joe Saurez-Smith, février 2006.

Chapitre 5 : Faire tourner le système

« En 2006 Macao vola "officiellement" à Las Vegas… »
Jonathan Watts, « Macau Beats Vegas at Its Own Game » (Macao bat Las Vegas à son propre jeu), *The Guardian*, Londres, 20 juillet 2007, p. 27.

Comparaison entre l'industrie porno américaine et l'industrie du jeu asiatique :
Pour comprendre la taille de l'industrie pornographique américaine, la grande part des difficultés provient du fait que beaucoup de larges groupes réalisent quantité de profits en dehors de l'industrie mais refusent de l'admettre. Par exemple, certaines chaînes d'hôtel internationales réalisent une grande part de leurs profits *in-room* (dans les chambres), grâce à la location de vidéos porno.

Une discussion intéressante de cette question, dans le magazine de l'industrie du sexe *Adult Video News.* Également: Frederick S. Lane III, *Obscene Profits . The Entrepreneurs of Pornography in the CyberAge,* Londres, Routledge, 2000 ; et Frank Rich, « Naked Capitalists » (Le capitalisme nu), *New York Times Magazine,* 20 mai 2001. Pour un point de vue plus critique, voir Dan

Ackman, « How Big Is Porn ? » (Quel est le vrai poids de la pornographie?), *Forbes,* 25 mai 2001.

Estimation de l'industrie du jeu asiatique

Simon Holliday, « Risky Business » (Un business risqué), *Foreign Policy,* mars-avril 2006. Disponible sur: http://fparchive.ceip.org/story/cms.php?story_id=3406. Cette estimation inclut aussi les casinos, halls de bingo, la loterie nationale ainsi que les paris sportifs.

Voir aussi Martin Booth, *The Dragon Syndicates: The Global Phenomenon of the Triads,* Londres, Bantam Books, 2000, p. 378-379.

Booth écrit que les profits asiatiques générés par le jeu s'élèvent à des milliards de dollars. Rien qu'à Hong Kong seulement : « complete universities, schools, hospitals and even Ocean Park, Asia's biggest seaquarium, have all been funded entirely from racing profits » (« des universités entières, des écoles, des hôpitaux et même Ocean Park, le plus grand parc marin d'Asie, ont été entièrement fondés par les profits de courses de voiture »), p. 378-379.

Estimation de l'industrie pharmaceutique asiatique

Liew Kou Yew, « Asian Pharmaceutical Outlook » (Regard sur l'industrie pharmaceutique asiatique), Pharma Focus Asia, 2006. Disponible sur : http://www.pharmafocusasia.com/Knowledge_bank/articles/asia_pharmaceutical_sector.htm.

Paris sur le foot à Hong Kong et Singapour

H. Husock, *Soccer Betting in Hong Kong : A Challenge for Home Affairs,* Boston, Harvard University, 2002.

Membre de la rédaction, « Soccer Bookie Gets $ 1m Fine, Jail » (Un bookmaker de football condamné à une amende de 1 million de dollars et de la prison ferme), *New Straits Times,* Singapour, 21 août 2003.

L'industrie du jeu et le financement de la Grande Muraille de Chine

J'écris « murailles » car, selon Arthur Waldron dans *The Great Wall of China : From History to Myth* (Cambridge, Canto, 1992), il n'y eut jamais de muraille unique – plutôt une série d'emplacements défensifs construits au fil des siècles.

Desmond Lam, « A Brief Chinese History of Gambling » (Une courte histoire du jeu en Chine), *Urbino.net,* 26 mars 2005. Disponible sur: www.urbino.net/articles.cfm?specificArticle=A % 20Brief %20Chinese % 20History % 20of % 20Gambling.

« La passion du jeu a pénétré… »

Blythe, p. 219-220.

« En Asie, à peu près deux douzaines de bookmakers ont un niveau international… »

Entretiens avec B 1-4, B 6, 7 ; T 2, mai-juin 2005, novembre-décembre 2005.

Image 5.1 – la structure de l'industrie du jeu en Asie
Entretiens avec J 4, AL 1, B 1, 2, mai 2005.

« Quand nous nous parlions, nous disions « dix sen », ce qui voulait dire cent RM (30 $), ou « un RM » ce qui signifiait mille RM (300 $) »*
C'est un code similaire qui fut utilisé dans les réseaux de jeu autour du joueur de base-ball américain Pete Rose. Voir John M. Dowd, « Report to the Commissioner In the Matter of Peter Edward Rose, Manager, Cincinnati Reds Baseball Club » (Rapport à la commission à propos de Peter Edward Rose, manager du club de base-ball des Cincinnati Reds), Bureau de la commission sur le base-ball, 9 mai 1989, p. 53-59.

« Évidemment on soudoyait les policiers… »
Entretien avec Joe Pistone, juin 2007.

« Bien sûr, et ils font un sacré bruit… »
Entretien avec Pistone, juin 2007.

« L'enquête la plus exhaustive et à la plus grande échelle… »
Russ Williams, 1998, p. 115.

« Je me souviens d'un des officiers… »
Entretien avec AL 4, mai 2005.

Commissions gouvernementales
La Commission royale pour l'amélioration des opérations et de l'organisation de la police royale malaisienne, établie par le roi le 4 février 2004, remit son rapport au Premier ministre le 29 avril 2005, et publia ensuite ses conclusions le 12 juin 2005. Voir aussi Jonathan Kent, « Malaysian Police, Brutal, Corrupt » (La police malaisienne, brutale et corrompue), BBC News, 10 août 2004.

Chapitre 6 : La mafia, la confiance et les avertissements
Visite à Petaling Street Market : avril à juin 2005, novembre à décembre 2005 ; les stands brûlés apparurent sur le marché en mai 2006.

Entretien avec AL 20, qui enquêta sur l'industrie des DVD pirates à Kuala Lumpur, juin 2006.

« Meilleure sélection et meilleur marché, mec… »
Citation d'amis malaisiens, mai 2005.

« Tu peux aller les voir… »
Entretien avec B 1, 2, mai 2005.

Description de Falcone et Filippo Marsese
Le témoignage de Vincenzo Sinagra cité dans Stile, Alexander. *Excellent Cadavers : The Mafia and the Death of the First Italian Republic,* Londres, Jonathan Cape, 1995, p. 162-166.

Partha Dasgupta a un jour décrit le besoin que les gens ont de faire confiance…
Dasgupta, Partha, « Trust as a Commodity » (La confiance comme marchandise), *Trust : Making and Breaking Cooperative Relations.* Oxford : Department of Sociology, University of Oxford, 2000, p. 49-72.

« Je connais des mafieux russes à Brooklyn… »
Entretien avec « Big Sal » Miciotta, juin 2007.

« Avec cinq autres mecs… »
« Quand les parieurs ne peuvent pas… »
Entretien avec « Big Sal » Miciotta, juin 2007.

« Ce sont de bons payeurs… »
Entretien avec B 1, 2, mai 2005.

« Il faut payer… »
Entretien avec « Big Sal » Miciotta, juin 2007.

« Une fois que tout le monde sait que t'as pas payé… »
Entretien avec Joe Pistone, juin 2007.

Pour plus d'informations sur Futures Markets Applied to Prediction (FutureMAP), voir : « Report to Congress regarding the Terrorism Information Awareness Program » (Rapport au Congrès au sujet du programme d'information et de mise en garde contre le terrorisme), en réponse à la « Consolidated Appropriations Resolution », 2003, Pub. L.No 107-108, Division M, 111(b).

Voir aussi : Carl Hulse, « Threats and Responses : Plans and Criticism : Pentagon Prepares a Futures Market on Terror Attacks » (Le Pentagone prépare un marché à terme relatif aux attaques terroristes), *New York Times,* New York, 29 juillet 2003. Disponible sur : http://query.nytimes.com/gst/fullpage.html?res=9dodefd71f3ff93aa15754coa9659c8b63.

« J'ai toujours été bon en statistiques… »
Entretien avec B 6, février et avril 2006.

« Il n'y a pas de drogues plus puissantes que celles que l'on produit naturellement »
Pour une description anecdotique mais de qualité de ce phénomène voir Aldous Huxley, *The Devils of Loudon,* Londres, Chatto & Windus, 1952 (publié en francais sous le titre *Les Diables de Loudun, Paris, Presses Pocket, 1979).*
Deux articles de revues scientifiques explorant des sujets identiques sont : K. Shinohara *et al.*, qui décrivent la « fièvre » similaire à une drogue sécrétée de manière naturelle par les joueurs de longue durée de pachinko dans « Physiological Changes in Pachinko Players » (Changements physiologiques chez les joueurs de Pachinko), *Applied Human Science – Journal of Physiological Anthropology.* vol. 18,1999, No. 2, p. 37-42.

Voir aussi Gerhard Meyer *et al.*, « Neuroendocrine Response to Casino Gambling in Problem Gamblers » (« Réponse neuroendocrine au Casino chez les joueurs problématiques »), *Psychoneuroendocrinology*, 2004, 29, p. 1272-1280.

« Je te jure, certains de ces mecs… »
Entretien avec « Big Sal » Miciotta, juin 2007.

« Je fais l'inverse de la plupart des joueurs… »
Entretien avec B 6, avril 2006.

Les casinos de Las Vegas ou les sites Internet costaricains…
Michael Konick, *Smart Money : How the World's Best Sports Bettors Beat the Bookies Out of Millions*, New York, Simon & Schuster, 2006.

« Le marché du jeu en Angleterre n'a pas de couilles… »
Entretien avec Joe Saurez-Smith, décembre 2007.

Chapitre 7 : L'effondrement des cotes

Description des événements du 12 avril 2006
Entretiens avec B 11, F 10, OS 9, T 3, mai à juin 2006.

« Pour moi, c'est un moment très douloureux… »
Membre de la rédaction, « A Pledge by Lee : We Want to Cooperate with Central Govt » (Une promesse de Lee : nous voulons coopérer avec le gouvernement central), *New Straits Times*, Kuala Lumpur, 9 août 1965. Disponible sur : http://ourstory.asia1.com.sg/merger/headline/mpledge.html.

« Nous devons poursuivre avec sérieux l'objectif du divertissement »
de Charles Ledesma, Mark Lewis et Pauline Savage, *The Rough Guide to Malaysia, Singapore and Brunei*, 4ème ed., Londres, Rough Guides, 2003, p. 612.

Classement des équipes de foot de Malaisie et Singapour
Les classements sont ceux de décembre 2007, les classements actuels sont disponibles sur : www.fifa.com/worldfoot-ball/ranking/lastranking/gender=m.

« On ne reçoit pas tellement de lettres de remerciements… » et « Nous ne serons pas là pour voir sa résurrection, ni même peut-être nos enfants »
Entretiens avec Johnson Fernandez et Lazarus Rokk, mai 2005 et mai 2006.

Description de la finale de ligue européenne, mai 2005 et le tour de la ville en bus…
Observations personnelles et interviews avec Wilson Li et d'autres fans de Liverpool, mai 2005.

Raisons pour lesquelles l'Asie est montée en EFP…
Entretiens avec D 1, 2, 4 ; J 3, 8 ; OS 1, 10, avril à juin et novembre à décembre 2005.

« Nous avons perdu presque une génération de footballeurs... »
Entretien avec OS 1, mai 2005.

« Je ne pourrais pas vivre en Italie – ce serait comme vivre à l'étranger. »
Rush prétend désormais que cette citation a été inventée. Voir Lee Honey ball, « Been There, Done That : Ian Rush Rebuts His Italian Myth » (Déjà allé, déjà fait : Ian Rush dément son mythe italien), *Observer Sports Magazine.* 6 février 2005, p. 33.

Footballerati
Le terme est utilisé avec grand mépris par Richard Giulianotti dans *Football : A Sociology of the Global Game,* Cambridge, Polity Press, 1999.

« Lors d'un bon match, une finale ou un gros jeu, autour de 280 millions... »
Confirmé dans des entretiens et discussions avec l'ESPN.

Parieurs asiatiques plaçant des paris sur des jeux truqués.
Voir, par exemple, www.superbesttips.com. qui vise à informer ses abonnés de quels jeux sont truqués.

Chapitre 8 : L'arrivée des sauterelles

Information sur Pietro Allatta
Entretien avec AL 15, J 16, 17.

Voir aussi :

Membre de la rédaction, « Bruxelles : procès de négriers du centre. Des fraudes réglées comme du papier à musique », *La Nouvelle Gazette,* Bruxelles, 7 janvier 1999.

Elisabeth Mathieu, « Négriers de la construction » *La Nouvelle Gazette,* Bruxelles, 18 février 2000.

Xavier Lombert, « Chapelle interpellé pour faux et escroqueries » *La Nouvelle Gazette,* Bruxelles, 1er avril 2000, p. 1.

Michel Empein, « Cour d'appel de Bruxelles » *La Nouvelle Gazette,* Bruxelles, 30 juin 2001.

Ludivine Poncau et Jean-Paul Cailleaux, « Demirkaya est sorti de prison », et « Il n'a jamais rien avoué », *Sudpresse,* Belgique, 5 janvier 2006, p. 10.

Dupont, Gilbert, « Le Fantôme de Gattesco » *La Dernière Heure,* Bruxelles, 6 février 2006. Disponible sur : www.dhnet.be/infos/faits-divers/article/143727/le-fantome-de-gattesco.html.

Les commissions portant sur le crime organisé asiatique
« Le nouveau crime organisé international et asiatique », sous-comité permanent chargé des investigations du Comité des affaires gouvernementales, Sénat des États-Unis, Washington DC, 1992.

Carnets d'Elst et De Deken

Frank Van Laeken, *Blunderboek: van het Belgisch voetball,* Bruxelles, Icarus, 1997, p. 179-279.

« Van Damme c'est que dalle… »

Entretien avec le sénateur Jean-Marie Dedecker, février 2006.

Information sur le sénateur Jean-Marie Dedecker

« Belgian Senator Suspended from Party for Enabling TV interview with Pedophile » (Sénateur belge suspendu de son parti pour avoir autorisé un entretien avec un pédophile à la télé), BBC Monitoring International Reports, Londres, 30 janvier 2002.

Voir aussi : « Fallout of Dutroux interview continues to haunt party of Prime Minister Verhofstadt » (Les conséquences de l'entretien avec Dutroux continuent de hanter le parti du Premier Ministre Verhofstadt), Rapport du texte par la radio belge RTBF, 30 janvier 2002.

« C'était assez dangereux… »

Entretien avec le sénateur Jean-Marie Dedecker, février 2006.

Match Allianssi vs Haka

Entretien avec J 16, 22 ; AL 15 ; OS 41, février 2006, 2008.

Proportion de 8787 à 1

Bien que cette proportion de 8 787 à 1 soit juste, elle ne doit pas être prise comme une indication que les truqueurs opéreraient sur la loterie nationale finlandaise. Ils effectuèrent plutôt leur travail sur le marché asiatique du jeu illégal.

« J'ai pris de l'argent pour quelques matchs… »

Membre de la rédaction, « Kaksi Maalivahtia Kertoo IS Urheilulle, että Lahjuksia on Tarjottu » and « Maalivahti Sami Sinkkonen : Kieltäydyin Kolmest Lahjukssta » *Ilta-Sanomat,* Helsinki, 12-13 décembre 2005, p. 1-5.

« Jamais aucun responsable officiel n'a déclaré que le match Alliansi contre Haka était truqué »

Au mieux, les autorités finlandaises admirent que l'équipe était « insuffisamment préparée » et lui infligèrent une amende de dix milles euros (Reuters, 4 août 2005),

Entretien avec OS 41, février, 2008.

« Le même genre de chose se produisit lorsque Betfair… »

Van den Abeele, Chris, Eric Dupain, Wim Straemans, Tom van de Weghe, et Kris Dechamps, « Tackling the Mafia » (Affronter la mafia), *Panorama,* VRT Belgique, 5 février 2006.

Yves Taildeman, « L'UB a déjà contacté Betfair », *La Dernière Heure,* Bruxelles, 10 février 2006.

La libido de Ye Zheyun

Suspension de l'investigation

Entretien avec J 16, AL 15, février 2008.

« Quatorze joueurs ? Vous rigolez ? »

Frédéric Delepierre, « On m'a proposé 200 000 € », *Le Soir*, Bruxelles, 7 février 2006, p. 36.

La confession de Laurent Fassotte

Laurent Fassotte comparaissant devant l'Union royale belge des sociétés de football, Commission d'enquête, 8 mars 2006.

Problèmes à l'Intertoto et premiers matchs de la Ligue des Champions

Entretiens avec OS 29, B 9, 12, 18, 19, mars 2004 à février 2008.

« Voici un cas qui est apparu dans la coupe Intertoto »

Entretien avec OS 28, mars 2004.

Estimation de l'UEFA selon laquelle quinze à vingt-sept des matchs ont éte truqués

Entretien avec OS 29, 30, mai et décembre 2007.

Voir aussi : Ian Hawkey, « UEFA launches inquiry after claims of 15 fixed matches » (L'UEFA entame une enquête suite aux allégations que 15 matchs auraient été truqués), *Sunday Times*, Londres, 2 décembre 2007.

Fondations des premières ligues professionnelles

Wray Vamplew, *Pay Up and Play the Game: Professional Sport in Britain. 1875-1914,* Cambridge, Cambridge University Press, 1988.

Simon Inglis, *Soccer in the Dock: A History of British Football Scandals, 1900-1965,* Londres, Willow Books, 1985.

Le match de Coupe du monde entre l'Italie et la Grèce en 1934 avait été truqué

Philip Hersh, « Allegations of Corruption Marring Sport » (Des allégations de corruption ternissent le sport), *Chicago Tribune,* Chicago, 7 juin 1998, « Sports » p. 13.

Jonathan Duffy, « Football, Fascism and England's Nazi Salute » (Foot, fascisme et le salut nazi de l'Angleterre), *BBC News Online,* 22 septembre 2003.

Chapitre 9 : L'âge d'or

Sources pour la description du crash

Harry Gregg et Roger Anderson, *Harry's Game : The Autobiography,* Londres, Mainstream, 2002.

Max Arthur, *The Manchester United Aircrash: 25th Anniversary Tribute to the Busby Babes,* Londres, Aquarius, 1983.

Bobby Charlton, « I Survived – and Still Feel Guilty » (J'ai survécu et me sens toujours coupable), extraits de *Manchester United Limited Edition Opus*, 2006, publiés dans *The Times*, Londres, 11 décembre 2006, p. 5-7.

Jeff Connor, *The Lost Babes: Manchester United and the Forgotten Victims of Munich*, Londres, HarperSport, 2006.

Michael Crick et David Smith, *Manchester United: The Betrayal of a legend*, Londres, Pan Books, 1990.

« Ce qui est étrange, c'est combien, jusqu'au jour du match... »

Max Arthur, p. 21.

« Footballeurs voyous... 'Putain je le savais!' »

Harry Gregg et Roger Anderson, p. 92-96.

Entretien avec Harry Gregg, août 2005.

« L'âge d'or »

Le Musée national du football de Preston est visible sur : www.nationalefootballmuseum.com/pages/news/04/finney.htm.

« Un football propre et élégant »

James Bartholomew, *The Welfare State We're In*, Londres, Politico, 2005, p. 9-14.

Stanley Matthews était considéré comme le plus grand joueur de football anglais de sa génération, comparable à Ronaldinho à cet égard. Son nom était aussi synonyme de gentleman. Vinnie Jones est un footballeur, qui devint ensuite acteur, réputé pour sa dureté. La photo qui le montre en train de serrer les testicules d'un autre joueur fut un best-seller dans l'Angleterre des années quatre-vingt-dix.

« Je ne sais pas de quel sport il parle »

Entretien avec Harry Gregg, août 2005.

« Depuis que j'ai décidé que je ferais du football ma carrière »

Trevor Ford, *I Lead the Attack*, Londres, Stanley Paul and Co, 1957, p. 13.

« Vipère de la tricherie »

Trevor Ford, p. 21.

Information sur Ford

Trevor Ford, « Trevor Ford in Conversation with Ron Jones » (Conversation entre Trevor Ford et Ron Jones), enregistrement des archives vidéo du pays de Galles (Wales Video Archives), en conjonction avec la National Library of Wales, Cardiff, 3 novembre 2000.

« Football great Ford dies » (Mort de Ford, un grand du foot), *BBC Sport*, 29 mai 2003. Disponible sur : http://news.bbc.co.uk/sport1/hi/footblall//internationals/wales/2948388.stm.

Richards, Huw, « Trevor Ford (1923-2003) » *Oxford Dictionary of National Biography*, éd. en ligne, Oxford, Oxford University Press, 2007. Disponible sur www.oxforddnb.com/vew/article/89974.

Voir aussi : « New soccer bribes sensation – nine named : Trevor Ford Confesses » (Nouveau scandale de corruption dans le football – neuf personnes citées : Trevor Ford passe aux aveux), *The People*, Londres, avril 1963, 1, p. 11.

«J'ai marqué quarante buts cinq saisons de suite… »

Harry Pearson, « North-East of Eden » (Au nord-est de l'Éden), *When Saturday Comes.* novembre 2004, p. 24-25.

« Ce n'était pas la dernière fois qu'il devait parler de trucage de matchs… »

Brian Clough et John Sadler, *Walking on Water: My Life*, Londres, Headline Publishing, 2004, p. 88-94 ; 201-203.

Brian Glanville, *Champions of Europe: The History, Romance and Intrigue of the European Cup*, Enfield, Guinness, 1991, p. 82-112.

Ken Chisholm et « Avant que les gens ne s'excitent à propos des matchs truqués, cela arrivait tout le temps à la fin de la saison… »

Simon Inglis, p. 76.

Au cours de mes recherches dans les archives de journaux, j'ai trouvé vingt-quatre autres joueurs qui s'exprimèrent sur les trucages qui avaient lieu à l'époque.

« Ernie Hunt, un des artistes du sport de la fin des années soixante… »

Chris Westcott, *Joker in the Pack : The Ernie Hunt Story.* Stroud, Gloucestershire : Tempus Publishing, 2004.

« Il y a beaucoup de gens dans le football d'aujourd'hui »

Alan Hardaker, avec Byron Butler, *Hardaker of the League*, Londres, Pelham Books, 1977, p. 90-95.

Quelques récits de Gabbert et Campling

Michael Gabbert et Peter Campling, « How Two Bookies Cashed in on Fixed Matches » (Comment deux bookmakers ont encaissé l'argent de matchs truqués), *The People*, Londres, 3 mai 1964, p. 1.

Michael Gabbert et Peter Campling, « The Day the Fixers Were Fixed – by Blackmail ! » (Le jour où les truqueurs ont été piégés – par le chantage !), *The People*, Londres, avril 1963, p. 1.

« Beaucoup de footballeurs se souviennent de l'histoire… »

Michael Gabbert et Peter Campling, « The Biggest Sports Scandal of the Century » (Le plus gros scandale sportif du siècle), et « Soccer Bribes : Today We Accuse Three Famous Players » (Pots-de-vin dans le football : aujourd'hui nous accusons trois joueurs célèbres), *The People*, 12 avril 1964, p. 1-6.

Peter Swan et Nick Johnson, *Peter Swan : Setting the Record Straight*, Stroud, Gloucestershire, Stadia, 2006, p. 15-26 ; 125-146; 159-160.

« Cependant, ce que beaucoup de personnes refusent de voir… »
Simon Inglis, p. 202.

« Alan Hardaker voulut bannir les journalistes de The People des stades… »
Simon Inglis, p. 200.

Conditions des joueurs dans la Ligue
Trevor Ford, p. 14-16.

Entretien avec Harry Gregg, août 2005, et sir Tom Finney, juin 2007.

Discours à l'occasion du congrès des syndicats :
Gary Imlach, *My Father and Other Working-class Heroes,* Londres, Yellow Jersey, 2005, p. 67.

« Si je pouvais en supporter le récit, j'écrirais un autre genre de livre sur le foot »
Ian St. John et James Lawton, *The Saint : My Autobiography,* Londres, Hodder and Stoughton, p. 63.

« Ailier plein de talent »
Ian St. John et James Lawton, p. 57-66.

« Quand tu étais blessé, à Old Trafford… »
Entretien avec Harry Gregg, août 2005.

Informations sur sir Tom Finney
Gary Imlach, p. 148-149.

« Ben, le club n'a pas voulu et voilà… »
Entretien avec sir Tom Finney, juin 2007. Note : sir Tom Finney ne partageait pas l'avis de James Bartholomew. Il affirme que la violence faite aux joueurs à l'époque est la même qu'aujourd'hui.

Les joueurs et le trafic de billets
L'exemple de sir Bobby Charlton et Harry Gregg revendant leurs billets de Coupe FA se trouve dans Harry Gregg et Roger Anderson, *Harry's Game.* Cette pratique était des plus courantes et beaucoup de joueurs connaissaient le notoire Stan Flashman, le roi des revendeurs ». Par exemple, Frank McLintock, capitaine d'Arsenal un peu plus tard, décrivit les joueurs et officiels faisant la fête avec « le roi des revendeurs », Stan Flashman dans *True Grit : the Frank McLintock Autobiography,* Londres, Headline Publishing, 2005.

« Je me souviens qu'en Angleterre, dans les années cinquante, il y avait un bookmaker clandestin à tous les coins de rue »
Entretien avec OS 15, mars 2006.

Calcul mental
Voir, par exemple, Preston, Ian, et Stefan Szymanski, *Cheating in Contests,* Oxford : Oxford University Press, 2003, p. 612-24.

« La plupart des responsables également étaient corrompus… »
Voir les livres de Ford, Inglis, St. John, et Imlach pour de nombreux exemples de corruption des propriétaires de club et de leur exploitation des joueurs.

« Un jeune homme se leva et dit… »
Entretien avec Harry Gregg, août 2005.

Entretien avec Tommy Banks, février 2008.

Banks confirma cet incident et insista sur deux points : premièrement, il avait bien travaillé comme mineur et aurait donc pu faire le travail de son père ; deuxièmement, après que la nouvelle de son discours et de ses répercussions sur les autres joueurs fut publiée, il fut renvoyé de l'équipe et ne joua plus jamais comme professionnel de sa vie. Banks confirme aussi qu'il se produisait bien des trucages de match et affirme qu'on l'avait un jour approché pour lui demander de vendre un jeu pour 1 000 livres, ce qu'il avait refusé immédiatement.

« Des gens que je ne choisirais pas comme compagnons de vie… »
Entretien avec Harry Gregg, août 2005.

Mais les affaires de trucage se perpétuèrent, à un degré moindre, jusque dans les années soixante-dix

Voir par exemple McLintock, p. 186-187, où le manager de Leeds, Don See, propose de lui offrir des vacances gratuites s'il se « calme un peu ». Harry Gregg affirme qu'au moment où il quitta Manchester United, il avait eu vent d'autres trucages qui s'y produisaient.

Chapitre 10 : Truquer ou ne pas truquer

Conditions sociales de Kaliningrad
Giovanni Campi, « Is Kaliningrad Taking Its First Steps Toward the EU ? » (Kaliningrad fait-elle ses premiers pas vers l'UE ?), Cafebabel.com, 26 juillet 2006.

Cassettes de match de foot truqués
Ces retranscriptions furent publiées en octobre 2004 par la *Noviye Kolesa* de Kaliningrad, et leur validité fut confirmée par un certain nombre de sources indépendantes. Mes remerciements vont à Paer Gustafsson, Natalia Gorina, Eugene Demchenko, Ekaterina Korobtseva, Ekaterina Kravchenko, Svetlana Guzeeva, Alisa Voznaya, et Maria Semenova pour leurs traductions et leurs explications sur l'affaire.

Voir aussi : Kevin O'Flynn, « Tapes Expose Russian Football Bribery Scandal » (Des cassettes révèlent un scandale de corruption dans le football russe), *The Times*, Moscou, 14 octobre 2004, p. 41.

Coût de relégation en division inférieure
Rob Hughes, « Relegation Battle Could Play in Court » (La bataille de relégation pourrait se jouer au tribunal), *International Herald Tribune*, Royaume-Uni, 7 mai 2007, « Sport », p. 17.

« Yevgeny Giner a révélé l'existence des "paiements de motivation" »
« CSKA president admits paying incentives to clubs » (Le président de la CSKA admet avoir payé des primes de motivation aux joueurs), Reuters, 20 novembre 2006.

« En mai 1993, Jean-Pierre Bernès et Bernard Tapie, décidèrent de truquer un match »
Remi Broute, « Le match VA-OM se joue maintenant devant la justice » *Les archives integrales de « L'Humanité »*, Paris, 13 mars 1995.

Membre de la rédaction, « Tapie Projects Secret » *Le Point*, Paris, 21 octobre 1995.

« Go-Between Describes Corruption Throughout European Soccer » (Uni intermédiaire décrit l'ampleur de la corruption dans le football européen), Associated Press, 12 août 1995.

D.J. Karuso (réalisation), *Two for the Money*, film, Universal Pictures, 2005.

Valeur de Manchester United
En 2004, le club fut évalué proche des 740 millions de livres
www.forbes.com/lists/2007/34/biz_07soccer_Soccer-Team-Valuations_Value.html.

« Aucune sanction n'a été prise à l'encontre du Baltika et Chepel »
Membre de la rédaction, « Head of Russian Football Club Baltika Quits After Match-fixing Claims » (Le président du club de foot russe Baltika démissione suite à des allégations de trucage de matchs), *Moscow News*, Moscou, 28 octobre 2004.

O'Flynn, Kevin, « Soccer Awash in Match-fixing Scandals » (Le football inondé par les scandales de trucage de matchs), *The Times*, Londres, 10 novembre 2006, p. 41.

Détails sur le meurtre de Larisa Nechayeva
« Woman Boss of Moscow Soccer Club Shot Dead » (La présidente d'un club de foot moscovite tuée par balles), *Daily Telegraph*, Londres, 17 juin 1997. Disponible sur: www.telegraph.co.uk/html-Content.jhtml=archive/1997/06/17/wmos17.html.

« C'était effrayant, en six mois… »
Stephen Warshaw, entretien réalisée pour PBS *Frontline*, octobre 1999.

Retranscription disponible sur : http://www.pbs.org/wgbh/pages/frontline/shows/hockey/Entretiens/warshaw.html.

Match nul entre les commandos et les soldats russes
Scott Wallace, « Treading on Red Ice : Hockey and the Russian Mob » (Marcher sur de la glace rouge : le hockey et la mafia russe), *Penthouse*, New York, juillet 1997, p. 28.

« Le carré VIP du stade Shakhtar Donetsk a explosé »
Steve Boggan, « How Bribes and Secret Bank Accounts Led to a Bomb in the Directors' Box » (Comment des pots-de-vin et des comptes en banque secrets menèrent jusqu' à une bombe dans le coffre du directeur), *Independent*, Londres, 7 août 1999, p. 3.

« Suspecté d'être lié à l'exportation mafieuse de matériel nucléaire… »
Kuper, Simon, *Football Against the Enemy*, Londres, Orion, 1994, p. 55-63.

« Fais attention, me dit l'un d'eux, j'ai eu la mafia ukrainienne sur le dos pendant plusieurs années… »
Entretien avec OS 28, mars 2004.

Histoire des menaces faites à Alex Ferguson au Manchester United…
Alex Ferguson et Hugh McIlvanney, *Managing My Life : My Autobiography*, 2nde éd., Londres, Coronet, 2000, p. 307; 364-365.

L'agent, qui devint ensuite un officiel du Spartak de Moscou, nie que l'incident ait eu lieu.

Liste des personnalités russes du foot qui furent assassinées
– Dan Brennan, « Soccer Russian style » (Le foot à la Russe), *Scotland on Sunday* (Edimbourg), 6 juillet 2003.
– Mikhail Smirnov, « Soccer Becomes Increasingly Dangerous in Russia » (Le football de plus en plus dangereux en Russie), *RIA Novosti*, 10 février 2005.
– Rob Hughes, « One Law for Big, One Law for Small » (La loi des petits, la loi des grands), *International Herald Tribune*, 18 février 2005, p. 20.

« Molécule par molécule », et la bataille pour le CSKA Moscow
Anna Badkhen, « Soccer Tale of Guns, Ransom, Fear » (Football : une histoire d'armes, de rançon et de peur), *Moscow Times*, Moscou, 6 décembre 2000. Disponible sur : www.moscowtimes/ru/article/881/49/256878.htm.

Répartition des parts du CSKA
Jonathan Wilson, « Why it is Boom Time for Russian Football » (Pourquoi l'heure du boom a sonné pour le football russe), *The Guardian*, Londres, 31 octobre 2006. Disponible sur: http://blogs.guardian.co.uk/Sport/2006/10/31/why_its_boom_time_for_russian.html.

Linge sale
Warshaw, PBS *Frontline*, octobre 1999.

« Presque 30 % »
Entretien avec l'auteur, janvier 1999.

« Des douzaines de présidents de banques privées de Moscou furent assassinés de manière mafieuse »
Pour une description fidèle de la vie en Russie à l'époque, voir le livre de Stephen Handelman.

La voiture du patineur et le meurtre de Nusuyev

« 'Pure Human Jealousy' : Car Bomb Derailed Russian Skater's Preparations » (La jalousie humaine à l'état pur : une voiture piégée fait dérailler les préparations d'un patineur russe), Reuters, 29 décembre 1999.

« Former Russian Sports Official Linked to Olympic Scandal Killed » (Un ex-officiel sportif russe lié au scandale des Jeux olympiques a été tué), *Pravada,* Moscou, 30 août 2005, p. 1.

Voir aussi : Jon Jackson et James Pereira. *On Edge: Backroom Dealing, Cocktail Scheming, Triple Axels, and How Top Skaters Get Screwed,* New York, Thunder's Mouth Press, 2005, p. 209 ; 291.

Champion de boxe

« European Junior Boxing Champion Sergie Latushko Was Gunned Down » (Le champion européen de boxe junior Sergie Latushko a été abattu), Reuters, 3 mars 2000.

Histoire de Slava Fetisov

Friedman, p. 179-186.

Voir aussi PBS *Frontline ;* voir l'entretien avec Fetisov sur : www.pbs.org/wghb/pages/frontline/shows/hockey/interviews/fetisov.html.

« J'ai vu un cas, il y a quelques années… »

Entretien avec OS 20, septembre 2004.

« Renvoi d'ascenseur »

Un certain nombre de publications universitaires examinent la manière dont sont montées les « combines ». Voir par exemple Johann Graf Lambsdorff, « Making Corrupt Deals » (« Faire des deals corrompus), *Journal of Economic Behaviour and Organization.* 2002, p. 48, 221-241. Voir aussi Donatella della Porta et Alberto Vannucci, *Corrupt Exchanges : Actors, Resources, and Mechanisms of Political Corruption,* New York, Walter Gruyter, 1999.

Les cassettes Moggi

En juillet 2006, l'Association italienne de football demanda qu'une session soit tenue et confirma que Luciano Moggi et la Juventus avaient truqué des matchs. Moggi fut banni du jeu pour cinq ans. La Juventus fut rétrogradée dans une division inférieure.La majorité des cassettes furent diffusées par les médias italiens la première semaine de mai 2006. Voir par exemple : Giuseppe Toti, « Suscitano Scalpore le Conversazioni fra Personaggi Eccellenti Arbitri & Telefonate » *Corriere della Sera,* Milan, 4 mai 2006.

Leur retranscription est disponible sur : http://calcioitaliascandal.blogspot.com/2006/05/wiretaps.html.

Moggi a, en général, fait profile-bas, refusant la plupart des interviews. A une exception près, lorsqu'un journaliste lui aurait demandé s'il se voyait un jour revenir dans le monde du football. «Bien sur, mais cette fois, je serai le type qui « casse les couilles » de tout le monde. Je leur ferai a tous un doigt d'honneur, en les appelant par leur prénom et leur surnom. Je « casserai les couilles » de tous les faux moralisateurs de ce monde qui pensent que tout est propre maintenant qu'on s'est débarassé de ... Luciano Moggi.» Voir Jason Burke, « Paradiso in inferno », *The Observer Sport Monthly,* Londres, 30 juillet 2006. Disponible sur : www.guardian.co.uk/sport/2006/jul/30/football.com/features.

Voir aussi : « Moggi contro tutti : Ritornero ! », Calcio, Blog.It., 27 juillet 2006. Disponible sur : www.calciobloc.it/post/1196/moggi-contro-tutti-ritornero.

« Les bandes étaient fausses et que, de toute façon, elles avaient été obtenues illégalement »

En dépit de mes efforts pour faire son interview, je n'ai pas réussi à entrer en contact avec Chepel.

Kevin O'Flynn, « Tapes Expose Russian Football Bribery Scandal » (Des cassettes révèlent un scandale de corruption dans le football russe), The Times, London, 14 octobre 2004, p. 41.

Membre de la rédaction, « Head of Russian Football Club Baltika Quits After Match-fixing Claims » (Le président du club de foot Baltika démissione suite à des allégations de trucage), *Moscow News,* Moscou, 28 octobre 2004.

Histoire de Rudnikov

Konstantin Poleskov, « For What "Kolesa" is overrun. The Kaliningrad Court closed th opposition newspaper. The publisher and Journalists do not give up. » (Quelle « Kolesa » est dépassée ?), *Novaya Gazeta,* Kaliningrad, août 2007.

Entretien avec Igor Rudnikov, janvier 2008.

Rudnikov fut finalement relaxé à l'automne 2007, après plusieurs mois dans le système carcéral russe.

Comité international PEN des écrivains emprisonnés, « Liste bisannuelle des cas » (Half-yearly Case List), 30 juin 2007, p. 54.

« Dans la Russie de Poutine »

Entretien avec Human Rights Watch, juin 2007.

Chapitre 11 : Comment truquer un match de foot

Kenan Erol, tentative de truquer le Sebatspor

Selon les nouveaux rapports, Kenan Erol affirma qu'il y avait eu une tentative de trucage du match, mais que c'est Olgun et Szegin qui y avaient pris part.

Membre de la rédaction, « Prosecutor Probing Soccer Rigging Case » (Un procureur examine une affaire de trucage dans le foot), *Turkish Daily News,* Istanbul, 15 octobre 2005.

Disponible sur : www.turkishdailynews.com.tr/article.php?enewsid =25941.

Voir aussi : Membre de la rédaction, « Fix : What Is Going on in Super League ? » (Trucage : que se passe-t-il en superligue ?), *Turkish Daily News,*

Istanbul, 13 avril 2005. Disponible sur : www.turkishdailynews.com/gazetearsiv/index.asp?haberID=69496&gun=10&ray=4&yil=2005.

« Bahis mafyası », *Star Gazete,* Istanbul, 10 avril 2005.

Yasin Tuncer, « Sali Hakan _ikeyi 90'dan çıkardı ! » *Zaman, Spor,* Istanbul, 12 avril 2005. Cet article contient une transcription d'une conversation entre Kenan Erol et Hakan Olgun ; mes remerciements à Chris Wade pour sa traduction et ses commentaires sur le football turc.

Mehmet Arslan, « Paralarýn sahibi telefon kaydýnda » CNN-Turkey, Hürriyetim, Anasayfa. 27 août 2005.

Membre de la rédaction, « Sebat Inquiry Rumbles On » (L'enquête sur Sebat progresse dans le fracas), *Turkish Daily News,* Istanbul, 3 septembre 2005.

Enquête sur Sedat Peker

« Turkish Football Federation Probes Sport-Mafia Links » (La Fédération turque de football examine les liens entre le sport et la mafia), Agence France-Presse, 26 octobre 2004.

« Turkish Parliament to Probe Match-fixing, Fan Violence in Soccer » (Le Parlement turc s'apprête à examiner les trucages de matchs et la violence des fans dans le football), Associated Press, 23 novembre 2004.

Erdal Kilinç, « Mafya yesil sahada, Polisin dinlemesine "sike diyaloglari" da takildi » *Milliyet,* Istanbul, 28 juillet 2006. Cet article contient une série de dialogues, supposément entre mafieux discutant plusieurs matchs truqués.

Membre de la rédaction, « Besiktas Accused This Time » (« Besiktas au banc des accusés cette fois »), *Turkish Daily News,* Istanbul, 28 juillet 2006. Disponible sur : http://ankarafootball.blogspot.com/2006/07/besiktas-accused-time.html.

Besiktas et Alaattin Çakıcı

Lucy Komisar, « Turkey's Terrorists : A CIA Legacy Lives On » (Terroristes turques : un héritage de la CIA qui a la vie dure), *Progressive,* avril 1997. Disponible sur : http://findarticles.com/p/articles/mi_m1295/is_n4_v61/ai_19254727.

Stephen Kinzer, « Top Fugitive's Arrest Revives Turkish Corruption Inquiry » (L'arrestation de plusieurs suspects numéros un ravive une enquête sur la corruption turque), *New York Times,* New York, 15 octobre 1998. Disponible sur : http://querynytimes.com/gst/fullpage.html?rs=9B02EFDB123AF936A25753C1A96E958260.

« Intelligence Officer, Football Manager Charged in Turkish Mafia Scandal » (Un officier des renseignements et un manager de club de foot condamnés dans le cadre d'un scandale lié à la mafia turque), Agence France-Presse, 2 novembre 2004.

Michael Franzese

Session devant le sous-comité permanent du Comité des affaires gouvernementales, Sénat des États-Unis, 15 mai 1996, p. 36-43.

Stan Mortensen, *Playing for Keeps : How One Man Kept the Mob from Sinking Its Hooks into Pro Football,* New York, Simon and Schuster, 1991.

Bruce Schoenfeld, « Personality : The Fixer » (Une personnalité : le truqueur), *Cigar Aficionado,* Online éd., mars-avril 2003.

« Lorsque j'étais dans le crime organisé et dans le jeu, j'ai été frappé par… »

« Les athlètes aiment jouer de l'argent. Ils ont confiance en eux et prennent de gros risques… »

« On peut les approcher ou les piéger avec une femme… »

Entretien avec Michael Franzese, janvier 1999.

Rapport du procureur de Berlin sur Hoyzer

Staatsanwaltschaft Berlin, juin 2005.

« Ils étaient coursiers… »

Entretien avec F 9, novembre 2005.

Stratégie commerciale des danseuses érotiques

J. Boles et A.P. Garbin, « The Strip Club and Customer-Stripper Patterns of Interaction » (Le club de strip-tease et le schéma d'interaction entre la strip-teaseuse et le client), *Sociology and Social Research,* 1984, 58, p. 136-144.

G.E. Enck et J.D. Preston, « Counterfeit Intimacy : A Dramaturgical Analysis of an Erotic Performance » (Contrefaçon d'intimité : analyse dramaturgique d'une performance érotique), *Deviant Behavior,* 1988, 9, 4, p. 369-381.

« Il n'y avait rien de subtil… »

Entretien avec F 3, novembre 2005.

« C'était incroyable… »

Entretien avec des sources anonymes, août 2005.

« Ce qu'on ne dit jamais à prorpos des joueurs… »

Cité dans David C. Whelan, « Organized Crime, Sports Gambling, and Role Conflict : Victimization and Point-Shaving in College Basketball » (Crime organisé, paris sportifs et brouillage des rôles : la victimisation et le trucage dans le basket-ball au niveau universitaire), thèse non publiée, City University of New York, 1992, p. 137.

« Ça se passa sur un certain laps de temps… »

Johannes B. Kerner Show, « Entretien with Robert Hoyzer » (Entretien avec Robert Hoyzer »), ZDF Television, 9 février 2005.

« Ne pas se sentir criminels… »

Entretien avec OS 1, mai 2005.

« Tu peux te faire cette somme d'argent en seulement quatre-vingt-dix minutes de travail »
Entretien avec T 4, décembre 2005.

Trucage de match de Chieu
Issu d'une confession à la police royale malaisienne, 1994-1995.

Baise-main
C'est la façon traditionnelle de saluer la royauté malaisienne, dont les membres sont très nombreux à travers le pays, étant donné qu'il s'agit d'un conglomérat de plusieurs royaumes indigènes. Beaucoup de ces personnes possèdent des équipes de foot.

« Portail du crime »
David C. Whelan, p. 142-152.

« Tu sais, s'ils acceptent l'argent une fois, une seule fois, c'est fini »
Entretien avec AL 4, mai 2005.

« Dès que les footballeurs ont pris l'argent »
Entretien avec T 2, décembre 2005.

Trucage des matchs de criquet
James Pycroft, *The Cricket Field* (1851), Londres, St. James's Press, 1922, p. 133-140.

Ce sport fut spécialement codifié en raison de l'ampleur des paris autour du sport en 1730. Pour plus d'informations, voir: Simon Rae, *It's Not Cricket: A History of Skulduggery, Sharp Practice, and Downright Cheating in the Noble Game,* Faber and Faber, 2002.

« On n'achète le même homme qu'une seule fois… »
James Pycroft, p. 134.

« On ne traite pas les footballeurs corrompus comme des amis… »
Entretien avec Michael Franzese, février 1999.

Difficultés à truquer le marché du jeu
Entretiens avec T 1, 2 ; B 1, 2, 6, 7, 8, 15.

« J'ai pris de l'argent pour quelques matchs… »
Membre de la rédaction, « Kaksi Maalivahtia Kertoo IS Urheilulle, että Lahjuksia on Tarjottu » et « Maalivahti Sami Sinkkonen : Kieltäydyin Kolmest Lahjukssta », *Ilta-Sanomat,* Helsinki, 12 décembre 2005, p. 2-3.

« Moi, j'ai mon coursier qui se tient près du banc… »
Entretien avec T 3, novembre 2005.

Tickets de loterie utilisés comme pot-de-vin
Johnson Fernandez, « A Worldwide Plague » (Une plaie mondiale), *Malay Mail,* Kuala Lumpur, 28 juillet 1993, p. 74-75.

Stratégies de paiement
Entretiens avec T 1, 2

Confession faite à la police royale malaisienne, 1994-1995.

« Le xx de xx xx à Singapour »
Confession faite à la police royale malaisienne, 1994-1995.

Chapitre 12 : Le sexe et les hommes en noir

Biographie de Ljubomir Barin
Entretien avec Ljubomir Barin, août 2005.

Une grande partie des recherches pour ce chapitre est issue de livres écrits par divers participants et joueurs de l'Olympique de Marseille de l'époque :

Jean-Jacques Eydelie et Michel Biet, *Je ne joue plus ! Un footballeur brise l'omerta,* Paris, L'Archipel, 2006. Après la publication du livre, Bernard Tapie poursuivit Eydelie en justice, mais il perdit le procès.

Jean-Pierre Bernès et Bernard Pascuito, *Je dis Tout : Les secrets de l'OM sous Tapie,* Paris, Albin Michel, 1995.

Basile Boli et Claude Askalovitch, *Black Boli,* Paris, Bernard Brasset, 1994.

Marcel Dessaix et Philippe Broussard, *Capitaine,* Paris, Stock, 2002.

Valérie Lecasble et Airy Routier, *Le Flambeur : La Vraie vie de Bernard Tapie.,* Paris, Grasset, 1994.

Michel Peraldi et Michel Samson, *Gouverner Marseilles : Enquête sur les mondes politiques Marseillais,* Paris, La Découverte, 2005.

Voir aussi :

Bernadette Dubourg, « Ljubomir Barin rejugé seul », *Sud-Ouest,* Bordeaux, 3 mai 2001.

Hervé Gattegno, « M. Barin dévoile l'ampleur de la corruption dans le football européen », *Le Monde,* Paris, 12 août 1995.

Histoire de Solti et tentatives de corruption
Brian Glanville, *Champions of Europe: The History, Romance and Intrigue of the European Cup »,* Londres, Enfield, 1991, p. 86.

Barin fournit des arbitres et des propriétaires de club
Hervé Gattegno, « M. Barin dévoile l'ampleur de la corruption dans le football européen », *Le Monde,* Paris, 12 août 1995.

Le manuel essentiel de l'« insider »
Membre de la rédaction, « VA-OM : la Coupe jusqu'à la lie », *Le Point,* Paris, 15 juillet 1995.

Claude Bez et le début des trucages
Paul Webster, « Referees "Bribed with Prostitutes" in European Games » (Des arbitres corrompus avec des prostituées lors des jeux européens), *The Guardian,* Londres, 4 mars 1999, p. 12.

« Quand un club me demande de m'occuper des arbitres »

Bernadette Dubourg, « Des “faveurs” aux arbitres », *Sud-Ouest*, Bordeaux, 3 mars 1999.

« L'OM aurait acheté l'arbitre d'une rencontre contre Athènes en 1989 », *Le Monde*, Paris, 2 août 1995.

« Je me souviens d'une fois où un arbitre… »

Membre de la rédaction, « Les projets secrets de Tapie » *Le Point*, Paris, 21 octobre1995.

Affaires de transferts

Bernadette Dubourg, « Les millions des transferts » *Sud-Ouest*, Bordeaux, 2 mars 1999.

Utilisations de ces méthodes

Sage, Adam, « Referees “Bribed with Rolexes and Call Girls” » (Des arbitres corrompus avec des Rolex et des call-girls), *The Times*, Londres, 4 mars 1999, p. 21.

« Il affirme avoir été pris au piège »

Entretien avec Ljubomir Barin, août 2005.

Barin fugitif

Hervé Gattegno, « L'homme clé des affaires du football a été arrêté en Allemagne » *Le Monde*, Paris, 27 février 1995.

Hervé Gattegno, « L'ancien vice-président de l'OM Jean-Louis Levreau a été placé en garde à vue » *Le Monde*, Paris, 27 avril 1995.

Emprisonnement et confession de Barin

Bernadette Dubourg, « Ljubomir Barin rejugé seul » *Sud-Ouest*, Bordeaux, 3 mai 2001.

Membre de la rédaction, « VA-OM : la Coupe jusqu'à la lie », *Le Point*, Paris, 15 juillet 1995.

M. Barin a pointé du doigt l'organisation générale du foot mondial…

Membre de la rédaction, « À la sortie d'une confrontation de quatre heures entre Bernès et Barin, hier matin, dans le bureau du juge Philipon, l'avocat de l'ancien directeur de l'OM a annoncé que l'intermédiaire croate avait “pointé du doigt l'organisation générale du foot mondial” », *Sud-Ouest*, Bordeaux, 12 juillet 1995.

Création d'un fonds secret

Philippe Broussard, « Bernard Tapie tiendra à nouveau la vedette dans le procès des comptes de l'OM », *Le Monde*, Paris, 12 mai 1997.

« L'histoire d'un pillage », *Sud-Ouest*, Bordeaux, 4 mars 1999.

Jeux truqués
Membre de la rédaction, « VA-OM : la Coupe jusqu'à la lie », *Le Point*, Paris, 15 juillet 1995.

Membre de la rédaction, « Tapie Projets Secrets », *Le Point*, Paris, 21 octobre 1995.

Paul Webster, « Referees "Bribed with Prostitutes" in European Games » (Des arbitres corrompus avec des prostituées lors des jeux européens), *The Guardian*, Londres, 4 mars 1999, p. 12.

Hervé Gattegno, « L'enquête sur l'OM de Bernard Tapie dévoile des faits de corruption », *Le Monde*, Paris, 3 janvier 1997, p. 6.

Une sorte de rituel...
Eydelie discute cette culture de la triche tout au long de son livre, particulièrement au chapitre 1.

« J'ai joué pour Marseille, je sais comment ça se passe... »
Hervé Gattegno, « Deux enquêtes judiciaires dévoilent la corruption du football européen », *Le Monde*, Paris, 12 août 1995, p. 1.

Utilisation des femmes pour corrompre les arbitres
Paul Webster, « Referees "Bribed with Prostitutes" in European Games » (Des arbitres corrompus avec des prostituées lors des jeux européens), *The Guardian*, Londres, 4 mars 1999.

Bernadette Dubourg, « Des "faveurs" aux arbitres », *Sud-Ouest*, Bordeaux, 3 mars 1999.

Deux arbitres français de haut niveau, Michel Vautrot et Joël Quiniou, lors de leur témoignage au procès, affirmèrent que, bien que de petits cadeaux appropriés soient donnés aux arbitres, ils n'étaient remis qu'en présence des autorités officielles de l'UEFA.

Liens avec les gangsters
« Tapie, Courbis, Filippeddu, le Belge, mafia(s), foot, argent sale et coups tordus », université Panthéon-Assas (Paris-II), Institut de criminologie de Paris, département de recherche sur les menaces criminelles contemporaines.

Jacques Follorou et Vincent Nouzille, *Les Parrains corses : leur histoire, leurs réseaux, leurs protections,* J'ai lu Document, Paris, 2004.

Jon Henley, « Gangsters Kill to Control Paris Fruit Machine Racket » (Les gangsters tuent afin de contrôler les machines à sous de Paris), *The Guardian*, Londres, 30 juillet 2001, p. 13.

« "Brise de mer" : grand banditisme, milieu du football politique et la mort de Dominique Rutily » *L'investigateur*, Paris, 2001. www.investigateur.info/affaires/corse/articles/rutily.html.

Témoignage de Bernès
Membre de rédaction : « Bernès : 'Chaque année, quatre à cinq matches étaient achetés.' », *L'Humanité*, 10 juillet 1995. Disponible sur : www.

humanite.fr/1995-07-10_Articles_-Bernes-Chaque-annee-quatre-a-cinq-matches-etaient-achetes.

Williams, p. 119-120.

Tout le monde le fait…

Jean-Pierre Bernès, p. 43-44.

Adam Sage, « Referees Bribed with Rolexes and Callgirls » (Des arbitres corrompus avec des Rolex et des call- girls), *The Times*, Londres, 4 mars 1999, p. 21.

Carrière de Tapie après sa sortie de prison

Stuart Jeffries, « France Sells its Soul for a Fistful of Francs » (La France vend son âme pour une poignée de francs), *The Observer*, Londres, 1er juillet 2001, p. 4.

Condamnation de Barin

Bernadette Dubourg, « Ljubomir Barin rejugé seul», *Sud Ouest*, Bordeaux, 3 mai 2001.

L'ironie fait les gros-titres des journaux

Membre de la rédaction, « A Really Full Bodied Bordeaux » (Un Bordeaux qui a vraiment beaucoup de corps), *United Press International*, 31 octobre 1990.

Adam Sage, « Getting Their Kicks for Free » (Jeux de jambes gratuits), *Ottawa Citizen*, Ottawa, 4 mars 1999, B1.

Michel Zen et G14

Membre de la rédaction, « G14 Starts Legal Fight with FIFA » (Le G14 entame une bataille légale avec la FIFA), BBC Sport, 6 septembre 2005.

Membre de la rédaction, « Swiss prosecutor throws out charges against Blatter. » (Le procureur Suisse rejette les charges contre Blatter), Reuters, 4 décembre 2002.

« Bien sûr que le sexe était utilisé. Parfois c'était la traductrice… »

« Je me souviens quand j'étais arbitre… »

Entretien avec Michel Zen-Ruffinen, mars 2004, novembre 2005.

David Elleray, l'arbitre britannique, affirme que le même genre de chose se produisit lorsqu'il était arbitre pour un jeu du Real Madrid. David Elleray, *The Man in the Middle*, Londres, Little, Brown and Company, 2006, p. 132.

Jesus Gil

Les liens Internet qui montrent Jesus Gil mettre un coup de poing à un directeur de club se trouvent sur http://www.youtube.com/watch?v=YycOiakbsus.

Membre de la rédaction, « Espagne. Jesus Gil : président de l'Atletico et politicien controversé », Agence France-Presse, 15 mai 2004.

Membre de la rédaction, « Spain's Atletico Boss Gil Linked to Sicilian Mafia » (Gil, patron de l'Atletico espagnol, lié à la mafia sicilienne), Agence France-Presse, 24 juin 1999.

« Accepte uniquement les cadeaux petits… et couteux ! »

David Elleray, p. 132.

Nuit dans un bordel roumain avant un match de qualification de Coupe du monde

David Elleray, p. 129-130.

Howard King

« Top Ref Banned for 10 Years » (Un arbitre de haut niveau banni pendant dix ans), Agence France-Presse, 15 février 1996.

Russ Williams, 1996, p. 196-198.

Moggi à Turin

Ed Vulliamy, « Turin Judges Turn to Sex and Soccer » (Les juges de Turin s'attellent au sexe et au football), *The Guardian*, Londres, 8 décembre 1993, p. 10.

Ong Kheng Hock

Membre de la rédaction, « Ong, Kannan Plead Guilty to Other Charge of Match-fixing » (Ong, Kannan plaident coupables face aux accusations de trucage de matchs), *New Straits Times*, Singapour, 23 novembre 1995, p. 47.

Une bataille politique française

Entretien avec Ljubomir Barin, août 2005.

Robert Hoyzer

Stefan Nicola, « Organized Crime Threatens German Pastime » (Le crime organisé menace les loisirs allemands), *United Press International*, 18 octobre 2005.

Erik Kirschbaum, « Ban May Not Be Worst of It for Hoyzer » (Le bannissement n'est peut-être pas le pire qui attende Hoyzer), *National Post*, Toronto, 30 avril 2005.

Hoyzer à la télévision

Johannes B. Kerner, « The Robert Hoyzer Interview » (L'entretien de Robert Hoyzer), ZTF Television, 9 février 2005.

« Une enquête qui allait résonner dans toute l'Europe… »

Roy Kammerer, « Referee Given Prison Sentence in Match-fixing Trial » (Un arbitre condamné à la prison lors du procès sur les trucages de matchs), Associated Press, 17 novembre 2005.

« Depuis le temps que je suis dans ce milieu… »

Mark Langdown, « Football : Hoyzer says Fixes Commonplace » (Football : Hoyzer décrit le trucage comme une pratique courante), *Racing Post*, 22 juin 2005, p. 89.

« Ils pensaient que ça se limitait à un arbitre… »

Erik Kirschbaum, « Ban May Not Be Worst of It for Hoyzer » (Le bannissement n'est peut-être pas le pire qui attende Hoyzer), *National Post*, Toronto, 30 avril 2005, p. 13.

L'enquête semblait avancer

Brian A. O'Driscoll, « German Referee Searched In Dawn Raid » (Un arbitre allemand recherché lors d'un raid à l'aube), Goal.com, 2 février 2005.

Nesha Starcevic, « Referee to Stay in Custody ; Federation Suspends Another » (Un arbitre placé en garde à vue et un autre suspendu par la fédération), Associated Press, 14 février 2005.

Membre de la rédaction, « Ringleader in German Match-fixing Linked to Galastaray Match » (Le leader d'un trucage de match allemand lié au match de Galastry), Associated Press, 8 juin 2005.

« Le nom ae Koop ne figurera plus jamais sur la liste des arbitres… »

Roy Kammerer, « Hoyzer Arrested in Germany's Match-fixing Scandal as Investigators Say More People and Games Could Be Involved » (L'arrestation de Hoyzer en Allemagne suite au scandale des matchs truqués : les enquêteurs affirment que d'autres personnes et jeux pourraient êtres impliqués), Associated Press, 12 février 2005.

Quatre jours après l'entretien choc de Hoyzer…

Membre de la rédaction, « Referee in Germany Soccer Scandal Arrested » (Un arbitre arrêté dans le cadre du scandale dans le football allemand), Associated Press, 12 février 2005.

John Goodbody, « Match-fixing Fears Grow » (Les suspicions de matchs truqués vont grandissant), *The Times*, Londres, 14 février 2005 [*The Game*, p. 21].

C'était une pratique courante d'emmener les arbitres dans des bordels

Membre de la rédaction, « Vorspiel für die Schiedsrichter », *Der Spiegel*, Hambourg, 21 février 2005, p. 17.

Liste des parieurs de l'UEFA

Membre de la rédaction, « Schiedsrichter-Skandal Erreicht Uefa », *Der Spiegel*, Hambourg, 24 mars 2005. Disponible sur : www.77-77.com/news.ph?id=31301.

« Oui, nous nous sommes posé des questions… »

Entretien avec des officiels de l'UEFA et la police allemande.

C'est normal. Normal…

Des petits poissons…

Écoute, nous avons beaucoup de bonnes relations

Entretien avec Milan Sapina, mai 2007.

Pour plus d'informations sur Carolina Salgado, voir : Carolina Salgado, et Maria Fernanda Freitas, *Eu, Carolina – A História Verdadeira.* 14ème éd., Lisbonne, Don Quixote, 2006.

« Si je compare le football à ce que j'ai vu et vécu à No Calor Da Noite… »
Membre de la rédaction, « Portugal Ups Ante in Match-fixing Probe » (Le Portugal augmente la donne dans l'enquête sur les matchs truqués), Agence France-Presse, 15 décembre 2006.

Pour plus d'informations sur Costa et le niveau de corruption de la ligue portugaise, voir : Neves Marinho, *Golpe de Estadio,* Lisbonne, Terramar, 1998. Disponible en ligne sur : www.anti-corrupcao.150m.com.

Voir aussi : Membre de la rédaction, « Police Raid HQ of European Champions Porto » (La police fait une descente au quartier général des champions européens à Porto), Agence France-Presse, 3 décembre 2004.

« João Vale e Azevedo, l'ancien président du grand club Benfica »
Rick Broadbent, « Philosophy of the Bullfight Places Supporters on Horns of a Dilemma » (La philospohie de l'arène met les supporters dans un mauvais pas), *The Times*, Londres, 8 mai 2007, p. 81.

Trucage de la demi-finale de la Coupe des champions en 1984
Barry Hatton, « Porto in a Storm » (Tempête à Porto), *The Guardian*, Londres, 28 février 1997, p. 4.

Rob Hughes, « For Corruption Investigators, Soccer Offers a Busy Agenda » (Pour les agents anticorruption, le football représente un boulot à plein temps), *International Herald Tribune.* 15 janvier 1997, p. 18.

« Le 20 avril 2004 le Portugal se réveilla »
Membre de la rédaction, « Police Hold 16 in Portuguese Probe » (La police met en garde à vue 16 personnes dans le cadre d'une enquête portugaise), CNN, 20 avril 2004.

Membre de la rédaction, « Portugal Ups Ante in Match-fixing Probe » (Le Portugal augmente la donne dans l'enquête sur les matchs truqués), Agence France-Presse, 15 décembre 2006.

« Il est temps qu'on établisse une fois pour toutes… »
Eduardo Goncalves Lisbon et Denis Campbell, « Portuguese Football Champions Shaken by Corruption Charges » (Les champions de foot portugais secoués par des accusations de corruption), *The Observer*, Londres, 26 décembre 2004, p. 16.

Chapitre 13 : Les canons sont tournés dans la mauvaise direction

L'histoire de la défaite rencontrée par la défense de Malaisie et de Singapour peut servir d'exemple pour illustrer les erreurs de management et une certaine inaptitude. Deux livres couvrent ceci: Colin Smith, *Singapore Burning: Heroism and Surrender in World War II,* Londres, Penguin, 2005. La citation

« meilleur ennemi que les Japonais » (« better enemy than the Japanese »), se trouve en page 54. Voir aussi Alan Warren, *Singapore 1942: Britain's Greatest Defeat,* Londres, Hambledon and Londres, 2002.

Le côté japonais offre l'exemple d'un bon leadership, d'une clarté dans les objectifs et dans la communication. Masanobu Tsuji, l'un des officiers japonais qui planifia et se battit lors de cette campagne, écrivit *Singapore 1941-1942 : The Japanese Version of the Malayan Campaign of World War II,* Oxford, Oxford University Press, 1988.

Une version romancée de la débâcle se trouve dans le livre de J. G. Farrell datant de 1978, *The Singapore Grip* (*New York Review of Books*), publié en français sous le titre *L'Étreinte de Singapour* chez Fayard en 2003.

« La croissance dans ce domaine est incroyable »
Entretien avec B 16, juin 2006.

« Le pouvoir de cette industrie est étourdissant »
Entretien avec David Velazquez, juin 2007.

Affaire Neteller
Documents du tribunal: United States District Court Southern District of New York: *United States versus Neteller PLC Defendant,* 18 juillet 2007.

Bien que Neteller n'ait participé en aucune façon aux paris, s'agissant simplement d'une procédure de paiement international, les deux chefs d'entreprise plaidèrent coupables de conspiration pendant l'été 2007.

« Nous sommes totalement dépassés par Internet... »
Entretien avec OS 25, mars 2004.

Information selon laquelle presque tous les parieurs étaient au courant...
Par exemple, presque tous les parieurs britanniques savent que lors du tournoi de troisième rang en Angleterre – la Carling Cup – les équipes les plus fortes laisseraient à leurs joueurs les plus jeunes et les moins établis la chance de jouer. Cela causa des mécontentements, étant donné que les équipes de jeunes joueurs du Manchester United ou d'Arsenal perdaient parfois contre les formations établies d'autres équipes moins bien classées. Ce phénomène est bien connu au Royaume-Uni. Mais en Chine, le marché n'était en général pas au courant de cela et pariait comme si l'équipe habituelle d'Arsenal ou du Manchester United jouaient contre une équipe bien plus faible.

Discussion sur les marchés du jeu
Entretiens avec B 1, 2, 6, 7 13, 14, 16, 21

Chapitre 14 : Ça ne sert à rien d'y aller

L'affaire Grobbelaard vs News Group Newspapers Ltd and another
- House of Lords (Cour des Lords), UKHL 40, [2002] 4 All ER 732, [2002] 1 WLR 3024, 1er-4 juillet, 24 octobre 2002.

– Cour d'appel (Division civile), EWCA Civ. 33, [2001] 2 All ER 437, 4-8 décembre 2000 et 18 janvier 2001.

David Thomas, *Foul Play: The Inside Story of the Biggest Corruption Trial in British Sporting History*, Londres, Bantam Press, 2003.

« Tu crois que j'ai été jusqu'à Kuala Lumpur comme ça ? »
David Thomas, p. 184-185.

« Quand le journaliste du Sun revint d'Asie sans la moindre piste solide… »
David Thomas, p. 365.

« J'ai vérifié auprès de sources policières proches du procès qui m'ont confirmé qu'aucun officier de police britannique n'était allé en Asie »
Entretiens avec AL 1, 2, 4, 5, 9, 10.

Le procès des triades
Martin Booth, *The Dragon Syndicates: The Global Phenomenon of the Triads*, Londres, Bantam Books, 2000, p. 444-479.

David Connett, « Triads Victim "Foiled Murder Attempt" » (Une victime des triades fait échouer un projet d'assassinat), *The Independent*, Londres, 15 octobre 1992, p. 9.

« Triad "Hit-man" Had Two Attempts to Shoot Rival » (Le tireur d'une triade tente par deux fois d'abattre un rival), *The Independent*, Londres, 17 octobre 1992, p. 4.

David Pallister, « Triad Hood Lists Crimes » (Un gangster faisant partie d'une triade énumère ses crimes), *The Guardian*, Londres, 15 octobre 1992, p. 2.

Joe Wood, « Triad Risk Death to Reveal Their Blood Vows » (Les membres des triades risquent la mort en révélant leur pacte de sang), *Evening Standard*, Londres, 15 octobre 1992, p. 18.

L'escroquerie lumineuse
David Thomas, p. 5-6.

Jason Bennetto, « Gambler Guilty of Football Sabotage » (Un parieur coupable de sabotage dans le football), *The Independant*, Londres, 21 août 1999, p. 5.

Vivek Chaudhary et Linus Gregoriadis, « Floodlights Scam to Beat Bookies » (Escroquerie des projecteurs pour battre les bookmakers), *The Guardian*, Londres, 21 août 1999, p. 7.

Paul Peachley

– « Gambling Fanatics Attracted by Glamour of English Game » (Les fanatiques de paris attirés par le glamour des jeux anglais), Press Association 20 août 1999, p. 4.

– « Soccer Match Blackout Plot Men Jailed » (Les responsables du complot du black-out emprisonnés), Press Association, 25 août 1999.

Vivek Chaudhary et Linus Gregoriadis, « Syndicate "sabotaged matches" » (Les syndicats ont saboté les matchs), *The Guardian*, Londres, 18 août 1999, p. 4.

Jeremy Armstrong, « Triad Behind Football "Fix"; Plot to Cash in on Abandoned Games » (Les triades derrière le trucage du foot: complot pour encaisser l'argent des jeux abandonnés), *Scottish Daily Record*, Edimbourg, 21 août 1999, p. 7.

Procès de Francfort

« Four Players Approached ; Investigators Say Match-fixing Scandal Could Widen » (Quatre joueurs interpellés : les enquêteurs affirment que le scandale des trucages de match pourrait s'élargir), Associated Press, 13 mars 2006.

« Eight Men on Trial for Alleged Match Fixing in Germany » (Huit hommes jugés pour un trucage de match présumé en Allemagne), Associated Press, 12 janvier 2007.

« Nous pensons qu'il a quitté le pays… »

Entretien avec AL 19, juillet 2007.

« Personne ne veut rien savoir… »

Entretien avec AL 13, juin 2006.

« Au début, je voulais donner un coup de main… »

Entretien avec AL 9, juillet 2004.

Chapitre 15 : L'histoire de Pal

« Dans votre déposition au procès, vous avez dit au juge que vous aviez gagné des millions [en truquant des matchs] ? »

3 SLR, *Rajendran s/o Kurusamy vs Public Prosecutor*, Singapour, 1998.

« Je pourrais truquer n'importe quel match »

Tous les extraits d'entretien de ce chapitre sont issus d'un entretien avec Kurusamy en septembre 2005.

« C'est un homme très dangereux… »

Entretien avec AL, juin 2005.

« Je crois qu'ils l'ont laissé partir… »

Entretien avec OS, mai 2005.

« Pal ? C'est un trouillard… »

Entretien avec D2, juin 2005.

L'affaire Lutz Pfannenstiel et l'attaque à la batte de cricket

Tony Banks, « Football : German Faced Worldwide Ban after FIFA Chief Put Boot In » (Football : le responsable de la FIFA enfonce le clou et les Allemands pourraient être bannis sur un plan international), *Express*, Londres, 29 décembre 2003, p. 53.

Menaces faites aux joueurs…
Peter Desira, « Striker Confident of Beating Charge » (Un tireur certain de s'en tirer), *Herald Sun*, Melbourne, 11 octobre 2000, p. 78.

Membre de la rédaction, « 15 Players, Six Clubs Linked to Singapore Match-fixing » (15 joueurs, six clubs impliqués dans le scandale du trucage de match de Singapour), Agence France-Presse, 30 août 2000.

« C'est parce que les gens me sont redevables… »
3 SLR, *Rajendran s/o Kurusamy vs Public Prosecutor*, Singapour, 1998.

« Je ne suis pas idiot, je sais bien que le match était truqué… »
Entretien avec A2, mai 2005

« Pal me contacta. Il me parlait en tamoul au téléphone… »
Confession à la police malaisienne, 1994-1995

« La nuit, des gens se faisaient violer… »
Tony Banks, p. 53.

« Une semaine avant le match, Uncle Jimmie m'appelait… »
Confession à la police malaisienne, 1994-1995.

« J'errai dans la ville… »
Confession à la police malaisienne, 1994-1995.

L'aveugle
Russ Williams, p. 120-132.

Entretien avec J 3, mai 2005.

Truqueurs de courses
Entretiens avec B 2 ; J 18, 19 ; D 6 ; T 3, avril à mai, décembre 2005.

« Des rixes dans les vestiaires de Selangor… »
Entretien avec F2, mai 2005.

« Ici, un coursier peut tout à fait être aussi bookmaker… »
Entretien avec T 2, décembre 2005.

Trucage du match avec le Cameroun pendant la Coupe du monde de 1982
Oliviero Beha et Roberto Chiodi, *Mundialgate*, Rome, Avagliana Editore, 2005.

Le 10 décembre 1994, j'ai contacté mon ami truqueur
Confession à la police malaisienne, 1994-1995.

Procès de Kurusamy et Jagannathan, et « Le football est un sport très suivi »
3 SLR, *Rajendran s/o Kurusamy & Ors vs Public Prosecutor* (Yong Pung How CJ), *Haute cour d'appel*, n.237/97/01-05, 19 mars et 8 juillet 1998.

« Pal continuait à truquer en prison... »
Entretien avec AL 4, mai 2005.

« Nos agents qui travaillaient sur le marché asiatique étaient submergés... »
Entretien avec Mike Saunders, janvier 2008.

Chapitre 16 : Derrière la porte

« Écoute, ce n'est pas un hasard... »
Richard Boock et Stephen Fleming, *Balance of Power*, Auckland, Hodder Moa Beckett, 2004, p. 178.

Trucage des matchs d'Asie du Sud-Est
Membre de la rédaction, « The Stench from Hanoi » (La puanteur d'Hanoi), *Manila Standard*, Manille, 18 novembre 2005. Disponible sur : www.manilastandardtoday.com/?page=editorial_nov18_2005.

Membre de la rédaction, « Medal-fixing Allegations Tarnish South East Asian Games » (Le trucage de l'attribution des médailles ternit les jeux en Sud-Est asiatiques), Agence France-Presse, 30 novembre 2005.

« C'est étrange que tu parles de ce match... »
Entretien avec B 6, avril 2006.

Chapitre 18 : Une petite ville allemande

« La FIFA démissionne...»
David Bond, David et Raoul Simons, "Football: FIFA Gamble over Far East Betting Rings." (Football : la FIFA parie avec les bookmakers d'Extrême-Orient), *The Evening Standard*, Londres, 27 mai 2007, p. 77.

« Les années ont passé et j'ai finalement appris à m'accepter... »
Eduardo Galeano, *Soccer in Sun and Shadow*, trad. Mark Fried, Londres, Verso, 1999, p. 1.

« La FIFA n'avait pas établi de règles particulières pour limiter... »
David Bond et Raoul Simons, « Football : FIFA Gamble over Far East Betting Rings » (Football : la FIFA parie avec les bookmakers d'Extrême-Orient), *Evening Standard*, Londres, 27 mai 2002, p. 77.

« Pour moi le meilleur souvenir du football ghanéen... »
Entretien avec Sam Arday et Cecil Jones Attuquayefio, juin 2006.

« C'est le problème de l'Afrique tout entière... »
Entretien avec Sam Arday et Cecil Jones Attuquayefio, juin 2006.

Plus d'une centaine de Ghanéens jouent ou ont joué dans les plus grandes équipes européennes
Ce chiffre est issu de : www.eufo.de/football/div/africa/gha.htm.

Le désastre du Bochum
Entretien avec Michael Oti Adjei, juin 2006.

« Nous devons bien défendre... »
Entretien avec Stephen Appiah, juin 2006.

Problèmes du Togo
James Copnall, « Bonus Row Haunts Failed Togo Bid » (Une dispute concernant un bonus hante l'appel d'offres manqué du Togo), *BBC Online,* 19 juin 2006. Disponible sur : http://news.bbc.co.uk/2/hi/africa/5096054.stm.

Paul Doyle, « Togo 0 Switzerland 2 » (Togo 0, Suisse 2), *The Guardian,* Londres, éd. en ligne, 19 juin 2006. Disponible sur : http://football.guardian.co.uk/worldcup2006/minbymin/0,,1788338,00.html.

Banquet du Nigeria et du Ghana
« Nigeria: Aftermath of Odili's Gift... » (Nigeria: l'après-coup du cadeau d'Odili...), *Africa News,* 24 novembre 2001.

Chapitre 19 : La cote d'or

Liens entre football et politique au Ghana
Entretien avec Craih Waite, un universitaire de l'université d'Indiana, qui étudie les liens entre politique et football au Ghana, Accra, février 2008.

Voir aussi : Ken Bediako, *The National Soccer League of Ghana : The Full Story, 1956-1995,* Accra, publié par l'auteur, 1996.

Coaching dans une situation de famine
Entretien avec le coach Frederick Osam Duodu, juillet 2007.

Taux de pauvreté ghanéen
Les chiffres sur la pauvreté ont été publiés dans « EarthTrends : The Environmental Information Portal » (Tendances du monde: Portail sur l'Information Environnementale) sur http://earthtrends.wri.org/povlinks/country/ghana.php.

Scandale du trucage d'Abédi Pelé
Pour une sélection d'articles de journaux typiques, voir :

• « Probe This Football Scandal » (Enquêtez sur ce scandale du foot), 29 mars 2007.

www.myjoyonline.com/archivs/sports/200703/2943.asp

• Michael Quaye, « Soccer Fraud » (Fraude dans le foot), 30 mars 2007.

• « Maestro of Disgrace » (Maestro de la disgrace), 3 avril 2007. Disponible sur : www.ghanaweb.com/ghanahomepage/sportsarchive/artikel.php?ID=121841.

L'association ghanéenne de football a émis une série de communiqués de presse concernant l'affaire et le président de l'association, Kwesi Nyantakyi, y a fait référence dans son propre blog : http://www.ghanafa.org/blogs/president/default.asp.

Communiqué de presse de l'Association ghanéenne de football : « Quatre personnes condamnées pour trucage de match », 2 avril 2007. Voir aussi « La FA suspend et condamne les clubs », 11 avril 2007.

- http://www.ghanafa.org/news/archiveread.asp?contentid=2114.
- Une discussion Internet à propos d'Abédi Pelé et du jeu peut être consultée sur : http://discussions.ghanaweb.com/viewtopic.php?t=52096.

Il y eut en fait tant de buts marqués que les divers journaux qui ont couvert l'affaire ne purent se mettre d'accord sur leur nombre exact, plusieurs journaux rapportant des scores de 26-0 ou même de 29-0.

Pour des détails sur les scandales de matchs supposément truqués voir :

Kofi Agyepong, « Hearts Threaten FA with Legal Action » (Hearts menace la FA de recourir à la justice). Disponible sur : www.ghanafa.org/news/200511/344.asp.

«Kotoko Emerge Ghana Champion's, Hearts Protest » (Kotoko se révèle champion du Ghana, proteste Hearts), *Pan African News Agency (PANA)*, 11 novembre 2005.

« Je suis tout de même surpris du foin qu'on fait autour de ces quatre équipes… »
http://www.myjoyonline.com/archives/sports/200703/2943.asp.

Communique de presse d'Abédi Pelé
Durosimi Thomas, « Abédi Pelé Fights to Clear Name » (Abédi Pele se bat pour laver son nom), *BBC Sport Africa*, 17 avril 2007.

« C'est pas à vous que doit revenir l'argent… »
Ainsi, des différends sur l'argent furent confirmés dans un entretien avec le président de la GFA, deux cadres de la GFA qui étaient présents et trois joueurs.

La FA réfute le rapport sur les finances de la WC. Disponible sur : www.ghanafa.org/blackstarts/200701/1718.asp.

Chapitre 20 : « Je suis innocent, je le jure »

« Je suis innocent, je le jure… »
Samuel Ebo Kwaitto, « Alleged Bribery Scandal in Iran » (Scandale supposé de corruption en Iran), *Graphic Weekend Edition Sports*, Accra, 6-9 juillet 2007, p. 1.

« Il y a des parieurs partout, à chaque compétition… »
« Je n'écarte pas l'idée que des truqueurs aient pu approcher nos joueurs… »
« Bien sûr, ils ne sont pas forcément dans les hôtels. Certains ont des agents qui prennent les contacts et après ils font leurs affaires. »
« La semaine dernière aussi, à un match amical contre l'Iran… »
Entretien avec Kwesi Nyantakyi, juillet 2007.

« Un de nos entraîneurs s'était associé avec des gens… »
« Il est venu dans ma chambre… »
Entretien avec Randy Abbey, juillet 2007.

L'affaire Kofi Boaky
L'affaire est devenue une cause célèbre au Ghana et un grand nombre d'articles de magazines et de journaux ont été écrits à ce sujet. Une description de la sommation finale du juge peut être trouvée sur :

Mabel Aku Baneseh, « Cocaine Trial Tagor, Abass Jailed 15 Years Each » (Procès sur la cocaïne, Tagor et Abass prennent quinze ans chacun), *Daily Graphic,* Accra, 29 novembre 2007. Disponible sur : www.modernghana.com/news/148843/1/Cocaine-Trial-Tagor-Abass-Jailed-15-Years-Each.

Rencontre après le voyage en Iran
Procès-verbal de l'enquête administrative sur les allégations de corruption portées contre Abubakari Damba, le 3 juillet 2007.

Chapitre 21 : Qui garde les gardiens ?

Course d'aviron Harvard vs Oxford de 1869
Bill Millers, « The Great International Boat Race » (La grande course internationale de bateau), Site des amis de l'histoire de l'aviron, 2006. http://www.rowinghistory.net/1869.htm.

G.C. Drinkwater, *The Boat Race,* Londres, Blackie and Son, 1939, p. 56-58. Dans ce livre, Drinkwater affirme que sur la dernière longueur, l'équipe d'Oxford avait largement gagné la course, mais fut dans l'obligation de ralentir à cause d'un bateau de touristes qui leur barrait la route.

Pour plus de détails sur l'histoire générale de l'aviron professionnel et la distinction entre avironistes amateurs – généralement privilégiés – et professionnels, voir : Christopher Dodd, *The Story of World Rowing,* Londres, Stanley Paul, 1992.

Eric Halladay, *Rowing in History: A Social History – The Amateur Debate,* Manchester, Manchester University Press, 1990.

Neil Wigglesworth, *The Social History of English Rowing,* Londres, Frank Cass, 1992.

Charles Dickens, « The Oxford and Harvard Boat Race » (La course de bateau entre Oxford et Harvard), discours à Sydenham, 30 août 1869. www.underthesun.cc/Classics/Dickens/speeches41.html.

Marche à pied professionelle
Voir Emma Lile, « Professional Pedestrianism in South Wales During the Nineteenth Century » (Marche à pied professionnelle dans le sud du pays de Galles au XIXe siècle), *Sports Historian,* n. 20, 2000, p. 94-1005. qui détaille la culture autour de la marche professionnelle au XIXe siècle. Dans une version romancée, « The Loss of Sammy Crockett », d'Arthur Morrison (1894), met

en scène l'un des plus grands détectives de la littérature victorienne, Martin Hewitt, qui enquête sur le monde de la marche à pied professionnelle.

Horst Dassler et Joao Havelange

La lettre qu'Havelange écrivit à De Andrade fut publiée pour la première fois par Claudio Renato dans « Havelange e Avalista Moral de Castor », *O Globo*, São Paulo, 9 avril 1994, p. 12. Dans cet article, figure aussi une photo d'Havelange, de De Andrade et du gendre d'Havelange, qui est le président de la Confédération brésilienne du football, célebrant le mariage de la fille d'Havelange.

Pour un aperçu de l'opinion d'Havelange sur De Andrade et l'évocation des visites qu'il lui rendit en prison, voir :

– Ernesto Rodrigues, *Jogo Duro, a História de João Havelange,* Rio de Janeiro : Editora Record, 2007, p. 284-285. La biographie par Rodrigues fut autorisée par Havelange et Rodrigues décrit Havelange s'exprimant ainsi au sujet de De Andrade : « Je ne suis pas juge pour me permettre de porter un jugement sur qui que ce soit. Ce que je sais, c'est qu'il est mon ami et je ne jugerai pas Castor.»

– Roberto Pereira De Souza, *Joao Havlange : O Podereso Chefao. Playboy Brazil,* Rio de Janeiro, mai 1994, p. 124-141.

Pour un compte rendu magnifique de l'intrigue internationale et du feuilleton financier qu'est le monde de Dassler, voir:

– Barbara Smit, *Pitch Invasion: Adidas, Puma, and the Making of Modern Sport,* Londres, Penguin, 2007.

– David Yallop, *How They Stole the Game,* Londres, Poetic Publishing, 1999.

Allégations de corruption à la FIFA

Pour un point de vue largement critique de l'administration de la FIFA, voir : Andrew Jennings, *Foul ! The Secret World of FIFA: Bribes, Vote Rigging and Ticket Scandals,* Londres, HarperSport, 2006.

Alan Sugden et John Tomlinson, *Badfellas: FIFA Family at War,* Londres, Mainstream Sport Publishing, 2003.

Pour un point de vue pro-FIFA, voir : Pierre Lanfranchi, Christiane Eisenberg, Tony Mason et Alfred Wahl, *100 Years of Football : The FIFA Centennial Book,* Londres, Weidenfeld & Nicolson, 2004 (écrit avec le soutien et les conseils de la FIFA).

Controverses financières récentes à la FIFA

Mark Ledsom, « Former Boss of FIFA's Ex-marketing Agency Faces Trial » (L'ex-agence de marketing de l'ancien président de la FIFA risque un procès), Reuters, 21 novembre 2007.

« Alors que les témoins de la FIFA comparaissent au procès et ont le culot de prétexter que leurs déviances ne sont que des " mensonges bénins" »
Juge Loretta A. Preska, *United States District Court Southern District of New York : MasterCard International Incorporated vs Federation Internationale de Football Association, Amended Findings of Fact and Conclusions of Law*, 7 décembre 2006.

« La vie est faite de mauvaises nouvelles... »
« Nos sociétés essaient de ne pas payer les impôts.... »
« Personne n'en parle jamais... »
Entretien avec Jerôme Champagne, décembre 2007.

« J'étais un buteur et numéro neuf... »
« Mon souvenir [du match] est qu'il y avait une atmosphère formidable... »
« Je ne crois pas que ce soit vrai... »
« Cela fait trente ans que je travaille à la FIFA... »
Entretien avec Sepp Blatter, février 2008.

Sepp Blatter avait dit, trois ans auparavant, que les femmes qui jouaient au foot devraient porter des tenues plus moulantes pour attirer plus de public...
Membre de la rédaction, « Sexy Shorts Good Idea for Women's Soccer : Blatter » (Les shorts moulants, une bonne idée pour le football féminin, selon Blatter), *CBC Sports*, 16 janvier 2004. Disponible sur : www.cbc.ca/sports/story/2004/01/16/blattero10416.html.

Deux hommes filmant la réunion de l'équipe danoise
Entretiens avec J 20 ; OS 36, 41, décembre 2007.

« Nous ne sommes pas tenus de donner les détails de notre enquête... »
Entretien à la FIFA, février 2008.

Voir aussi « Football : Outraged Denmark Vows to Pursue China 'Spy' Case » (Football : le Danemark fou de rage désire donner suite à l'affaire des espions chinois), Agence France-Presse, 16 septembre 2007.

Mark Zeigler, « World Cup Has Spying Scandal to Call its Own » (La Coupe du monde a enfin un scandale d'espionnage bien à elle), *San Diego Union Tribune*, San Diego, 19 septembre 2007, D2.

« Espionnage tactique d'une chaîne de télévision chinoise... »
Entretien avec Sepp Blatter, février 2008.
La référence de la FIFA pour cette affaire est le 070449

Une Ghanéenne à qui on demande de truquer des matchs
« Certains responsables écoutaient d'un autre téléphone de la chambre... »
« Il n'y avait aucune preuve qu'ils aient fait quoi que ce soit de mal... »
Entretiens, décembre 2008.

Épilogue : Sauver le football

« Kenya : Some of the Victims of Violent Attacks That Have Left Many Families Heart-

Broken » (Kenya : des victimes d'attaques violentes qui ont laissé de nombreuses familles dévastées), *All Africa News,* 3 février 2007.

«Aid Women Killed in Nairobi Were Presbyterian Missionaries » (Les femmes tuées à Nairobi étaient des missionnaires presbytériennes), http://www.spcm.org/Journal/spip.php?article6177.

Il y a 500 000 personnes à Mathare (http://www.matharevalley.org/about_mathare_valley.htm.)

Il y a entre 600 000 et 1, 2 million de personnes à Kibera

(www.economist.com/surveys/displaystory.cfm?story_id= 9070714)

« Dans n'importe quel endroit au monde où il y a quelques personnes avec beaucoup d'argent... »

« Les toilettes volantes... »

« Quand je joue au football, j'oublie les gens qui sont chez moi... »

« Certaines filles se prostituent... »

Entretiens avec Rosemary Njiru, Joyce Motio, et Patricia Ktem, janvier 2007.

« J'ai eu des photos tellement incroyables... »

Entretien avec Clare O'Brien, février 2007.

« Je leur ai dit la chose suivante... »

« Nous envisageâmes plein de choses... »

« Nous dûmes affronter trois problèmes... »

Entretien avec Bob Munro, janvier 2007.

« Depuis ses débuts, le MYSA a étendu son programme de développement... »

J'ai passé dix jours avec le MYSA en janvier 2007, vérifiant l'existence des programmes qu'ils annoncent ; interviewant plus d'une vingtaine de personnes actuellement ou auparavant en contact avec le MYSA, certains assez amers en raison de diverses situations personnelles avec le MYSA. Cependant, rien n'a été dit qui puisse remettre en cause la crédibilité de l'organisation.

Informations sur les divers groupes mafieux de Nairobi

Entretiens avec des diplomates, des journalistes et plusieurs résidents de Mathare, dont au moins l'un d'eux entretenait de bons rapports avec les Talibans, janvier 2007.

Voir aussi : Kenya National Association of Social Workers, *Rapid Assessment on Mathare Slum Clashes,* UN Habitat, 2 janvier 2007.

« Ils étaient beaucoup plus nombreux »

Entretien avec Rosemary Njiru, janvier 2007

Situation à Mathare, juin 2007

Entretiens avec les résidents de Mathare et Nairobı, juin 2007.

« Kenya Police Shoot Sect Suspects » (La police kenyane abat les suspects d'une secte), *BBC News*, 7 juin 2007.

Guerres entre le KFF, la FIFA et Munro

Entretiens avec Gordon Olouch (commissaire aux Sports du Kenya), Peter Lisamula, Mark Ageng à propos de l'enquête sur les activités de Bob Munro, le président du KFF, et divers journalistes et arbitres.

« Les gens venaient me voir et me disaient… »

Entretien avec Bob Munro, janvier 2008.

« Maintenant que vous avez entendu tout cela… »

William Wilberforce. Pour le texte entier du discours prononcé à la Chambre des Communes, le 12 mai 1789, voir :

http://64.233.167.104/search?q=cache:yvHrX_c6EWUJ:abolition.e2bn.org/file_download.php.

Voir aussi John Pollock, *Wilberforce,* Tring, Hertfordshire, Lion Pubishing, 1982, p. 87-91.

Bibliographie

LIVRES

Thomas d'Aquin, *Somme théologique.*

Arthur, Max. *The Manchester United Aircrash: 25th Anniversary Tribute to the Busby Babes.* Londres, Éd. Aquarius, Design and Print, 1982.

Asinof, Eliot. *Eight Men Out: The Black Sox and the 1919 World Series.* New York, Henry Holt, 1987.

Ball, Phil. *Morbo: The Story of Spanish Football.* Londres, WSC Books, 2001.

– *White Storm: 100 Years of Real Madrid.* Édimbourg et Londres, Mainstream, 2002.

Banks, Simon. *Going Down: Football in Crisis, How the Game Went from Boom to Bust.* Édimbourg et Londres, Mainstream Publishing, 2002.

Bartholomew, James. *The Welfare State We're In.* Londres, Politico, 2005.

Beha, Oliviero and Chiodi, Roberto. *Mundialgate.* Rome: Avagliana Editore, 2005.

Bellos, Alex. *Futebol: The Brazilian Way of Life.* Londres, Bloomsbury, 2002.

Bernès, Jean-Pierre, avec Bernard Pascuito. *Je dis tout : les secrets de l'OM sous Tapie.* Paris, Albin Michel, 1995.

Blythe, C.M. Wilfréd. *The Impact of Chinese Secret Societies in Malaya.* Londres, Oxford University Press, 1969.

Boli, Basile, avec Claude Askalovitch. *Black Boli.* Paris, Bernard Brasset, 1994.

Boock, Richard, et Stephen Fleming. *Balance of Power.* Auckland, Hodder Moa Beckett, 2004.

Booth, Martin. *The Dragon Syndicates, The Global Phenomenon of the Triads.* Londres, Bantam Books, 2000.

Bose, Mihir. *Manchester Unlimited the Rise and Rise of the World's Premier Football Club.* Londres, Orion Business Books, 1999.

Bower, Tom. *Broken Dreams: Vanity, Greed and the Souring of British Football.* Vol. I. 1 vol. *Balance of Power* Auckland, Hodder Moa . Londres, Simon & Schuster, 2003.

Bresler, Fenton *La Mafia chinoise*, trad. Lise Mécréant, Arles, Paris, Philippe Picquier, 1991.

Bureau d'investigation des pratiques de corruption. *Swift and Sure Action, Four Decades of Anti-Corruption Work.* Singapore, CPIB, 2000.

Clough, Brian, et John Sadler. *Cloughie, Walking on Water – My Life.* Londres, Headline Book Publishing, 2003.

Coakley, Jay et Eric Dunning, eds. *Handbook of Sports Studies.* Londres, Sage Publishing, 2000.

Comber, L.F. *Chinese Secret Societies in Malaysia.* Locust Valley, New York, J.J. Augustin,1959.

Conn, David. *The Football Business, Fair Game in the 90s?* Londres, Mainstream, 1997.

Connor, Jeff. *The Lost Babes: Manchester United and the Forgotten Victims of Munich.* Londres, HarperSport, 2006.

Crick, Michael et David Smith. *Manchester United: The Betrayal of a Legend.* Londres, Pan Books, 1990.

Dempsey, Paul et Kevan Reilly. *Big Money, Beautiful Game: Saving Soccer from Itself.* Londres, Nicholas Brealey Publishing, 1998.

Desailly, Marcel, avec Philippe Broussard. *Capitaine.* Paris, Stock, 2002.

Dobson, Stephen et John Goddard. *The Economics of Football.* Cambridge, Cambridge University Press, 2001.

Dodd, Christopher. *The Story of World Rowing.* Londres, Stanley Paul, 1992.

Dubro, James. *Dragons of Crime.* Toronto, McClleland and Stewart, 1992.

Elleray, David. *The Man in the Middle.* Londres, Time Warner, 2004.

Eydelie, Jean-Jacques, et Michel Biet. *Je Ne Joue Plus! Un Footballeur Brise L'Omerta.* Paris, L'Archipel, 2006.

Farrell, James Gordon, *L'Étreinte de Singapour*, trad. Geneviève Doze, Paris, Fayard, 2003

Ferguson, Alex avec Hugh McIlvanney. *Managing My Life: My Autobiography.* Londres, Coronet Books, 2000.

Foer, Franklin. *How Soccer Explains the World: An Unlikely Theory of Globalization.* New York, HarperCollins, 2004.

Follorou, Jacques et Nouzille Vincent. *Les Parrains Corses: Leur Histoire, Leurs Réseaux, Leurs Protections.* Paris, Documents, 2004.

Foot, John. *Calcio: A History of Italian Football.* Londres, Fourth Estate, 2006.

Ford, Trevor. *I Lead the Attack.* Londres, Stanley Paul, 1957.

Freeman, Simon. *Own Goal! How Egotism and Greed Are Destroying Football.* Londres, Orion, 2000.

Friedman, Robert I. *Red Mafiya: How the Russian Mob Has Invaded America.* Boston: Little Brown, 2000.

Fynn, Alex, et Lynton Guest. *For Love or Money: Manchester United and England – the Business of Winning?* Londres, Boxtree, 1998.

Galeano, Eduardo. *Soccer in Sun and Shadow.* Trad. Mark Friéd. éd. Anglaise. Londres, Verso, 1999.

Giulianotti, Richard. *Football: A Sociology of the Game.* Cambridge, Polity Press, 1999.

Glanville, Brian. *Champions of Europe: The History, Romance and Intrigue of the European Cup.* Enfield, Guinness Publishing, 1991.

– *The Story of the World Cup.* éd. Révisée, Londres, Faber and Faber, 1997.

Gregg, Harry and Roger Anderson. *Harry's Game : The Autobiographiy.* Londres, Mainstream, 2002.

Halladay, Eric. *Rowing in History, a Social History – The Amateur Debate.* Manchester, Manchester University Press, 1990.

Hamil, Sean, Jonathan Michie, Christine Oughton, et Steven Warby, eds. *Football in the Digital Age: Whose Game Is It Anyway?* Londres, Mainstream, 2000.

Handelman, Stephen. *Comrade Criminal: The Theft of the Second Russian Revolution.* Londres, Michael Joseph, 1994.

Hardaker, Alan et Byron Butler. *Hardaker of the League.* Londres, Pelham Books, 1977.

Hersh, Seymour. *The Dark Side of Camelot.* Londres, HarperCollins, 1997.

Hersh, Seymour M., *La Face cachée du clan Kennedy*, trad. Jean-Paul Mourlon, Paris, J'ai lu, 1999.

Holt, Richard, et Tony Mason. *Sport in Britain 1945–2000. Making Contemporary Britain.* Éd. Anthony Seldon. Londres, Blackwell, 2000.

Hill, Peter B. E. *The Japanese Mafia: Yakuza, Law, and the State.* Oxford, Oxford University Press, 2003.

Huxley, Aldous , *Les Diables de Loudun*, trad. Jules Castier, Paris, Presses Pocket, 1979.

Imlach, Gary. *My Father and Other Working-class Heroes.* Londres, Yellow Jersey, 2005.

Inglis, Simon. *Soccer in the Dock: A History of British Football Scandals, 1900–1965.* Londres, Willow Books, 1985.

Jackson, Jon. *On Edge: Backroom Dealing, Cocktail Scheming, Triple Axels, and How Top Skaters Get Screwéd.* New York, Thunder's Mouth Press, 2005.

Jacoby, Neil H, Peter Nehemkis, et Richard Eells. *Bribery and Extortion in World Business, A Study of Corporate Political Payments Abroad.* Études de la Société Moderne. Éd. Columbia University Graduate School of Business. New York, MacMillan, 1977.

Jennings, Andrew. *Foul! The Secret World of FIFA: Bribes, Vote Rigging, and Ticket Scandals.* Londres, HarperSports, 2006.

Jennings, Andrew et Simson, Vyv. *The Lords of the Rings: Power, Money, and Drugs in the Modern Olympics.* Londres, Simon and Schuster, 1992.

Johnson, Graham. *Football and Gangsters.* Londres, Mainstream, 2006.

Johnson, Tim, et Stuart Sprake. *Careless Hands: The Forgotten Truth of Gary Sprake.* Stroud, Tempus Publishing, 2006.

Kelly, Robert J. "La haute société et la pègre: étude des cas de racket et d'infiltration dans le secteur des affaires aux États-Unis." *Criminal Justice and Public Safety.* Éd. Philip John Stead. New York, Kluwer Academic/Plenum Publishers, 1999.

Konick, Michael. *Smart Money: How the World's Best Sports Bettors Beat the Bookies out of Millions.* New York, Simon and Schuster, 2006.

Kuper, Simon. *Football against the Enemy.* Londres, Orion, 1994.

Lambsdorff, Johann Graf. *The Institutional Economics of Corruption and Reform: Theory, Evidence and Policy.* Cambridge, Cambridge University Press, 2007.

Lanfranchi, Pierre, Christiane Eisenberg, Tony Mason, et Alfred Wahl. *100 Years of Football: The FIFA Centennial Book.* Londres, Weidenfeld & Nicolson, 2004.

Lansley, Peter. *Running with Wolves.* Newport, Thomas Publications, 2004.

Lecasble, Valérie, et Airy Routier. *Le Flambeur, la vraie vie de Bernard Tapie.* Paris, Bernard Grasset, 1994.

Lintner, Bertil. *Blood Brothers: Crime, Business, and Politics in Asia.* Sydney, Allen and Unwin, 2002.

McGinnis, Joe. *The Miracle of Castel di Sangro.* Londres, Little, Brown and Co, 1999.

McIlvanney, Hugh. I. *McIlvanney on Football.* Londres, Mainstream, 1994.

McLintock, Frank, et Rob Bagchi. *True Grit: The Frank McLintock Autobiography.* Londres, Headline Publishing, 2005.

Millman, Chad. *The Odds: One Season, Three Gamblers and the Death of Their Las Vegas.* Cambridge, Massachusetts, DaCapo Press, 2001.

Moldea, Dan. *Interference: How Organized Crime Influences Professional Football.* New York, William Murrow, 1989.

Moore, Douglas, et Joe Dorai. *That's the Goal How to Win at Football.* Singapour, Landmark Books, 1999.

Morrison, Ian. *The World Cup: A Complete Record.* Londres, Breedon Books Sport, 1990.

Mortensen, Chris. *Playing for Keeps: How One Man Kept the Mob from Sinking Its Hooks into Pro Football.* New York, Simon and Schuster, 1991.

Murray, Dian H. *The Origins of the Tiandihui: The Chinese Triads in Legend and History.* Stanford, Californie: Stanford University Press, 1994.

Neves, Marinho. *Golpe de Estadio.* Lisbonne, Terramar, 1998. Disponible en ligne sur http://www.anti-corrupcao.150m.com.

Padovani, Marcelle, et Giovanni Falcone. *Men of Honour: The Truth about the Mafia.* Trad. par Edward Farrelly. Londres, Warner, 1992.

Pallo, Jackie. *You Grunt, I'll Groan: The Inside Story of Wrestling.* Londres, Macdonald Queen Anne, 1985.

Park, Stanley. *FIFA 192: The True Story Behind the Legend of the Brunei Darussalam National Football Team.* Boca Raton, Floride, Universal Publisher, 2004.

Pausanias. *Description of Greece.* Trad. W.H.S. Jones. Source Internet sur l'histoire ancienne.Londres, Harvard University Press et William Heinemann Ltd., 1918.

Peraldi, Michel, et Michel Samson. *Gouverner Marseille: Enquete sur les mondes politiques marseillais.* Paris, La Decouverte/Poche, 2005.

Petrini, Carlo. *Nel Fango Del Dio Pallone.* Éd. Sixth. Milan, Kaos Edizione, 2000.

Phongpaichit, Pasuk, Sungsidh Priyarangsan, et Nualnoi Treerat. *Guns, Girls, Gambling, Ganja: Thailand's Illegal Economy and Public Policy.* Chiang Mai, Silkworm, 1998.

Pollock, John. *Wilberforce.* Tring, Herts. Lion Publishing, 1982.

Posner, Gerald. *Warlords of Crime.* New York, McGraw Hill, 1988.

Posner, Gerald L. , *Triades : la mafia chinoise,* trad. Françoise Mayneris, Paris, Stock, 1990

Punch, Maurice. *Dirty Business: Exploring Corporate Misconduct – Analysis and Cases.* Seconde éd. Londres, Sage, 1999.

Putnam, Robert D. Bowling Alone: *The Collapse and Revival of American Community.*New York, Simon and Schuster, 2000.

Pycroft, James. *The Cricket Field.* (1851). Londres, St. James's Press, 1922.

Quirk, James et Rodney D. Foot. *Hard Ball: The Abuse of Power in Pro-Team Sports.*

Princeton, New Jersey, Princeton University Press, 1999.

Rae, Simon. *It's Not Cricket: A History of Skulduggery, Sharp Practice and Downright Cheating in the Noble Game.* Londres, Faber and Faber, 2002.

Rodrigue, Ernesto. *Jogo Duro, a Historia de Joao Havelange.* Rio de Janeiro, Editora Record, 2007.

Russo, Gus. *The Outfit: The Role of Chicago's Underworld in the Shaping of Modern America.* Troisième éd. Londres, Bloomsbury, 2004.

Salgado, Carolina, et Maria Fernanda Freitas. *Eu, Carolina – A História Verdadeira.* Quatorzième éd. Lisbone: Dom Quixote, 2006.

Sanders, Teela. *Sex Work: A Risky Business.* Portland, Oregon, Willan Publishing, 2005.

Seneviratne, Percy. *History of Football in Malaysia.* Kuala Lumpur, PNS, 2000.

Sharpe, Graham. *Free the Manchester United One: The Inside Story of Football's Greatest Scam.* Londres, Robson Books, 1993.

– *Coups and Cons.* Londres, Aesculus Press, 1991.

– *The Essential Gambler.* Londres, Robert Hale, 1995.

– *Gambling on Goals: A Century of Football Betting.* Édimbourg, Mainstream, 1997.

– *The Book of Bizarre Football: Freaky Forwards, Strange Strikers, Dodgy Defenders and Other Soccer Sensations.* Londres, Robson Books, 2000.

Short, Anthony. *The Communist Insurrection in Malaya: 1948–1960.* Londres, Frederick Muller Limited, 1975.

Smit, Barbara. *Pitch Invasion, Three Stripes, Two Brothers, One Feud: Adidas, Puma and the Making of Modern Sport.* Londres, Penguin, 2007.

Smith, Colin. *Singapore Burning, Heroism and Surrender in World War II.* Londres, Penguin, 2005.

St. John, Ian. *The Saint: My Autobiography.* Londres, Hodder and Stoughton, 2006.

Stille, Alexander. *Excellent Cadavers: The Mafia and the Death of the First Italian Republic.* Londres, Jonathan Cape, 1996.

Stott, Richard. *Dogs and Lampposts.* Londres, Metro Publishing, 2002.

Sugden, Alan, et John Tomlinson. *Badfellas: FIFA Family at War.* Londres, Mainstream Sport Publishing, 2003.

– *FIFA and the Contest for World Football: Who Rules the People's Game?* Cambridge, Polity Press, 1998.

– *Great Balls of Fire: How Big Money Is Hijacking World Football.* Édimbourg, Mainstream, 1999.

– *Power Games: A Critical Sociology of Sport.* Londres, Routledge, 2002.

Swan, Peter avec Nick Johnson. *Peter Swan : Setting the Record Straight.* Stroud, Gloucestershire, Stadia, 2006.

Szymanski, Stefan et Tim Kuypers. *Winners and Losers: The Business Strategy of Football.* Harmondsworth, Middlesex, Penguin Books, 1999.

Tsuji, Masanobu. *Singapore 1941–1942: The Japanese Version of the Malayan Campaign of World War II.* Oxfordd, Oxford University Press, 1988.

Taylor, Chris. *The Beautiful Game: A Journey through Latin American Football.* Londres, Phoneix Books, 1998.

Thomas, David. *Foul Play: The Inside Story of the Biggest Corruption Trial in British Sporting History.* Londres, Bantam, 2003.

Vamplew, Wray. *Pay up and Play the Game: Professional Sport in Britain, 1875–1914.* Cambridge, Cambridge University Press, 1988.

Van Laeken, Frank. *Blunderboek Van Het Belgisch Voetball. Trans. Kess t'Hooft and Stefan De Wachter.* Bruxelles, Icarus, 1997.

Waldron, Arthur. *The Great Wall of China: From History to Myth.* Cambridge, Canto, 1992.

Warren, Alan. *Singapore 1942: Britain's Greatest Defeat.* Londres, Hambledon et Londres, 2002.

Westcott, Chris. *Joker in the Pack: The Ernie Hunt Story.* Stroud, Gloucestershire, Tempus Publishing, 2004.

Whelan, David C. *Organized Crime, Sports Gambling, and Role Conflict: Victimization and Point-Shaving in College Basketball.* New York, Unpublished Ph.D thesis, City University, 1992.

Whyte, Willian Foote. *Street Corner Society: The Social Structure of an Italian Slum.* Quatrième éd. Chicago, University of Chicago Press, 1993.

Weiland, Matt, et Sean Wilsey, eds. *The Thinking Fan's Guide to the World Cup.* Londres, Abacus, 2006.

Wigglesworth, Neil. *The Social History of English Rowing.* Londres, Frank Cass, 1992.

Williams, Russ. *Football Babylon.* Londres, Virgin, 1996.

– *Football Babylon 2.* Londres, Virgin, 1998.

Wilson, Johnathan. *Behind the Curtain : Travels in Eastern European Football.* Londres, Orion Publishing, 2006.

Yallop, David. *How They Stole the Game.* 1999 éd. vol. I. Londres, Poetic Publishing, 1999.

PROCÈS

Chan Wing Seng vs. Public Prosecutor, compte rendu de loi de Singapour [1997]. Haute Cour de Singapour, appel du juge, 1997.

Cheong Ah Cheow vs. Public Prosecutor A. Cr. J. (Chan J.). Territoire fédéral de Kuala Lumpur, Appel en Pénal, 1985.

Grobbelaar vs. News Group Newspapers Ltd. Judge Simon Brown. .Royaume-Uni, Cour d'appel, 2001.

Grobbelaar vs. News Group Newspapers Ltd and Another. Lord Bingham of Cornhill, Lord Steyn, Lord Hobhouse of Woodborough, Lord Millett, and Lord Scott of Foscote. U.K. Chambre des Lords, 2002.

Kannan S/O Kunjiraman & Anor vs. Public Prosecutor. Appel du juge 96/95/01–02. Haute Cour de Singapour, 1995.

Kannan S/O Kunjiraman vs. Public Prosecutor. Compte rendu de loi de Singapour 3 SLR Cheung Phei Chiet, 1995.

Mastercard International Incorporated vs. Federation Internationale De Football Association, juge Loretta A. Preska Conclusions d'enquête amendées. Cour régionale des États-Unis. District sud de New York, 2006.

*Manap Bin Hamat and Anor vs. Public Prosecuto*r. Cour de Singapour, 1997.

Mathan Jagannathan, et al vs. Public Prosecutor. Haute Cour de Singapour, 1996.

Ong, et al vs. Public Prosecutor. Cour de Singapour, 1994.

Ong Smith Bernal vs. R. Royaume-Uni, Cour d'appel (Division criminelle), 2000.

Rajamanickam Thirujnanasammathan vs. Public Prosecutor. Cour de Singapour 1994.

Rajendran S/O Kurusamy & Ors vs. Public Prosecutor. Appel du juge. Haute Cour de Singapour, Nos 237/97/01–05, 1998.

Teo Tiang Hoe vs. Public Prosecutor. Cas criminel n° 8, 1995, Rubin, J. Haute Cour de la République de Singapour, 1995.

Texte de la Décision Relative à Commm. Bur. N1/C Réunion Du 29 juin, 3–7 juillet 2007. Procoura Federale Della F.I.G.C., Rome, Fédération italienne de football, 2006, 1 vol.

United States of America vs. Alimzhan Tokhtakhtunov Aka Taiwanchuk. District sud de New York, 2002.

United States of America vs. Vyacheslav Kiriovich Ivankov. Cour régionale des États-Unis. District est de New York (Brooklyn), 1997.

United States of America vs. Neteller PLC. Cour Régionale des États-Unis. District sud de New York, 2007.

Zainal, Mohamed, Mohamed Ali, et Ali Lomri, – Audience disciplinaire. N° 1– 3/2003, p. 6. Comité disciplinaire, Association de Football de Singapour, 2003.

FILMS ET ÉMISSIONS DE TÉLÉVISION

Docherty, Neil, et Linden McIntyre. "Mafia Power Play." PBS *Frontline.* Boston. 12 octobre, 1999.

Ford, Trevor. *Trevor Ford in Conversation with Ron Jones.* Enregistré le 3 novembre, 2000. Pays de Galles. Archives vidéo, conjointement avec la National Library of Wales, Cardiff, 2000.

Kerner, Johannes B. *"Interview avec Robert Hoyzer."* ZDF – Kulissen, Germany. 9 février, 2005.

McKeown, Bob. "The Fix Is In." *The Fifth Estate.* Canadian Broadcasting Corporation, Toronto. 1989.

Rocksen, Andreas, et Soren Steen Jespersen. "Dream Catchers." *The Beautiful Game.* TV 2 Danish Television, Denemark-Suède coproduction. Juin 2004.

Sayles, John. *Eight Men Out.* Orion Pictures Distributor, USA, 1988.

Van den Abeele, Chris, Eric Dupain, Wim Straemans, Tom van de Weghe, et Kris Dechamps. "Tackling the Mafia." *Panorama.* Brussels. *VRT* Belgium. 5 février 2006.

REVUES ET MAGAZINES

Blair, Dale James. "Did the Dons Play Dead." *Australian SSH.* 30 juin, 1999. 3–15.

Boles, J. et A.P. Garbin. "Les club de Strip-Tease et le mode d'interaction entre les trip-teaseuses et leur clients." *Sociology and Social Research.* 58 (1984): 136–144.

"'Brise de Mer', grand banditisme, milieu du football politique et la mort de Dominique Rutily." *L'investigateur* (Paris), 2001. Disponible sur www.investigateur.info/affaires/corse/articles/rutily.html.

Dasgupta, Partha. "Trust as a Commodity." Trust: Making and Breaking Co-operative Relations. Éd. Diego Gambetta. Electronic éd. Oxford: Department of Sociology, University of Oxford, 2000. 49–72.

De Souza, Roberto Pereira. "Joao Havelange: O Poderoso Chefao." *Playboy Brazil.* mai 1994. 124–141.

Duke, V. "Perestroika in Progress? The Case of Spectator Sports in Czechoslovakia." *British Journal of Sociology.* 41 (1990): 41: 145–56.

Enck, G.E. et J.D. Preston. "Counterfeit Intimacy: A Dramaturgical Analysis of an Erotic Performance." *Deviant Behavior.* Vol. 9, 4 (1988): 369–381.

Levitt, M. et M. Duggan. "Winning Isn't Everything: Corruption in Sumo Wrestling." *American Economic Review.* 92:5 (2002): 594–605.

Levitt, Steven D. "How Do Markets Function? An Empricial Analysis of Gambling on the National Football League." National Bureau of Economics working paper, disponible sur http://www.nber.org/papers/w9422 (2002).

Lile, Emma. "Professional Pedestrianism in South Wales During the Nineteenth Century." *The Sports Historian* (became *Sport in History* in 2003). N° 2 (2000): 94–105.

Meyer, Gerhard, et al. "Neuroendocrine response to casino gambling in problem gamblers." *Psychoneuroendocrinology.* 29 (2004). 1272–1280.

Moul, Charles C., et John V. Nye. "Did the Soviets Collude? A Statistical Analysis of Championship Chess 1940–64." (2006). Disponible sur http://papers.ssrn.com/so13/papers_cfm?abstract_id=905612.

Nti, Kofi O. "Comparative Statics of Contests and Rent-Seeking Games." *International Economic Review.* 38.1 (1997): 43–59.

Preston, Ian, et Stefan Szymanski. "Cheating in Contests." *Oxford Review of Economic Policy.* 19:4 (2003). 612-624.

Riordan, Jim. "Playing to New Rules: Soviet Sport and Perestroika." *Soviet Studies.* 42.1 (January 1990): 133–145.

Rizek, André, et Thais Oyama. "A Máfia Do Apito." *Veja* . 28 septembre 2005: 72–80.

Salutin, M. "Stripper Morality." *Transitions.* 8 (1971): 12–22.

Shinohara, K., *et al*, "Physiological Changes in Pachinko Players; Beta-endorphin, Catecholamines, Immune System Substances, and Heart Rate." *Applied Human Science – Journal of Physiological Anthropology.* 18:2 (1999): 37–42.

Skipper, James K., et Charles McCaghy. "Stripteasers: The Anatomy and Career Contingencies of a Deviant Occupation." *Social Problems.* 17 (1970): 391–405.

Taylor, Beck, et J. Trogdon. « Losing to Win : Tournament Incentives in the National Basketball Association. » *Journal of Labour Economics* 20.1 (2002).

Thompson, William E., et Jackie L. Harréd. "Topless Dancers: Managing Stigma in a Deviant Occupation." *Deviant Behavior.* 13 (1992): 291–311.

Wolfers, Justin. "Exposing Cheating and Corruption: Point Shaving in Basketball." *AEA Papers and Proceedings.* 96:2 (2006): 279–83.

Wonders, Nancy A., et Raymond Michalowski. "Bodies, Borders, and Sex Tourism in a Globalized World: A Tale of Two Cities – Amsterdam and Havana." *Social Problems.* 48:4 (2001): 545–71.

ARTICLES DE JOURNAUX

En toile de fond de mes recherches, j'ai utilisé des articles tirés de journaux et des agences de presse en Afrique du Sud, Allemagne, Angleterre, Australie, Belgique, Brésil, Bulgarie, Canada, Chine, Colombie, Danemark, Écosse, Espagne, États-Unis, Finlande, France, Ghana, Irlande, Israël, Italie, Kenya, Lithuanie, Malaisie, Pologne, République Tchèque, Russie, Singapoure, Slovaquie, Thaïlande, Turquie, et Vietnam.

Par souci de concision, j'ai uniquement dressé la liste des articles qui ont été directement utilisés dans les références.

RAPPORTS

Bruckert, Chris, Colette Parent, et Pascale Robitaille. Erotic Service, Erotic Dance Establishments: Two Types of Marginalized Labour. Ottawa: Département de Criminologie, Université d'Ottawa, 2003.

Condon QPM, Sir Paul. *Report on Corruption in International Cricket.* Londres, International Cricket Council, 2001.

Cronje, Hansie. "Hansie Cronje's Statement before the Edwin King Commission of Inquiry into Cricket Match-Fixing and Related Matters Capetown, South Africa, June 2000." Audio et Vidéo sur www.rediff.com/cricket/betting. htm.

Dowd, John M. *Report to the Commissioner, In the Matter of Peter Edward Rose, Manager Cincinnati Reds Baseball Club.* Bureau du Commissaire au Baseball. 9 Mai 1989.

Fassotte, Laurent, parution devant l'Union royale belge des Sociétés de Football, commission d'enquête. 8 mars 2006.

Hussock, Howard. *Soccer Betting in Hong Kong: A Challenge for Home Affairs.* Boston: Harvard University, John F. Kennedy School of Government Affairs, 2002.

Institut de Criminologie de Paris Département de recherche sur les menaces criminelles contemporaines. Tapie, Courbis, Filippedu, le Belge, mafia(s), foot, argent sale et coups tordus. Paris: Université Panthéon-Assas (Paris II), 2005.

Kenya National Association of Social Workers. *Rapid Assessment on Mathare Slum Clashes.* UN Habitat. 2 janvier 2007.

King, Judge El. *Commission of Inquiry into Cricket Match-fixing and Related Matters, 2nd Interim Report.* Cape Town, South Africa: Republic of South Africa, 2000.

Mony, Paul Samuel. *M League: A Brief Outline and Report 1998.* Kuala Lumpur: Football Association of Malaysia, 1998.

Prosecutors Report. Hoyzer Case. Berlin: Staatsanwaltschaft Berlin, 2005.

Qayyun, M.M. *Reports of the Judicial Commission.* Lahore: Pakistan Cricket Board, 1998.

Smith, Sir John. *Game at Risk.* London: English Football Association, 1997.

Supdt, Sd/– M.A. Ganapathy. *Report on Cricket Match-Fixing and Related Malpractices.* New Delhi: CBI Special Crimes Branch – Central Bureau of Investigation, 2000.

Touche, Deloitte. *The Investors' Guide to European Football 2000.* Londres, 2000.

United States Senate. Audiences devant le sous-comité permanent d'investigations du Comité aux afffaires gouvernementales.

The New International Criminal and Asian Organized Crime. Washington, DC: United States Senate, 1992.

United States Senate. Sous-commité permanent d'investigations du Comité aux Affaires Gouvernementales. The New International Criminal and Asian Organized Crime. Washington, DC: United States Senate, 1992.

INDEX

C

D

H

I

J

K

L

M

N

O

P

Q

R

S

T

U

V

Cet ouvrage a été imprimé par

CPI
Firmin Didot

Mesnil-sur-l'Estrée

pour le compte des Éditions Florent Massot
en août 2008

Imprimé en France

Dépôt légal : août 2008
N° d'impression : 91493